DIVORCE :
LE GUIDE PRATIQUE

DIVORCE : LE GUIDE PRATIQUE

Emmanuelle Vallas-Lenerz
Ancien avocat au barreau de Paris

Troisième édition
2002

PRAT ÉDITIONS

CHEZ LE MÊME ÉDITEUR

Le Code civil
Le Code pénal
Le Code du travail
Le Code de la consommation (édition commentée)
330 Modèles de lettres et de contrats
Agir en justice
Assurance habitation : êtes-vous bien couvert ?
Assurances : le guide pratique
Banque : le guide pratique
Construire son logement : le conseiller juridique
Contrats, que signez-vous ?
Divorce : le guide pratique
Famille : toutes les aides
Gérer son patrimoine
Handicap : le guide pratique
L'Euro
La nouvelle convention chômage
Le conseiller assurance auto : faites respecter vos droits !
Le conseiller fiscal de votre famille
Le conseiller juridique de votre famille
Le conseiller pratique du logement
Le conseiller pratique du salarié
Le conseiller quotidien de votre retraite
Le droit des patients
Le guide de toutes les formalités
Les 35 heures
PACS : le guide pratique
Pensions alimentaires : faites respecter vos droits !
Propriétaires – Locataires : qui paie quoi ?
Se défendre aux Prud'hommes
Successions : le guide pratique
Tous vos avantages : comment en profiter ?
Troubles de voisinage : quels sont vos droits ?

Remerciements à :

Maître Wolfgang Lenerz, *avocat au barreau de Paris*
Maître Sylvie Jouan, *avocat au barreau de Paris*
Isabelle Marfaing, *ancien avocat au barreau de Paris*

Si vous désirez recevoir une information sur nos publications, écrivez à : Prat Éditions, service lecteurs, 2, rue Maurice Hartmann, BP 62, 92133 Issy-les-Moulineaux

ISBN 2-85890-545-2
ISSN 1272-4955

PRÉFACE

Si le nombre de divorces restent stables, il concerne toutefois un couple marié sur trois. Le divorce est toujours une épreuve difficile qui entraîne des conséquences importantes pour la cellule familiale et pour le patrimoine commun. Il est nécessaire d'être informé correctement de ces droits pour traverser cette période agitée de la vie.

Cet ouvrage allie à la fois un côté exhaustif (expliquant précisément la législation actuelle du divorce) et un côté pratique. Il a en effet été conçu autour de trois axes principaux :
- les questions les plus fréquemment posées par les particuliers aux avocats (enfants, prestation compensatoire, sort du logement...),
- l'étude d'un grand nombre de décisions de jurisprudence,
- et l'expérience personnelle de l'auteur et des collaborateurs (tous avocats ou anciens avocats).

Les questions les plus courantes sont rassemblées dans des encadrés Questions/Réponses (fond tramé gris), le plus souvent situés en fin de rubrique ou en fin de chapitre. Elles permettent d'obtenir rapidement la réponse à des questions précises, questions que se posent la plupart des couples concernés par le divorce.

Les décisions de jurisprudence (imprimées en italique) sont citées à titre d'exemples. En effet, il n'existe pas deux dossiers de divorces identiques.
Ces décisions (qui peuvent étonner par leur diversité, et parfois leur contradiction) illustrent cependant des cas concrets, vécus par d'autres couples, placés dans des situations qui peuvent intéresser le lecteur.
En outre, cette troisième édition intègre les derniers textes et jurisprudences sur le sujet, avec notamment les premières applications de la réforme de la prestation compensatoire adoptée par le législateur en juin 2000. De plus, un lexique placé à la fin de l'ouvrage vous aidera dans votre lecture et vous permettra de comprendre, le cas échéant, le sens des termes juridiques utilisés.

Nous espérons que vous apprécierez cette démarche qui tend à rendre plus accessible au plus grand nombre un des domaines les plus important de la législation de la famille.

Agnès Chambraud
Responsable éditoriale

COMMENT CONSULTER UNE PAGE DE CET OUVRAGE ?

Des exemples de jurisprudence

Les auteurs vous conseillent :

⚠ *Attention*

des mises en garde.

À noter

des remarques et des recommandations.

Renvoi à une autre rubrique de l'ouvrage où est traitée l'information.

Les auteurs vous renseignent :

– DES ENCADRÉS :

des questions-réponses, des résumés, un point particulier qui éclairera votre lecture, les questions les plus souvent posées aux avocats.

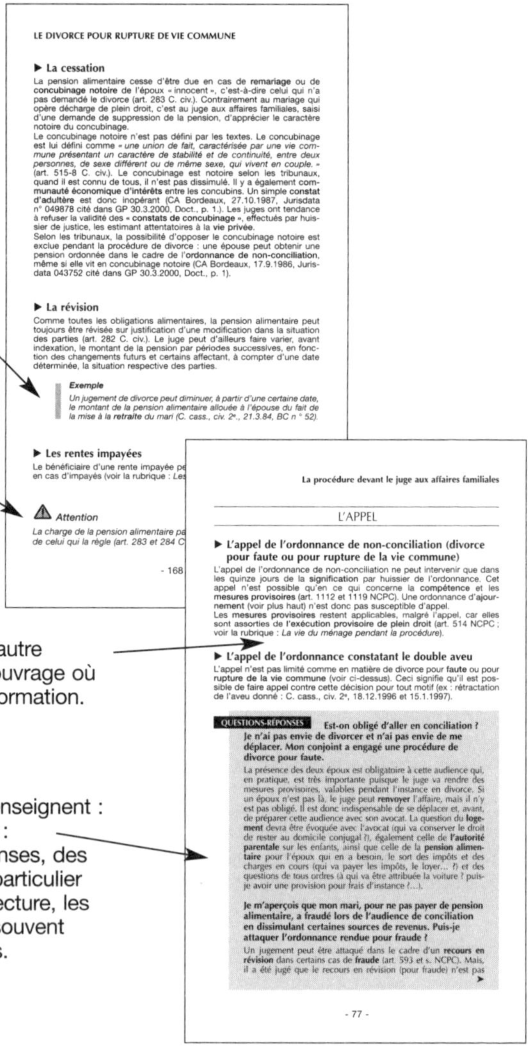

LE DIVORCE POUR RUPTURE DE VIE COMMUNE

▶ La cessation

La pension alimentaire cesse d'être due en cas de **remariage** ou de **concubinage notoire** de l'époux « innocent », c'est-à-dire celui qui n'a pas demandé le divorce (art. 283 C. civ.). Contrairement au mariage qui opère décharge de plein droit, c'est au juge aux affaires familiales, saisi d'une demande de suppression de la pension, d'apprécier le caractère notoire du concubinage.

Le concubinage notoire n'est pas défini par les textes. Le concubinage est lui défini comme *« une union de fait, caractérisée par une vie commune présentant un caractère de stabilité et de continuité, entre deux personnes, de sexe différent ou de même sexe, qui vivent en couple. »* (art. 515-8 C. civ.). Le concubinage est notoire selon les tribunaux, quand il est connu de tous, il n'est pas dissimulé. Il y a également **communauté économique d'intérêts** entre les concubins. Un simple **constat d'adultère** est donc inopérant (CA Bordeaux, 27.10.1987, Jurisdata n° 049878 cité dans GP 30.3.2000, Doct., p. 1.). Les juges ont tendance à refuser la validité des « **constats de concubinage** », effectués par huissier de justice, les estimant attentatoires à la **vie privée**.

Selon les tribunaux, la possibilité d'opposer le concubinage notoire est exclue pendant la procédure de divorce : une épouse peut obtenir une pension ordonnée dans le cadre de l'**ordonnance de non-conciliation**, même si elle vit en concubinage notoire (CA Bordeaux, 17.9.1986, Jurisdata 043752 cité dans GP 30.3.2000, Doct., p. 1).

▶ La révision

Comme toutes les obligations alimentaires, la pension alimentaire peut toujours être révisée sur justification d'une modification dans la situation des parties (art. 282 C. civ.). Le juge peut d'ailleurs faire varier, avant indexation, le montant de la pension par périodes successives, en fonction des changements futurs et certains affectant, à compter d'une date déterminée, la situation respective des parties.

Exemple

*Un jugement de divorce peut diminuer, à partir d'une certaine date, le montant de la pension alimentaire allouée à l'épouse du fait de la mise à la **retraite** du mari (C. cass., civ. 2e., 21.3.84, BC n ° 52).*

▶ Les rentes impayées

Le bénéficiaire d'une rente impayée pe
en cas d'impayés (voir la rubrique : *Les*

⚠ *Attention*

La charge de la pension alimentaire pa
de celui qui la règle (art. 283 et 284 C

- 168

La procédure devant le juge aux affaires familiales

L'APPEL

▶ L'appel de l'ordonnance de non-conciliation (divorce pour faute ou pour rupture de la vie commune)

L'appel de l'ordonnance de non-conciliation ne peut intervenir que dans les quinze jours de la **signification** par huissier de l'ordonnance. Cet appel n'est possible qu'en ce qui concerne la **compétence** et les **mesures provisoires** (art. 1112 et 1119 NCPC). Une ordonnance d'**ajournement** (voir plus haut) n'est donc pas susceptible d'appel.

Les **mesures provisoires** restent applicables, malgré l'appel, car elles sont assorties de **l'exécution provisoire de plein droit** (art. 514 NCPC ; voir la rubrique : *La vie du ménage pendant la procédure*).

▶ L'appel de l'ordonnance constatant le double aveu

L'appel n'est pas limité comme en matière de divorce pour **faute** ou pour **rupture de la vie commune** (voir ci-dessus). Ceci signifie qu'il est possible de faire appel contre cette décision pour tout motif (ex : rétractation de l'aveu donné : C. cass., civ. 2e, 18.12.1996 et 15.1.1997).

QUESTIONS-RÉPONSES **Est-on obligé d'aller en conciliation ? Je n'ai pas envie de divorcer et n'ai pas envie de me déplacer. Mon conjoint a engagé une procédure de divorce pour faute.**

La présence des deux époux est obligatoire à cette audience qui, en pratique, est très importante puisque le juge va rendre des mesures provisoires, valables pendant l'instance en divorce. Si un époux n'est pas là, le juge peut **renvoyer** l'affaire, mais il n'y est pas obligé. Il est donc indispensable de se déplacer et, avant, de préparer cette audience avec son avocat. La question du **logement** devra être évoquée avec l'avocat (qui va conserver le droit de rester au domicile conjugal ?), également celle de **l'autorité parentale** sur les enfants, ainsi que celle de la **pension alimentaire** pour l'époux qui en a besoin, le sort des impôts et des charges en cours (qui va payer les impôts, le loyer... ?) et des questions de tous ordres (à qui va être attribuée la voiture ? puis-je avoir une provision pour frais d'instance ?...).

Je m'aperçois que mon mari, pour ne pas payer de pension alimentaire, a fraudé lors de l'audience de conciliation en dissimulant certaines sources de revenus. Puis-je attaquer l'ordonnance rendue pour fraude ?

Un jugement peut être attaqué dans le cadre d'un **recours en révision** dans certains cas de **fraude** (art. 593 et s. NCPC). Mais, il a été jugé que le recours en révision (pour fraude) n'est pas ➤

- 77 -

COMMENT SE SERVIR DE CET OUVRAGE ?

Divorce : le guide pratique vous présente de façon logique, claire et précise l'ensemble de la législation qui réglemente le droit du divorce.

Cet ouvrage se décompose en huit chapitres qui couvrent tous les problèmes que peut rencontrer un couple avant, durant et après le divorce et qui répond à toutes les questions que ce couple peut se poser :

Ces chapitres sont divisés en rubriques, sous-rubriques et en consultations.

Vous trouverez en page 13 une table des matières très détaillée qui vous présente l'ensemble des différents chapitres, rubriques et sous-rubriques. N'hésitez pas à vous y reporter pour vous familiariser avec la structure de cet ouvrage.

Chaque fois que cela a été possible, les informations citées sont illustrées par :

- des références aux différents codes qui régissent le droit du divorce ;
- des encadrés (tramés en gris) qui vous indiquent soit un résumé sur un point particulier de la législation ou un éclairage sur la pratique des différentes procédures (encadrés *En bref* ou *En pratique*), soit les questions les plus souvent posées aux avocats (encadrés *Questions-Réponses*) ;
- des *exemples* et des cas concrets tirés de la jurisprudence (Cour de cassation et juges du fond). Ils sont imprimés en italique pour vous permettre de mieux les repérer ;
- des *À noter*, *Attention*... qui vous donnent des conseils, des mises en garde...

Les deux instructions fiscales relatives à l'application de la loi du 30 juin 2000 modifiant le régime de la prestation compensatoire sont reproduites page 435.

Un *lexique* est placé en fin d'ouvrage afin de vous permettre de comprendre, le cas échéant, le sens des termes juridiques utilisés.

Enfin un *index alphabétique* (p. 469), facilitera, grâce aux mots-clés, votre recherche d'information.

LISTE DES ABRÉVIATIONS

GP	:	Gazette du Palais
D	:	Dalloz
BC	:	Bulletin de la Cour de cassation
IR	:	Informations rapides
Ch.	:	chronique
S.	:	Sommaire
RJPF	:	Revue judiciaire droit et famille.
BOI	:	Bulletin officiel des impôts
JCP, G	:	Juris-classeur périodique (Semaine juridique), Edition générale
JOAN	:	Journal officiel Assemblée nationale
Rép. Min.	:	Réponse ministérielle
CA	:	Cour d'appel
CAA	:	Cour administrative d'appel
C. cass.	:	Cour de cassation
CE	:	Conseil d'Etat
Civ.	:	chambre civile
Crim.	:	chambre criminelle
TGI	:	Tribunal de grande instance
TI	:	Tribunal d'instance
TA	:	Tribunal administratif
C. civ.	:	Code civil
CGI	:	Code général des impôts
C. trav.	:	Code du travail
LPF	:	Livre des procédures fiscales
CFAS	:	Code de la famille et de l'aide sociale
COJ	:	Code de l'organisation judiciaire
C. Pén.	:	Code pénal
NCPC	:	Nouveau Code de procédure civile
CPP	:	Code de procédure pénale
C. séc.soc.	:	Code de la sécurité sociale

DIVORCE : LE GUIDE PRATIQUE

TABLE DES MATIÈRES

Pages

PRÉLIMINAIRES A LA PROCÉDURE DE DIVORCE

Pages

LES RÈGLES COMMUNES AUX DIFFÉRENTS DIVORCES

Pages

LA VIE DU MÉNAGE PENDANT LE DIVORCE

LES DIFFÉRENTS CAS DE DIVORCE

LES EFFETS DU DIVORCE

LES CONSÉQUENCES FINANCIÈRES DU DIVORCE

LES CONSÉQUENCE VIS-À-VIS DES ENFANTS

L'APRÈS-DIVORCE

LES CONSÉQUENCES FISCALES DU DIVORCE

LE REJET DU DIVORCE

DIVORCE INTERNATIONAL – SÉPARATION DE CORPS

PRÉLIMINAIRES À LA PROCÉDURE DE DIVORCE

LE DROIT DU DIVORCE

On assiste aujourd'hui à une véritable explosion du contentieux familial qui représente plus de la moitié du contentieux civil devant les tribunaux et entraîne leur encombrement. Pour beaucoup de cabinets d'avocat, le contentieux familial représente un bon tiers des affaires en cours. En province, ce contentieux (et principalement celui du divorce) représente la moitié des affaires civiles, à Paris un quart (statistiques établies par le ministère de la Justice). Ce contentieux peut s'expliquer par l'augmentation du nombre de demandes en divorce, mais aussi par l'accroissement du nombre de contentieux liés à l'après-divorce (conflits entre les parents concernant les mesures à prendre pour leurs enfants, contentieux de la prestation compensatoire, non-paiement des pensions alimentaires…).
Pourquoi en est-on arrivé là ? Quelle est la position de notre droit sur cette question ?

• *Pour trouver le thème qui vous intéresse, consultez la table des matières en début de volume ou l'index alphabétique en fin de volume.*

Le droit du divorce suit l'évolution de la société

De grandes lois ont marqué le droit du divorce : la loi du 11 juillet 1975 introduisant le divorce d'un commun accord, le divorce pour rupture de la vie commune et dépénalisant l'adultère, la loi du 22 juillet 1987 dite « loi Malhuret » introduisant la possibilité d'exercice en commun de l'autorité parentale et la loi du 8 janvier 1993 transformant cette possibilité en règle de principe. Toutes ces lois ont répondu à une demande de l'opinion publique. Aujourd'hui, le grand débat porte sur une seconde réforme du divorce.

ET MAINTENANT ? UNE RÉFORME DU DIVORCE ?

Selon des enquêtes d'opinion, les besoins des Français seraient les suivants :
- un divorce plus rapide,
- un divorce moins coûteux,
- une procédure qui doit être simplifiée.

Leurs critiques seraient donc de deux ordres :
- la longueur et le coût de la procédure,
- la « dramatisation » que représenterait le passage devant un juge.

Sur ce point, le ministère de la Justice travaille sur un projet de réforme de grande ampleur depuis 1997. La réforme de la prestation compensatoire a, quant à elle, fait l'objet d'un vote anticipé.
Une des idées maîtresses serait de rationaliser la procédure de divorce, tout en diminuant le contentieux de l'après-divorce, en liant le divorce et la liquidation des intérêts patrimoniaux des époux. Une autre idée, plus globale, serait de rendre la procédure de divorce plus rapide et moins coûteuse.
Le législateur s'orienterait donc vers de nouveaux modes de dissolution du mariage (un divorce simplifié ou sans l'intervention d'un juge). Il a en effet été envisagé de créer une possibilité de divorcer devant une autorité administrative, sans avocat, dans certains cas de divorce sur demande conjointe simple. On a parlé de « divorce minute », c'est-à-dire qu'il pourrait être envisagé dans les cas de ménage sans enfant, sans bien, où chaque époux dispose de revenus (Bâtonnier Fleuriot, GP, 8.6.1999). Il faut noter que les nombreuses oppositions au projet d'un divorce sans intervention du juge portent moins sur cette nouvelle brèche apportée au mariage qu'au problème qu'elle pose sur un plan pratique (le divorce en France a toujours été contrôlé par un juge, garant de la protection du plus faible). Compte tenu des multiples oppositions à ce projet et des risques qu'il engendre (risque de pression d'un époux

sur l'autre, risque d'augmenter les conflits, non réglés lors du divorce, après son prononcé), il n'est pas du tout certain que cette partie de la réforme voie le jour. Bien plus, la conférence sur la famille qui s'est tenue le 15 juin 2000 a abandonné cette idée au profit d'un divorce sur demande conjointe simplifié (une seule comparution des époux au lieu de deux). De nombreux autres points sont abordés dans cette réforme. Des encadrés « Le point sur la réforme » figurent dans les rubriques concernées tout au long de cet ouvrage.

LA FAMILLE EN MAUVAISE POSTURE ?

La loi de 1975, en augmentant les possibilités de divorcer, a été fortement critiquée par les tenants du mariage-institution. Le législateur de 1975 a voulu « dédramatiser le divorce » (déclaration du garde des Sceaux à l'époque). Effectivement, on passe de l'unique possibilité d'un divorce pour faute à deux cas de divorce par consentement mutuel et un cas de divorce qui prend en compte, en dehors de toute faute, une séparation de fait d'une certaine durée (ainsi que l'aliénation mentale du conjoint).
Cette réforme en profondeur a été critiquée à l'époque, le législateur étant accusé de désacraliser le mariage, en instituant un « droit au bonheur des époux ». Le fait est que l'on constate une nette augmentation du nombre des divorces depuis cette date, avec cependant une stabilisation depuis 1995. Des chiffres établis entre 1975 et 1999 montrent la progression suivante :

1975 : 55 000 divorces en France,
1981 : 100 000,
1999 : 116 724.

À l'heure actuelle, il est établi qu'un mariage sur trois se termine par un divorce. Cette augmentation croissante du nombre de divorce tient à de multiples causes d'ordre moral et sociologique. Les sociologues ont mis en évidence le détachement des époux des valeurs traditionnelles, l'accroissement de la longévité humaine, l'accroissement de liberté pour les femmes dû au contrôle des naissances et à leur plus grande indépendance financière... Il est intéressant de noter que dans trois procédures sur quatre, c'est l'épouse qui est à l'initiative du divorce.
Il résulte des dernières statistiques réalisées sur ce sujet qu'en moyenne, les divorcés se sont mariés à 24 ans pour l'épouse pour 26 ans pour l'époux. La rupture intervient après quatorze ans de mariage quand l'épouse atteint sa 38e année et l'époux sa 40e année.
En deçà de dix ans de vie conjugale, six couples sur dix divorcent à l'amiable. Au-delà de 35 ans d'union, 47 % des procédures sont contentieuses (enquête réalisée pour le ministère de la Justice en 1996).
On note une évolution générale de la famille dans notre société. Le pourcentage des enfants naturels atteint actuellement 40 %. L'évolution (rapide) des rôles respectifs de l'homme et de la femme dans notre société est une des causes principales de divorce.
La question peut se poser de savoir si cette tendance est irréversible ou non.

BON À SAVOIR **Mariage, célibat et natalité en 1999**

Si depuis 1972, le mariage est en baisse (420 000 en 1972), il a cependant connu une certaine augmentation depuis 1996 : 265 000 en 1987, 280 000 en 1996, 304 300 en 1999. Il reste le mode de vie le plus répandu, puisque cinq couples sur six sont mariés.

Mais, 9 millions de personnes vivent seules en France, soit un foyer sur trois pour à peine un sur cinq en 1962. Ces personnes seules sont des célibataires, des veufs, des divorcés et des familles monoparentales. Parmi les 37,7 % des foyers qui vivent seuls, il y a 13,4 % de célibataires, 11,6 % de veufs, 7,3 % de familles monoparentales et 5,4 % de divorcés (L'Express, 18.1.2001 ; Le Figaro, 7.2.2001).

LE DROIT DU DIVORCE MAIS AUSSI LE DROIT DE L'APRÈS-DIVORCE

Le droit du divorce est aussi le droit de l'après-divorce, c'est-à-dire des conséquences du divorce. En effet, depuis l'introduction des procédures de divorce par consentement mutuel (plus d'un divorce sur deux est un divorce d'accord), les conflits sur les causes du divorce sont moins aigus qu'autrefois.

En revanche, ils peuvent être déplacés vers l'organisation de l'après-divorce (enfants, biens, relations financières entre ex-époux).

Le ministère de la Justice évalue pour l'année 1999 à 71 035 le nombre de demandes postérieures au divorce (autorité parentale, pension alimentaire, droit de visite...), ce qui est un chiffre conséquent.

Le divorce concerne non seulement le couple mais les enfants, une vie passée ensemble, des biens accumulés. C'est cette situation et la prise en compte de la volonté des époux, munis des conseils de leurs avocats, qu'il va falloir gérer lors de la procédure de divorce en faisant une projection vers l'avenir.

En effet, certaines mesures, comme celles qui concernent les enfants, peuvent être modifiées à tout moment. D'autres ont en revanche été conçues par la loi comme étant fixées une fois pour toutes lors du divorce (prestation compensatoire en principe, mesures prévues dans la convention définitive dans le cadre d'un divorce sur demande conjointe). D'où l'importance de la préparation de son divorce (voir ci-après).

LE DIVORCE ET LA CONCILIATION

L'étude des statistiques démontre que, dans la grande majorité des cas, la volonté de séparation de l'époux qui demande le divorce, voire les deux, est quasi irréversible. Le divorce s'accompagne d'ailleurs souvent d'une reprise rapide de vie commune avec un nouveau partenaire, ou d'un remariage. Des enfants naissent de ces nouveaux foyers, donnant ainsi naissance par la même occasion à ce que les sociologues appellent des « familles recomposées ».

Bien que la loi impose une conciliation préalable au divorce, en pratique, le taux de réussite de ces conciliations et d'une reprise d'une vie commune est presque nul. La question peut donc se poser, compte tenu de ce constat, de la situation des époux en cas d'échec de leur procédure de divorce. En clair, peut-on contraindre des époux en état d'échec conjugal à rester mariés ?

En cas de rejet du divorce, une disposition intéressante (et pourtant peu utilisée) permet au juge d'organiser les relations entre les époux (voir chapitre : *Le rejet du divorce*).

La préparation du divorce

LE DIVORCE, LES ENFANTS ET L'ARGENT

▶ Un divorce se prépare techniquement

Le divorce est, pour la plupart, une épreuve douloureuse et dramatique. Outre les perturbations psychologiques auxquelles va faire face celui qui veut divorcer (et/ou celui à qui on demande le divorce), un travail de fond est nécessaire pour mettre en place l'avenir des époux (voir ci-dessous). La préparation du divorce nécessite les conseils de spécialistes. Compte tenu des tensions psychologiques auxquelles chaque époux est soumis, il n'a pas toujours l'objectivité et la largeur de vue nécessaires pour envisager toutes les conséquences de la rupture.

▶ Le besoin d'information

On note de façon générale un besoin considérable d'informations et d'explications juridiques sur tous les plans (enfants, patrimoine, pensions et prestations, sort du logement familial...). Le divorce affecte en effet quatre éléments fondamentaux de la vie sociale d'une personne : la famille, le logement, l'activité professionnelle et le patrimoine (CNB, Réforme du divorce, propositions, GP, 8.6.1999).

Force est de constater par ailleurs la spécificité de certains conflits familiaux, marqués par les haines et les rancœurs de personnes souvent tellement prisonnières de leurs sentiments qu'elles sont incapables de décider par elles-mêmes.

D'où l'intérêt d'un système de relais avant l'instance judiciaire : les associations spécialisées dans des domaines aussi divers que celui des femmes battues, de l'alcoolisme ou des droits des pères divorcés peuvent être consultées. Concernant les enfants, des psychologues pourront donner leur avis en cours de conflit. L'expérience d'autres personnes divorcées peut être précieuse. Enfin, le choix de l'avocat va s'avérer très important. Avant et pendant l'instance, il pourra être fait appel à un médiateur familial, solution intéressante, parce que neutre, permettant de rapprocher le couple.

▶ Le divorce et les enfants

Aujourd'hui plus qu'autrefois, les enfants courent le risque de vivre le divorce de leurs parents. En effet, le fait que les enfants soient en bas âge n'est plus considéré par les parents comme un obstacle pour leur séparation : le divorce s'est banalisé même à cet égard. Le nombre d'enfants concernés par un divorce est donc de plus en plus important chaque jour. Une enquête réalisée en 1996 précise que 66 % des divorces mettent en cause des enfants.

Or, la désunion des parents est toujours vécue comme une épreuve par les enfants concernés. Le recours à un tiers s'avère souvent indispensable pour rétablir les communications parents/enfants (il peut être un membre de la famille, un médiateur, un psychologue...). L'importance de la discussion avec les enfants a été soulignée par les psychologues : dès lors que les parents ont l'intention de divorcer, il serait souhaitable que ces derniers en parlent avec leurs enfants de manière à aider ceux-ci à mieux comprendre la situation.

La souffrance et le malaise des enfants pourraient s'atténuer si les parents prenaient la peine de leur expliquer que, même séparés, ils continueront à se comporter en parents. Bien sûr, même si les parents tentent la plupart du temps de placer les enfants à l'écart des conflits, ceux-ci vont se retrouver au centre d'une situation sur laquelle ils n'ont aucune prise.

Même dans le meilleur des cas, un divorce d'accord qui « se passe bien », la séparation des parents est un événement qui marquera forcément et fortement l'enfant. Que penser alors de l'impact d'un divorce conflictuel ou d'un parent qui n'arrive pas à dépasser ses sentiments violents vis-à-vis de son conjoint et fait obstruction systématique au droit de visite et d'hébergement de l'autre parent ?... Il y a, à l'heure actuelle, beaucoup trop de conflits en matière de droit de visite et d'hébergement ou de non-paiement de pension alimentaire pour les enfants.

On note également que la place de l'enfant va être difficile quand l'un de ses parents a fondé un nouveau foyer. De même, le parent va parfois avoir à faire la part entre ses enfants et ceux de son nouveau conjoint, situation vécue parfois de façon très douloureuse. Comme cela a été dit, « *il faut beaucoup de don de soi pour élever l'enfant d'un autre alors que le sien vit ailleurs* » (Me J. Beaux-Lamotte, cité par J.-P. Gridel, professeur à l'université de Paris V, GP, 8.6.1999).

L'autorité parentale conjointe est maintenant de loin la décision qui est majoritairement ordonnée, de préférence à une autorité parentale exercée par un seul des parents. Mais on constate en pratique une certaine permanence des schémas traditionnels. En effet, de même qu'autrefois les mères obtenaient la garde de leurs enfants dans près de 85 % des cas, de même c'est chez la mère que résideront, à peu près dans les mêmes proportions, les enfants du couple. Ce pourcentage fait apparaître un réel déséquilibre sur lequel il convient de s'interroger.

▶ Le divorce et les conséquences financières : patrimoine et pensions

Il a souvent été constaté qu'après une période de culpabilité (notamment l'époux qui part proposant d'importantes pensions ou abandon de biens), s'instaure rapidement un climat plus froid, une vision plus réaliste

de la situation… et des discussions qui n'en finissent pas sur la meilleure façon de faire des économies domestiques (l'enfant qui était dans le privé est finalement aussi bien dans le public…) alors que l'autre époux estime avoir droit au maintien du train de vie, ce qui pour lui est un minimum.
Chez ce dernier, on retrouve souvent l'idée que son conjoint, puisqu'il veut reprendre sa liberté, va devoir payer pour cela. En cas de remariage rapide, il existe une crainte de l'époux que les biens aillent vers le nouveau conjoint et non vers les enfants du couple.
Ce qui est sûr, c'est que le divorce appauvrit. L'époux qui part va se retrouver à la tête de nouveaux frais (logement notamment), tout en devant continuer à participer aux frais du ménage qu'il vient de quitter. Après le divorce, le versement d'une prestation compensatoire peut apparaître comme une charge importante du budget, notamment quand les revenus de celui qui la doit ont baissé et alors que cette prestation compensatoire n'est pas révisable. De son côté, le conjoint qui ne travaille pas ou qui a de plus faibles revenus peut se retrouver dans une situation difficile. Tous les frais qui étaient assumés à deux vont devoir être pris en compte par un seul des époux. Les pensions, prestations et indemnités qui peuvent être obtenues dans le cadre d'un divorce ne peuvent pas compenser cette différence dans la situation des époux.

Les différents intervenants

LE JUGE AUX AFFAIRES FAMILIALES

Le juge aux affaires familiales est le pivot de la procédure de divorce et de ses conséquences. Certains le considèrent comme « l'homme orchestre du divorce ». Pour la plupart des couples, le passage devant le juge (obligatoire pour la première audience) est une expérience difficile. Pourtant, le juge va les recevoir dans son cabinet, à l'abri des oreilles indiscrètes, et ce qui aura été dit ne sortira pas de cette pièce. Le juge n'est ni pour ni contre un époux. Mais il devra trancher entre les conjoints sur des questions humaines et souvent difficiles. Or, il a peu de temps pour cela – d'où l'importance de bien préparer son dossier avant de passer devant ce juge. Son rôle est difficile car il entérine un échec. Pour les conjoints, leur divorce est bien sûr une affaire importante. C'est peut-être d'ailleurs la seule fois où ils auront affaire à la justice. Le juge peut leur paraître détaché et lointain. Effectivement, il s'agit d'un professionnel qui a nécessairement un recul que le couple n'a pas.
La philosophie des textes sur le divorce est, en effet, de confier à ce juge un rôle central tout en donnant la parole à d'autres intervenants qui lui permettent de l'éclairer dans sa prise de décision :
- les époux eux-mêmes qui vont être entendus par le juge au moins à l'audience de conciliation (ou aux deux audiences en cas de divorce sur demande conjointe),
- l'enfant, dans la mesure où il est appelé à donner son avis,
- l'enquêteur social, le médecin-expert, le cas échéant,

- le médiateur s'il en est désigné un avec l'accord des parties,
- et bien sûr les avocats des époux (et parfois de l'enfant).

RÉFORME

Il est envisagé de supprimer le recours au juge aux affaires familiales et à l'avocat dans le cadre de certains divorces sur demande conjointe, qui ne présenteraient pas de difficultés. Cette possibilité de divorcer devant une autorité administrative (maire notamment) pourrait être envisagée dans les cas de ménage sans enfant, sans bien et où chaque époux dispose de revenus. Ce projet semblait avoir été abandonné puisqu'il ne figurait pas dans le dossier de réforme du droit de la famille rendu public le 15 juin 2000. Il est pourtant repris dans la conférence de presse des ministres de la Justice et de la Famille d'avril 2001.

L'AVOCAT

▶ Comment choisir un avocat ?

Un avocat peut être choisi pour un certain nombre de raisons, et notamment pour son implantation géographique et sa spécialité.
La plupart des conseils de l'Ordre des avocats (se renseigner auprès du tribunal de grande instance dont on dépend) tiennent à la disposition du public les listes d'avocats inscrits à cet ordre.
Les avocats spécialistes des divorces sont regroupés sous la spécialisation « droit des personnes ». Le choix de l'avocat, qui va être le partenaire d'un époux durant plusieurs mois de procédure, doit être pertinent. Plusieurs considérations vont jouer (coût, facilité du contact, rumeur...).
Il est courant de s'adresser autour de soi à des personnes qui ont déjà divorcé afin d'avoir leur avis sur l'avocat qui les a représentées.

▶ Le premier rendez-vous

L'avocat est un technicien qui est là pour aider et assister son client. Il n'a pas besoin d'être trop passionné et de prendre fait et cause pour son client, au contraire. Il n'hésitera pas en effet au fur et à mesure de la procédure, surtout s'il s'agit d'une procédure pour faute, d'indiquer à son client que les arguments donnés ne sont pas bons, qu'il fait fausse route en étant trop « gourmand » ou trop vindicatif.
En retour, le client doit être franc avec lui (notamment en ce qui concerne ses torts ou les éléments de son patrimoine). Lui dissimuler un élément, c'est courir le risque qu'il en ait connaissance par la partie adverse sans avoir pu s'y préparer.
Au cours du premier rendez-vous, un certain nombre de pièces et renseignements devront lui être fournis, et notamment :
- le livret de famille,
- le contrat de mariage,
- la carte de sécurité sociale,
- les documents relatifs aux crédits en cours,

– les trois derniers avis d'imposition,
– les bulletins de salaire ou autre source de revenus,
– l'adresse et le numéro des caisses de retraite,
– la liste et les numéros des différents comptes (bancaires, CEL, Livret A, PEL...) ainsi que le montant et l'origine des sommes,
– les comptes domestiques avec des postes détaillés (enfants, maison...) et les justificatifs,
– le contrat de bail ou le titre d'occupation du logement,
– les procurations éventuelles,
– les donations que les époux se sont consenties (ou qui leur ont été consenties), les contrats d'assurance vie,
– les pièces relatives aux biens immobiliers, etc.

Dès ce premier rendez-vous, s'il s'agit d'une demande de divorce pour faute notamment, la question des preuves va être posée. Ce premier rendez-vous doit être soigneusement préparé par l'époux. Il ne faut pas que ce dernier hésite à faire une liste de ces principales questions. Plus le client apportera de renseignements à son avocat, plus le travail fourni sera à la hauteur de son attente.

De façon générale, les « conclusions » de l'avocat (c'est-à-dire ses écritures) ne seront envoyées qu'après leur lecture et approbation par le client.

▶ Comment changer d'avocat ?

Il est toujours possible, et à tout moment, de changer d'avocat, encore qu'il ne soit pas conseillé de le faire au dernier moment, peu de temps avant l'audience de jugement. Il peut toutefois se poser un problème d'honoraires car un avocat qui succède à un de ses confrères n'a pas le droit, vis-à-vis des règles du conseil de l'Ordre, d'intervenir tant que son prédécesseur n'a pas été dédommagé de ses frais et honoraires d'intervention. S'il y a un litige en ce qui concerne les frais et honoraires d'intervention, il est possible de demander l'arbitrage du bâtonnier qui, en cas d'urgence, donne l'autorisation au nouvel avocat d'intervenir avant que le problème soit réglé (cette question est traitée sous la rubrique : *Les questions que l'on se pose, le coût d'un divorce*).

Si l'on veut remplacer l'avocat désigné au titre de l'aide juridictionnelle par un avocat payant, le problème est le même, car l'avocat désigné au titre de l'aide juridictionnelle que l'on veut remplacer a droit, avant que ce remplacement soit régularisé, d'être indemnisé de ses frais et honoraires d'intervention.

▶ Un seul avocat peut-il représenter les deux époux ?

Cette possibilité n'est prévue qu'en cas de divorce sur demande conjointe.

▶ L'enfant d'un couple qui divorce peut-il avoir un avocat ?

En matière d'autorité parentale, lorsque l'enfant « **capable de discernement** » en fait la demande, son audition ne peut être écartée par le juge que par une décision spécialement motivée. Il peut être entendu seul, avec un avocat qui lui sera désigné au titre de l'**aide juridictionnelle** ou une personne de son choix (une personne de sa famille, un parrain...) (voir l'encadré sur l'aide juridictionnelle).

Si ce choix n'apparaît pas conforme à son intérêt, le juge peut procéder à la désignation d'une autre personne (art. 9-1, L. n° 91-647 du 10.7.1991).

▶ La responsabilité des avocats

La responsabilité des avocats peut être mise en cause pendant un délai de dix ans à compter de la fin de leur mission (la fin d'une mission est souvent le jugement ou l'arrêt devenu définitif – art. 2277-1 C. civ.). Elle peut être engagée dans les conditions de droit commun, devant le tribunal d'instance ou devant le tribunal de grande instance suivant le montant du litige (art. 26, L. n° 71-30 du 31.12.1971). Cette responsabilité (qui doit faire l'objet d'une assurance obligatoire) peut s'avérer difficile à engager, car il faudra prouver l'existence d'une faute, d'un préjudice et surtout l'existence d'un lien de causalité entre la faute et le préjudice. Par exemple, sans cette faute, le procès aurait été gagné. Ainsi si, malgré les instructions du client, l'avocat ne fait pas appel, il y a effectivement faute. Mais il est en revanche difficile de prouver que, dans le cadre de cet appel, la décision aurait été différente et conforme au souhait de l'époux qui désirait faire appel. On peut invoquer la seule « perte d'une chance » de gagner éventuellement le procès...

QUESTIONS-RÉPONSES

Est il possible de divorcer sans prendre d'avocat ?

L'assistance d'un avocat est obligatoire pour divorcer. Il est possible de solliciter **l'aide juridictionnelle** en cas de faibles revenus.

Un premier rendez-vous chez un avocat pour des informations est-il payant ?

Tout dépend en fait si la personne concernée a indiqué à l'avocat qu'elle a l'intention de rester son client. Dans cette hypothèse, il n'y a pas de règle déontologique en la matière. Certains avocats prévoient, dès le premier rendez-vous, le règlement d'une provision à valoir sur le solde des honoraires. D'autres prévoient une rémunération concernant ce seul premier rendez-vous, d'autres encore ne font pas payer le premier rendez-vous. S'il s'agit d'un seul rendez-vous qui ne va pas avoir de suite, il est logique qu'une note d'honoraires soit adressée au client.

Étant marié et sans ressource avec trois enfants, je voudrais divorcer. Que dois-je faire ? Quels sont mes droits ?

Il faut tout d'abord vous adresser aux services de **l'aide juridictionnelle** auprès du tribunal de grande instance qui devra être saisi (celui où résident les enfants si vous prenez l'initiative, c'est-à-dire celui dans le ressort duquel vous habitez). Un avocat ➤

QUESTIONS-RÉPONSES

va vous être désigné prochainement (vous recevrez un courrier avec ses coordonnées) avec qui il faudra prendre rendez-vous. Il vous appartient de contacter cet avocat, il ne vous contactera probablement pas de lui-même. C'est lui qui va vous conseiller au vu des éléments que vous allez lui confier.

Au terme d'une procédure de divorce pour faute sans difficulté, mon avocat me réclame une dernière provision de 2 000 F. Aucun montant n'a effectivement été fixé dès le départ, mais on en arrive à une note de 15 000 F. N'est-ce pas excessif ?

Les honoraires des avocats ne sont pas tarifés mais librement fixés en fonction de critères définis par la loi (difficulté de la procédure, notoriété, frais exposés, de sa notoriété et de ses diligences). Le client d'un avocat a toujours la possibilité de faire arbitrer son différend par le bâtonnier de l'Ordre, qui est l'organe compétent en matière de contestation d'honoraire.

Un avocat peut-il défendre la partie adverse via un collègue exerçant dans le même cabinet ?

Tout dépend si ces deux avocats exercent dans la même structure (ex : « SCP » – société civile professionnelle). En effet, dans cette hypothèse, il peut y avoir conflit d'intérêt. La situation est différente si les deux avocats sont seulement domiciliés à la même adresse ou en SCM (société de moyens où seuls sont mis en commun les moyens matériels et non les clients). Sur toutes ces questions, il est possible de s'adresser à l'Ordre des avocats concerné.

Peut-on changer d'avocat quand on en est mécontent du sien ? Et comment faire pour récupérer son dossier ?

Il est toujours possible de changer d'avocat, l'avocat nouvellement choisi se chargeant de récupérer le dossier chez son confrère. Il vous sera cependant demandé si vous êtes en règle avec l'ancien avocat que vous aviez choisi en ce qui concerne le paiement des honoraires avec le premier avocat. Déontologiquement, en effet, le second avocat ne peut vous garder comme client que si son confrère a été désintéressé.

Dans le cadre d'un divorce sur demande conjointe, quels sont les frais de partage d'un bien ?

Dès lors que les biens à partager comprennent des biens immobiliers, c'est le notaire qui devra vous indiquer en fonction du patrimoine à partager le montant des frais à régler.

L'HUISSIER DE JUSTICE

▶ Les actes qu'il effectue

L'huissier de justice a le monopole de certains actes : ainsi seul l'huissier peut « **signifier** » le jugement de divorce pour le rendre exécutoire et faire courir les voies de recours, ou encore délivrer **l'assignation en divorce**. Cela dit, l'intervention de l'huissier n'est pas toujours obligatoire (par exemple, pour la première audience devant le juge conciliateur, c'est le greffe qui convoque ; pour le divorce sur **demande conjointe**, il n'y a pas d'intervention de l'huissier).

Il est par ailleurs fréquemment demandé aux huissiers, par l'un ou l'autre des époux, d'effectuer un constat (par exemple, **constat d'adultère**, constat attestant l'opposition d'un enfant de voir son parent dans le cadre du **droit de visite et d'hébergement**, constat portant sur la disparition des meubles du domicile...). L'huissier peut également délivrer des **sommations de payer** dans le cadre de non-paiement de pension alimentaire ou de prestation compensatoire – et de façon générale se préoccuper du recouvrement des impayés ou encore délivrer une **sommation de réintégrer le domicile conjugal** (bien que ce dernier acte soit peu usité).

▶ La responsabilité de l'huissier

Comme tout mandataire, l'huissier peut voir sa responsabilité civile engagée par son client (par exemple, en cas de nullité pour rédaction ou délivrance défectueuse d'un acte, pour négligence pour un acte signifié hors délai). Sa responsabilité peut également être engagée par des tiers en cas de faute prouvée. L'huissier de justice peut de même engager sa responsabilité pénale (par exemple, pour violation de domicile ou détournement de fonds). La responsabilité professionnelle de l'huissier fait l'objet d'une assurance contractée au niveau départemental (art. 55, décr. 29.2.1956).

EN PRATIQUE

La chambre des huissiers

Chambre nationale des huissiers de justice
44, rue de Douai – 75009 Paris
tél. : 01.49.70.12.90.

EN BREF

Le point sur l'aide juridictionnelle

Le bénéficiaire de l'aide juridictionnelle a droit à l'assistance d'un avocat et à celle de tous officiers publics ou ministériels dont la procédure requiert le concours (huissier de justice, notaire... – art. 75, L. n° 91-1266 du 19.12.1991). Le coût de cette assistance est alors pris en charge, en tout ou partie, par l'État, qui payera ces professionnels.

Deux catégories de conditions doivent être remplies pour bénéficier de l'aide juridictionnelle. Elles sont relatives à la personne et relatives à ses ressources : ➤

EN BREF

Conditions relatives à la personne

Il faut :

– être français ou ressortissant d'un pays de l'Union européenne,

– ou bien être étranger résidant habituellement et régulièrement en France,

– ou bien être étranger, sans condition de résidence, s'il s'agit de mineurs, témoins assistés, personnes mises en examen prévenues, accusés, condamnés ou parties civiles, ou encore d'une personne faisant l'objet d'une reconduite à la frontière ou d'une expulsion.

Conditions relatives à ses ressources

Le demandeur doit justifier que ses ressources mensuelles sont inférieures à 5 175 F pour bénéficier de l'aide juridictionnelle totale et de 5 175 F à 7 764 F pour bénéficier de l'aide juridictionnelle partielle (pour l'année 2001). Ces plafonds sont affectés de correctifs pour charges de famille. Les plafonds sont fixés chaque année par la loi de finances en référence à l'évolution de la tranche la plus basse du barème de l'impôt sur le revenu.

Les personnes bénéficiaires de l'allocation supplémentaire prévue à l'article L 815-4 du Code de la Sécurité sociale (ancienne allocation du Fonds national de solidarité, FNS) ou du revenu minimum d'insertion (RMI) sont dispensées de justifier de l'insuffisance de leurs ressources (art. 2 et 3, L. n° 91-647, 10.7.1991).

À noter

Une personne qui ne remplirait pas les conditions de ressources peut néanmoins se voir accorder l'aide juridictionnelle si sa situation apparaît particulièrement digne d'intérêt au regard de l'objet du litige ou des charges prévisibles du procès (art. 6, L. n° 91-647, 10.7.1991).

Où s'adresser ?

Il faut s'adresser aux bureaux d'aide juridictionnelle établis près de chaque tribunal de grande instance. Le demandeur peut adresser sa demande au bureau d'aide juridictionnelle du lieu de son domicile. S'il y a lieu, et après avoir vérifié que le dossier contenait les pièces exigées par la loi, le bureau ainsi saisi transmet ce dossier au bureau compétent pour statuer sur la demande.

Attention : tout changement de domicile qui intervient postérieurement à la demande d'aide doit être déclaré sans délai au bureau d'aide juridictionnelle initialement saisi (art. 33 décr. n° 91-1266, 19.12.1991).

Les bureaux établis près des tribunaux de grande instance sont compétents pour toutes les instances portées devant les juridictions du premier et du second degré (tribunaux judiciaires civils, tribunaux correctionnels, cours d'appel, cours d'assises, tribunaux administratifs et cours administratives d'appel, etc.). Il ➤

EN BREF

existe également des bureaux installés auprès de la Cour de cassation. Dans l'hypothèse d'une affaire devant être portée devant cette juridiction, il faut obligatoirement s'adresser au bureau de cette juridiction et non pas au tribunal de grande instance. Territorialement, le bureau compétent est celui du tribunal de grande instance situé dans le même ressort que la juridiction saisie ou à saisir (art. 26 décr. n° 91-1266, 19.12.1991).

L'aide juridictionnelle peut être demandée avant ou pendant l'instance (art. 12 et s., art. 18 L. n° 91-647, 10.7.1991).

LE MÉDIATEUR FAMILIAL

Certains praticiens sont convaincus de la nécessité de régler autrement les litiges engendrés par la rupture familiale, et plus particulièrement les divorces et la question des enfants de parents divorcés.

Pour les tenants des « **modes alternatifs de règlement des litiges familiaux** », la réponse donnée dans le cadre des procédures de divorce en termes de droit, si elle est nécessaire, reste souvent insuffisante ou réductrice. Tant il est vrai que les conflits familiaux, avant d'être un phénomène juridique traité judiciairement, sont un phénomène psychologique, émotif, social et économique. Dans bien des cas pour le juge, trancher le litige n'est donc pas forcément le résoudre (C. Lienhard, formateur en médiation, avocat au barreau de Strasbourg, Dalloz, 1989, p. 411). En matière familiale, il n'y a pas de solution parfaite ; il faut se contenter de rechercher la moins mauvaise. Comme l'indique un juge aux affaires familiales de Nanterre, si dire le droit est indispensable, le juge atteint vite ses limites dans des conflits lourds. En effet : « *Que pèse l'écrit d'un jugement quand, dans un état d'esprit destructeur, un parent continue au quotidien de dénigrer ou nier l'autre auprès de l'enfant ? Ou lui refuse son libre accès ? Ou toute information sur la vie ? Ou l'empêche même de téléphoner ? Ou déménage à l'autre bout du pays ? Ou multiplie les prétextes, week-ends après week-ends pour ne pas lui remettre l'enfant ? Une fois la décision rendue, les parents retrouvent quasiment leur entier pouvoir au quotidien dans leur rapport avec l'enfant et avec l'autre parent : une décision qui n'a pas pu être intégrée, voire élaborée par les deux parents est une décision inapplicable, qui sera inappliquée* » (D. Ganancia, GP, 7.7.1999). Les justiciables ont en effet besoin d'une justice pragmatique et humaine, surtout dans le domaine du droit de la famille. Les praticiens soutiennent notamment qu'il faudrait développer la médiation familiale, à l'exemple d'autres législations étrangères.

« *La médiation familiale est un processus qui tend vers le règlement à l'amiable des conflits familiaux grâce à l'intervention confidentielle d'une tierce personne neutre, qualifiée de médiateur, dont la mission est d'écouter, d'apaiser les passions, d'éclaircir les prétentions respectives, de rétablir le dialogue autour de propositions de solutions susceptibles de rapprocher les intéressés* » (L. Topor, *La Médiation familiale,* PUF 92, Que sais-je ?).

Le médiateur est un tiers par rapport aux intervenants habituels de la procédure de divorce : ce n'est ni un juge ni un avocat. Il n'a pas la même mission qu'un **enquêteur social** ou un **médecin expert.**

Il n'est pas en charge de la procédure de divorce, qui reste du ressort du juge. Il peut seulement aider à en régler les conséquences, en tâchant de rechercher des solutions adaptées à chaque situation familiale. Ainsi, il pourra aider à rapprocher des conjoints en opposition sur la question du montant de la **pension alimentaire** ou sur l'organisation des **droits de visite et d'hébergement.**

Si un accord est trouvé, il pourra être homologué par le juge ou intégré dans le jugement. L'intérêt de cette mesure consiste dans le fait que le couple en litige n'est plus seulement passif, mais qu'il est motivé pour rechercher un élément de solution à son conflit.

> ***Exemple***
>
> *Dans une affaire, un père a saisi le juge en lui demandant la désignation d'un médiateur pour homologuer un accord modifiant l'exercice de l'autorité parentale sur les enfants. Une* ***thérapeute familiale*** *a pu être désignée, ayant pour mission de déposer un rapport au terme d'un certain délai, de prendre rendez-vous avec les époux au moins cinq fois, les frais étant partagés entre chaque époux (TGI Argentan, 23.6.88).*

Les époux peuvent désigner une association familiale ou un membre d'une association de médiateurs. De même, il n'est pas rare de voir, au cours d'une audience de conciliation, le juge proposer de lui-même aux parties de s'adresser à un médiateur. Si elles acceptent, le juge aux affaires familiales surseoit à statuer sur les questions qui vont être soumises à médiation, quitte à ce que les parties reviennent devant lui pour ces questions si aucune solution à l'amiable n'a pu être trouvée avec le médiateur. Mais ce renvoi à la médiation n'est pas obligatoire pour le juge et les parties ne sont pas obligées de l'accepter.

En France, la médiation, qu'elle soit familiale ou pénale, est assurée principalement par le secteur associatif (l'APMF : Association pour la promotion de la médiation familiale ; l'ANM : Association nationale des médiateurs ; l'AFCCC : Association française des centres de consultation conjugale, etc.). Certains tribunaux proposent un service de médiation au sein du tribunal. La médiation n'est cependant pas gratuite et les parents ne sont pas toujours prêts à en assumer le coût, ce qui freine son expansion (voir la rubrique : *Le coût d'un divorce*).

RÉFORME

La place de la médiation familiale devrait être renforcée. En cas de conflit familial, le juge pourra l'ordonner sans avoir à obtenir l'accord préalable des parties (Conférence de la famille, 15 juin 2000 ; conférence de presse des ministres de la Justice et de la Famille, avril 2001).

LE MÉDIATEUR EN MATIÈRE PÉNALE

L'article 41-1 du code de procédure pénale prévoit au titre des mesures alternatives aux poursuites pénales la possibilité pour le parquet, c'est-à-dire le procureur de la République, quand il reçoit une plainte, d'engager une médiation pénale. Cette mesure sera ordonnée si elle lui paraît « *susceptible d'assurer la réparation du dommage causé par l'infraction, de mettre fin au trouble résultant de l'infraction et de contribuer au reclassement de l'auteur des faits* ». Cette médiation n'est possible qu'en cas d'**accord des parties.**
Le médiateur a vocation à agir notamment en matière de contentieux familial (**abandon de famille, non-représentation** d'enfant et autres infractions), quand le procureur, saisi d'une plainte, estime qu'un arrangement doit pouvoir être possible.
Le processus de médiation est mis en œuvre sur réquisition du parquet (procureur de la République), qui remet le dossier au médiateur et envoie aux parties les convocations pour un entretien préalable et individuel, dans un lieu neutre, en principe hors du tribunal.
Le médiateur n'est ni un juge, ni un enquêteur, ni un arbitre. Il est tenu à la confidentialité des débats et des documents échangés. Il écoute la version de chaque partie et va reformuler l'essentiel des termes du conflit. Dès que le principe de la médiation est accepté, une date de rendez-vous est fixée. Au fil des rendez-vous, un accord écrit peut être conclu. Un rapport est rendu ensuite au parquet indiquant notamment l'issue de la médiation. L'accord des parties peut être suivi d'un retrait de plainte.
Les médiateurs insistent sur le fait que la médiation permet à chacun de s'exprimer, d'être écouté et donc de « vider l'abcès » sur des faits passés, ce qui entraîne un début d'apaisement. Mais le désir d'une sanction peut l'emporter sur celui de trouver une solution amiable. La philosophie de ces dispositions est de rétablir la proximité entre la justice et le justiciable, d'éviter la récidive, de mieux comprendre le vécu de la victime... et d'éviter un trop grand encombrement des juridictions pénales. La médiation pénale s'est développée en France notamment à travers des associations (ex. : l'Association d'aide pénale : l'AApé) et des **Maisons de Justice et du Droit** (voir ci-dessous).
Dans un article émanant de l'une des associations (l'AApé), il est indiqué qu'en matière d'abandon de famille, non-représentation d'enfant et violences sur mineur, la durée moyenne des médiations est de six mois. Sur 1995 et 1996, la réussite de médiation est de l'ordre de 70 % (GP, 17-18.12.1997).
Le parquet reste toujours maître de l'opportunité des poursuites, quelle que soit l'issue de la médiation (le médiateur n'est pas le juge). Cela signifie que, même en cas de retrait de plainte par exemple, la justice pénale peut suivre son cours. Ceci peut amener le délinquant à ne pas accepter la médiation, puisqu'il ne peut pas être certain que, même si un accord a été trouvé en cours de médiation, il ne sera pas poursuivi.

• *Pour trouver le thème qui vous intéresse, consultez la table des matières en début de volume ou l'index alphabétique en fin de volume.*

QUESTIONS-RÉPONSES **Pour statuer sur l'autorité parentale sur les enfants, le juge peut-il imposer une médiation entre les parents, et est-ce payant ? Le parent est-il obligé de faire cette médiation ?**

Le recours à la médiation suppose l'accord des parties. La médiation est la possibilité donnée au juge de désigner un tiers pour tenter de parvenir à un accord entre les parties. Le médiateur a pour mission d'entendre les parties, de confronter leurs points de vue pour leur permettre de trouver une solution au conflit qui les oppose. La médiation ne peut pas être imposée, mais est subordonnée à l'accord des parties (art. 131-1 et suivants NCPC).

LES MAISONS DE JUSTICE ET DU DROIT, LES DÉLÉGUÉS DU PROCUREUR DE LA RÉPUBLIQUE ET LA COMPOSITION PÉNALE

Les maisons de justice et du droit sont placées sous l'autorité du président du tribunal de grande instance et ont pour mission d'assurer une présence judiciaire de proximité et de concourir à la prévention de la délinquance, à l'aide aux victimes et à l'accès au droit. Des mesures alternatives au traitement pénal (comme la médiation pénale – voir ci-dessus – et la composition pénale traitée ici) et des actions tendant à la résolution amiable des litiges peuvent y prendre place. Elles dépendent soit des mairies, soit du conseil général et permettent notamment l'établissement des contacts entre les parents et les enfants sur un terrain neutre, assistés le cas échéant par des psychologues (art. 7-12-1-1 C. org. jud.).

Sont également présents dans ces maisons des délégués du procureur de la République.

Ces délégués ont reçu mission, au même titre que le procureur de la République, de proposer au prévenu d'une infraction, telle l'**abandon de famille (non-paiement d'une pension alimentaire)** ou la **non-représentation d'enfant** (dans le cadre du droit de visite et d'hébergement), une composition pénale, **tant que l'action publique n'a pas été mise en mouvement,** qui consiste notamment en une ou plusieurs des mesures suivantes :

– verser une amende de composition au Trésor public. Le montant de cette amende de composition, qui ne peut excéder ni 25 000 F (montant en euros non encore fixé) ni la moitié du maximum de l'amende encourue, est fixé en fonction de la gravité des faits ainsi que des ressources et des charges de la personne. Son versement peut être échelonné, selon un échéancier fixé par le procureur de la République, à l'intérieur d'une période qui ne peut être supérieure à un an ;

– se dessaisir au profit de l'État de la chose qui a servi ou était destinée à commettre l'infraction ou qui en est le produit ;

– effectuer au profit de la collectivité un travail non rémunéré pour une durée maximale de soixante heures, dans un délai qui ne peut être supérieur à six mois.
Le procureur de la République doit également proposer à l'auteur des faits de **réparer les dommages causés par l'infraction** dans un délai qui ne peut être supérieur à six mois (par exemple, paiement de l'arriéré des impayés au titre des pensions alimentaires pour l'enfant du couple divorcé). Il informe la victime de cette proposition.
La composition pénale peut être proposée dans une **maison de justice et du droit.** Elle doit être validée par le tribunal. Si la personne n'accepte pas la composition ou si, après avoir donné son accord, elle n'exécute pas intégralement les mesures décidées ou encore si le tribunal ne valide pas cette mesure, le procureur de la République apprécie la suite à donner à la procédure. En cas de poursuites et de condamnation, il est tenu compte, le cas échéant, du travail déjà accompli et des sommes déjà versées par la personne.
L'exécution de la composition pénale éteint l'action publique (la personne ne peut plus être pénalement poursuivie), mais la victime peut délivrer une citation directe devant le tribunal correctionnel pour permettre au tribunal saisi de statuer sur les seuls intérêts civils (si elle n'a pas déjà été indemnisée).

LES ENQUÊTEURS SOCIAUX

Une enquête sociale peut être ordonnée pour permettre au juge de prendre sa décision en ce qui concerne l'autorité parentale sur l'enfant en toute connaissance de cause. Concrètement, cela signifie que l'enquêteur social va prendre rendez-vous avec les parents, rencontrer les enfants concernés, consigner leur déclaration, examiner les lieux où devront se dérouler le droit de visite et d'hébergement, faire une enquête de voisinage et à l'école...
L'enquêteur social est souvent reçu avec appréhension par les parents. Il ne faut cependant pas oublier de rester naturel et éventuellement de prévenir les enfants de son rôle. L'enquêteur social n'est en faveur d'aucun des deux parents, son rôle est de trouver des éléments objectifs concernant la vie de l'enfant. Le rapport d'enquête sociale est, dans la pratique, souvent suivi par le juge.

LE NOTAIRE

Le notaire va être amené à intervenir **pendant la procédure de divorce :**
– s'il s'agit d'un divorce sur **demande conjointe,**
– à l'occasion d'une **liquidation anticipée de la communauté** dans les autres types de divorce (art. 1450 C. civ.).
L'intervention du notaire est obligatoire si la liquidation concerne des biens immobiliers dans le premier cas.
Dans le second cas, elle est obligatoire, en principe, quand la liquidation concerne des biens mobiliers ou immobiliers (voir cependant : *Les conséquences du divorce, les conventions de liquidation anticipée pour les époux séparés de biens*).

Quand il n'y a pas de liquidation anticipée de la communauté, le notaire intervient **après le divorce**, obligatoirement si la **liquidation** concerne des biens immobiliers.
En aucun cas, le rôle du notaire dans ces différentes hypothèses est de trancher entre les parties si elles ne sont pas d'accord sur ses propositions, propositions qui sont faites au regard des documents qui lui sont fournis. En cas de difficulté, il doit dresser un procès-verbal de difficulté. Dans le cadre de l'après-divorce, c'est le juge du partage, c'est-à-dire le tribunal de grande instance saisi par les parties (ou l'une d'entre elles) qui tranche.

LES EXPERTS

Un expert-comptable peut être désigné pour apprécier l'étendue et la consistance des biens d'un ou des époux.
Un expert immobilier peut avoir à apprécier l'évaluation des biens immobiliers appartenant aux époux ou à l'un d'entre eux.
Un expert psychiatre ou psychologue peut être désigné, notamment en cas de conflit grave sur les enfants.
Les experts sont nommés par le juge aux affaires familiales. Les opérations d'expertise obéissent à des règles précises que les époux peuvent avoir intérêt à connaître. (Sur cette question, voir la rubrique : *Les règles communes, la procédure devant le juge aux affaires familiales*).

Les questions que l'on se pose sur le divorce

Les questions que l'on peut se poser sont variées : elles peuvent concerner naturellement le choix, la durée et le coût d'un divorce, l'avocat qu'il faudra choisir, ses chances de succès, que l'on veuille ou non divorcer, et en amont, le cas échéant, la séparation de fait, qui est souvent un prélude au divorce.

DIVORCE OU SÉPARATION DE FAIT ?

Le divorce vient souvent après une période de « **séparation de fait** », c'est-à-dire une séparation des époux sans autorisation d'un tribunal. C'est particulièrement vrai dans le cas des divorces sur demande conjointe.
Deux type de séparation de fait peuvent se rencontrer :
– la séparation convenue d'un commun accord,
– la séparation de fait non voulue par un des époux, quand son conjoint quitte le domicile conjugal.
• Dans le premier cas, la question se pose de savoir si, finalement, en cas d'accord des époux sur cette organisation de leur vie, ils n'ont pas

intérêt à rester seulement séparés de fait plutôt que de divorcer. L'intérêt est que la situation n'est pas irréversible. Leur situation est inchangée (surtout s'il n'y a pas d'enfant). Il n'y a pas de grands bouleversements dans le patrimoine des époux qui s'organisent – de façon informelle – entre eux pour la gestion de leurs biens au quotidien.

L'inconvénient est justement l'absence de formalisme de cette organisation de leur vie, l'absence de contrôle entre époux et le fait que les règles du mariage peuvent paraître inadaptées à la situation ainsi créée (les époux restent solidaires pour la plupart des dettes du ménage, une liaison passagère ou stable constitue une violation des droits et obligations du mariage...). En effet, le droit français ne réglemente pas la séparation de fait comme il le fait pour le divorce et la **séparation de corps.**

On constate d'ailleurs que certains arrêts vont infléchir les règles du mariage en présence d'une séparation de fait (pour l'inapplication de la solidarité entre époux d'un abonnement téléphonique souscrit par l'épouse séparée de fait, voir la rubrique : *La vie du ménage pendant la procédure, la solidarité entre époux*).

• Dans le second cas, cette organisation de vie n'a pas été voulue. Le conjoint qui part doit savoir qu'il est en tort et que son attitude peut être retenue contre lui si son conjoint engage une procédure de divorce pour faute.

Quel que soit le cas de figure, il faut savoir qu'elle est, en théorie, contraire à la loi qui impose aux époux de **cohabiter** (art. 215 C. civ.), même s'ils peuvent avoir un **domicile distinct.** En effet, l'article 108 du code civil précise que le mari et la femme peuvent avoir un domicile distinct sans qu'il soit pour autant porté atteinte aux règles relatives à la communauté de vie.

Il faut savoir également que la séparation de fait entraîne un certain nombre de conséquences juridiques, et notamment :

– quand elle a duré six ans, elle permet un divorce pour **rupture de la vie commune** sous certaines conditions ;

– elle permet de demander un **report de la dissolution de la communauté** dans les effets entre les époux. La séparation de fait est donc prise en compte pour la composition des patrimoines de chacun quand il va falloir procéder à la liquidation du patrimoine commun (art. 262-1 et 1442 C. civ.). Ce report peut être demandé dans le cas d'époux mariés sous d'autres régimes matrimoniaux ;

– d'un point de vue **fiscal,** elle permet l'imposition séparée des époux. Cette imposition distincte est applicable de plein droit, quand les époux sont mariés sous le régime de la séparation de biens à compter de la date de la séparation de fait (art. 6-1 C.G.I. ; voir la rubrique : *La fiscalité du divorce*) ;

– elle permet d'abréger le **délai de viduité** empêchant la femme de se remarier (art. 228 C. civ. ; voir la rubrique : *Les conséquences personnelles du divorce*) ;

– elle donne droit à certaines prestations sociales comme l'**allocation de parent isolé** (voir la rubrique : *Les conséquences du divorce*).

Enfin, la loi prévoit qu'en cas de rejet du divorce, il revient au juge d'organiser la séparation de fait entre les époux (art. 258 C. civ. ; voir la rubrique : *Le rejet du divorce*).

UN DES CONJOINTS NE VEUT PAS DIVORCER

On verra plus loin la notion de demande reconventionnelle, c'est-à-dire la riposte d'un époux contre l'autre pour obtenir soit le divorce, soit la séparation de corps.
Mais un époux peut parfaitement ne formuler aucune demande reconventionnelle et se contenter de demander un rejet de la demande en divorce, tout simplement parce qu'il désire rester marié. Sa demande peut-elle aboutir ? Que peut faire l'autre conjoint pour obtenir le divorce malgré cette opposition ?

▶ Les possibilités de l'époux qui ne veut pas divorcer

Il est bien entendu toujours possible de refuser un divorce en demandant le rejet (on parle de « débouté ») de la demande de l'autre époux. Plusieurs cas doivent être envisagés :

La demande principale est une demande en divorce pour faute ou pour rupture de la vie commune

Il faut, dans cette hypothèse, prendre un avocat pour faire valoir ses arguments en contrant un par un les griefs énumérés par son conjoint ou l'affirmation d'une rupture de la vie commune. Il est parfois tentant de « faire le mort », surtout dans l'état de choc que peut constituer une demande de divorce inattendue. La tentation est forte chez certains de refuser de se faire aider sur un plan juridique ou de se déplacer, notamment à la première audience, dite **audience de conciliation.** Cette attitude est très dangereuse, compte tenu de l'importance de cette audience au cours de laquelle des mesures peuvent être prises en l'absence d'un des conjoints (par exemple, des décisions sur **l'autorité parentale** concernant les enfants, le lieu de leur résidence ou d'autres concernant la pension alimentaire entre les époux pendant l'instance ou la **pension alimentaire** pour les enfants).
Par la suite, le divorce lui-même peut être prononcé sans qu'intervienne l'un des conjoints si le dossier que l'époux a présenté est suffisamment solide.
En cas de divorce pour **faute,** il existe une disposition très dangereuse pour l'époux qui ne veut pas divorcer puisque il est prévu que, même en l'absence de demande reconventionnelle, le divorce peut être prononcé aux torts partagés des deux époux si les débats font apparaître des torts à la charge de l'un ou de l'autre des époux (art. 245 C. civ. ; voir la rubrique : *Le divorce pour faute*).
En cas de divorce pour rupture de la vie commune, le conjoint peut se contenter de soulever l'exceptionnelle dureté qu'aurait pour lui le prononcé du divorce, et donc demander que le divorce ne soit pas prononcé (voir la rubrique : *Le divorce pour rupture de la vie commune*).

La demande principale est une demande en divorce sur demande acceptée

Il suffira au conjoint de refuser le mémoire qui lui est adressé ou de ne pas y répondre dans le délai prévu. Ce refus empêchera la procédure de s'enclencher devant le tribunal (voir la rubrique : *Le divorce sur demande acceptée*).

QUESTIONS-RÉPONSES

Quelle est la procédure pour une séparation de fait, est-ce obligatoire de consulter un avocat ? Comment faire pour être dans les règles ? Mon conjoint me verse une pension pour les enfants et je reste dans le domicile conjugal.

La séparation de fait n'est pas réglementée, contrairement à ce qui est le cas pour le divorce ou la séparation de corps. Cette situation peut en revanche entraîner certaines conséquences, puisque, selon la loi et vis-à-vis des tiers, vous êtes toujours mariés. Il faut au moins établir la preuve de la séparation de fait, ce qui pourra vous être utile par la suite (certaines aides étant prévues en cas de séparation de fait des époux). Il vous faut également, si vous ne l'avez déjà fait, faire le point avec votre **caisse d'allocation familiale** du fait de votre nouvelle situation.

La séparation de fait entraîne-t-elle séparation des biens ?

En aucune façon la **séparation de fait** n'entraîne la **séparation des biens.** Elle n'a pas d'incidence sur le patrimoine des époux, contrairement au divorce ou à la séparation de corps.

Mon mari veut prendre un peu de recul. Je n'ai pas d'enfant. Moi, je n'ai pas ce souhait et je désire que tout soit fait de façon régulière, devant un représentant de la loi, pour préserver mes droits. Que dois-je faire ?

Tout dépend de ce que vous entendez faire. Vous pouvez effectivement signer un écrit dans lequel seront indiqués la décision de votre mari, votre position, les modes d'organisation du quotidien (paiement d'une pension, règlement des prêts en cours...) et qui sera daté et signé par vous. C'est un engagement moral qui ne remplace pas une décision de justice, mais qui pourra éventuellement servir en cas de procédure s'il n'est pas exécuté, car il prouvera les mesures prises jusqu'alors d'un commun accord. En ce qui vous concerne, vous n'avez pas de droits à perdre. Le départ de votre mari pourrait en revanche, si la séparation perdure, lui être reproché dans le cadre d'un divorce pour faute. Vis-à-vis des tiers, vous êtes toujours mariée. Pour vous, le risque est par ailleurs que votre mari, bien que séparé de vous, continue à vous engager par certains actes. Vous n'avez cependant pas de moyen juridique pour le contraindre à rester chez vous. En revanche, vous pourriez le contraindre à régler les charges du ménage s'il ne le faisait pas. En résumé, vous avez intérêt à régler ensemble avant son départ tous ces points.

Le cas du divorce sur demande conjointe

Par définition, ce type de divorce est impossible en cas de refus catégorique de divorce, puisqu'il sous-entend un consentement des époux. Cependant, la réalité est plus nuancée, notamment en cas d'abandon par un des époux de certaines de ces prétentions.

▶ Les possibilités de l'époux qui veut divorcer

À défaut de convaincre son conjoint du bien-fondé d'une rupture, les seules possibilités de divorce restent, pour celui qui veut divorcer, le divorce pour faute ou le divorce pour rupture de la vie commune.
On retrouve en pratique une réaction courante de ce conjoint face à la situation de blocage dans laquelle il se trouve. Celui qui se voit opposer un refus ferme de divorcer sera, en effet, tenté de quitter le **domicile conjugal**, le cas échéant en s'installant en couple avec une autre personne. Cet époux doit savoir que ces deux faits sont deux infractions aux règles du mariage : **résidence commune** et **devoir de fidélité** et ces faits peuvent être retenus contre lui si son conjoint change d'avis. De plus, ce conjoint va créer une situation de fait qui sera prise en considération par le juge et sur laquelle il sera difficile de revenir. Ainsi, le conjoint qui quitte le domicile en laissant l'enfant aura du mal par la suite à obtenir que la résidence habituelle de celui-ci soit fixée chez lui...
En tout état de cause, l'époux qui envisage de partir doit continuer de régler les **charges du mariage**, c'est-à-dire contribuer aux dépenses communes (art. 214 C. civ.). Il faut conseiller à ce conjoint d'engager une procédure et d'attendre **l'autorisation de résidence séparée** qui sera accordée par le juge aux affaires familiales lors de l'audience de conciliation. Lors de cette première audience, il n'y aura effectivement pas de débat sur la cause du divorce. Le juge, après avoir vérifié qu'il n'y a pas possibilité de conciliation entre les époux, va seulement organiser la vie des époux pendant l'instance en divorce (sur tous ces points, voir les rubriques : *Les règles communes* et *La vie du ménage pendant la procédure*).

QUESTIONS-RÉPONSES

Que prévoit la loi quand un conjoint veut divorcer et l'autre pas ? Comment procéder pour divorcer lorsque son conjoint refuse toute idée de divorce et qu'aucune faute ne peut lui être imputée ? Comment peut-on le contraindre ? Dans quels délais ?

En supposant que la décision de divorcer pour un des époux est ferme et irrévocable, il faudrait connaître le motif de l'opposition de son conjoint. S'il s'agit d'une opposition sur le principe du divorce, il faut savoir qu'il existe une autre procédure, la **séparation de corps**, qui conserve le lien du mariage tout en entraînant des conséquences proches du divorce (dispense de **cohabitation** notamment). En revanche, si le conjoint veut se remarier, il ne lui reste plus qu'à engager une procédure de divorce. Sur un plan ➤

QUESTIONS-RÉPONSES

général, face à une situation de blocage, le lancement de la procédure peut permettre finalement une réaction du conjoint et la conclusion d'un divorce. Le divorce peut être engagé :
– pour **faute** en espérant que les juges apprécieront les éléments de son dossier avec une certaine tolérance ou encore que son conjoint répliquera finalement par une demande reconventionnelle ;
– pour **rupture de la vie commune** si l'époux a quitté le domicile conjugal depuis plus de six ans. Il faut savoir cependant que ce type de divorce peut entraîner de lourdes charges pour le demandeur (paiement d'une pension alimentaire pour le conjoint, conséquences sur le logement familial...).

L'opposition de l'époux qui ne veut pas divorcer est peut-être moins affaire de principe que crainte de l'avenir (où iront les enfants, vais-je conserver mon logement ? Je ne gagne pas suffisamment avec mon salaire en restant seul...). Ces différentes questions doivent donc être abordées, dans leur globalité, le cas échéant sous l'égide d'un avocat, et, le cas échéant, d'un médiateur familial.

Mon mari a quitté le domicile conjugal, me laissant seule et sans ressources. Je ne veux pas divorcer. Est-il possible de proposer une séparation de plusieurs mois en demandant à un juge d'ordonner aux époux d'aller voir un thérapeute, un médecin ou un conseiller conjugal ?

Sur le premier point, il est toujours possible d'organiser à l'amiable une vie séparée. Sur le second point, il n'est en revanche pas possible de demander à un juge une « **injonction de soins** », en l'espèce pour un couple de demander de consulter un psychologue spécialiste des crises conjugales. Le juge peut en revanche conseiller une consultation, renvoyer à la médiation ou à des consultations spécialisées, mais il ne peut pas imposer une consultation par un spécialiste, ce qui s'apparenterait à une violation de la **vie privée** des époux. Cette démarche peut en revanche parfaitement être faite à l'amiable ; c'est aux époux de prendre cette initiative pour tenter d'éviter une séparation.

Je voudrais divorcer. Mon conjoint ne semble pas s'y opposer. Où dois-je m'adresser en premier lieu ?

Il faut que vous preniez contact avec un avocat qui, au cours d'un premier rendez-vous, fera le point, compte tenu de votre situation et des faits que vous lui exposez, sur la procédure adéquate. Ce premier rendez-vous sera pris par vous seul, quitte par la suite, si vous vous orientez vers la voie d'une demande conjointe, à reprendre un rendez-vous à deux.

QUESTIONS-RÉPONSES

Quels sont les risques si l'on quitte le domicile conjugal, car mon conjoint ne veut pas divorcer ? Une main-courante m'autorise-t-elle à partir ?

Il faut différencier deux situations : les situations d'urgence (ex : brutalités du conjoint) et les autres. De façon générale, il n'est pas conseillé de partir sans autorisation judiciaire. En cas d'urgence, une « main-courante » déposée à la gendarmerie de son domicile n'est pas une autorisation judiciaire. La main-courante est une déclaration effectuée à la police et enregistrée sous un numéro. Elle n'a aucune valeur juridique en soi mais peut être invoquée à l'occasion d'une procédure. En revanche, elle s'avérera très utile pour obtenir une autorisation de résidence séparée au titre des **mesures d'urgence.** Si la personne qui désire partir n'est pas dans un cas d'urgence, il vaut mieux qu'elle attende l'autorisation de résidence séparée qui sera ordonnée par le juge dès la première audience. Cela évitera à cet époux de se mettre dans son tort au regard des droits et obligations du mariage (obligation de fidélité, devoir de secours, obligation de cohabiter). Si le départ s'impose néanmoins, il faudra que l'époux continue à s'acquitter de sa « **contribution aux charges du ménage** », c'est-à-dire continuer à régler les charges de la vie courante (enfant, loyer, emprunt, frais de nourriture...).

Établir une main-courante quand un conjoint quitte le domicile conjugal équivaut-il à une séparation de corps ?

Non, mais elle pourra être invoquée en cours de procédure. Par exemple, une femme déclare à la police qu'elle quitte le domicile conjugal car elle y subit des **violences** de la part de son mari. Dans l'hypothèse d'une procédure de divorce ultérieure de sa part, elle pourra invoquer la déclaration de main-courante qu'elle a effectuée au poste de police lors des faits. Ce document pourra être remis au tribunal qui statuera sur le divorce.

À noter

Les policiers refusent souvent de remettre aux particuliers une copie de leur main-courante et exigent que la demande en soit faite par leur avocat. Cette déclaration n'a donc rien à voir avec une autorisation de se séparer, que seul le juge est en pouvoir de faire dans le cadre de l'autorisation de résidence séparée.

Que peut-on faire, quand son conjoint veut divorcer, pour faire échouer le divorce ? Quels arguments peut-il apporter au tribunal pour obtenir le divorce alors que l'autre conjoint veut au contraire préserver son foyer ?

Quand un seul des époux veut divorcer, il ne peut engager, en l'état actuel des textes, qu'une procédure de divorce pour faute ou, au bout de six ans de séparation, engager un divorce pour

➤

QUESTIONS-RÉPONSES

rupture de la vie commune. Les fautes doivent, au terme de l'article 242 du code civil, être graves et renouvelées et rendre intolérable la vie commune. Ainsi, par exemple, une simple « **incompatibilité d'humeur** » ne suffirait pas au vu de cette exigence de la loi. L'époux contre lequel la procédure est engagée devra prendre un avocat et répondre, point par point, aux griefs qui lui sont imputés, en les contestant et en concluant au débouté du divorce, sans faire de son côté de demande « reconventionnelle » en divorce pour faute. Il est tout à fait possible dans ces conditions, et si les pièces du dossier de son époux sont faibles, d'obtenir un rejet de cette demande. Il est également possible que le juge prononce le divorce, même sans demande reconventionnelle, aux torts partagés des époux (art. 245 C. civ.).

Dans quelles conditions peut-on partir avec son enfant pour vivre avec une autre personne ? Combien de temps doit-on attendre pour pouvoir le faire ?

Si aucun accord ne peut intervenir sur ce point dans le couple, la première chose à faire est de contacter un avocat qui engagera la procédure adéquate. Juridiquement, l'époux doit être autorisé à résider séparément, à titre provisoire, dans le cadre de l'ordonnance de non-conciliation rendue par le juge. Il ne pourra emmener les enfants que si le juge les lui confie, dès qu'il a l'autorité parentale ou, en cas d'autorité parentale conjointe, si l'enfant réside chez lui. Ces différents points peuvent être fixés, suivant les juridictions, deux à trois mois après le dépôt d'une requête en divorce, dans le cadre d'une ordonnance du juge qui est exécutoire immédiatement, même en cas d'appel. S'il y a **urgence,** ces décisions judiciaires peuvent intervenir plus rapidement (voir la rubrique : *La vie du ménage pendant la procédure*). Cependant, vivre avec un autre partenaire dès le début de la procédure de divorce n'est pas conseillé car les époux se doivent toujours une fidélité, ce qui peut renforcer la position de l'autre. En outre, la présence d'une tierce personne peut avoir une incidence sur la résidence des enfants et la pension alimentaire...

QUEL DIVORCE CHOISIR ?

▶ Un divorce à la carte : pluralisme et cloisonnement

Il existe trois grands cas de divorce :
- le divorce par **consentement mutuel,**
- le divorce pour **rupture de la vie commune,**
- le divorce pour **faute.**

En fait, le divorce par consentement mutuel se décompose en :
- un divorce sur **demande conjointe,**
- un divorce sur **demande acceptée.**

Le divorce pour rupture de la vie commune se décompose en :
- un divorce pour **séparation de fait,**
- un divorce pour **aliénation mentale.**

Si les deux conjoints sont **d'accord pour divorcer**, il existe donc deux possibilités de divorcer, regroupées par la loi sous le terme de « consentement mutuel » :
- le divorce sur **demande conjointe,** qui nécessite l'accord des époux tant sur le principe du divorce que sur ses conséquences (enfants, biens, pensions et prestation compensatoire...),
- le divorce sur **demande acceptée,** qui nécessite un accord uniquement sur le principe du divorce, les époux pouvant ne pas être d'accord sur les conséquences.

En **l'absence d'accord entre les époux,** il existe deux types de divorce envisageables :
- le divorce pour **rupture de la vie commune,** qui repose sur une séparation des époux depuis au moins six ans ou une altération des facultés mentales du conjoint durant ce même délai minimal empêchant toute vie commune,
- le divorce pour **faute,** qui nécessite la preuve de certaines fautes considérées comme entraînant le caractère intolérable de la vie commune à l'égard de son conjoint.

Le divorce se distingue de la **séparation de corps** puisque, dans ce dernier cas, les époux restent mariés ; ils sont en revanche automatiquement séparés de biens et dispensés de cohabitation... La séparation de corps nécessite également un jugement. De plus, la séparation de corps peut être convertie en divorce au bout de trois ans, par jugement (voir la rubrique : *La séparation de corps*).

Le divorce entraîne des conséquences irréversibles entre les époux, contrairement à la simple séparation de fait (voir ci-dessus).

▶ Le pluralisme : les différents cas de divorce peuvent s'adapter à chaque situation

Le législateur de 1975 a voulu « dédramatiser le divorce ». Effectivement, on passe de l'unique possibilité d'un divorce pour faute à deux cas de divorce par consentement mutuel et un cas de divorce qui prend en compte, en dehors de toute faute, une séparation de fait d'une certaine durée (ainsi que l'aliénation mentale du conjoint). Dorénavant, outre la cause de leur divorce, les époux qui ne s'entendent plus peuvent choisir la procédure la plus adéquate, en fonction notamment du coût et de la durée ou des conséquences propres à chaque divorce.

La procédure n'est pas figée : ainsi les époux peuvent modifier leur demande en cours de procédure. Ainsi, le divorce pour faute peut devenir un divorce **sans énonciation de griefs** par souci d'apaisement entre les époux, ce qui conduit à une décision en principe plus rapide (voir la rubrique : *Le divorce pour faute* ; art. 248-1 C. civ.).

De même, il est toujours possible de passer d'un divorce à une procédure de séparation de corps ou à un divorce sur demande conjointe. Le jeu des demandes reconventionnelles peut également changer les données : par exemple, un mari demande le divorce pour **rupture de la vie**

commune, son épouse réplique en formant une demande en divorce pour **faute** et le jugement est rendu pour **faute** aux torts exclusifs du mari.
Il n'existe pas, en revanche, en droit français de divorce fondé sur la faillite du mariage ou **l'incompatibilité d'humeur** ou de mode de vie si les époux ne sont pas d'accord pour divorcer. Le divorce qui s'en rapproche le plus, le divorce sur demande acceptée, nécessite l'accord des époux sur le principe du divorce.
Mais attention, ce pluralisme dans les cas de divorce a un prix : le fait que la loi distingue entre plusieurs cas de divorce peut se retourner contre l'époux. On voit effectivement certaines décisions refuser de prononcer des divorces pour faute quand il résulte des faits que le couple aurait dû utiliser un divorce d'accord (voir la rubrique : *Le divorce pour faute*).

▶ Le cloisonnement : il n'est pas possible de passer d'un cas de divorce à l'autre

La loi interdit à un époux de changer d'avis.

L'interdiction de substituer un cas de divorce à l'autre

Le principe prévu par la loi est d'interdire la substitution d'un cas de divorce à un autre (art. 1077 NCPC).

> ***Exemple***
> *Si la procédure a été engagée sur la base d'un divorce sur demande conjointe, il n'est pas possible de changer d'avis et de continuer par un divorce pour faute. Il en serait de même d'un divorce engagé dans le cadre d'un divorce sur demande acceptée : un époux ne peut pas (par exemple, s'il apprend l'adultère de son conjoint) convertir ce divorce en divorce pour faute. Toute la procédure doit être recommencée, c'est-à-dire qu'une nouvelle requête en divorce doit être déposée.*

Le passage au divorce sur demande conjointe est cependant autorisé

Un divorce sur demande conjointe peut en revanche toujours se substituer à un divorce pour faute, à un divorce pour rupture de la vie commune ou à un divorce sur demande acceptée (art. 246 C. civ. ; art. 1077 NCPC). On voit bien, par cette exception à la règle, la préférence du législateur pour ce divorce à l'amiable.

> ***Exemple***
> *Un époux commence un divorce pour faute. Puis, lors de la tentative de conciliation, il décide, sous l'impulsion du juge et de son avocat, de transformer son divorce en divorce sur demande conjointe. Son conjoint est d'accord sur ce principe. Cela est possible. Dans cette hypothèse, sera utilisée la « passerelle » prévue par la loi : en vertu de l'article 246 du Code civil, quand aucune décision sur le fond n'a encore été rendue, les époux peuvent demander au juge aux affaires familiales de constater leur accord et d'homologuer le projet de convention définitive réglant*

les conséquences du divorce. Une procédure de divorce par demande conjointe est alors appliquée. Cette procédure est expliquée dans la rubrique : Le divorce sur demande conjointe.

L'interdiction de substituer à une demande en séparation de corps une demande en divorce

Le demandeur doit bien réfléchir avant d'engager son action. En effet, s'il lance la procédure sur la base d'une séparation de corps, il ne pourra pas changer d'avis en cours de procédure et continuer sur un divorce. Il devra donc, dans cette hypothèse, demander la radiation de son affaire et recommencer toute la procédure en déposant une nouvelle requête, en divorce cette fois-ci. L'inverse est en revanche possible.

La possibilité de remplacer une demande en divorce par une demande en séparation de corps

Il est toujours possible de substituer une demande en séparation de corps à une demande en divorce initialement formée (art. 1076 NCPC). Cette possibilité est prévue même en appel.

EN PRATIQUE

Quels sont les divorces les plus fréquemment prononcés ?

Sur 120 027 divorces prononcés en 1995 :
– 66 274 étaient des divorces prononcés par **consentement mutuel** dont :
• 50 298 étaient des divorces sur **demande conjointe,**
• 15 976 étaient des divorces sur **demande acceptée,**
– 52 062 étaient des divorces pour **faute,**
– 1 691 des divorces pour **rupture de la vie commune,** dont 91 pour altération des facultés mentales.
(Statistiques 1995, ministère de la Justice.)
Sur 119 698 divorces prononcés en 1996, 54,7 % sont prononcés par consentement mutuel, 42,2 % sont prononcés pour faute.
(Statistiques 1996, ministère de la Justice).

DURÉE D'UN DIVORCE

▶ Ce que veulent les Français

Les Français se plaignent de la lenteur des procédures. On remarque cependant que l'appréciation de la lenteur d'une procédure peut être totalement subjective, les deux époux n'ayant pas forcément la même appréciation du facteur temps.
L'un est pressé d'obtenir le divorce pour de multiples raisons, et notamment parce qu'il a refait sa vie et qu'il veut en finir avec le passé.

L'autre, qui subit la séparation, n'a pas cette urgence, et peut avoir gardé l'espoir d'une réconciliation et traîne à prendre acte du fait que la rupture est irréversible (rapport de Madame S. Courcelle, ancienne vice-présidente du TGI Paris, directrice du Service des affaires familiales).
Ceci étant dit, il y a plusieurs causes objectives de lenteur :
– la première est liée aux types de procédure utilisée (les divorces les plus rapides sont les divorces d'accord), aux incidents d'audience (cas des renvois pour non-communication des pièces), à l'exercice de voies de recours, à la désignation d'un expert, d'un enquêteur social... Il peut exister aussi une volonté délibérée d'un des époux de freiner la procédure et de s'opposer à tout ;
– la deuxième est liée à la surcharge des juridictions et au nombre d'affaires (par exemple, le rythme des audiences de conciliation est impressionnant : parfois plus d'une quinzaine par demi-journée à raison de quinze minutes chacune...).

▶ Est-il possible d'accélérer le prononcé d'un divorce ?

Le plus rapide est le divorce sur **demande conjointe** réglant toutes les conséquences du divorce : le sort des enfants, la pension et la prestation, la liquidation de la communauté.
Le divorce sur **demande acceptée** permet, quant à lui, d'éviter la discussion sur la liquidation du régime matrimonial.
Quand un divorce pour **faute** est engagé, les époux peuvent opter pour la **non-énonciation des griefs**, ce qui peut permettre d'arrêter la discussion sur les torts (art. 248-1 C. civ. ; voir la rubrique : *Le divorce pour faute*).

▶ Est-il souhaitable d'accélérer le prononcé d'un divorce ?

Le divorce est un acte grave. Des délais sont imposés par le juge, notamment en cas de divorce sur demande conjointe où un délai de réflexion permet aux époux d'envisager les conséquences de leur acte.
Le temps que prend un divorce est une période qui peut s'avérer nécessaire, car elle permet de drainer l'agressivité des époux, d'éviter des violences directes, de cicatriser des blessures subies par l'époux rejeté. La durée de la procédure peut permettre aux époux « de faire leur deuil ». À l'inverse, une procédure plus brève comme le divorce par consentement mutuel peut s'avérer sur ce point frustrant, les époux n'ayant pas eu le temps d'exprimer ce qu'ils ressentaient.

EN PRATIQUE

Durée moyenne des divorces (hors voies de recours : appel...)

De la saisine du juge au jugement, la durée moyenne d'une procédure de divorce est de treize mois.
Divorce par **consentement mutuel :**
- Divorce sur **requête conjointe :** neuf à dix mois.
- Divorce sur **demande acceptée :** onze à douze mois.

Divorce pour **rupture de la vie commune :** quatorze à seize mois.
Divorce pour **faute :** quatorze à dix-huit mois.

COÛT D'UN DIVORCE

Le « coût » d'un divorce comprend :
- les honoraires de l'avocat (avocat postulant et avocat plaidant le cas échéant),
- les frais d'huissier (sauf en cas de divorce sur **demande conjointe** où le recours à l'huissier n'est pas nécessaire),
- les honoraires et frais d'un notaire dans certains cas,
- les honoraires, le cas échéant, d'un expert-comptable, les frais d'une enquête sociale...

▶ L'avocat et le divorce

Le divorce fait partie des procédures pour lesquelles l'assistance d'un avocat est obligatoire. En revanche, dans le cadre de l'après-divorce, il n'est pas obligatoire pour les procédures suivantes :
- modification de la pension alimentaire pour les enfants et entre époux en cas de divorce pour rupture de la vie commune,
- modification de la prestation compensatoire entre ex-époux,
- changement des règles concernant l'autorité parentale (art. 1084 NCPC).

Il reste obligatoire pour assigner son ex-conjoint en cas de difficultés pour le **partage des biens** après divorce.

La compétence territoriale de l'avocat : avocat postulant et avocat plaidant

Comme les huissiers, l'avocat n'est compétent pour accomplir les actes de procédure que dans un certain ressort. Il s'agit de sa **compétence territoriale.** Pour accomplir les actes de procédure devant un tribunal qui n'est pas de son ressort territorial, l'avocat va choisir un autre avocat appelé « **avocat postulant** ». L'avocat non postulant s'appelle alors un « **avocat plaidant** », car il pourra toujours plaider la cause de son client devant tout tribunal, même s'il n'est pas de son ressort territorial. Simplement, il ne peut pas y « postuler », c'est-à-dire effectuer des actes de procédure.

> ***Exemple***
>
> *Une épouse habitant Marseille et divorçant à Marseille va choisir un avocat du barreau de Marseille. En revanche, son conjoint l'a quittée et habite à Paris. Ce dernier ne va pouvoir choisir un avocat près de son domicile que si celui-ci prend un avocat « postulant » sur Marseille. Il n'existe en effet pas de compétence territoriale pour la plaidoirie, l'avocat choisi dans cet exemple se déplacera lors des audiences sur Marseille, mais devra prendre un avocat du barreau de Marseille qui sera chargé d'assister aux audiences de pure procédure (où les parties ne sont généralement pas présentes), fera signifier les conclusions, etc.*

Le recours à deux avocats est source de frais supplémentaires puisque l'avocat postulant demandera des honoraires pour son travail.

Les honoraires de l'avocat

Il est souvent difficile, au départ d'une procédure, de connaître son déroulement et sa durée précise qui est fonction de nombreux paramètres. C'est la raison pour laquelle les avocats sont accoutumés à demander au départ d'une procédure le versement d'une **provision.** Il est donc recommandé, dès la première demande de consultation de l'avocat, de solliciter une prévision aussi précise que possible, aussi bien en ce qui concerne le coût que la durée de la procédure.

Sauf dans le domaine de l'aide **juridictionnelle**, les honoraires d'avocat ne sont pas taxés et sont librement fixés en accord avec le client. En effet, à défaut de convention entre l'avocat et son client, l'honoraire est fixé selon les usages, en fonction de la difficulté de l'affaire, des frais exposés par l'avocat, de sa notoriété et des diligences de celui-ci. Ces critères sont, selon la jurisprudence, limitatifs (art. 2, L. n° 71-1130, 31.12.1971).

Une convention d'honoraire portant sur la rémunération des prestations effectuées (ou une convention d'honoraire complémentaire en fonction du résultat obtenu ou du service rendu « **pacte quota litis** ») peut être signée entre avocat et client. L'honoraire peut être déterminé par un forfait ou calculé, sur la base d'une rémunération horaire, au temps passé.

L'avocat doit, avant tout règlement définitif, remettre à son client un compte détaillé faisant ressortir distinctement les postes tels que frais exposés, honoraires et montant des provisions reçues (art. 245, décr. n° 91-1197, 27.11.1991). En cas de contestation, le bâtonnier pourra réclamer cette pièce.

Un certain nombre de précisions doivent également figurer sur les factures de l'avocat telles que le prix unitaire hors taxes et le taux de la TVA (art. 289 et 242 nonièes annexe II C.G.I.). (Sur la contestation d'honoraires, voir encadré ci-dessous).

EN PRATIQUE **Comment contester les honoraires d'un avocat ?**

Si, en cours ou en fin de procédure, les honoraires demandés par l'avocat paraissent trop élevés, il est toujours possible de solliciter l'arbitrage du bâtonnier du conseil de l'Ordre dont relève l'avocat qui a demandé les honoraires (se renseigner auprès du tribunal de grande instance), par lettre recommandée avec demande d'avis de réception.

L'avocat, de son côté, peut saisir de toutes difficultés son bâtonnier.

Le bâtonnier, ou le rapporteur qu'il désigne, recueille préalablement les observations de l'avocat et de la partie. Il prend sa décision dans les trois mois. Cette décision est notifiée, dans les quinze jours de sa date, à l'avocat et à la partie, par le secrétaire de l'Ordre, par lettre recommandée avec demande d'avis de réception. La lettre de notification mentionne, à peine de nullité, le délai et les modalités du recours. Il est en effet possible de faire appel de la décision du bâtonnier devant le premier président de la cour d'appel, par lettre recommandée avec avis de réception. ➤

EN PRATIQUE

Le bâtonnier informe le plaignant que, faute de décision dans un délai de trois mois, qui peut être prorogé une fois pour une même durée par décision motivée, il lui appartient de saisir le premier président de la cour d'appel dans le délai d'un mois (art. 174 à 179, décr. n° 91-1197, 27.11.1991).
La Cour de cassation a reconnu au juge, qui statue au vu des éléments du dossier, le pouvoir de réduire les honoraires de l'avocat, convenus dans une convention d'honoraires, s'ils apparaissent exagérés au regard du service rendu (C. cass., Civ. 1re, 3.3.1998).
La prescription en matière d'honoraires d'avocat est de deux ans pour les affaires terminées et de cinq ans pour les affaires en cours (art. 2273 C. civ.).

Existe-t-il un coût moyen en ce qui concerne les honoraires d'avocat ?

Ce coût moyen est très difficile à déterminer, compte tenu des pratiques très variables en matière d'honoraires d'avocat.
Les divorces pour faute et les divorces pour rupture de la vie commune sont des divorces trop contentieux pour qu'on puisse faire une moyenne des honoraires demandés.
En matière de divorce par consentement mutuel, les prix varient entre Paris et l'Ile-de-France, d'un côté, et la province, de l'autre. Ils oscillent entre 8 000 et 20 000 F (soit 1 219,59 € à 3 048,98 €) (suivant qu'il y ait, en matière de divorce sur demande conjointe, un patrimoine à liquider ou non).

▶ L'huissier et le divorce

L'huissier va avoir à intervenir, notamment dans le cadre des divorces contentieux, pour délivrer l'assignation en divorce, pour faire signifier le jugement, pour établir notamment un constat d'adultère, pour délivrer une sommation de réintégrer le domicile conjugal, ou encore, dans le cadre de l'après-divorce, pour recouvrer par le biais de saisies les pensions alimentaires ou prestations compensatoires impayées.

La compétence territoriale de l'huissier

Un huissier ne peut exercer sur toute la France. Sa compétence territoriale est limitée au ressort du tribunal d'instance de sa résidence (art. 5, décr. du 29.2.1956).
Ainsi l'huissier compétent sera celui de la commune où demeure la personne à qui l'acte doit être délivré (ou chez qui l'acte doit être effectué). Si un constat est à dresser sur Versailles, c'est à un huissier versaillais qu'il faudra s'adresser, etc. Cela dit, il est toujours possible de s'adresser à un huissier près de son domicile qui transmettra à l'un de ses correspondants. L'huissier ne peut refuser son concours, sauf dans quelques cas bien précis : empêchement pour cause de lien de parenté ou d'alliance, en cas d'actes contraires à la loi, etc. (art. 66 C. pr. civ.).

Combien coûte un huissier ?

Les huissiers peuvent percevoir des rémunérations tarifées et des honoraires libres. Ils ont droit également aux remboursements de leurs frais (décret n° 96-1080 du 12.12.1996).

Les **rémunérations tarifées** comprennent :

- une somme forfaitaire, exprimée en « **droits fixes** » qui rémunère essentiellement les actes de procédure tels que les assignations, les significations de jugement et autres... (art. 6 et 7 du décret) ;
- le « **droit proportionnel** » qui rémunère le recouvrement des sommes et l'encaissement des fonds. Ce droit est fixé en fonction des sommes recouvrées par l'huissier. C'est une sorte d'intéressement de l'huissier au recouvrement des créances au profit de l'huissier. Ce droit n'est pas dû en cas de recouvrement de pension alimentaire (voir ci-dessous) ;
- un « **droit d'engagement des poursuites** » qui rémunère certains actes indispensables à l'obtention ou au recouvrement d'un jugement (ex. acte de saisie-conservatoire) (art. 13 du décret) ;
- un **droit pour frais de gestion du dossier** (art. 15 du décret). Ces frais sont dus lorsque le débiteur, poursuivi en vertu d'une décision de justice, obtient des délais de paiement.

Les droits fixes et proportionnels couvrent l'ensemble des travaux et diligences de l'huissier ainsi que ses frais, à l'exception des frais de déplacements et des débours exposés, outre les honoraires libres.

Les **rémunérations libres** (art. 16 du décret) sont fixées d'un commun accord avec le mandant, c'est-à-dire celui qui requiert les services de l'huissier. Elles peuvent être réclamées lorsque l'huissier est confronté à une situation d'urgence ou à des difficultés particulières, lorsque les actes effectués ne sont pas tarifés, lorsque l'huissier donne une consultation juridique ou rédige un acte sous seing privé, lorsqu'il représente en justice ou assiste son client devant certaines juridictions.

Les **frais de déplacement** : l'huissier a également droit à une indemnité forfaitaire pour ses frais de déplacement (art. 18 et 19 du décret).

Les **débours** sont constitués par les droits fiscaux, certains frais d'affranchissement des lettres, les frais de serrurier, indemnités versées aux fonctionnaires de la police ou témoins, et d'une façon générale toute somme due à des tiers et versée par eux à l'occasion de leur activité professionnelle (art. 20 du décret).

Les huissiers doivent, pour chaque acte, mentionner son coût, rubrique par rubrique, avec indication de l'article du tarif concerné. Il est possible d'obtenir l'intégralité du décret n° 96-1080 du 12.12.1996 en le commandant au Journal Officiel : 26, rue Desaix, 75015 Paris, tél. : 01 40 58 75 00.

Tous les actes d'huissier sont soumis à la TVA.

Qui paye les frais d'huissier ?

Quand les frais sont exposés dans le cadre d'un procès, c'est celui qui est condamné aux « **dépens** » (c'est-à-dire, en principe, celui qui a perdu le procès) qui doit supporter les frais d'huissier. Cette règle varie suivant la procédure de divorce (voir encadré). En fait, c'est toujours celui qui sollicite l'intervention de l'huissier qui fait l'avance des frais (l'huissier va lui demander une provision), quitte ensuite à se faire rembourser.

En matière de **pension alimentaire** ou de **prestation compensatoire** impayée, le principe est que, dès qu'un titre exécutoire (jugement, arrêt)

est émis, tous les frais sont à la charge du débiteur. L'article 10 du décret prévoyant des droits proportionnels (voir ci-dessus : *Combien coûte un huissier ?*) n'est pas applicable aux créanciers d'aliments (Décr. n° 2001-212 du 8.3.2001).
En dehors d'une procédure, c'est à celui qui réclame l'intervention de l'huissier d'en assumer les frais (par exemple pour un **constat d'adultère** demandé avant la procédure de divorce).

La contestation des frais

Un recours judiciaire est possible, si l'on conteste les frais :
- devant la juridiction qui a statué si les frais ont été exposés dans le cadre d'un procès ;
- devant le juge civil dans le cas contraire (le tribunal d'instance si les frais ne dépassent pas 50 000 F (7 600 €) ; devant le tribunal de grande instance au-delà de cette somme ; art. R 321-1 C. org. jud.).

Pour obtenir cette vérification des frais, il suffit de s'adresser au greffe de la juridiction compétente (art. 704, 719 NCPC).

La prescription des frais

L'action des huissiers, pour le salaire des actes qu'ils signifient et des commissions qu'ils exécutent, se prescrit par un an. Mais cette prescription repose sur une présomption de paiement, c'est-à-dire qu'elle peut tomber lorsque le débiteur reconnaît lui-même la survivance de la dette.
Il y a « reconnaissance » quand le débiteur conteste l'existence de la créance, ou quand il soutient que le paiement incombe à un tiers, ou lorsqu'il a signé un document indiquant l'acompte versé sur le prix total, ou encore lorsqu'il demande des délais, etc.
Lorsque la dette est censée avoir été payée, la prescription peut s'appliquer (art. 2272 C. civ.).

QUESTIONS-RÉPONSES **J'ai fait appel à un huissier pour effectuer une saisie des biens de mon ex-mari, celui-ci ne m'ayant pas réglé la pension qu'il me doit par jugement pour notre fille. Je croyais que les frais de l'huissier devaient être à la charge de mon ex-mari. Or, il me prélève sur le montant de la pension impayée une somme au titre de l'article 10 du décret sur les frais d'huissier. Est-ce normal ?**

Tout dépend de la date de la saisie. Si elle est postérieure à un décret du 8 mars 2001, il n'est plus possible pour l'huissier de déduire ce droit proportionnel du principal de la créance. Ce décret en exonère en effet le créancier d'aliment bénéficiant, comme vous, d'un titre exécutoire (jugement).
Avant cette date, ce droit était dû par celui qui demandait à l'huissier de mettre en place une saisie du fait d'impayés de pensions alimentaires.

▶ Le médiateur familial

La médiation n'est pas gratuite, même si elle est proposée par le juge, et même si l'association sous l'égide de laquelle se fera la médiation est située au palais de justice. C'est aux parties de régler le médiateur. Celui-ci demande souvent à être payé en début de médiation. Les frais de médiation ne sont pas tarifés ; il est simplement possible de dire qu'en début de l'année 2001, ces frais s'échelonnent en général entre 3 000 à 4 000 F (soit 457,35 € à 609,80 €). Elle est gratuite pour ceux qui bénéficient de l'aide juridictionnelle.

▶ Le notaire et le divorce

Le notaire est un officier public. Il va intervenir selon les cas pendant le divorce ou après le divorce, pour liquider le régime matrimonial des époux (régime de communauté, indivision en cas de séparation de biens...).
La liquidation et le partage du régime matrimonial vont entraîner un certain nombre de frais :
- les **honoraires proprement dits** du notaire, calculés sur l'actif brut de la communauté (ces honoraires sont soumis à TVA),
- les **droits d'enregistrement** dus au Trésor public,
- le salaire du conservateur des hypothèques,
- le coût des diverses formalités nécessaires à la préparation de l'acte notarié (demande d'état hypothécaire, extraits d'actes d'état civil, extrait de cadastre...).

Il est donc susceptible de varier d'un patrimoine à l'autre (Décr. n° 78-262 du 8.3.1978 sur les frais notariés).

▶ Le Trésor public et le divorce

Autre source de frais : les droits qu'il va falloir régler au Trésor public lors du versement d'une prestation compensatoire ou lors de la liquidation et du partage des biens (sur ces différentes questions, voir la rubrique : *Les conséquences du divorce*).

EN PRATIQUE **Qu'est-ce que les dépens ?**

Les dépens sont les frais judiciaires exposés au cours d'une procédure et dont il est possible de demander le remboursement par la partie qui perd la procédure.
Pour le divorce, les règles sont un peu particulières :
- dans le cadre d'une procédure de **rupture de la vie commune,** c'est le demandeur à qui incombera la charge des dépens (art. 1127 NCPC ; voir la rubrique : *Le divorce pour rupture de la vie commune*) ;
- en cas de **divorce pour faute aux torts partagés** et de **divorce non contentieux** (divorce sur demande conjointe ou sur demande acceptée), les frais et honoraires sont généralement partagés par moitié ;
- en cas de **divorce pour faute aux torts exclusifs**, les dépens sont en principe à la charge de l'époux « coupable ». ➤

EN PRATIQUE

Ces dépens comprennent notamment les émoluments des huissiers de justice, les frais d'expertise, les droits d'enregistrement. Ont été considérés comme compris dans les dépens les frais relatifs à **l'enquête sociale** (C. cass., civ. 2e, 2.12.1987).
Il a été jugé en revanche que les constats d'huissiers (notamment les **constats d'adultère**) ordonnés pendant la procédure ne peuvent pas être comptabilisés au titre des dépens (mais peuvent l'être au titre de l'article 700 NCPC, TGI Albertville, 17.2.1994).
Les dépens sont différents de ce que l'on appelle les frais irrépétibles, c'est-à-dire notamment les honoraires d'avocat, les honoraires libres d'un huissier et autres. Ces frais doivent faire l'objet d'une demande séparée si une partie veut en obtenir le remboursement par application de l'article 700 du Nouveau Code de procédure civile qui comprend « les frais exposés non compris dans les dépens » (voir ci-dessous).

Qu'est-ce que l'article 700 du Nouveau Code de procédure civile ?

Les frais non compris dans les dépens, tels que honoraires d'avocat ou les honoraires d'huissier (par exemple pour l'établissement d'un constat), peuvent être remboursés à la condition de faire l'objet d'une demande séparée par application de l'article 700 du Nouveau Code de procédure civile.
Le juge n'accorde pas automatiquement une indemnité en vertu de ce principe, mais tient compte de l'équité ou de la situation économique de la partie condamnée. Il peut, même d'office et pour les mêmes raisons, dire qu'il n'y a pas lieu à cette condamnation.
En cas de divorce pour rupture de la vie commune, l'article 700 ne peut jamais être mis à la charge de l'époux « innocent ». Il a en effet été jugé que l'époux qui est tenu de la totalité des dépens (c'est-à-dire le demandeur au divorce) ne peut pas demander une indemnité au titre de l'article 700 du Nouveau Code de procédure civile (C. cass., civ. 2e, 1.4.1987).

LES RÈGLES COMMUNES AUX DIFFÉRENTS DIVORCES

Le tribunal compétent

Quand deux personnes veulent divorcer, une des premières questions à se poser est : devant quel tribunal va-t-on avoir à se déplacer ? Quel va être le **tribunal compétent** ? Devra-t-on prendre un deuxième **avocat** si celui que l'on a consulté n'est pas compétent territorialement (voir la rubrique précédente) ? Pour beaucoup de personnes, plaider chez soi est un privilège, l'obligation de plaider loin de chez soi est ressentie comme pénalisant celui qui en fait l'objet.

BON À SAVOIR

La compétence en matière de divorce est fondée sur la notion de **résidence** des époux et des enfants, c'est-à-dire la résidence où habite la famille au jour où la **requête** est déposée (art. 1070 et 1071 NCPC). Peu importe donc un **déménagement** après le dépôt de la requête en divorce. La compétence territoriale est fixée au jour du dépôt de la requête. Le juge reste compétent même si l'un des époux, voire les deux, déménagent entre-temps.

Différents cas peuvent se présenter :
- **le couple n'est pas séparé lors de l'introduction du divorce** (qu'il y ait des enfants ou non). Le tribunal compétent est celui du lieu de la résidence de la famille ;
- **le couple est séparé et a des enfants. Certains sont chez le père, d'autres chez la mère.** Le tribunal compétent est celui de l'époux défendeur, c'est-à-dire celui contre lequel la procédure est dirigée (C. cass., civ. 2e, 2.2.1982) ;
- **le couple n'a pas d'enfant.** Ici encore, le tribunal compétent est celui de l'époux défendeur, c'est-à-dire celui contre lequel la procédure est dirigée ;
- **le couple est séparé et a des enfants, qui sont tous chez l'un des parents** (cas le plus fréquent). Le tribunal compétent est celui où réside le parent chez qui habitent les enfants ;
- s'il s'agit d'un **divorce sur demande conjointe,** le tribunal compétent est, selon le choix, le tribunal où réside l'un ou l'autre des époux.

Ces règles ne paraissent pas poser de difficultés. Pourtant, il existe un contentieux sur ces questions, notamment quand un des époux prétend choisir le tribunal de sa propre résidence où il habite avec ses enfants, l'autre époux contestant l'habitation effective de son conjoint ou de ses enfants au moment de la demande (il invoquera, par exemple, qu'il ne s'agit que d'un lieu de vacances ou de séjour temporaire qui ne saurait fixer la compétence du tribunal). Dans le climat conflictuel qui peut présider au dépôt d'une requête en **divorce pour faute,** le défendeur, déjà privé de ses enfants, peut vouloir refuser d'aller plaider ailleurs que chez lui, ce qui constitue une source de frais car il va falloir un postulant (voir la rubrique précédente). Il peut donc vouloir contester la réalité de la résidence ou celle des enfants.

Exemple

Pour les tribunaux, peu importe l'ancienneté de la résidence de l'époux, du moment qu'il n'est pas niable que cet époux habite réellement dans la ville où il présente sa requête, la loi n'exigeant pas un ***caractère d'habitude et de permanence à la résidence*** *(CA Toulouse, 18.4.1977).*

En revanche, il doit exister une volonté sincère de s'installer au moins provisoirement dans le ressort du tribunal choisi. La **fraude** d'un époux peut être sanctionnée.

Exemple

Le lieu d'habitation de l'époux avec qui habite l'enfant ne peut déterminer la compétence du tribunal s'il a été fixé à la suite d'une ***voie de fait*** *ou d'un* ***abus de droit*** *(TGI Versailles, 26.5.1978 ; CA Montpellier, 10.11.1981). Dans la première décision citée, une mère et sa fille habitaient ensemble depuis plusieurs mois à Versailles. Le père profitait d'un séjour de vacances pour emmener sa fille en Corse sans autorisation de son conjoint. Sa femme avait engagé le divorce sur Versailles et le mari soulevait l'incompétence du juge versaillais au profit de celui de sa résidence en Corse. Sa demande, qualifiée de « manœuvre » par le juge, a été rejetée.*

Il n'est pas rare que deux tribunaux soient saisis. L'un d'eux doit, dans ce cas, se déclarer incompétent, en général le second saisi, au profit de l'autre (art. 100 NCPC).

QUESTIONS-RÉPONSES

Dans le cadre d'une procédure en divorce, avec un enfant qui habite dans la Drôme avec sa mère, et le mari habitant en Haute-Savoie, quel est le tribunal compétent ? Les époux sont d'accord sur tout et s'orientent vers un divorce sur demande conjointe.

En principe, le tribunal compétent est celui de la femme puisque l'enfant habite avec elle. Mais puisque les époux semblent s'orienter vers un divorce sur demande conjointe, ils peuvent prendre le tribunal de leur choix (art. 1070 et 1071 NCPC).

J'ai quitté le domicile conjugal et viens de m'installer avec mes enfants chez mes parents. Puis-je saisir le tribunal de mon nouveau domicile de ma demande en divorce ?

Oui, dans votre cas, le tribunal compétent est celui de la résidence de la famille. Il vous suffit donc seulement, en cas de contestation, d'apporter la preuve que vous résidez bien dans cette ville (par exemple, qu'il ne s'agit pas seulement d'un séjour temporaire ou d'un lieu de vacances).

➤

QUESTIONS-RÉPONSES **Que se passe-t-il si les deux époux lancent une procédure de divorce en même temps ?**

Il faut d'abord vérifier si les deux juridictions sont valablement saisies. Ainsi, par exemple, si la seconde juridiction a été saisie à tort, il faudra soulever son incompétence au profit de la première. Si elles sont valablement saisies (par exemple, il n'y a pas d'enfant, et chaque conjoint lance un divorce pour faute en saisissant le tribunal dans le ressort duquel habite son conjoint), c'est en principe la première juridiction saisie qui est compétente (art. 100 NCPC).

Le décès

L'exercice de l'action en divorce appartient exclusivement aux époux (art. 229 C. civ.). En revanche, la question s'est posée de savoir si les héritiers pouvaient poursuivre une action en divorce engagée par leur auteur (ils pourraient y avoir intérêt, par exemple, pour obtenir la révocation de donations et avantages, voir la rubrique : Les conséquences du divorce*).*
Il faut différencier deux cas différents : celui du décès d'un époux en cours de procédure de divorce ou celui du décès intervenant après la transcription du divorce à l'état civil.

LE DÉCÈS PENDANT LA PROCÉDURE DE DIVORCE

Si un époux décède pendant la procédure de divorce, le mariage est dissous par le décès et non par le divorce puisque celui-ci n'est pas prononcé définitivement (C. cass., civ. 2e, 31.5.1978). L'action en divorce s'éteint et l'époux survivant ou les héritiers ne peuvent pas poursuivre cette action. Le conjoint est donc dans la situation d'un conjoint survivant non divorcé. Tout se passe comme si les époux n'avaient jamais eu l'intention de divorcer.

LE DÉCÈS APRÈS TRANSCRIPTION DU DIVORCE

Le cas inverse peut se présenter.

> ***Exemple***
>
> *Un jugement prononce le divorce des époux et accorde à la femme une prestation compensatoire sous forme de capital. Le mari fait* ***appel limité*** *du jugement uniquement pour la disposition concernant la prestation compensatoire (mais ne fait pas appel contre le divorce lui-même, ce divorce est donc acquis). Il décède pendant l'appel mais l'instance est reprise entre les héritiers de l'époux et la femme. La cour d'appel se dessaisit de l'affaire, estimant que la prestation compensatoire étant l'accessoire du divorce, l'instance engagée par le mari est éteinte à la suite du décès de celui-ci. Cet arrêt de la cour d'appel est cassé par la Cour de cassation. En effet, la Cour de cassation estime que ce n'est que dans l'hypothèse où le mari serait mort en cours d'instance, sans qu'un divorce soit prononcé (alors qu'ici le divorce était acquis), qu'il n'y aurait pas eu lieu de poursuivre l'action sur la prestation compensatoire. Dans ce dernier cas, en effet, la femme aurait été considérée comme* ***conjointe survivante*** *puisqu'au moment du décès elle est considérée comme toujours mariée (C. cass., civ. 2e, 25.5.1993).*

Les incapables majeurs (tutelle, curatelle, sauvegarde de justice)

Des règles particulières existent quand un des époux est une ***personne protégée,*** *c'est-à-dire fait l'objet d'une des mesures de protection prévue dans le Code civil, à savoir la* ***tutelle,*** *la* ***curatelle*** *et la* ***sauvegarde de justice*** *(art. 249 à 249-4 C. civ.).*

L'INTERDICTION D'UNE PROCÉDURE DE DIVORCE PAR CONSENTEMENT MUTUEL

Aucune procédure de divorce par consentement mutuel, c'est-à-dire sur **demande conjointe** ou sur **demande acceptée,** n'est possible dès lors qu'un des membres du couple est sous un des régimes de protection (art. 249-4 C. civ.). Seuls les divorces pour **faute** ou pour **rupture de la vie commune** (on pense notamment à celui prévu en cas d'altération des facultés mentales) sont possibles. Ceci s'explique par le fait que le divorce par consentement mutuel suppose que les époux donnent leur consentement au divorce. Or, une personne sous protection ne peut pas donner son consentement de façon valable (c'est pourquoi elle est sous protection).

L'IMPOSSIBILITÉ D'ACQUIESCER À UN JUGEMENT DE DIVORCE

L'article 1120 du Nouveau Code de procédure civile interdit à l'époux incapable la possibilité d'acquiescer au jugement de divorce (sur l'**acquiescement,** v. la rubrique : *La procédure devant le juge aux affaires familiales – L'acquiescement*). Il lui interdit également la possibilité de se désister de son **appel.**

LA TUTELLE

Si une personne sous tutelle désire divorcer, la requête doit être présentée par le tuteur avec l'autorisation du **conseil de famille** et après avis du médecin traitant. Si c'est le conjoint qui veut divorcer de son époux sous tutelle, il doit assigner en divorce le tuteur lui-même. Un **tuteur spécial** est nommé quand la tutelle avait été confiée au conjoint de l'incapable.

LA CURATELLE

Si un divorce est demandé par un majeur sous curatelle, il exerce lui-même l'action avec l'assistance du curateur. Si l'époux contre lequel une demande est formée est en curatelle, il se défend lui-même avec l'assistance du curateur.

Toute signification faite au majeur en curatelle doit l'être aussi à son curateur (art. 510-2 C. civ.). Un **curateur spécial** est nommé quand la curatelle avait été confiée au conjoint de l'incapable.

> ***Exemple***
>
> *Une femme placée sous le régime de la curatelle était assignée en divorce pour faute. Quelques mois plus tard, son curateur était également assigné. Elle formait une demande reconventionnelle en divorce pour faute. Un jugement était rendu aux torts partagés des époux. Le mari faisait appel et la cour d'appel condamnait la femme aux torts exclusifs. Mais le curateur de la femme n'était pas intervenu dans la procédure d'appel, la femme s'étant défendue seule. Le curateur formait donc un pourvoi en cassation contre l'arrêt et obtenait la cassation de l'arrêt. L'affaire était donc renvoyée devant une autre cour d'appel, cette fois-ci en présence du curateur (C. cass., civ. 1re, 17.12.1991).*

• *Pour trouver le thème qui vous intéresse, consultez la table des matières en début de volume ou l'index alphabétique en fin de volume.*
• *Les mots imprimés en gras renvoient à l'index alphabétique.*

LA SAUVEGARDE DE JUSTICE

Si l'époux (qu'il soit en demande ou en défense) est sous **sauvegarde de justice**, la demande en divorce ne peut être examinée qu'après organisation d'une procédure de tutelle ou de curatelle. Après, les règles de curatelle ou tutelle, exposées ci-dessus, s'appliqueront.

La durée minimale de mariage permettant de divorcer

Conformément à l'article 230 du Code civil, il n'y a de délai minimal de mariage qu'en cas de demande de divorce sur ***demande conjointe.*** *Ce délai minimal est alors de six mois.*

QUESTIONS-RÉPONSES **Peut-on divorcer quand on a cinq mois de mariage ?**

Seul le divorce sur **demande conjointe** nécessite une durée de mariage de six mois. Pour les autres cas de divorce, il n'existe pas de durée minimale.

La procédure devant le juge aux affaires familiales (hors divorce sur demande conjointe)

La procédure applicable au divorce sur ***demande conjointe,*** *compte tenu de ses nombreuses spécificités, fait l'objet d'une étude particulière (voir la rubrique :* Le divorce sur demande conjointe*).*

Par ailleurs, il est rappelé que, quelle que soit la procédure utilisée, le ***juge du divorce*** *est le* ***juge aux affaires familiales.***

De façon schématique, on peut scinder la procédure en deux parties :

*– une **première partie** qui débute par le dépôt d'une requête en divorce et se termine par une première audience. C'est l'**audience de conciliation.***
*Cette première audience est capitale car les époux doivent y être présents obligatoirement, le juge les entendant personnellement. Des décisions importantes vont être prises concernant notamment les enfants, le logement et les pensions entre époux. Cette audience devra soigneusement être préparée avec **l'avocat.***
*La loi prévoit également différentes procédures d'**urgence,** permettant à un époux d'obtenir certaines mesures provisoires en évitant d'attendre cette première audience ;*
*– une **deuxième partie** qui part de la première audience en débutant par une **assignation** et se termine par un jugement de divorce.*
*Ce n'est en effet qu'à l'issue de cette deuxième audience que le divorce sera ou non prononcé, ainsi que les mesures définitives (on dit **accessoires** au divorce). Comme il a été dit ci-dessus, la première audience va servir elle, notamment, à décider des différentes mesures provisoires qui vont régir l'instance en divorce.*
*Les **mesures provisoires** vont prendre fin lorsque le jugement de divorce aura « **force de chose jugée** », c'est-à-dire qu'il ne pourra plus faire l'objet d'aucune **voie de recours** (il peut alors être transcrit à l'état civil).*
*Les **mesures définitives** vont prendre la place de ces mesures provisoires (en principe sans discontinuité, voir cependant l'encadré). Par exemple, la **prestation compensatoire** sera la suite de la **pension alimentaire** prévue entre les époux pendant l'instance en divorce. Souvent, les mesures définitives ne seront que la reprise des mesures provisoires. On comprend donc l'importance de la préparation de la première audience à l'issue de laquelle ces mesures provisoires ont été prises. Or, en pratique, on constate l'extrême rapidité de la prise de la décision, les rôles (c'est-à-dire le nombre d'affaires inscrites à l'audience) des juges aux affaires familiales étant très chargés.*

LA REQUÊTE EN DIVORCE

▶ Le contenu de la requête initiale

En cas de **divorce pour faute,** le contenu de la requête initiale n'est pas précisé par la loi. En pratique, elle est motivée et doit indiquer les différentes demandes qui vont être effectuées (domicile séparé, pensions alimentaires...).
Il a été jugé que la requête est recevable même si elle n'indique pas les griefs (C. cass., civ. 2e, 8.7.1999, BC n° 132).

RÉFORME

Dans le cas d'un divorce à la demande d'un des époux (tous les divorces sauf le divorce sur demande conjointe), la cause du divorce n'aura plus à être énoncée avant l'ordonnance de non-conciliation : une tentative de conciliation se déroulera sur des bases neutres devant le juge. Ce n'est que dans l'assignation que la cause du divorce apparaîtra (conférence de presse des ministres de la Justice et de la Famille, avril 2001).

En cas de **divorce pour rupture de la vie commune,** la requête initiale n'est recevable que si le demandeur précise les moyens par lesquels le demandeur assurera son devoir de secours et ses obligations à l'égard des enfants (art. 1123 NCPC).
En cas de **divorce sur demande acceptée,** la requête initiale, qui n'indique pas les motifs du divorce, est accompagnée d'un mémoire faisant état d'un ensemble de faits rendant intolérable la vie commune accompagnée d'un mémoire, daté et signé par l'époux qui demande le divorce (art. 233 C. civ. et 1130 NCPC).
Dans tous les cas, la requête est déposée par l'avocat du demandeur au greffe (secrétariat) du juge aux affaires familiales compétent (v. la rubrique : *Les règles communes – La procédure devant le juge aux affaires familiales*). La demande en divorce ne peut en effet être portée directement devant le juge aux affaires familiales par les parties : le ministère de **l'avocat** est indispensable. Pour pouvoir ensuite assigner le défendeur devant la juridiction, il faut avoir obtenu l'autorisation du juge, après l'échec de la tentative de conciliation.
Pour obtenir des mesures **urgentes,** la requête doit être déposée par celui qui demande le divorce personnellement. Concrètement, il va se déplacer avec son avocat auprès du juge de permanence du tribunal. Dans cette hypothèse, le juge, après l'avoir entendu, peut prescrire sur-le-champ les mesures urgentes (par exemple, l'autorisation d'obtenir une **résidence séparée** en cas de **brutalités** du conjoint ; voir ci-dessous).

▶ Les renseignements et pièces à fournir

Les époux doivent fournir au début de la procédure un certain nombre de renseignements (art. 1075 NCPC) :
- les indications nécessaires à leur identification,
- la **caisse d'assurance maladie** à laquelle ils sont affiliés,
- les services ou organismes qui versent les **prestations familiales,** les pensions de **retraite** ou autres avantages vieillesse (dénomination et adresse).

Doivent également être fournies par les époux une copie certifiée conforme de l'acte de mariage, une copie certifiée conforme de l'acte de naissance des époux et des enfants (Paris et Ile-de-France). Pour la province, il faut joindre l'acte de mariage et l'acte de naissance des époux et des enfants.
Il a été jugé que l'absence de ces mentions ne rendait pas irrecevable la requête (elle n'est pas rejetée d'office). En revanche, elle peut conduire à l'annulation de cette requête si le défendeur (l'époux contre lequel est engagée la procédure) prouve que l'omission de l'un de ces points lui a causé grief (C. cass., civ. 2e, 4.2.1981).

▶ La convocation devant le juge

En cas de **divorce pour faute** et **pour rupture de la vie commune,** l'époux qui n'a pas présenté la requête est convoqué par le greffier à l'audience, par lettre recommandée avec avis de réception, confirmée le jour même par lettre simple. À peine de nullité, la lettre recommandée avec avis de réception doit être expédiée quinze jours au moins avant la date de l'audience et être accompagnée d'une copie de l'ordonnance du juge indiquant la date, le jour et l'heure de l'audience. À la notification par lettre recommandée est également jointe, à titre d'information, une notice exposant les règles concernant la **conciliation** (art. 1108 NCPC). En pratique, une copie de la requête est également adressée au défendeur.

En cas de divorce sur **demande acceptée,** la procédure est très différente puisqu'elle est axée sur l'acceptation ou le rejet du mémoire du demandeur. Ce n'est qu'en cas d'acceptation du mémoire que le juge convoque les époux par lettre recommandée avec avis de réception, au moins quinze jours à l'avance, confirmée le jour même par lettre simple (sur tous ces points, voir pour plus de précisions la rubrique : *Le divorce sur demande acceptée*).

L'avocat de la défense est informé de la date de l'audience par le greffier du juge, par son confrère ou par son client.

LA PREMIÈRE AUDIENCE ET L'ORDONNANCE DE NON-CONCILIATION

Cette première audience (très importante sur un plan pratique) est appelée « **audience de conciliation** » quand la demande en divorce est fondée sur le **divorce pour faute** ou pour **rupture de la vie commune.** En effet, dans ces deux procédures, le juge va tenter de concilier les époux avant de prendre des **mesures provisoires** (art. 251 C. civ.). Ce préalable de conciliation n'existe pas dans les divorces par consentement mutuel. Le juge va également ordonner des mesures provisoires qui vont régir le cours de l'instance.

EN PRATIQUE **Le droit au secret lors de l'audience de conciliation**

Ce qui a été dit ou écrit à l'occasion d'une tentative de conciliation ne pourra être invoqué pour ou contre un époux ou un tiers dans la suite de la procédure (art. 252-3 C. civ.).

▶ La tentative de conciliation en cas de divorce pour faute et pour rupture de la vie commune

La tentative de conciliation a lieu lors d'une « audience de conciliation ».
Dans ces divorces, le rôle du juge aux affaires familiales est double :
- d'ordre **psychologique** en tentant une conciliation entre les époux,
- d'ordre **judiciaire** puisqu'en l'absence de toute conciliation son rôle est d'ordonner les mesures provisoires.

Dans les faits, la conciliation devant le juge est très rare. La tentative de conciliation est néanmoins imposée par les textes, dans deux cas de divorce, comme un préalable obligatoire. Lors de cette audience, le juge doit s'entretenir personnellement, dans son cabinet, avec chaque époux séparément, avant de les réunir en sa présence.
Les **avocats** doivent ensuite, si les époux le demandent, être appelés à assister à l'entretien. En cas de divorce pour **rupture de la vie commune** pour **altération des facultés mentales**, si l'époux contre lequel la demande est formée ne se présente pas devant le juge, celui-ci doit néanmoins s'entretenir avec l'autre conjoint et l'inviter à la réflexion (art. 252 C. civ.).
Différents cas peuvent se présenter :

– Une conciliation semble possible : l'ordonnance d'ajournement.

Dans cette hypothèse, la tentative de conciliation peut être suspendue et reprise sans formalité en ménageant aux époux des temps de réflexion dans une limite de huit jours. Si un délai plus long paraît utile, le juge peut décider de **suspendre la procédure** et de recourir à une nouvelle tentative de conciliation dans les six mois au plus. Cela ne l'empêche pas d'ordonner, s'il y a lieu, les mesures provisoires (art. 252-1 C. civ.).

– La conciliation est réalisée.

Dans ce cas, la conciliation est constatée par procès-verbal dressé par le juge (art. 1111 NCPC). La procédure de divorce est donc éteinte.

– L'absence d'un époux : l'ordonnance d'ajournement ou l'autorisation d'assigner.

Si un époux se trouve dans l'impossibilité de se rendre à l'audience, il doit impérativement en justifier auprès du juge. En effet, à défaut de prévenir le juge, il risque que l'audience ne soit pas renvoyée et que des mesures soient prises sans qu'il ait donné son avis sur celles-ci. Le juge, quand il en est averti, peut en effet fixer un autre lieu et donc se transporter, même en dehors de son ressort, pour entendre sur place le conjoint qui ne peut pas venir, ou donner mission à un autre magistrat d'entendre le conjoint à sa place. Le juge peut en effet délivrer une « **commission rogatoire** » prévue en cas de déplacement difficile ou onéreux du conjoint ou peut se déplacer lui-même auprès de l'époux qui ne peut se déplacer (art. 730, 1110 et suivants NCPC).

À noter

Si le défendeur est absent et la lettre recommandée avec avis de réception ne l'a pas touché et revient avec la mention « N'habite pas à l'adresse indiquée », il y a en général renvoi pour citation par voie d'huissier.

Le juge peut aussi renvoyer l'affaire par une **ordonnance d'ajournement** à une autre date ou autoriser le conjoint demandeur à assigner immédiatement.

Attention

*Dans l'un ou l'autre cas, le juge peut autoriser tout ou partie des **mesures provisoires** demandées par l'époux ayant pris l'initiative du divorce (art. 252-1 C. civ. et art. 1111 NCPC).*

Exemple

Le juge constatera l'impossibilité de se déplacer et se déplacera, le cas échéant, pour entendre la personne dans le cas d'un époux atteint d'un cancer et prouvant par ***certificat médical*** *qu'il présente un état clinique contre-indiquant formellement tout déplacement (CA Paris, 24e chambre, 28.6.1996).*

– La prise en compte des accords amiables.
Si le juge ne parvient pas à faire renoncer les époux au divorce, ce qui est la majorité des cas en pratique, il essaie de les amener à en régler les conséquences à l'amiable, notamment en ce qui concerne les **enfants** (art. 290 C. civ.). Il peut, à cet égard, conseiller aux époux d'effectuer une **médiation** (voir la rubrique : *Préliminaires*).

– Les mesures provisoires, les mesures d'instruction.
Si le juge ne parvient pas à concilier les parties, il prescrit les mesures qui sont nécessaires pour assurer l'existence des époux et des enfants pendant l'instance. Il peut également ordonner des **mesures d'instruction** conformément à l'article 259-3 du Code civil (par exemple une expertise comptable ou une enquête sociale).

– L'autorisation d'assigner.
En l'absence de conciliation, le juge rend une ordonnance, dite « **ordonnance de non-conciliation** », dans laquelle sont prescrites les **mesures provisoires**, et qui a valeur d'autorisation d'assigner. Le juge doit rappeler dans son ordonnance les délais impératifs dans lesquels doivent intervenir l'assignation en divorce (art. 1111 NCPC ; voir ci-dessous).

– Les conséquences de l'ordonnance de non-conciliation.
L'ordonnance de non-conciliation entraîne **autorisation de résidence séparée.** Par là-même, elle entraîne un certain nombre de conséquences pour les époux (voir ci-dessous).

▶ Le double aveu constaté par le juge en cas de divorce sur demande acceptée

La procédure est différente quand le divorce est demandé suivant la procédure de divorce sur demande acceptée. En effet, dans ce type de divorce, il n'y a pas de préliminaire obligatoire de conciliation, mais l'envoi d'un mémoire contrôlé par le juge. Le juge peut néanmoins, s'il pense qu'une conciliation est possible, tenter de la réaliser.

LES MESURES D'URGENCE

Il arrive parfois que le délai d'attente entre le dépôt de la requête et l'audience (il faut compter en moyenne entre un à trois mois) paraisse trop long, et qu'il y ait urgence à demander au juge qu'il ordonne certaines **mesures provisoires,** comme le versement d'une pension alimentaire ou l'autorisation de résider séparément d'un conjoint brutal. Les différentes mesures que peut prendre le juge dans ce contexte sont expliquées dans la rubrique : *La vie du ménage pendant la procédure*.

Seules seront pour mémoire indiquées ici les procédures envisageables. L'effet de ces mesures ponctuelles sera en principe limité dans le temps. Elles peuvent être demandées à compter du dépôt de la requête en divorce et jusqu'à l'intervention de l'ordonnance du juge à la suite de l'audience de conciliation (ou première audience). Le juge des référés (voir ci-dessous), lui, peut être saisi jusqu'au placement de l'assignation (après c'est le juge de la mise en état – celui qui suit la procédure – qui est compétent).

▶ L'autorisation d'assigner à jour fixe

Le juge aux affaires familiales peut autoriser un époux à citer l'autre époux à jour fixe, aux fins de conciliation, s'il y a urgence (art. 1109 NCPC). Le but de cette mesure est d'avancer la date de l'audience de conciliation, notamment pour obtenir plus rapidement les mesures provisoires.

▶ La requête aux fins de mesures urgentes

Sans attendre la tentative de conciliation, le juge peut prendre, dès le dépôt de la requête initiale, des mesures d'urgence (art. 257 C. civ.). L'époux demandeur au divorce peut ainsi solliciter du juge l'**autorisation de résider séparément** (lui et ses enfants) de son conjoint (la résidence séparée sera principalement ordonnée en cas de **mauvais traitements** infligés à son conjoint ou aux enfants) ou d'ordonner des mesures « conservatoires » (c'est-à-dire qui n'engagent pas le patrimoine) telles que l'**apposition des scellés** sur les biens communs.

Le juge est saisi par requête. L'autre conjoint n'est pas informé du dépôt de la requête. La décision sera donc prise sans son accord.

Ces mesures étant exceptionnelles, l'époux doit se présenter en personne pour présenter sa requête, accompagné de son avocat. La loi prévoit qu'en cas d'empêchement dûment motivé le juge doit se déplacer afin d'apprécier le bien-fondé des mesures sollicitées (art. 1106 NCPC).

Il n'existe pas de recours contre la décision accordant une mesure urgente. En cas de rejet, il est possible de déposer une nouvelle demande. Bien entendu, une nouvelle demande n'aura de l'intérêt que si de nouveaux éléments sont apparus.

▶ Le référé matrimonial

Le juge peut être saisi comme juge des référés et prescrire un certain nombre de mesures nécessitées par l'urgence (art. 808, 809 et 1074 NCPC). Dans cette hypothèse, un huissier de justice va signifier l'assignation en référé pour la date indiquée au greffe à l'autre époux pour que l'affaire soit plaidée.

L'APPEL

▶ L'appel de l'ordonnance de non-conciliation (divorce pour faute ou pour rupture de la vie commune)

L'appel de l'ordonnance de non-conciliation ne peut intervenir que dans les quinze jours de la **signification** par huissier de l'ordonnance. Cet appel n'est possible qu'en ce qui concerne la **compétence** et les **mesures provisoires** (art. 1112 et 1119 NCPC). Une ordonnance d'**ajournement** (voir plus haut) n'est donc pas susceptible d'appel.
Les **mesures provisoires** restent applicables, malgré l'appel, car elles sont assorties de **l'exécution provisoire de plein droit** (art. 514 NCPC ; voir la rubrique : *La vie du ménage pendant la procédure*).

▶ L'appel de l'ordonnance constatant le double aveu

L'appel n'est pas limité comme en matière de divorce pour **faute** ou pour **rupture de la vie commune** (voir ci-dessus). Ceci signifie qu'il est possible de faire appel contre cette décision pour tout motif (ex : rétractation de l'aveu donné : C. cass., civ. 2e, 18.12.1996 et 15.1.1997).

QUESTIONS-RÉPONSES

Est-on obligé d'aller en conciliation ? Je n'ai pas envie de divorcer et n'ai pas envie de me déplacer. Mon conjoint a engagé une procédure de divorce pour faute.

La présence des deux époux est obligatoire à cette audience qui, en pratique, est très importante puisque le juge va rendre des mesures provisoires, valables pendant l'instance en divorce. Si un époux n'est pas là, le juge peut **renvoyer** l'affaire, mais il n'y est pas obligé. Il est donc indispensable de se déplacer et, avant, de préparer cette audience avec son avocat. La question du **logement** devra être évoquée avec l'avocat (qui va conserver le droit de rester au domicile conjugal ?), également celle de **l'autorité parentale** sur les enfants, ainsi que celle de la **pension alimentaire** pour l'époux qui en a besoin, le sort des impôts et des charges en cours (qui va payer les impôts, le loyer... ?) et des questions de tous ordres (à qui va être attribuée la voiture ? puis-je avoir une provision pour frais d'instance ?...).

Je m'aperçois que mon mari, pour ne pas payer de pension alimentaire, a fraudé lors de l'audience de conciliation en dissimulant certaines sources de revenus. Puis-je attaquer l'ordonnance rendue pour fraude ?

Un jugement peut être attaqué dans le cadre d'un **recours en révision** dans certains cas de **fraude** (art. 593 et s. NCPC). Mais, il a été jugé que le recours en révision (pour fraude) n'est pas

➤

QUESTIONS-RÉPONSES

ouvert contre la décision prescrivant des mesures provisoires dans la mesure où l'époux peut toujours demander au juge de modifier sa décision sur preuve d'un élément nouveau (C. cass., civ. 2e, 3.6.1999, GP 31.10.1999, Pan., p. 246). Vous devez donc tout simplement saisir le juge pour qu'ils revienne sur sa décision au vu des éléments nouveaux que vous invoquez.

L'audience de conciliation est fixée. Je viens d'être hospitalisé et me déplace difficilement. Comment faire ?

Il faut écrire au juge en justifiant de votre difficulté de vous déplacer en demandant le renvoi de votre affaire à une audience ultérieure. Il faut savoir que le juge, en cas d'empêchement d'un époux, peut adresser une commission rogatoire à un magistrat dans le ressort duquel habite cet époux, ou même se déplacer. Il faut, en tout cas, se manifester, car le risque pour l'époux qui ne se présente pas et n'informe pas le juge d'une quelconque difficulté est qu'une ordonnance soit rendue sans qu'il ait été entendu.

Pourquoi le juge me demande-t-il, lors de la conciliation, ma carte d'assuré social et les justificatifs de mes revenus ? Que se passe-t-il si je ne veux pas les fournir ?

Ces documents permettent au juge de connaître la situation des intéressés, notamment pour une meilleure appréciation de leurs demandes (pensions alimentaires entre époux ou pour les enfants). Cette première audience est très importante car, fréquemment, les mesures qui sont ordonnées à cette audience vont être reprises par la suite dans le jugement. D'où l'intérêt de présenter un dossier le plus complet possible. En ce qui concerne la Sécurité sociale, la requête initiale doit préciser, pour le demandeur, ses références de Sécurité sociale et des organismes qui servent éventuellement des prestations familiales, pensions de retraite ou autre avantage vieillesse. Ces renseignements doivent être également donnés par le conjoint (art. 1075 NCPC).

Doit-on être obligatoirement convoqué par lettre recommandée avec avis de réception à l'audience de conciliation ? Que se passe-t-il si l'on a changé d'adresse et si la lettre revient du fait de la mauvaise adresse ? Est-ce grave de ne pas être présent à cette audience ? Peut-elle être reportée ?

La convocation doit être faite par lettre recommandée avec avis de réception confirmée le jour même par lettre simple. La lettre ➤

QUESTIONS-RÉPONSES

recommandée doit être expédiée quinze jours avant l'audience et être accompagnée d'une copie de l'ordonnance du juge. À cette ordonnance est jointe la requête. Cela permet au conjoint qui n'est pas à l'origine du divorce de connaître les principales demandes formées par son conjoint. En cas de retour au greffe du juge aux affaires familiales de l'accusé de réception mentionnant que la personne n'habite pas à l'adresse indiquée, il y a renvoi obligatoire pour citation directe par huissier de justice. L'absence d'un époux est préjudiciable pour lui car certaines décisions peuvent être prises en son absence si le juge décide de ne pas renvoyer l'affaire. Il doit faire connaître rapidement ses nouvelles coordonnées au greffe.

Suis-je obligée de prendre un avocat pour l'audience de conciliation ? Mon époux aura-t-il un avocat ? Je suis convoquée à cette audience à la suite d'une demande de mon époux en divorce. Cet avocat peut-il me remplacer ?

Non, un avocat ne peut pas remplacer un époux à l'audience de conciliation (pas plus qu'à l'audience initiale en cas de divorce par **consentement mutuel).** La présence des époux est obligatoire à cette audience. L'objectif premier de l'audience de conciliation, comme son nom l'indique, est de tenter de concilier les époux. Pour ce faire, le juge doit s'entretenir personnellement avec chacun d'eux, séparément, avant de les réunir en sa présence. Ce n'est qu'après que les avocats peuvent venir si les époux le demandent (art. 252 C. civ.).
La présence d'un avocat est obligatoire au côté du demandeur, lors de l'audience de conciliation.
En revanche, l'avocat pour le défendeur (l'époux contre lequel la procédure de divorce est engagée) n'est obligatoire qu'à partir de l'assignation en divorce, c'est-à-dire après l'audience de non-conciliation. On dit que le défendeur doit « constituer avocat ».

L'ASSIGNATION EN DIVORCE

Après la première audience, il va être nécessaire d'assigner son conjoint devant le juge aux affaires familiales pour que soit prononcé le divorce.

▶ Les délais pour assigner

C'est en principe celui qui a déposé la requête initiale qui va assigner l'autre, par l'intermédiaire de son avocat (sauf en cas de divorce sur **demande acceptée** où l'un et l'autre peuvent assigner).
Dans le divorce pour **faute** ou pour **rupture de la vie commune,** la loi donne deux délais aux époux :

– un délai de trois mois à l'époux demandeur pour assigner son conjoint à compter du prononcé de l'ordonnance,
– si, au terme de ce délai, l'époux n'a pas assigné, son conjoint peut prendre les devants et assigner lui-même son conjoint dans un nouveau délai de trois mois pour demander qu'un jugement soit rendu.
Si aucun époux n'a assigné dans les six mois du prononcé de l'ordonnance, les **mesures provisoires** sont caduques (voir ci-dessous). Le demandeur en divorce a, lui-même, six mois pleins pour assigner en divorce.

> ***Exemple***
> *Dans une affaire jugée par la cour d'appel de Paris, le mari, qui avait déposé la requête initiale en divorce, n'avait pas assigné sa femme dans les trois premiers mois. Celle-ci n'ayant de son côté pas bougé, il avait assigné au cours du quatrième mois, donc avant l'expiration du délai de six mois. Il prétendait que, faute pour sa femme d'avoir agi dans les délais, les mesures provisoires devenaient caduques. Sa demande a été rejetée par la cour : si, dans le deuxième délai de trois mois, le défendeur (ici la femme) peut assigner, la loi n'interdit pas au demandeur de le faire lui-même du moment que l'assignation est lancée avant l'expiration du délai global de six mois (CA Paris, 26.5.1977).*

Dans le divorce sur **demande acceptée,** l'un ou l'autre des époux peut lancer l'assignation contre son conjoint dans ce même délai de six mois (art. 1136, 1138 et 1113 NCPC). Dans ce type de divorce, la caducité s'applique lorsqu'aucun des conjoints n'a saisi le juge dans le délai de six mois à compter du prononcé de l'ordonnance.

⚠ *Attention*

*Il a été jugé que le délai de six mois ne vise que les mesures provisoires et non **l'autorisation d'assigner.** Concrètement, il reste donc toujours possible d'assigner l'autre époux pendant tout le délai de **péremption d'instance.** Ce délai est prévu en cas de négligence des parties à une procédure et est d'une durée de deux ans (art. 386 NCPC).*
Sur la caducité des mesures provisoires, voir ci-dessous.

▶ Le contenu de l'assignation

Une assignation en justice est un acte rédigé par un avocat et signifié par un huissier de justice au domicile de l'époux défendeur. Elle doit remplir un certain nombre de conditions précisées dans les articles 56 et 752 NCPC. Elle doit donc contenir :
– la « **constitution** » **de l'avocat** du demandeur (c'est-à-dire une déclaration selon laquelle l'avocat se constitue pour son client dont il sera le mandataire),
– le délai dans lequel le défendeur doit lui-même constituer avocat,
– l'indication de la juridiction devant laquelle la demande est portée,
– l'objet de la demande avec un exposé des moyens en fait et en droit,
– l'indication que, faute par le défendeur de comparaître à l'audience, il

s'expose à ce qu'un jugement soit rendu contre lui sur les seuls éléments fournis par son adversaire.
Elle comprend en outre l'indication des pièces sur lesquelles la demande est formée. Ces pièces sont énumérées sur un bordereau qui lui est annexé (cette dernière mesure a été introduite par un décret du 28.12.1998).
Elle vise l'autorisation d'assigner prévue dans l'ordonnance de non-conciliation (ou sur double aveu). En principe, l'ordonnance est signifiée en même temps que l'assignation en divorce, ce qui fait courir le délai d'appel. Mais elle peut également être signifiée séparément.

▶ Le placement

L'assignation signifiée est ensuite « **placée** » dans les quatre mois de sa signification, ce qui signifie qu'elle est portée par l'avocat au greffe du juge. En cas de non-placement, l'assignation est caduque, c'est-à-dire qu'elle n'est plus valable. La procédure doit donc être recommencée à partir de l'assignation en divorce (art. 757 NCPC).

▶ La caducité des mesures provisoires

En matière de divorce, le retard de l'avocat ou de ses clients dans la rédaction et la signification de l'assignation peut être grave de conséquences. En effet, si le juge n'a pas été saisi dans les six mois de l'ordonnance de non-conciliation, les mesures provisoires prévues dans cette ordonnance sont caduques, c'est-à-dire cessent d'être applicables (voir la rubrique : *La vie du ménage pendant la procédure* ; art. 1113 NCPC).
Cette mesure tend à sanctionner la **négligence des époux,** et, surtout, à éviter qu'ils ne s'installent dans une **séparation de fait** alors que la loi n'a conçu ces mesures qu'en tant que mesures provisoires.

LES DEMANDES PRINCIPALES ET LES DEMANDES RECONVENTIONNELLES

Après l'assignation en divorce, les débats vont avoir lieu et les différentes preuves rapportées seront discutées (principalement dans le cas des divorces pour faute). Puis le juge prend sa décision qui peut faire l'objet de voies de recours. Le juge aura à statuer sur une **demande principale** (la demande en divorce) et, la plupart du temps, sur une **demande reconventionnelle.**
La **demande principale** est celle de l'époux qui, le premier, demande le divorce. Il demandera aussi un certain nombre d'autres mesures (concernant les enfants ou les biens, les pensions et prestations...).
L'autre conjoint peut formuler une « **demande reconventionnelle** », c'est-à-dire faire de son côté une demande en divorce accompagnée de ses propres demandes (concernant les époux, les enfants...).

Exemple

Un époux forme une demande en divorce pour faute (demande principale) en soulevant des torts de l'autre époux. Celui-ci réplique (demande reconventionnelle) en demandant que le divorce soit décidé non à ses torts mais aux torts de son conjoint. Le juge saisi des demandes va étudier les dossiers et se prononcer sur les torts de chacun.

▶ Les demandes principales

La demande principale est celle qui est effectuée par un époux et qui est dirigée contre l'autre époux. La loi précise ainsi que la rupture de la vie commune ne peut être demandée qu'à titre principal et non en tant que demande reconventionnelle (art. 241 C. civ.).

Exemple

Une épouse engage contre son mari un divorce fondé sur la faute. Son mari ne peut répliquer par une demande en divorce pour rupture de la vie commune.

▶ Les demandes reconventionnelles

Les demandes reconventionnelles sont celles qui sont faites pour répondre à une demande principale. Elles sont formulées, en principe, sous forme de « conclusions » (acte écrit exposant les prétentions des parties à un procès). Elles peuvent être faites en première instance ou, pour la première fois, en appel (art. 1114 NCPC).

Exemple

Un mari forme une demande principale en divorce pour rupture de la vie commune. Sa femme réplique qu'il a abandonné le domicile conjugal et elle formule donc une demande reconventionnelle pour faute.

La loi impose certaines règles aux demandes reconventionnelles :

Divorce et séparation de corps

L'époux contre lequel est présenté une demande en divorce peut former une demande reconventionnelle en **séparation de corps** (art. 297 C. civ.). La seule exception à cette règle est celle existant en matière de **rupture de la vie commune.** En effet, une demande reconventionnelle qui ferait suite à une demande principale en divorce pour rupture de la vie commune ne peut être qu'une demande en divorce pour faute et non en séparation de corps (art. 241 C. civ.).

L'époux contre lequel est formé une demande en séparation de corps peut former une demande reconventionnelle en divorce.

Si une demande en divorce et une demande reconventionnelle en séparation de corps sont admises toutes les deux, le juge prononce à l'égard des deux conjoints un divorce aux torts partagés (art. 297 C. civ.).

Divorce pour faute

En cas de demande initiale en divorce pour faute, si le conjoint formule une demande reconventionnelle pour faute et si les deux demandes sont accueillies, le divorce est prononcé aux **torts partagés** (art. 245 C. civ.).

LA PUBLICITÉ DES DÉBATS

Après l'assignation devant le juge, les débats ont lieu et les différentes **preuves** rapportées sont discutées. Puis le juge prend sa décision. Afin de protéger la **vie privée** du couple et surtout les enfants, la loi précise que les débats sur la cause, les conséquences du divorce et les mesures provisoires ne sont pas publics (art. 248 C. civ.). La **presse** n'a pas le droit de rendre compte des débats ni de publier des pièces de procédure concernant des questions de divorce (art. 39 de la loi sur la presse du 29.7.1881).

LA COMMUNICATION DES PIÈCES

Ces règles concernent uniquement les avocats, qui ont la maîtrise de la procédure. Seront donc exposées ici, pour information, les règles générales applicables en la matière.
Toutes les pièces versées aux débats par une partie, à l'appui de l'assignation, et ses conclusions en réponse doivent être communiquées à la partie adverse par l'intermédiaire des avocats.
À l'assignation, doit obligatoirement être joint, depuis un décret du 28 décembre 1998, un « **bordereau de pièces communiquées** », c'est-à-dire une liste des pièces sur lesquelles se fonde le demandeur au divorce (par exemple, la liste des témoignages, l'indication d'un constat...) (art. 56 NCPC). Cette mesure est importante parce qu'elle sous-entend que le client doit être en possession, dès l'assignation en divorce, de preuves matérielles des faits qu'il invoque (sont concernés les **divorces pour faute** et les **divorces pour rupture de la vie commune**).
Une pièce non communiquée ne peut être prise en considération par le juge qui tient évidemment à connaître les objections éventuelles de tous les intéressés à la suite de la communication des pièces. Au surplus, la communication des pièces doit être faite avant « **l'audience de clôture** » pour laisser le temps à la partie adverse de réagir à cette communication de pièces. L'audience de clôture est celle qui marque la fin de l'instruction de l'affaire, que l'on appelle la « mise en état ». Après la clôture, il n'est plus possible de conclure ni de communiquer des pièces. La seule possibilité serait pour l'avocat de demander un « rabat » de la clôture, ce qui signifie que celle-ci est reportée.

LES EXPERTISES ET L'ENQUÊTE SOCIALE

Le juge du divorce a la possibilité de désigner toute personne de son choix pour l'éclairer par des constations, une consultation ou une expertise sur une question de fait qui requiert « les lumières d'un technicien ». L'expertise fait l'objet d'une réglementation précise dans le code de procédure civile. Le juge peut également diligenter une **enquête sociale** quand les époux sont en conflit en ce qui concerne l'autorité parentale. Le régime de l'enquête n'est pas réglementé, contrairement à l'expertise. Les questions concernant l'organisation de l'enquête sociale sont traitées dans la rubrique : *Les conséquences pour les enfants.*

▶ Les règles générales de l'expertise

La loi prévoit que l'expert doit accomplir sa mission avec « conscience, objectivité et impartialité ». Il doit donner son avis sur les points pour l'examen desquels il a été commis. Il ne doit jamais porter d'appréciation d'ordre juridique. Il peut demander aux parties et aux tiers **communication** de tous documents ou s'adresser au juge en cas de difficultés (art. 232 et suivants ; art. 1116 NCPC). En cas de **carence des parties,** l'expert informe le juge qui peut ordonner la production des documents, éventuellement sous astreinte, ou bien, le cas échéant, l'autoriser à passer outre et à déposer le rapport en l'état. Le juge peut tirer bien entendu toute conséquence de droit du défaut de communication des documents à l'expert (art. 275 NCPC). Le juge n'est jamais lié par les constatations ou les conclusions d'un expert.

▶ Les expertises et le divorce

L'expertise-comptable pour vérifier les ressources du conjoint

Lorsque des contestations graves existent sur le montant des ressources et des charges réciproques des parties et, donc, sur le montant de la **pension alimentaire** ou de la **prestation compensatoire** à verser, l'époux demandeur peut avoir intérêt à solliciter une mesure d'expertise-comptable pour vérifier les ressources du conjoint, l'évolution de ses comptes bancaires et postaux, sa comptabilité, etc. (sur cette question, voir la rubrique : *La prestation compensatoire*).
Le juge, s'il fait droit à la demande d'expertise, peut :
- prononcer le divorce, mais surseoir à statuer sur la pension alimentaire ou la prestation compensatoire, en attendant les résultats de cette expertise (C. cass., civ. 2e, 29.1.1997) ;
- surseoir à statuer sur le principe même du divorce, de la pension alimentaire et de la prestation compensatoire (C. cass., civ. 2e, 24.11.1993).

À noter

Ces deux pratiques étaient courantes avant la réforme sur la prestation compensatoire du 30.6.2000. Reste à savoir si, compte tenu de cette réforme, elles auront encore lieu.

Les expertises médicales

En cas de divorce pour rupture de la vie commune, des expertises médicales sont souvent ordonnées :
- quand le divorce est demandé pour aliénation mentale d'un époux,

– quand il s'agit d'une demande fondée sur la séparation de fait prolongée (divorce pour rupture de la vie commune) et quand le conjoint invoque l'exceptionnelle dureté qu'aurait le divorce sur sa santé.

LA RECHERCHE DES PREUVES

Cette question concerne essentiellement les divorces contentieux et, parmi eux, principalement, le divorce pour faute. C'est pourquoi elle est traitée dans le chapitre : *Le divorce pour faute*.

LES RENSEIGNEMENTS D'ORDRE PATRIMONIAL

Cette question est traitée dans la rubrique : *La prestation compensatoire*.

LE JUGEMENT DE DIVORCE ET LE RENVOI EN AUDIENCE COLLÉGIALE

▶ Comment est prononcé le jugement ?

Le jugement de divorce est rendu par le juge aux affaires familiales. Néanmoins, les époux peuvent demander le renvoi devant le tribunal (s'ils estiment qu'il est une meilleure garantie de justice). Dans cette hypothèse, le renvoi est automatique (art. 247 C. civ.).
Il existe également des règles de procédure spécifiques aux cas de divorce pour faute et pour rupture de la vie commune :
– en cas de divorce pour **rupture de la vie commune,** le dispositif du jugement ne doit pas faire référence à la cause du divorce (art. 1126 NCPC). Le dispositif est la partie du jugement qui énonce la décision (art. 455 NCPC). C'est aussi la partie du jugement qui est lue en audience publique et transcrite sur les registres de l'état civil (v. la rubrique : *Les règles communes – La procédure devant le juge aux affaires familiales*) ;
– en cas de **divorce pour faute,** les époux peuvent demander conjointement la **non-énonciation des griefs** dans le jugement (art. 248-1 C. civ. ; voir la rubrique : *Le divorce pour faute*).

▶ Les différentes décisions possibles

Le juge peut :
– soit prononcer le divorce,
– soit rejeter le divorce.
Quelle que soit la décision rendue, elle est **signifiée** par l'époux qui y a intérêt à l'autre par **acte d'huissier.** Cette signification est précédée d'une **notification entre avocats.** C'est la signification entre époux qui fait courir les voies de recours.
Les époux peuvent également **acquiescer** au jugement pour le faire exé-

cuter plus vite (les voies de recours et le délai pour les exercer suspendent l'exécution du jugement ; voir ci-dessous).
Il peut aussi surseoir à statuer dans l'attente d'un rapport d'expertise sur une mesure accessoire au divorce (par exemple, sur le montant de la **prestation compensatoire**). Le divorce, dans ce cas, ne sera prononcé (ou refusé) qu'à la suite du dépôt du rapport.
À l'inverse, le divorce peut être prononcé, faire l'objet d'une voie de recours ou d'un acquiescement et, en même temps, une expertise est ordonnée sur une mesure accessoire au divorce (voir page précédente).

▶ La différences entre les mesures accessoires et les mesures provisoires

Il faut bien différencier ces deux notions.
Les **mesures provisoires** sont celles prévues par l'ordonnance de non-conciliation (ou sur double aveu). Elles s'appliquent pendant l'instance en divorce :
– jusqu'à la décision « passée en force de chose jugée », c'est-à-dire qui n'est plus susceptible d'une voie de recours ;
– jusqu'à l'intervention d'une mesure accessoire, prévue par le jugement de divorce, si celle-ci est assortie de l'exécution provisoire.
Ces mesures bénéficient de plein droit de **l'exécution provisoire,** c'est-à-dire qu'elles s'appliquent même en cas d'appel de l'ordonnance (voir la rubrique : *La vie du ménage pendant la procédure*).
Les **mesures accessoires** au divorce sont celles prévues par le jugement de divorce (par exemple, la **prestation compensatoire**). Les mesures accessoires ne bénéficient pas automatiquement de l'exécution provisoire. Le juge peut l'accorder, mais il n'y est pas obligé. La **prestation compensatoire** est la seule mesure accessoire qui ne peut jamais faire l'objet d'une exécution provisoire.

L'ACQUIESCEMENT

Le jugement qui prononce le divorce peut faire l'objet d'acquiescement, sauf s'il a été rendu contre un majeur protégé (majeur sous **tutelle, curatelle** ou **sauvegarde de justice**) (art. 1120 NCPC). L'acquiescement est le fait d'accepter le jugement explicitement. Un écrit constatant l'acquiescement est souvent demandé par l'avocat des deux époux en matière de divorce sur demande conjointe afin d'abréger le délai de recours, lui permettant ainsi de faire transcrire le jugement de divorce plus rapidement.

LES VOIES DE RECOURS

Les voies de recours contre un jugement de divorce sont l'**appel** et la **cassation.** Ces deux voies de recours sont **suspensives d'exécution,** ainsi que le délai dans lequel elles peuvent être exercées. Cela signifie que, pendant ce délai, et, en cas d'exercice d'une voie de recours, pendant la procédure du recours, les époux sont considérés comme tou-

jours mariés (sur une conséquence en cas de décès, voir la rubrique : *Les règles communes*).
Un **recours en révision** peut être admis (c'est en pratique rare) dans certains cas bien spécifiques de **fraude** (voir pour un exemple les questions/réponses figurant sous la rubrique : *La prestation compensatoire*).
La **tierce opposition** est également autorisée par les textes en cas de divorce sur **demande conjointe**.

▶ L'appel de la décision de divorce

L'appel doit être effectué dans le délai d'un mois de la **signification** du jugement.

L'effet suspensif de l'appel et de son délai

Pendant la durée de l'instance, à la suite d'un appel sur le jugement de divorce, l'effet de la décision attaquée est suspendu, ce qui signifie notamment que les époux, pendant la procédure, sont toujours mariés et qu'ils ne peuvent contracter un nouveau mariage.

Les mesures provisoires et les mesures accessoires

En revanche, sont applicables les mesures accessoires au divorce quand elles sont assorties de l'exécution provisoire. À défaut de l'exécution provisoire des mesures accessoires, on applique les mesures provisoires de l'ordonnance de non-conciliation jusqu'à l'arrêt d'appel (sur les mesures accessoires et provisoires, voir ci-dessus).
Les mesures provisoires ou les mesures accessoires au divorce peuvent être modifiées en appel sur survenance d'un **élément nouveau** (art. 1083 et 1119 NCPC).
Pendant la procédure d'appel, le conseiller de la mise en état (ou le premier président de la cour d'appel) peut en effet être saisi, lorsqu'il a été fait appel :
- d'une demande de modification d'une **mesure provisoire** (ex : montant de la pension alimentaire versée en cours d'instance entre les époux),
- d'une modification d'une **mesure accessoire** au divorce quand elle est assortie de l'exécution provisoire (par exemple, **pension alimentaire pour les enfants** décidée par le jugement de divorce).

À noter

La loi précise que la ***prestation compensatoire*** *ne peut jamais faire l'objet d'une exécution provisoire (art. 1080-1 NCPC). S'il y a un appel, cet appel suspend la décision ayant accordé la prestation compensatoire. Pendant l'instance d'appel, la prestation compensatoire ne sera donc pas versée.*

L'appel général et l'appel limité

L'appel d'une décision peut être **général** (c'est-à-dire viser le divorce et toutes ses conséquences) ou **limité** (c'est-à-dire ne viser qu'une partie du jugement, par exemple la disposition concernant la prestation compensatoire, et non pas le divorce en lui-même).

Exemple

Un époux entend ne faire appel de la décision ayant accordé le divorce qu'en ce qui concerne le montant de la ***prestation compensatoire*** *à laquelle il a été condamné, mais pas en ce qui concerne le divorce lui-même. Sa femme, qui est également d'accord sur le principe du divorce, a l'intention en revanche de répondre en appel aux conclusions de son mari et de demander la confirmation du montant de la prestation compensatoire.*

Dans ce cas, l'appel est limité, de part et d'autre, aux conséquences du divorce (et non au divorce lui-même), et plus exactement à la prestation compensatoire. Le jugement de divorce peut être transcrit à l'état civil, si les époux ***acquiescent*** *au jugement (voir page précédente).*

En revanche, si l'appel est de portée générale, c'est-à-dire qu'il concerne tant le principe que les conséquences du divorce, le divorce n'est pas définitif, il ne peut être transcrit. Les époux sont considérés comme étant toujours mariés, avec toutes les conséquences que cela peut entraîner.

Les demandes reconventionnelles et les demandes nouvelles en appel

Les **demandes reconventionnelles** sont recevables même en appel (art. 1114 NCPC ; voir ci-dessus).
Il en est de même des demandes nouvelles, qui sont, en principe, recevables même en appel.

Exemple

Un époux qui n'a pas demandé de prestation compensatoire devant le juge pourra la demander pour la première fois en appel, dans la mesure où il a fait appel également du jugement de divorce.

▶ La cassation

Le délai du pourvoi en cassation est de deux mois à compter de la signification de l'arrêt d'appel. Devant cette juridiction, il sera nécessaire de prendre un avocat au Conseil d'État et à la Cour de cassation. Deux grandes particularités sont à noter en matière de divorce :

L'effet suspensif du pourvoi et de son délai

Le pourvoi en cassation exercé contre une décision prononçant le divorce a un effet suspensif (de même que le délai de deux mois d'exercice du pourvoi). Cela signifie que les mesures prises par la décision ne peuvent être exécutées.

Les exceptions à l'effet suspensif : L'exécution provisoire de certaines mesures

Cependant, l'effet suspensif ne s'applique pas aux dispositions de la décision concernant :
– les **pensions alimentaires,**

- **l'autorité parentale,**
- et la **jouissance du logement et du mobilier** (art. 1121 et 1122 NCPC).

Ces trois mesures sont donc immédiatement exécutoires (qu'elles soient prises à titre des mesures provisoires ou accessoires au divorce).

La modification pour survenance d'élément nouveau

Par ailleurs, même si un pourvoi en cassation est formé, le juge aux affaires familiales reste compétent pour statuer sur une **modification de l'autorité parentale** ou d'une **pension alimentaire,** en cas de survenance d'un élément nouveau soit en **référé**, soit sur **requête** (voir la rubrique : *Les conséquences pour les enfants* ; art. 1084 NCPC).

LA TRANSCRIPTION DE LA DÉCISION DE DIVORCE

Quand le divorce n'a pas fait l'objet de voies de recours, la **transcription** est la mention du jugement de divorce portée en marge de l'acte de mariage ainsi que des actes de naissance des époux sur les registres de l'état civil. Cette transcription se fait au vu d'un extrait de la décision ne comportant que son dispositif et accompagné du justificatif de son caractère exécutoire.
C'est l'un des avocats des époux qui s'en occupe. Il adresse une copie certifiée conforme du jugement à la mairie du lieu du mariage, accompagnée d'une pièce justifiant l'absence de voies de recours (art. 1082 NCPC). La transcription peut également se faire au moment de l'acquiescement au jugement de divorce.
Cette transcription a un rôle important puisque c'est elle qui va rendre le divorce opposable aux tiers.

LA VIE DU MÉNAGE PENDANT LE DIVORCE

LES RÈGLES APPLICABLES PENDANT LA PROCÉDURE

*Selon l'article 260 du Code civil, la décision qui prononce le divorce dissout le mariage à la date à laquelle elle acquiert « **force de chose jugée** » (c'est-à-dire quand aucune voie de recours n'est plus possible).*
Cela signifie que les règles applicables pendant le mariage entre les époux ont vocation à s'appliquer, sous certaines conditions, jusqu'à cette date.

• *Pour trouver le thème qui vous intéresse, consultez la table des matières en début de volume ou l'index alphabétique en fin de volume.*

Les obligations entre époux

Certaines règles applicables pendant le mariage vont continuer à s'appliquer pendant l'instance en divorce. Il est très important de souligner d'emblée qu'elles s'appliquent quel que soit le ***régime matrimonial*** *du couple, qu'ils soient mariés sous le régime de communauté des biens (ce qui est majoritairement le cas) ou sous un régime de séparation de biens.*

LE DEVOIR DE SECOURS (ART. 212 C. CIV.)

Lorsqu'ils sont mariés, les époux se doivent mutuellement fidélité, secours et assistance. Ils vont assurer ensemble la « **direction morale et matérielle de la famille** ». Ensemble, ils assurent l'éducation de leurs enfants et contribuent aux « **charges du mariage** » (voir ci-dessous).

Le devoir de secours constitue **l'obligation alimentaire** entre époux (de la même façon qu'il existe une obligation alimentaire entre parents et enfants). Il est fondé en principe sur l'état de besoin de celui qui le réclame : chaque époux doit porter un secours (matériel) à l'autre si celui-ci est dans le besoin.

Pendant l'instance en divorce, les époux ne sont, par définition, pas encore divorcés. Par conséquent, le devoir de secours entre époux continue d'exister. C'est au titre du devoir de secours qu'est versée la pension alimentaire pendant l'instance soit entre époux, soit pour les enfants en application de l'article 255 du Code civil. Cette obligation alimentaire peut prendre plusieurs visages : ainsi, c'est au titre du devoir de secours qu'un époux peut être amené à laisser à son conjoint l'occupation gratuite du domicile conjugal, ou encore qu'un conjoint peut être amené à régler les mensualités d'un prêt immobilier concernant le logement familial (sur ces points, voir ci-dessous : *Les mesures provisoires*).

Le devoir de secours entre époux n'existera plus après le divorce sauf en cas de divorce pour **rupture de la vie commune**.

LA CONTRIBUTION AUX CHARGES DU MARIAGE (ART. 214 C. CIV.)

La contribution aux charges du mariage est juridiquement distincte du devoir de secours. Pendant le mariage, la loi fait obligation à chacun des époux de contribuer aux charges du mariage selon ses facultés, même si son conjoint n'est pas dans le besoin. Cette obligation a un fondement différent du devoir de secours et peut inclure des dépenses d'agrément tel l'achat d'une résidence secondaire (C. cass., civ. 1re, 20.5.1981).

Sont concernées, comme pour le devoir de secours, les dépenses de la vie courante telles que les frais de nourriture, de chauffage, les loyers, les frais médicaux, les dépenses de scolarité pour les enfants, et même selon certains arrêts, les cotisations d'assurance vieillesse d'un des époux... Mais à la différence du devoir de secours, la contribution aux charges du mariage inclus également les **dépenses d'agrément** (loisirs notamment). Semblent en revanche exclues les **dépenses professionnelles** des conjoints (par exemple, loyers dus pour la location d'un immeuble à usage professionnel du mari avocat : CA Bourges, 7.12.1999, JCP, 2000, IV, 1245) et l'**impôt sur le revenu**. Cet impôt est considéré comme une dette étrangère aux besoins de la vie familiale (C. cass., civ., 22.2.1978, D. 78, p. 602).

QUESTIONS-RÉPONSES

Dans le cadre d'une procédure de divorce, peut-on encore demander une contribution aux charges du mariage à compter du début de la séparation ? Peut-on, dans le cadre du règlement de la communauté après divorce, demander l'arriéré de contribution aux charges du mariage ?

Selon la Cour de cassation, la règle **« Aliments ne s'arréragent pas »**, qui interdit de demander pour ce passé une pension alimentaire, n'est pas applicable en matière de contribution aux charges du mariage. Cette règle ne s'applique que pour les pensions alimentaires fondées sur l'état de besoin. Or, pour les tribunaux, le but de cette contribution est d'assurer le maintien d'un certain niveau de vie entre les époux. Conséquence importante : la demande de contribution effectuée par un époux peut porter sur une période antérieure à la saisine de la juridiction qui la fixe. Cela peut s'avérer intéressant pour l'époux qui la réclame, notamment dans le cadre des comptes du divorce. Il faut cependant respecter le délai de **prescription** de cinq ans applicable en matière de pension alimentaire. Nous vous rappelons par ailleurs qu'une demande de contribution aux charges du mariage ne peut intervenir que jusqu'à l'ordonnance de non-conciliation. Une demande de pension alimentaire pourra en revanche être effectuée pour vous même, sur le fondement de l'article 255 du Code civil, lors de l'audience de conciliation.

Exemple

Ainsi, dans une affaire examinée par la Cour de cassation, le divorce entre deux époux était prononcé le 2 novembre 1982. L'épouse avait demandé en juin 1985 à l'occasion de la ***liquidation de la communauté*** *que soit fixée la contribution aux charges du mariage due par son mari du 1er janvier 1980 (date de la séparation des époux) au 21 octobre 1981 (date de l'ordonnance de non-conciliation). Elle a pu obtenir gain de cause devant les tribunaux (C. cass., civ. 1re, 8.11.1989, BC n° 341).*

➤

QUESTIONS-RÉPONSES

Je suis mariée sous le régime de séparation de biens. Nous avions acheté pendant notre mariage un appartement à mon nom. Mon mari m'indique qu'il va, dans le cadre du divorce, soulever le fait que c'est avec ses fonds que ce bien a été acheté et qu'il s'agit en fait d'une donation entre époux, révocable à tout moment et non d'un véritable achat. Peut-il le faire ? Alors que j'ai pour ma part renoncé à ma carrière professionnelle pour tenir son foyer et élever nos enfants ?

Selon la jurisprudence, quand l'assistance de l'épouse va au-delà de la seule contribution aux charges du mariage et constitue la cause des versements du mari (immeuble acheté au nom de la femme avec des fonds du mari), l'acte peut être requalifié de « donation rémunératoire » et non de simple donation, révocable ou annulable. Les tribunaux ont d'abord appliqué ce principe en cas de collaboration d'un conjoint à l'activité de l'autre conjoint puis au travail au foyer. Ce travail doit avoir, compte tenu de son importance ou de sa qualité, été source d'économie pour le conjoint. Selon les tribunaux, c'est à votre mari de faire la preuve qu'il s'agit bien d'une donation. Sur cette question, voir le chapitre : *Les conséquences du divorce – La liquidation et le partage des autres régimes matrimoniaux.*

La contribution aux charges du mariage s'effectue spontanément pendant le mariage. Mais en cas de **séparation de fait,** il arrive qu'un conjoint « oublie » son obligation. Cela peut lui être défavorable, car le fait de refuser de participer aux frais de la vie courante est en lui-même une cause de divorce (voir la rubrique : *Le divorce pour faute*).
Si l'époux qui est victime du refus ne veut pas demander le divorce, il lui est possible, dans un premier temps, de se borner à demander au juge aux affaires familiales du domicile conjugal la condamnation de son conjoint au paiement d'une contribution aux charges du mariage (art. 214 C. civ. et art. 1069-3 et suivants NCPC).

LA FRONTIÈRE ENTRE DEVOIR DE SECOURS ET CONTRIBUTION AUX CHARGES DU MARIAGE

▶ La contribution aux charges du mariage est due jusqu'à l'ordonnance de non-conciliation

Une demande de contribution aux charges du mariage peut être faite auprès du juge aux affaires familiales jusqu'à **l'ordonnance de non-conciliation.**

▶ La pension alimentaire est due à titre de devoir de secours jusqu'au divorce

À compter de l'ordonnance de non-conciliation et jusqu'au moment où le divorce a autorité de chose jugée (quand aucune voie de recours n'est plus possible), seule subsiste entre les époux l'obligation alimentaire du devoir de secours (art. 255 C. civ.).

▶ La contribution aux charges du mariage est due en cas de rejet du divorce

Quand le juge rejette le divorce, il peut condamner un époux à verser à l'autre une contribution aux charges du mariage (art. 258 C. civ. ; voir la rubrique : *Le rejet du divorce*).

LA SOLIDARITÉ ENTRE ÉPOUX (ART. 220 C. CIV.)

Pendant le mariage, les époux sont « solidaires ». Cela signifie que :
- chaque époux peut passer seul les contrats qui ont pour objet **l'entretien du ménage ou l'éducation des enfants ;** il n'a pas besoin de l'accord explicite de l'autre époux ;
- inversement, toute **dette du ménage** contractée par l'un oblige l'autre solidairement, ce qui signifie que l'autre époux peut être contraint de payer cette dette.

▶ Quelles sont les dettes concernées ?

La notion de dette ménagère est très large puisqu'elle englobe :
- les dettes relatives aux enfants (frais de scolarité, de vacances...),
- celles relatives au logement, quand les époux habitent les lieux mais également dans certaines conditions en cas de séparation (loyers, charges de copropriété, assurance multirisque, factures EDF, achats d'appareils ménagers, salaires de la femme de ménage...),
- celles relatives à la vie courante (crédit auto, locations de vacances…).

Sur la solidarité en matière d'impayé de loyers, on peut se reporter ci-dessous à la rubrique : *Le logement familial pendant l'instance en divorce*.

> ***Exemple***
>
> *Des factures de soins données à un enfant sont des dettes communes aux époux ; ceux-ci sont tenus solidairement à leur paiement. Dans une affaire où des factures d'hospitalisation d'un enfant étaient restées impayées, le centre hospitalier avait saisi les* ***allocations familiales*** *dues à la mère de cet enfant. Elle contestait la saisie car les factures étaient au nom du père et que cette saisie ne pouvait porter sur des allocations bénéficiant à une autre personne.*

Ce raisonnement n'a pas été accepté : ***l'éducation des enfants*** *comprend les soins dont ils ont besoin. Il s'agit bien d'une dette ménagère, dont le paiement peut être réclamé indifféremment au père ou à la mère, tenus tous deux solidairement (C. cass., civ. 2e, 10.7.1996).*

BON À SAVOIR

La solidarité entre époux dans le paiement des dettes du ménage n'a pas pour effet de dispenser le créancier d'être en possession d'un **titre exécutoire** (jugement...) contre chacun des époux. A défaut, il ne peut pas directement procéder à une saisie sur les salaires de l'époux non visée par le titre, pas plus qu'il ne peut saisir ses biens : *« Toute exécution forcée implique que le créancier soit muni d'un titre exécutoire à l'égard de la personne même qui doit exécuter. »* (C. cass., civ. 2e, 19.5.1998, BC n° 163, 28.10.1999).

▶ Les cas où les époux ne sont plus solidaires

Cette solidarité entre les époux peut être écartée dans deux hypothèses :
– 1re hypothèse : quand la dépense dont le paiement est réclamé par le créancier est manifestement excessive, et donc contraire à l'intérêt du ménage.

Exemple

Concernant l'achat par un mari d'un billet d'avion dont l'utilité n'est pas familiale mais pour celle du seul mari, il a été jugé qu'il ne s'agissait pas d'une dette pour laquelle la femme était tenue solidairement (CA Paris, 11.10.1989).

– 2e hypothèse : quand il s'agit d'**emprunts** et de **crédits.** Les deux époux doivent donc signer l'acte pour être engagés – sinon l'acte de crédit ou d'emprunt n'engage que celui des époux qui l'a signé et non pas l'autre. Ceci étant posé, souvent, lorsqu'un seul des époux a signé un acte de crédit, le créancier demande à l'autre époux soit de signer aussi le crédit, soit de se porter explicitement **caution solidaire.** Dans ce cas, les époux sont bien sûr engagés solidairement.
Une exception importante existe à la règle de non-solidarité pour les emprunts et crédits : les époux sont solidaires, même en cas d'emprunt et de crédit, quand il s'agit de sommes modestes et que le **bien est nécessaire** aux besoins de la vie courante.
Par exemple, selon le cas, un emprunt fait par un époux pour financer l'acquisition d'un **véhicule automobile** pourra être considéré comme une dette ménagère ou non (montant de la somme en jeu, dépense ayant ou non pour objet de satisfaire aux besoins de la vie courante – CA Douai, 25.3.1999 ; CA Grenoble, 22.3.1999, JCP 2000, IV, 1245).

▶ La séparation de fait

Pour les tribunaux, la solidarité des époux continue même en cas de

séparation de fait des époux, ce qui sera souvent le cas pendant l'instance en divorce. Ainsi, les époux restent solidaires du paiement du loyer du logement familial pendant l'instance en divorce même après l'ordonnance de non-conciliation autorisant les époux à résider séparément (voir ci-dessous : *Le logement familial pendant la procédure*).
Des décisions divergentes sont cependant apparues sur cette question :
– Partant du principe que la solidarité a pour objet **l'entretien du ménage,** la Cour de cassation a écarté cette solidarité dans une décision dont les implications sont importantes. Il s'agissait de frais téléphoniques pour une ligne souscrite par la femme à son seul nom alors que les époux étaient séparés de fait. Le mari n'a pas été condamné aux notes téléphoniques laissées impayées par la femme (C. cass., civ. 1re, 15.11.1994).
– La solidarité des époux ne peut pas être mise en cause pour une dette de loyers relative à la résidence qui était celle du mari après **l'ordonnance de non-conciliation** autorisant la **résidence séparée**, la femme n'ayant donc jamais habité l'appartement pour lequel les loyers étaient réclamés (CA Paris, 6e chambre, 28.5.1997). Sur cette question, voir ci-dessous : *Le logement familial pendant la procédure*.

LES DEVOIRS DE FIDÉLITÉ, D'ASSISTANCE ET DE COHABITATION (ART. 212 ET 215 C. CIV.)

En se mariant les époux savent qu'ils vont, de par le mariage, s'obliger à un devoir mutuel de fidélité, de secours, d'assistance. Ils s'obligent également à une communauté de vie, c'est-à-dire à l'obligation de cohabiter.
Il s'agit là des principaux devoirs du mariage. On les retrouve, quand ils ne sont pas respectés, dans les causes du divorce (voir la rubrique : *Le divorce pour faute*).
Ces devoirs vont subsister pendant l'instance en divorce comme le prouve la jurisprudence (nuancée il est vrai) en matière d'**adultère** (commis pendant l'instance en divorce). Selon les tribunaux, il n'existe pas d'immunité pour les époux qui violent ces droits du seul fait qu'ils sont en instance en divorce – il faut donc les respecter tant que le divorce n'est pas devenu définitif.
En effet, en ce qui concerne la cohabitation des époux érigée en principe dans l'article 215 du Code civil, seule, en principe, **l'autorisation de résidence séparée** donne juridiquement aux époux la possibilité de ne plus habiter ensemble. Cette autorisation est accordée par le juge aux affaires familiales pendant la procédure de divorce.

LES MESURES DE CRISE ENTRE ÉPOUX (ART. 220-1 C. CIV.)

Si l'un des époux manque gravement à ses devoirs et met ainsi en péril les intérêts de la famille, le juge aux affaires familiales peut prescrire toutes les mesures urgentes que requièrent ces intérêts. Cette possibilité

d'intervention du juge nécessite donc un « **péril** » et un « manquement grave » d'un des époux.
Si tel est le cas, le juge peut notamment prendre des décisions importantes et notamment :
– interdire à cet époux de faire, sans le consentement de l'autre, des **actes de disposition** (par exemple **vente**) sur ses propres biens ou sur ceux de la communauté, meubles ou immeubles,
– interdire le **déplacement des meubles,** sauf à spécifier ceux dont il attribue l'usage personnel à l'un ou à l'autre des conjoints.
Ces différentes mesures ont leur place pendant l'instance en divorce : elles sont étudiées dans la partie concernant les mesures urgentes (voir ci-dessous).

Le logement familial

Ne sont étudiées ici que les questions concernant le sort du logement de la famille ***avant que le divorce ne soit prononcé définitivement.*** *Les problèmes posés par le logement* ***après le divorce*** *sont traités dans la rubrique :* **Les conséquences du divorce sur les biens.**

Dès lors qu'un divorce entre les époux est envisagé, la question du devenir du logement de la famille va évidemment se poser très vite. Quand on constate en pratique l'importance du logement d'un point de vue affectif et financier, il paraît utile de faire le point sur des questions souvent posées :
– à quel époux ce logement va-t-il être attribué pendant l'instance en divorce ? Quels vont être les critères du juge ?
– s'il s'agit d'une location, si le logement de la famille bénéficie à un des conjoints dans le cadre des mesures provisoires, l'autre époux peut-il être condamné au paiement des loyers ? Un époux peut-il donner congé du logement sans prévenir l'autre ?
– s'il s'agit d'un bien appartenant aux époux, les questions vont porter sur la possibilité pour un époux de vendre sans l'accord de l'autre, ou encore sur le sort des emprunts communs.
L'inquiétude sera encore plus grande s'il s'agit d'un bien propre : le conjoint (surtout s'il ne veut pas divorcer) va s'inquiéter de savoir s'il risque d'être **expulsé** dès l'introduction de la procédure de divorce...

L'ATTRIBUTION DU LOGEMENT

▶ Quel époux va rester dans les lieux (la jouissance du logement familial) ?

En cas de divorce sur demande conjointe, la question est résolue rapidement puisque ce sont les époux qui vont dans le cadre de la convention temporaire régler eux-mêmes le sort du logement.

Dans les autres cas de divorce, le juge, dès **l'ordonnance de non-conciliation,** va :

- autoriser la **résidence séparée** des époux,
- et attribuer à l'un des époux la **jouissance du logement familial** et du mobilier le meublant, et ce en vertu de l'art. 255 du Code civil.

Le fait que le logement appartienne en propre à un conjoint ou soit un bien commun est à ce stade sans incidence : le logement bien propre du mari peut ainsi être attribué à l'épouse pendant l'instance en divorce. Le fait que le logement soit en location est indifférent : un seul des époux peux être autorisé à rester dans les lieux, qu'il ait ou non signé le bail. L'autre époux sera d'ailleurs toujours solidaire du paiement de loyers (art. 220-1 et 1751 C. civ. – voir ci-dessous).

L'appréciation du juge va se faire cas par cas en fonction des éléments du dossier, le facteur important étant la présence **d'enfants du couple** qui ne doivent pas être perturbés par une mesure qui n'est que provisoire. En présence d'enfants, la question est donc de savoir à qui ces enfants vont être confiés pendant l'instance en divorce. En effet, le logement familial est généralement attribué à l'époux auquel est confiée **l'autorité parentale** sur les enfants ou chez qui les enfants vont résider. Le juge peut d'ailleurs tenir compte des accords éventuels des époux sur ce point.

Dans de nombreux cas, l'attribution du logement ne crée pas de conflit, un des époux ayant déjà un domicile séparé et acceptant parfaitement que son conjoint reste dans l'ancien logement de la famille. Dans d'autres cas, cette question est très conflictuelle compte tenu du fait qu'elle se greffe sur celle du choix du parent qui aura l'autorité parentale sur les enfants (ou chez qui résideront les enfants en cas d'autorité parentale conjointe). Un autre cas peut se présenter : celui d'un époux qui exerce son activité professionnelle dans le logement et va donc demander à y rester.

L'audience du juge doit donc être minutieusement préparée avec l'avocat, afin que le juge prenne sa décision avec le maximum d'éléments en sa possession.

L'attribution des **meubles meublant** le logement suit, en principe, le sort du logement. L'attribution du logement et des meubles à l'un des conjoints peut avoir une incidence sur le montant de la **pension alimentaire** entre époux et pour les enfants. La pension alimentaire peut en effet tenir compte du fait que l'époux créancier de la pension occupe avec les enfants gratuitement ou non le domicile conjugal (voir ci-dessous le problème de l'indemnité d'occupation).

Attention : il ne s'agit que d'une attribution provisoire pendant l'instance en divorce. Le sort définitif du logement devra être réglé dans le cadre des mesures définitives. Par exemple, après le divorce, un des époux pourra rester dans l'ancien logement de la famille au titre de la **prestation compensatoire,** ou encore s'il demande **l'attribution préférentielle du logement commun** (sur toutes ces questions, voir la rubrique : *Les conséquences du divorce sur les biens*).

▶ Une indemnité d'occupation est-elle due ?

Le logement attribué à l'un des conjoints peut être un bien commun. Il peut être indivis entre les époux s'ils sont mariés sous le régime de la séparation. Il peut être propre au conjoint qui est parti. Dans ces différents cas, va se poser la question du paiement d'une « indemnité d'occupation » par l'époux qui continue à habiter dans les lieux.

La question se pose essentiellement pendant l'instance en divorce, c'est-à-dire la période allant de l'assignation en divorce jusqu'au jugement de divorce « **ayant force de chose jugée** » (qui ne peut plus faire l'objet d'une voie de recours). Compte tenu des délais existant en pratique entre ces deux dates, la question est importante et a une incidence considérable sur la part de chacun des époux dans le partage de leurs biens. Mais les difficultés peuvent subsister en présence d'enfants du couple. Dans ce cas, une pension peut être due pour les enfants après le divorce (voir ci-dessous).
En principe, le juge doit indiquer dans son ordonnance si cette occupation est attribuée à titre gratuit ou si l'occupant doit une indemnité d'occupation à son conjoint.

> ***Exemple***
>
> *L'ordonnance peut attribuer le logement à la mère des enfants en complément de la pension alimentaire due pour ceux-ci, ou encore décider que la jouissance du logement est gratuite puisqu'il s'agit d'une modalité du devoir de secours.*

Contrairement à cet exemple, le caractère gratuit ou non de l'attribution du logement familial n'est cependant pas toujours indiqué dans l'ordonnance, ce qui est source de contentieux par la suite. En l'absence de précision à cet égard, quand la question se pose lors des opérations de liquidation et de partage (en cas de conflits entre les ex-époux) devant le juge du partage, ce dernier va donc devoir se livrer à une interprétation de l'ordonnance rendue. Cette question est difficile à résoudre et les décisions rendues, contradictoires. En effet, tout va dépendre des autres dispositions de l'ordonnance, des ressources respectives des parties, etc. Or, l'enjeu peut porter sur des sommes importantes surtout quand une procédure a duré de nombreux mois, voire des années (en cas d'appel et de cassation).

Les arguments pour le paiement d'une indemnité d'occupation

Les données du problème sont en effet les suivantes : pendant l'instance en divorce, les époux sont sous le régime **de l'indivision** puisque **l'assignation en divorce** marque le point de départ de la **dissolution de la communauté** entre les époux (art. 262-1 C. civ. ; sur cette question voir la rubrique : *Les dates des effets du divorce*).
Or, l'une des règles de l'indivision (art. 815-9 C. civ.) est que l'époux qui use et jouit privativement des biens indivis est redevable auprès des autres indivisaires d'une indemnité. En conséquence, une indemnité d'occupation est due en vertu des règles de l'indivision puisqu'il y a occupation privative d'un bien indivis, sauf précision contraire du juge. Certaines décisions appliquent cette règle (C. cass., civ. 2e, 11.2.1998, BC n° 51).

Les arguments pour la gratuité de l'occupation

Mais, par ailleurs, pendant l'instance en divorce, les époux restent tenus du **devoir de secours** et du devoir de contribuer à l'entretien et à l'éducation des enfants. Ces devoirs se matérialisent par le versement d'une pension alimentaire (art. 255 C. civ.). Or, l'occupation de local peut être le fait de l'époux qui a les plus faibles revenus, et l'attribution du logement le fait de l'époux plus fortuné en exécution de son devoir de secours. Certains tribunaux estiment donc que, de façon implicite, le juge peut avoir accordé gratuitement le logement à l'époux occupant, dans le cadre de ce devoir de secours, au titre de la pension alimentaire (C. cass., civ. 1re, 18.1.1989, D. 90, S. p. 117).

> ***Exemple***
>
> *Voici la façon dont la cour d'appel de Versailles, dans une affaire qui lui était soumise, traite cette question :*
>
> *« Spécialement, dès lors que les revenus de l'épouse ne lui permettraient ni de se maintenir dans l'appartement au titre duquel le mari réclame une indemnité d'occupation fixée en fonction de la valeur locative, ni de faire face à la charge du loyer d'un appartement adapté à ses besoins et à ceux des enfants, il y a lieu de considérer que,* ***dans l'esprit du magistrat conciliateur,*** *qui ne s'est pas expressément prononcé sur ce point, la jouissance gratuite du domicile conjugal constitue une modalité d'exécution du devoir de secours du mari.*
>
> *L'épouse n'est donc redevable d'aucune indemnité d'occupation jusqu'à l'arrêt qui a prononcé le divorce. » (CA Versailles, 1re chambre A, 9 mars 2000, D. 2000, IR p. 127).*

D'autres décisions estiment qu'il doit résulter de la rédaction de l'ordonnance que les dépenses de logement doivent être incluses dans le montant de la pension. À défaut, l'occupation est gratuite (C. cass., civ. 1re, 20.10.1987, BC n° 272).
Pour d'autres décisions cependant, en l'absence de précision concernant l'avantage obtenu par la gratuité d'une telle occupation, celle-ci ne peut constituer une modalité d'exécution du devoir de secours échappant aux règles du **partage de communauté** qu'à une double condition : un état de besoin avéré au moment de l'attribution et une insuffisance évidente des autres mesures prises éventuellement pour y pourvoir (CA Toulouse, 15.3.1995). À défaut de remplir ces deux conditions, l'occupation se fait moyennant règlement d'une indemnité d'occupation.
Après le divorce, une indemnité d'occupation devra être versée puisque le devoir de secours entre époux prend fin (sauf hypothèse d'un divorce pour rupture de la vie commune). Mais, s'il y a des enfants, il peut être tenu compte de l'obligation alimentaire du parent vis-à-vis de ses enfants et de la forme qu'elle prend. Si elle s'exécute en tout ou partie en nature – un parent laisse à son conjoint et ses enfants la jouissance du domicile conjugal –, il va en être tenu compte pour l'estimation tant de l'indemnité d'occupation que du montant de cette pension alimentaire.
Le juge, saisi de cette question, va devoir apprécier de façon globale la situation générée par la rupture.

> ***Exemple***
>
> *Le juge peut estimer que, dans la mesure où le conjoint réside avec les enfants, la pension alimentaire pour les enfants doit être réduite de moitié, l'occupation du domicile par les enfants procédant d'une contribution de leur père à leur entretien de nature à réduire l'indemnité due par l'épouse (C. cass., civ. 1re, 7.6.1989).*

LES PRÊTS EN COURS

Cette question est importante, compte tenu du nombre important de ménages qui s'endettent pour de longues années pour acquérir le logement de la famille. Ce logement sera un bien commun si les époux se sont mariés sans contrat de mariage, ou un bien en indivision s'ils sont dans le cas d'une séparation de bien.
Dans l'un ou l'autre cas, ils sont amenés à s'engager solidairement pour le remboursement du prêt. Parfois, l'acquisition n'aura été effectuée que par un seul époux si les époux sont séparés de biens, mais la banque aura demandé la caution de l'autre. Donc soit comme **caution solidaire,** soit comme débiteur solidaire, les deux époux sont tenus chacun au remboursement du prêt.
Or, il n'existe pas d'assurance « divorce » censée prémunir les époux contre cet événement qui va changer pour eux les données d'origine : moins de revenus, logement qui va n'être attribué qu'à un seul des époux, etc.
L'époux à qui ne sera pas attribué le logement pourra mettre de la mauvaise volonté à régler ses mensualités, surtout s'il doit de son côté faire face aux frais d'un nouveau logement. Le conjoint habitant encore le logement peut donc se voir exposer à une **saisie immobilière.**
Par conséquent, les époux ont tout intérêt à ce que le juge précise lors de la première audience comment vont se régler les prêts en cours. Il faut cependant savoir que la décision rendue ne concerne que les relations entre les époux et n'est pas opposable aux tiers. L'organisme de crédit pourra donc demander le remboursement des mensualités impayées à l'un ou à l'autre des époux.

> ***Exemple***
>
> *Le juge pourra ainsi prévoir un partage des mensualités entre les époux ou que celles-ci seront à la charge d'un seul des époux (en général, celui qui a la* ***jouissance du logement****). La pension alimentaire peut également inclure le paiement des mensualités. Ainsi, dans une affaire où un mari avait cessé de payer les mensualités du prêt de l'immeuble où sa femme vivait avec les enfants, il a été condamné à verser directement entre les mains des organismes prêteurs, à titre d'****obligation alimentaire,*** *les arrérages d'un emprunt fait pour l'habitation de la famille (C. cass., civ. 2e, 16.7.1976, D. 77, p. 333).*

BON À SAVOIR

En fait, toutes les solutions sont envisageables, mais il est nécessaire que la décision soit claire et qu'elle précise ces points pour qu'il n'y ait pas de conflit par la suite sur cette question dans le cadre de l'après-divorce.
Il est nécessaire également d'être vigilant en présence d'un logement bénéficiant d'une aide au logement (APL), afin que la solution envisagée ne prive pas l'occupant du bénéfice de cette aide (voir la rubrique : *Les conséquences du divorce*).

LA PROTECTION DU LOGEMENT (ART. 215 C. CIV.)

La philosophie des textes est celle de la protection du logement familial. En effet, pour le législateur, c'est justement quand la famille se disloque que doit être préservé ce cadre familial, surtout s'il y a des enfants jeunes. Sauver le cadre de vie, surtout en cette période de difficultés psychologiques que constitue toujours un divorce (même le mieux accepté) est très important (D. d'Hoeraene, avocat à la cour, GP, 23.9.1993).
La protection du logement familial va jouer à deux niveaux : quand les époux (ou l'un d'entre eux) sont propriétaires du logement, ou quand ils sont en location.
L'article 215 du Code Civil prévoit une « cogestion » du logement familial. Il précise en effet : « *La résidence du ménage doit être choisie d'un commun accord. Les époux ne peuvent l'un sans l'autre disposer des droits par lesquels est assuré le logement de la famille, ni des meubles dont il est garni.* »
Cela signifie qu'un époux ne peut vendre le logement du ménage même s'il en est l'unique propriétaire. Cela signifie également qu'en cas de location, un époux ne peut pas, seul, donner congé au propriétaire, et réciproquement le propriétaire doit obligatoirement donner congé à chacun des époux.

À noter

Le fait que le logement soit attribué à l'un des époux dans le cadre d'une instance en divorce (voir plus haut) laisse intacte l'application de cette règle.

▶ Le logement appartient aux époux

L'impossibilité pour un époux de vendre le logement de la famille

Aucun des époux ne peut vendre le logement de la famille sans l'accord de l'autre époux ou sans l'autorisation du tribunal de grande instance (art. 215 et 217 C. civ.). Cette règle s'applique, que le logement soit commun, propre ou indivis entre les époux. S'il est commun, la protection est également prévue dans les règles de l'administration de la communauté (art. 1424 C. civ.).
Cette règle s'applique à la vente sans l'accord de l'autre, mais aussi à différentes autres opérations : prise **d'hypothèque conventionnelle, donation, échange, constitution d'un usufruit** ou d'un **bail**, etc.

> ***Exemple***
>
> *Un mari, qui vivait séparé de son épouse avec qui il était en instance de divorce, avait vendu à une société immobilière, avec réserve d'usufruit personnel au vendeur, la nue-propriété d'une maison qui lui appartenait en propre. Cependant, cette maison avait constitué le logement familial et était occupée par sa femme et ses trois enfants. Il avait d'ailleurs également vendu les meubles en précisant que la vente ne serait effective « qu'à la rupture du lien conjugal ». Les deux ventes ont été annulées. Le vendeur dans cette affaire a été*

condamné à des dommages et intérêts (C. cass., civ. 1re, 16.6.1992). (Sur le délai permettant à la femme de demander la nullité, voir ci-dessous : La sanction*).*
Le mari ne peut consentir un **bail** *sur la villa commune dans laquelle il résidait avec son épouse avant que celle-ci ne décide de le quitter et d'introduire une instance en divorce. Cela aboutirait à priver l'épouse de ses droits de jouissance ou d'occupation sur cette villa. Le bail a ainsi pu être annulé (C. cass., civ. 1re, 16.5.2000, Ed. du Juris-Classeur, Loyers et copropriétés, n° 264).*

La saisie du logement familial

En revanche, la protection du logement familial n'empêche pas qu'il puisse être saisi par un créancier. En effet, le logement familial ne fait pas partie des **biens insaisissables** (contrairement à la pension alimentaire ou la prestation compensatoire).

Exemples

Le logement familial peut être saisi si l'un des époux tombe en ***liquidation judiciaire*** *(C. cass., civ. 1re, 12.10.1977), ou s'il fait l'objet d'une mesure de surendettement et si son bien doit être vendu. De même, le logement familial peut être saisi en cas de non-paiement d'une dette assorti d'une prise* ***d'hypothèque judiciaire*** *(C. cass., civ. 1re, 4.10.1983).*

Autrement dit, cette disposition met la famille à l'abri d'un acte de disposition délibérée du bien par un des conjoints, mais ce bien n'échappe pas au gage général des créanciers de l'époux propriétaire.
En ce qui concerne le **cautionnement,** la loi protège le domicile conjugal quand il s'agit d'un bien commun des époux. En effet, dans cette hypothèse, un époux ne peut engager que ses biens et ses revenus propres, par un cautionnement (ou un emprunt), s'il n'a pas l'accord exprès de son conjoint (art. 1415 C. civ.).

L'interdiction de vendre les meubles le garnissant

Les meubles meublant le logement ne peuvent pas également être vendus sans l'accord de l'autre.

Exemple

L'interdiction de vendre les meubles s'applique même si le logement familial a été attribué à l'un des époux et que la vente a lieu après ***l'ordonnance de non-conciliation*** *lui ayant attribué le logement (CA Colmar, 11.6.1974).*

La sanction

Il est possible de demander la **nullité de la vente** du logement ou des meubles. Pour ce faire, le conjoint qui n'a pas donné son consentement dispose d'un délai d'un an à partir du moment où il en a connaissance. Mais, une telle action en nullité ne peut pas être demandée plus d'un an après la **dissolution du régime matrimonial** (voir la rubrique : *Les dates d'effets du divorce*). Ainsi l'époux qui découvre que le bien est hypothéqué à l'occasion d'un **commandement de saisie immobilière** doit en principe saisir le tribunal pour demander la nullité de l'hypothèque avant l'expiration d'un délai d'un an après le commandement. Mais il a été jugé qu'il pouvait, **même passé ce délai**, invoquer la nullité de l'hypothèque comme moyen de défense lors de la demande d'exécution de l'acte. Il s'agit d'une application importante du principe selon lequel les exceptions (moyen de défense à une demande, comme ici nullité d'un acte que l'on cherche à exécuter) sont perpétuelles (C. cass., civ. 2e, 8.2.2000, JCP 2000, IV, 1245).

BON À SAVOIR

Un époux en instance de divorce peut faire interdire par le juge, notamment dans le cadre des mesures urgentes (voir ci-dessous), le **déplacement des meubles** garnissant le logement familial.

▶ Le logement est loué

Le principe : la cotitularité du bail

Les époux sont réputés être tous les deux locataires du logement (art. 1751 C. civ.). C'est ce qu'on appelle la **cotitularité du bail** pour les époux.
Cette règle joue :
- dans la mesure où le logement sert réellement à **l'habitation de la famille** (et donc des enfants s'il y en a),
- si ce logement est la **résidence principale** de la famille.

Cette règle s'applique, en principe, même si la location est antérieure au mariage (il est fréquent que l'un des époux vienne s'installer chez son conjoint déjà locataire). Elle est en revanche exclue en cas de bail mixte (habitation/professionnel).

Conséquences

L'impossibilité de donner congé à un époux sans donner congé à l'autre époux

Suivant la règle de la cotitularité du bail, le congé donné à un seul des époux ou la proposition de renouvellement de bail avec augmentation de loyer est inopposable à l'autre, ainsi qu'éventuellement l'assignation en résiliation de bail (CA Paris, 13.4.92 et 7.10.91). Ces actes doivent être délivrés de façon distincte aux deux époux.

À noter

La Cour de cassation a infléchi cette jurisprudence en validant une proposition de renouvellement de bail avec augmentation de loyer adressée par lettre recommandée à « Monsieur ou Madame » car l'avis de réception avait été signé par les deux époux (C. cass., civ 1re, 2.2.2000, BC n° 169). Cette solution, favorable au bailleur, aurait pu s'appliquer en cas de délivrance d'un congé.

Quand le bail a été conclu avec un seul époux (si l'existence du conjoint n'a pas été portée à la connaissance du bailleur), le congé délivré au seul titulaire du bail est valable également pour son conjoint (art. 9-1 de la loi du 6.7.1989).

L'impossibilité pour un époux d'engager l'autre par son congé
Une autre conséquence de la cotitularité du bail est qu'un époux peut donner seul un congé, mais ce congé n'aura pas d'effet vis-à-vis de son conjoint qui peut rester dans les lieux. L'accord des deux époux est requis pour mettre fin au bail.

Le paiement solidaire du loyer afférent au logement familial
Chaque époux est tenu au paiement des loyers du logement familial en vertu de l'article 220 du Code civil (voir ci-dessus : *La solidarité entre époux*). Cette solidarité signifie que le bailleur, en présence de loyers impayés, peut s'adresser indifféremment à l'un ou à l'autre des époux, que ceux-ci habitent ensemble dans le logement ou non, sous la réserve que le logement concerné ait bien été le logement de la famille. La cotitularité ne peut donc pas jouer lorsque l'épouse n'a jamais résidé dans la maison objet du bail, étant déjà en **instance de divorce** au moment de la signature par le mari. Cette obligation est la même s'il s'agit d'une **indemnité d'occupation** due après une expulsion. Une modification du loyer doit également être notifiée aux deux époux.

> ***Exemple***
>
> *Un bail est signé par un des époux et sert à la résidence de la famille. Un an plus tard, un nouveau bail est signé par le mari, pour son usage exclusif alors que, les époux étant en instance de divorce, la femme avait quitté le logement familial, objet du premier bail. Il a été jugé que la femme ne pouvait être condamnée à régler les loyers, car elle n'habitait pas dans les lieux loués lors de la signature du second bail. La solidarité pour les dettes du ménage suppose qu'elles aient été contractées dans l'intérêt du ménage ou l'éducation des enfants, ce qui n'était pas le cas (CA Paris, 8ᵉ chambre B, 9.10.1997 ; voir aussi C. cass., civ. 2ᵉ, 24.11.1999, JCP 2000, IV, 1046).*

Sous cette réserve, les époux restent solidaires pour les impayés de loyers même s'ils sont séparés et même après **l'ordonnance de non-conciliation**, du moment que le logement loué avait servi à l'habitation du couple ou de la famille. Contrairement à une idée reçue, ce n'est en effet pas parce qu'une ordonnance de non-conciliation accorde à l'un des époux la jouissance du logement familial que l'autre époux n'est pas tenu de continuer à régler sa part des loyers. Jusqu'à la **transcription** du divorce à l'état civil, les époux étant solidairement tenus des dettes du ménage au titre de l'article 220 du Code civil, le bailleur peut s'adresser indifféremment :
- à l'époux resté dans les lieux,
- à l'époux ayant été autorisé à résider séparément,
- aux deux époux (CA Lyon, 27.6.2000, Droit de la Famille, Ed. Juris-Classeur 1.2001, p. 22).

Exemple

*Un époux a pu être condamné à payer un arriéré de loyers et une indemnité d'occupation relatifs à l'ancien logement familial dans l'hypothèse suivante : il avait obtenu dans le cadre de l'***ordonnance de non-conciliation** *la résidence séparée. Son conjoint, à qui avait été attribuée la jouissance du logement familial, avait cessé de régler les loyers. Le bailleur avait appliqué la clause résolutoire pour mettre fin au bail. Le conjoint se maintenant cependant dans les lieux, le bailleur demandait son expulsion et sa condamnation ainsi que celle de son conjoint à régler l'arriéré de loyers et une indemnité d'occupation (à compter du jugement d'expulsion). Il a obtenu gain de cause (C. cass., civ. 1re, 7.6.1989 et 13.10.1992).*

En fait, tout comme les impayés en matière de loyers, l'indemnité d'occupation constitue une dette solidaire quand elle correspond à une dette du ménage, c'est-à-dire à la jouissance du logement familial (ou de l'ancien logement de la famille) et à une dette propre à l'ex-conjoint quand il ne s'agit pas d'une dette relative au logement familial. Pourtant la jurisprudence n'est pas toujours rigoureuse sur cette question.

Exemple

Deux époux décident de résider séparément, chacun avec un de leurs enfants. La femme laisse des loyers impayés sur un appartement où le mari n'a jamais habité. Il a pourtant été condamné au titre de sa solidarité au paiement des dettes ménagères (CA Reims, 27.5.1999, JCP 2000, IV, 1245).

Cette solidarité pour le paiement des loyers persiste même si le bailleur est informé du divorce, par l'envoi d'une copie par un des époux de l'ordonnance de non-conciliation en même temps que son congé (C. cass., civ. 3e, 2.2.2000, JCP 2000, IV, 1503).

QUESTIONS-RÉPONSES

Je sais que mon conjoint va enlever certains de nos meubles de notre appartement. Je ne suis pas encore passée en conciliation à la suite de ma demande en divorce pour faute. Il veut enlever prochainement le reste. Je pense qu'il veut les vendre. Puis-je porter plainte pour vol contre lui ?

Non, il ne s'agit pas d'un **vol** puisque vous n'êtes pas divorcés. L'article 311-12 du Code pénal précise qu'il n'est possible d'engager une procédure pénale contre son conjoint pour vol que si l'on a été autorisé à **résider séparément** dans le cadre de **l'ordonnance de non-conciliation** (ou ordonnance initiale).
En revanche, il vous est possible de demander au juge des référés, au titre des mesures urgentes, d'interdire à votre mari de déplacer les meubles (art. 220-1 et 257 C. civ.).

➤

QUESTIONS-RÉPONSES

Peut-on rester dans le domicile conjugal alors que l'on est en instance de divorce ? La réponse est-elle la même si on ne veut pas divorcer ?

Que l'on veuille ou non divorcer, le domicile conjugal reste celui des époux jusqu'à l'**audience de non-conciliation** (ou première audience) où le juge autorise, en principe, la **résidence séparée.** Un des époux peut obtenir de rester dans le domicile conjugal à titre provisoire pendant l'instance en divorce, à des conditions qu'il convient de préciser pour qu'il n'y ait pas de contentieux sur ce point par la suite (occupation gratuite ou moyennant indemnité d'occupation...). L'autre époux, s'il n'est pas déjà parti, devra quitter les lieux.

La maison est un bien propre de mon conjoint. Il veut divorcer. Peut-il m'expulser dès le dépôt de la requête en divorce ?

Dans le cadre de la procédure de divorce, un des conjoints (en général celui à qui les enfants sont confiés) peut obtenir la jouissance du domicile conjugal pendant l'instance en divorce. Cette règle peut s'appliquer, même si le bien est un bien propre. Par ailleurs, pendant l'instance en divorce, un des époux ne peut, même s'il est propriétaire du bien, vendre son logement sans l'accord de l'autre (art. 215 C. civ.). Il faudra donc que votre avocat demande à votre bénéfice la jouissance du domicile conjugal.

Lors de la non-conciliation, mon ex-conjointe a été condamnée à une pension alimentaire puis à rembourser seule les emprunts de l'appartement. Au divorce, le calcul de la pension a été fait compte tenu du fait qu'elle remboursait ces emprunts. Lors de la liquidation matrimoniale, est-il normal que je rembourse la moitié de ses emprunts et en plus paie une indemnité d'occupation de logement pour mes deux enfants et moi ?

Les comptes sont faits entre les époux en fonction des éléments spécifiques de chaque dossier. Il est fréquent que, pour fixer le montant de la pension alimentaire ou de la prestation compensatoire, les tribunaux prennent en compte le fait que l'époux débiteur assume seul la charge des emprunts. Il faudrait savoir à partir de quand vous avez été condamné à payer la moitié des emprunts. Les mesures prévues dans l'ordonnance de non-conciliation sont en effet provisoires et ne régissent que la procédure de divorce. Le montant de la prestation compensatoire, qui fait suite à la pension alimentaire, a en principe dû être réévalué dans la mesure où cette dernière était minorée du fait que votre conjoint prenait à sa charge les emprunts. Pendant la procédure de divorce, la prise en charge des emprunts peut être considérée comme une pension alimentaire. Il faut donc reprendre attentivement les termes de l'ordonnance et du jugement de divorce afin de savoir s'il y a intérêt à contester le partage en saisissant le tribunal.

LES MESURES PROVISOIRES

Les mesures provisoires ont pour but d'aménager pendant la procédure en divorce les rapports entre les époux et les mesures concernant les enfants. La loi prévoit en effet que le juge peut prescrire « les mesures nécessaires pour assurer l'existence des époux et des enfants » jusqu'au divorce (art. 254 C. civ.).
Les règles de procédure applicables à l'ordonnance de non-conciliation (ou la première ordonnance), contenant ces mesures provisoires, de même que celles concernant les procédures d'urgence pour obtenir des mesures provisoires, ont été étudiées dans la rubrique : Les règles communes.

Caractéristiques des mesures provisoires

Les mesures provisoires présentent certaines caractéristiques. En effet :
- elles ne durent que pendant l'instance en divorce,
- elles peuvent s'éteindre en cas de négligence des parties à saisir le tribunal,
- elles sont modifiables à tout moment dans la mesure où survient un fait nouveau, devant le juge ou en appel,
- elles sont toujours assorties de l'exécution provisoire (ce qui signifie qu'on peut les exécuter même s'il y a une procédure d'appel ou de cassation de la décision qui les ordonne),
- elles peuvent être accordées en urgence (voir ci-dessous).

Les mesures provisoires sont fixées par les époux en cas de divorce sur demande conjointe dans la convention temporaire.

▶ Les mesures provisoires ne durent que pendant l'instance en divorce

Selon l'article 254 du Code civil, ces mesures sont temporaires et destinées à assurer l'existence des époux et des enfants jusqu'à la date à laquelle le divorce a « force de chose jugée » (c'est-à-dire qu'il ne peut plus faire l'objet d'aucun recours. Pour un exemple, voir la rubrique : *La pension alimentaire pour l'un des époux*).

▶ Elles peuvent s'éteindre

Ces mesures deviennent caduques (c'est-à-dire qu'on ne peut plus les invoquer) si le tribunal n'est pas saisi par les époux après l'ordonnance de non-conciliation aux fins de prononcer le divorce dans un certain délai, délai qui varie suivant les procédures de divorce (en principe six mois, mais neuf mois pour le divorce sur demande conjointe).
Les conséquences sont très importantes car, au bout de ce délai, elles ne peuvent plus être exécutées (par exemple, la pension n'a plus à être versée).

> ***Exemple***
>
> *Une épouse ne peut plus faire une procédure de saisie ou de paiement direct sur les salaires du conjoint qui ne lui paie pas la pension alimentaire fixée dans l'ordonnance si le tribunal n'est pas saisi dans les délais. Son conjoint peut donc obtenir la* ***mainlevée*** *de la saisie.*

L'époux est en effet obligé de réassigner et de saisir le juge aux affaires familiales, en sa qualité de juge de la mise en état, pour faire fixer à nouveau la pension.
Il a par ailleurs été jugé que, si une contribution aux charges du mariage avait été précédemment fixée, la **caducité des mesures provisoires** les faisaient revivre : « *Si les mesures provisoires, ordonnées au cours d'une instance en divorce, se substituent d'office à la contribution aux charges*

du mariage décidée par un jugement antérieur, dont les effets sont de ce fait suspendus, leur caducité met fin à cette suspension, le jugement reprenant ses effets » (C. cass., crim., 21.5.2000, D. 2000, IR, p. 209).

▶ Elles sont modifiables dans la mesure où survient un fait nouveau

La situation des époux, pendant l'instance en divorce, peut évoluer. Il ne faut pas oublier que certaines procédures peuvent s'étendre sur plusieurs mois, voire des années en présence de voies de recours (appel, cassation). Pour cette raison, les mesures provisoires sont modifiables à tout moment dès lors que survient un fait nouveau. L'époux doit immédiatement prévenir son avocat de l'existence d'un fait nouveau. En effet, jusqu'au jugement de divorce, le juge peut supprimer, modifier ou compléter les mesures provisoires qu'il a prescrites (art. 1118 NCPC).

À noter

En cas d'appel de l'ordonnance fixant les mesures provisoires, les modifications peuvent être demandées (également sur preuve de la survenance d'un fait nouveau) au premier président de la cour d'appel (si le conseiller de la mise en état n'est pas encore saisi) ou au conseiller de la mise en état (art. 1119 NCPC). En appel, il n'existe en effet pas de juge aux affaires familiales mais un conseiller de la mise en état chargé de suivre la procédure.

La demande de modification d'une mesure provisoire n'a rien à voir avec la contestation d'une mesure provisoire dans le cadre d'un appel ou d'un pourvoi en cassation contre l'ordonnance du juge qui l'ordonne. Il ne s'agit pas de contester une mesure mais d'indiquer au juge ou à la cour qu'une situation a évolué par rapport à la dernière fixation de cette mesure.

> ***Exemple***
>
> *Un mari fait appel de l'ordonnance de non-conciliation qui l'a condamné à verser une pension pour ses enfants qu'il trouve trop onéreuse. Un des enfants veut de son côté vivre chez son père. Le mari va pouvoir demander au conseiller de la mise en état de statuer également sur ce point compte tenu de cet élément nouveau par rapport à ce qui était prévu lors de l'ordonnance.*

La notion d'élément nouveau permettant de demander une modification des mesures concernant l'enfant est traitée dans la rubrique : *Les conséquences pour les enfants*.

Dans les relations entre les époux, pourront être considérés comme un élément nouveau permettant de demander une modification de la pension alimentaire : un licenciement, une dégradation de la situation financière, une grave maladie d'un des époux, le concubinage d'un époux...

Les tribunaux n'admettent pas en revanche comme faits nouveaux des faits produits volontairement par l'époux qui les invoque, comme par exemple une démission ou une **organisation d'insolvabilité.**

La modification concernant la résidence de l'enfant pourra entraîner celle concernant l'attribution du logement de la famille (voir ci-dessus : *Le logement familial*).

> ***Exemple***
>
> *Un conjoint peut revenir devant le juge aux affaires familiales pour demander la révision de la pension alimentaire s'il apprend l'existence de nouvelles sources de revenus chez son mari. À l'inverse, une pension pourra être modifiée en cas de diminution des ressources du conjoint débiteur.*

EN PRATIQUE **Peut-il y avoir une interruption entre la fin des mesures provisoires et le début des mesures définitives ?**

Les mesures accessoires au divorce (**prestation compensatoire** notamment), ordonnées par le juge du divorce vont se substituer aux mesures provisoires. Aussi, la pension alimentaire versée à un époux par l'ordonnance de non-conciliation va être remplacée par la prestation compensatoire dans le jugement de divorce.
Les mesures concernant l'autorité parentale provisoire vont être reprises à titre définitif dans le jugement de divorce.
Mais les mesures peuvent ne pas se suivre dans le temps et, s'il s'agit d'une pension alimentaire, l'époux concerné ne touchera rien pendant un certain temps. Cette question, importante d'un point de vue pratique, est traitée dans la rubrique : *La prestation compensatoire*.

▶ Elles sont toujours assorties de l'exécution provisoire

L'exécution des mesures provisoires est immédiate, dès la signification de la décision, sans qu'il soit besoin de la demander (art. 514 NCPC). L'exécution des mesures provisoires n'est pas suspendue par un appel, c'est ce qu'on appelle **l'exécution provisoire.** Contrairement à d'autres cas d'exécution provisoire, le premier président de la cour d'appel ne peut pas arrêter cette exécution provisoire, même si elle risque d'entraîner des conséquences manifestement excessives (art. 524 NCPC). En effet, cette disposition, qui permet à une partie d'arrêter une mesure qui a été accordée avec exécution provisoire et qui lui est préjudiciable, ne joue pas en cas d'exécution provisoire de plein droit.

▶ Elles peuvent tenir compte de l'accord des époux

Quand il ordonne les mesures provisoires, le juge peut tenir compte des arrangements que les époux ont conclu entre eux (art. 1117 NCPC), mais il n'est pas obligé de les suivre.

▶ Elles peuvent toujours être contestées

Ces mesures peuvent faire l'objet d'un appel quand un époux (ou les deux) est mécontent. Cette question est traitée à l'occasion des voies de recours contre l'ordonnance de non-conciliation, décision qui les prescrit, dans la rubrique : *Les règles communes*.

LES DIFFÉRENTES MESURES PROVISOIRES

L'article 255 du Code civil énumère un certain nombre de mesures qui peuvent être prises. Il s'agit notamment des mesures suivantes :
- l'autorisation donnée aux époux de résider séparément,
- l'attribution à l'un d'eux de la jouissance du logement et du mobilier du ménage ou le partage entre eux de cette jouissance,
- la remise des vêtements et objets personnels,
- la fixation de la pension alimentaire entre époux,
- la fixation de la provision pour frais d'instance que l'un des époux devra verser à son conjoint,
- l'attribution à l'un des conjoints des provisions sur sa part de communauté si la situation le rend nécessaire,
- s'il y a des enfants mineurs, les modalités de l'autorité parentale et le montant de la pension alimentaire pour les enfants (art. 255 et 256 C. civ.).

Cette énumération n'est pas limitative. Le juge pourrait par exemple mettre à la charge d'un époux le règlement des mensualités afférentes au remboursement de **l'emprunt** contracté pour l'acquisition du **domicile conjugal** (C. cass., civ. 1re, 16.7.1976) ou encore ordonner une mesure d'instruction (ex : expertise comptable).

Il a été ainsi jugé que l'attribution de l'usage d'une **automobile** pendant la procédure de divorce était une modalité de devoir de secours auquel est tenu un époux. Le juge peut donc ordonner l'attribution à un époux qui en a besoin pour ses études et pour les besoins de son enfant (CA Versailles, 1re ch., 14.3.1986).

▶ L'autorisation de résidence séparée

La première mesure que va décider le juge est d'autoriser les époux à résider séparément. L'autorisation de résidence séparée peut également être demandée au titre des **mesures urgentes** pour mettre la famille à l'abri d'un danger représenté par l'un des conjoints. Cependant, la plupart du temps, les époux étant déjà séparés, le juge ne fera qu'avaliser une situation de fait déjà existante.

Cette autorisation de résidence séparée va entraîner un certain nombre de conséquences importantes pour les époux puisqu'elle les dispense de cohabitation :

La présomption de paternité

Cette résidence séparée peut avoir des conséquences pour l'enfant né en cours de procédure de divorce, et notamment, sur sa condition d'enfant légitime.

• Les **enfants légitimes** sont les enfants issus de parents régulièrement mariés (c'est-à-dire conçus ou nés pendant le mariage) ou les **enfants naturels** qui ont été légitimés par mariage de leurs parents ou par décision de justice (art. 312 et 331 C. civ.).

La présomption de paternité signifie que l'enfant conçu pendant le mariage a pour père le mari de la mère de l'enfant (art. 312 C. civ.). On a recours à la présomption de paternité lorsque la filiation paternelle de l'enfant n'est pas définitivement établie (non-indication du père sur son acte de naissance ou défaut de possession d'état d'enfant légitime à l'égard des deux époux). Cette présomption de paternité s'applique aux enfants dont la **période légale de conception** se situe pendant le mariage de ses parents. La période légale de conception s'étend du 300e jour (un peu plus de neuf mois) au 180e jour inclus (six mois) précédant la naissance de l'enfant.

• Or, l'autorisation de résidence séparée va avoir une incidence sur cette présomption de paternité. Elle est en effet écartée, en cas de jugement ou même de demande soit de divorce, soit de **séparation de corps,** pour l'enfant né plus de 300 jours après **l'ordonnance autorisant les parents à vivre de façon séparée** et moins de 180 jours depuis le **rejet définitif de la demande en divorce** ou depuis la **réconciliation** (art. 313 C. civ.). Cet enfant n'est donc pas considéré comme légitime. La filiation n'est établie qu'à l'égard de la mère, et la paternité du mari peut être contestée (C. cass., civ. 1re, 5.10.1994, PA 28.6.95). Cependant, la présomption de paternité reprend de plein droit sa force si l'enfant, à l'égard des époux, a la **possession d'état** d'enfant légitime (art. 313-2 et 313 C. civ.). La possession d'état indique le fait que l'enfant a toujours été traité par le père présumé comme son propre enfant, au vu et su de tous, et que l'enfant se considère comme tel.

L'infraction de violence et de vol entre époux

Il a été jugé qu'il importait peu que les deux époux ne vivent pas ensemble, l'un bénéficiant d'une résidence séparée, pour que l'aggravation de peine en cas de **violence entre époux** joue. Frapper son conjoint est en effet un facteur d'aggravation de peine au regard de l'article 226-3 du Code pénal (C. cass., crim., 7.4.1998).

A partir de l'autorisation de résidence séparée, il peut y avoir vol entre les époux (voir ci-dessus : *Questions-Réponses*).

Les droits et obligations entre époux

La jurisprudence est nuancée. Notamment, en matière **d'adultère,** l'étude de la jurisprudence montre que l'adultère commis après l'autorisation de résidence séparée peut constituer une **faute** cause de divorce (voir la rubrique : *Le divorce pour faute*).

Le délai pour se remarier

La question du délai pour se remarier (délai de viduité) est traitée dans la rubrique : *Les conséquences personnelles du divorce*, à laquelle il convient de se reporter.

Les conséquences fiscales

Cette question est traitée dans la rubrique : *La fiscalité du divorce*.

▶ L'attribution du logement et des meubles pendant l'audience

Le logement visé n'est pas forcément le logement familial. Un personne peut ainsi demander à avoir la jouissance d'une résidence secondaire

(notamment si elle veut en faire son domicile). De même, les meubles peuvent être d'autres meubles que ceux meublant le logement de la famille (**voiture** notamment).
La question de l'attribution du logement familial et des meubles meublants à un époux est traitée ci-dessus dans la rubrique : *Le logement familial*.

▶ La provision pour frais d'instance (provision *ad litem*)

Il s'agit d'une somme fixe qu'un époux verse à son conjoint qui manque de ressources pour couvrir les frais de procédure (frais d'huissier, d'avocat, d'expertise...). C'est le juge qui apprécie si cette provision est due, en tenant compte des ressources des intéressés.
En matière de divorce pour **rupture de la vie commune,** il a été jugé que le défendeur au divorce n'a pas besoin de justifier de l'insuffisance de ressources pour obtenir cette provision (C. cass., civ. 2e, 9.11.1978).
La provision doit être remboursée quand c'est le bénéficiaire de la provision qui est condamné aux **dépens** (voir *Le droit du divorce*).

▶ La pension alimentaire pour un des époux

La pension alimentaire, fixée au titre des **mesures provisoires**, n'est due que pendant la durée de l'instance en divorce. Elle est fondée sur le **devoir de secours.** Elle est remplacée à compter du divorce, le cas échéant, par une **prestation compensatoire** (sauf en cas de divorce pour rupture de la vie commune où c'est une pension alimentaire qui est due entre les ex-époux). En cas d'impayés, elle bénéficie des procédures spécifiques aux pensions alimentaires (paiement direct notamment).
Selon l'article 254 du Code civil, cette mesure est temporaire et destinée à assurer l'existence des époux jusqu'à la date à laquelle le divorce a « **force de chose jugée** » c'est-à-dire qu'il ne peut plus faire l'objet de voie de recours.

> ***Exemple***
>
> *Un époux dépose un **pourvoi en cassation** contre un jugement de divorce prononcé aux torts partagés, estimant que le divorce devrait être prononcé aux **torts exclusifs** de son épouse. L'instance en divorce ne sera terminée qu'au terme de la procédure. La pension doit donc continuer à être versée pendant l'instance devant la Cour de cassation. Cette règle s'applique même si l'époux qui reçoit la pension ne s'est pas de son côté pourvu en cassation (CA Paris, 11.7.1985).*

Mais si l'époux fait appel ou se pourvoit en cassation, non pas sur le principe du divorce mais sur ses conséquences financières (montant de la prestation compensatoire par exemple), le divorce lui devient irrévocable : il a « force de chose jugée » puisque il n'est pas remis en cause. En conséquence pendant la procédure d'appel ou devant la Cour de cassation, dans cette hypothèse c'est la prestation compensatoire qui est due.

Exemple

Une ordonnance de non-conciliation accorde à l'épouse une somme de 12 000 F. Le jugement de divorce lui accorde 10 000 F à titre de prestation compensatoire. L'épouse, mécontente de cette somme fait appel puis se pourvoit en cassation, le 27.9.1996. Le mari arrête de payer la pension en mai 1997 pour ne verser que les 10 000 F, dus au titre de la prestation compensatoire. La femme fait une saisie sur ses comptes pour la différence. C'est l'époux qui obtient gain de cause, les voies de recours étant limitées aux conséquences du divorce. Le divorce lui était acquis et la pension alimentaire ne pouvait continuer à être versée (C. cass., civ. 2e, 18.5.2000, D. 2000, IR p. 175).

BON À SAVOIR

La pension alimentaire est majoritairement accordée aux épouses, comme la **prestation compensatoire** pour l'après-divorce. Avant la réforme du 30 juin 2000 sur la prestation compensatoire, la pension alimentaire servait d'ailleurs souvent de base à la fixation de la prestation compensatoire. Avant cette réforme en effet, la prestation compensatoire prenait majoritairement la forme d'une rente, comme la pension alimentaire versée pendant le divorce. La réforme du 30 juin 2000 a modifié totalement ce type de comportement puisque la prestation compensatoire doit dorénavant être fixée en capital. Elle ne sera plus fixée sous forme de rente qu'exceptionnellement (voir la rubrique : *La prestation compensatoire*).

En matière de divorce sur **demande conjointe**, ce sont les époux qui vont décider du montant de la pension alimentaire, comme de toutes les autres mesures, dans le cadre de la **convention temporaire**.
Pour les autres cas de divorce, la pension est fixée par le juge aux affaires familiales saisi du divorce dans le cadre de l'**ordonnance de non-conciliation**. Quand il ordonne les mesures provisoires, le juge peut tenir compte des arrangements que les époux ont conclus entre eux (art. 1117 NCPC), mais il n'est pas obligé de les suivre.

BON À SAVOIR

Compte tenu de l'enjeu, toute l'attention des époux doit être apportée à la question de sa fixation. On constate en pratique que de très nombreux **appels** de l'**ordonnance de non-conciliation** ont trait à la pension alimentaire entre époux. Cela sous-entend que l'un ou l'autre des époux est fréquemment mécontent de la façon dont elle est appréciée par le juge. Il est vrai que les audiences de conciliation se déroulent souvent à un rythme soutenu, que les décisions sont prises rapidement, parfois sur la base d'un dossier financier de chaque époux qui s'avère incomplet.

À noter

Dans le cadre de la réforme sur la prestation compensatoire du 30 juin 2000, le législateur a prévu l'obligation pour les époux de faire une ***déclaration sur l'honneur*** *en ce qui concerne leurs revenus et patrimoine. Mais, cette déclaration n'a été prévue que dans le cadre de la fixation de la prestation compensatoire ou de sa révision et non, en amont, pour la fixation de la pension alimentaire due entre époux pendant la procédure.*

La pension alimentaire, versée entre époux pendant l'instance, est, comme toute pension alimentaire, appréciée suivant les **besoins et les ressources des parties** (art. 208 C. civ.).
En pratique, la pension ressemble à ce qui sera par la suite le fondement de la prestation compensatoire, c'est-à-dire une sorte de **maintien du train de vie** de l'époux créancier. La pension tiendra donc compte du **statut social** des intéressés et du niveau d'existence auquel peut prétendre le créancier de la pension, compte tenu des **facultés** de l'époux débiteur de la pension (C. cass., civ. 2e, 7.5.1980).

> ***Exemple***
>
> *Une épouse avait, en raison de son mariage, abandonné l'activité salariée qu'elle exerçait au sein du même organisme que son mari et dont le règlement interdisait l'emploi de deux époux. Pour le juge saisi de leur divorce, le mari devait, durant l'instance en divorce, assurer à sa femme un niveau de vie aussi proche que possible de celui que lui procurait la vie commune. La pension à sa charge a été fixée à 3 500 F par mois, compte tenu des facultés respectives des époux et des besoins de la femme (revenu du mari : 12 000 F par mois - CA Paris, 14e ch. B, 17.10.1980).*

Pour apprécier les **ressources** des époux, le juge peut tenir compte du **capital**, et des revenus qu'une gestion utile de ce capital du débiteur peut procurer (C. cass., civ. 2e, 21.1.1976). Le fait qu'un conjoint vive en **concubinage** avec une personne gagnant bien sa vie peut également être retenu.
Le fait que le mari ait fait « de mauvaises affaires » peut être pris en compte pour apprécier le montant de la pension. Une décision, qui avait décidé du contraire (la femme n'ayant pas à supporter les conséquences des mauvaises affaires de son mari et de la cession de son étude) a été cassée (C. cass., civ. 2e, 26.11.1975).
Le cas est bien entendu différent si le conjoint débiteur se livre à une véritable **organisation d'insolvabilité**. Le conjoint, dans le cadre d'une procédure de divorce, dispose de moyens spécifiques. Il peut en effet obtenir des mesures tendant à surveiller le patrimoine commun (ou même propre à son conjoint) dans le cadre de mesures urgentes (voir ci-dessous). Il peut également saisir le juge pénal (voir la rubrique : *Les pensions alimentaires impayées*).
L'attribution du logement et des meubles à l'un des conjoints pendant la procédure de divorce peut également avoir une incidence sur le montant

de la **pension alimentaire** entre époux et pour les enfants. La pension alimentaire peut en effet tenir compte du fait que l'époux, créancier de la pension, occupe avec les enfants gratuitement ou non le domicile conjugal.
Il est important que le juge spécifie clairement ce que recouvre exactement la pension alimentaire qu'il ordonne.
La pension alimentaire prend, dans la très grande majorité des cas, la forme d'une rente indexée. Quand elle n'est pas payée, elle peut faire l'objet de mesures de recouvrement de pensions alimentaires. En cas de défaut de paiement de la pension, c'est sur la base de l'ordonnance de non-conciliation qu'est apprécié l'impayé dans le cadre du délit d'**abandon de famille** ou d'une procédure civile de recouvrement.

EN PRATIQUE **La pension alimentaire est-elle versée à titre d'avance sur la part de communauté ou acquise définitivement ?**

La question s'est posée de savoir si la pension alimentaire allouée en cours d'instance en divorce pouvait être récupérée lors des opérations de liquidation du régime matrimonial. À la suite d'une longue controverse, la Cour de cassation a décidé que la pension alimentaire n'était pas versée à titre d'**avance** sur la part de la communauté qui reviendra à l'époux créancier. Elle est due pendant l'instance en divorce au titre du devoir de secours et est donc acquise définitivement (C. cass., civ. 1re, 30.6.1998, BC n° 228 ; 5.5.1999, Juris-data 001799).

▶ La provision sur part de communauté

Il s'agit d'une disposition qui permet à un époux de demander à l'autre, si sa situation le rend nécessaire, de lui verser une provision sur la part de la communauté qui lui reviendra lors de la liquidation et du partage des biens (situation financière difficile, par exemple). La provision sur part de communauté suppose donc un **état de nécessité.**
Comme son nom l'indique, cette possibilité n'existe que pour les époux mariés sous le régime de la communauté. Il s'agit d'une provision, et cette avance sera ultérieurement imputée sur la part de communauté revenant à l'époux bénéficiaire de cette avance. Si la communauté comprend des liquidités, cela peut être intéressant pour l'époux qui va avoir à faire face à certaines dépenses (par exemple, relogement). La provision peut être versée sous forme de capital (quand la communauté est importante) ou de rente.
Cette demande n'est pas très fréquente.

> ***Exemple***
>
> *Un arrêt a ainsi pu accorder à un conjoint une somme de 75 000 F à titre d'avance en retenant l'âge de l'épouse (70 ans), le fait qu'elle avait pris une location qu'elle avait dû meubler et que le patrimoine était évalué à un million de francs (C. cass., civ. 2e, 5.1.1983).*

L'état de nécessité n'était pas démontré dans l'affaire suivante : un mari, demandeur d'une provision sur part de communauté, n'établissait pas son état de nécessité. En effet, il percevait une retraite supérieure à celle de son épouse et il disposait d'avoirs en banque. Sa demande a donc été refusée (CA Paris, 15.10.1997).

▶ Les mesures concernant les enfants

Le juge statue sur l'exercice de l'**autorité parentale** et sur le **droit de visite et d'hébergement,** ainsi que sur la pension alimentaire à verser aux enfants (art. 256 C. civ.).

Une enquête sociale peut être ordonnée avant toute décision qui doit être prise en vue de l'intérêt de l'enfant. En principe, ces mesures seront souvent conservées lors de la décision définitive (voir la rubrique : *Les conséquences vis-à-vis des enfants*).

LES MESURES URGENTES

La finalité des textes concernant les mesures d'urgence est d'abord et essentiellement de permettre à l'époux, demandeur au divorce, de faire face aux réactions que peut avoir son conjoint en apprenant l'introduction d'une procédure de divorce. En effet, la phase initiale des divorces contentieux (notamment le divorce pour **faute**) est l'un des moments de la procédure où, en raison de la tension existant entre les époux, peuvent surgir des difficultés particulièrement aiguës nécessitant une intervention judiciaire immédiate du juge.

Or, les mesures provisoires ne sont prises que lors de l'audience de conciliation (ou première audience). Le délai d'attente entre le dépôt de la requête et l'audience peut être en moyenne entre un à trois mois.

Certaines mesures doivent être ordonnées immédiatement compte tenu des circonstances : tel peut être le cas pour tel époux qui veut partir de chez lui car il craint le **danger** que représente son conjoint pour lui et ses enfants ; pour tel autre, il s'agira d'empêcher un conjoint **d'organiser son insolvabilité** pour ne pas avoir à payer de **prestation compensatoire** ou de **pension alimentaire.** Il en est de même pour celui qui veut que soit rapidement statué sur **l'autorité parentale** d'un enfant du couple qu'un des parents veut emmener à **l'étranger**, ou pour tel autre qui veut faire désigner un **administrateur judiciaire** pouvant se faire remettre les documents sociaux intéressant les sociétés que contrôle le conjoint, établir un inventaire de son portefeuille d'actions, et surtout veiller à la conservation du patrimoine du couple. Cela pourra être également le cas pour celui qui veut interdire à son conjoint de vendre un bien ou de **déménager des meubles...**

Toutes ces questions peuvent avoir besoin d'une réponse immédiate et appropriée. La loi prévoit un important arsenal de mesures et de procédures permettant d'apporter une solution rapide aux différentes difficultés du couple.

BON À SAVOIR

Ces mesures sont de deux ordres : des mesures personnelles et des mesures financières.
Les **mesures personnelles** vont concerner l'enfant (autorisation de vivre séparément d'un parent qui le brutalise, fixation de l'autorité parentale...) et le conjoint.
Les **mesures d'ordre financier** vont consister principalement en des interdictions pour un des époux d'effectuer certains actes pour préserver le patrimoine (par exemple blocage des comptes bancaires, interdiction de vendre certains biens...), en des mesures d'administration des biens du couple (désignation d'un administrateur judiciaire aux fins d'inventaire), en des attributions d'une pension alimentaire pour un conjoint sans ressources, etc.
La pratique montre que ces procédures restent pour certaines peu utilisées.

▶ Les caractéristiques des mesures urgentes

Les mesures urgentes sont des mesures provisoires. Comme telles, elles suivent le régime des mesures provisoires, sous réserve des quelques particularités indiquées ci-après.

Les mesures d'urgences sont des mesures provisoires

Ces mesures ne peuvent être demandées que pendant l'instance en divorce, à compter du dépôt de la requête en divorce et jusqu'à l'ordonnance de non-conciliation. Elles ne doivent pas constituer des mesures définitives anticipant par exemple sur le partage des biens entre les époux (par exemple, obligation de vendre un bien pour régler une dette).

Elles varient suivant le type de procédure utilisée

C'est la principale difficulté de ce domaine : suivant le type de demande que l'on désire faire, il va falloir utiliser la procédure de référé ou la requête à jour fixe. Certains juges sont plus accommodants que d'autres, mais il faut bien constater que les textes n'ont pas toujours la clarté qui s'impose.

▶ Les différentes procédures d'urgence

L'autorisation d'assigner à jour fixe

Le juge aux affaires familiales peut autoriser un époux à faire citer l'autre époux à jour fixe aux fins de conciliation (art. 1109 NCPC). Le but de cette mesure est uniquement d'avancer la date de l'audience de conciliation pour obtenir plus rapidement les mesures provisoires. Elle a été conçue en pensant au très délicat problème d'enfants que l'un des époux entend emmener à **l'étranger** (sur cette question, voir la rubrique : *Les conséquences vis-à-vis des enfants*). Il y a donc urgence à régler la question des droits de chaque parent sur l'enfant. Elle consiste en fait à avancer la date de l'audience de conciliation (ou première audience). C'est la procédure la plus fréquemment utilisée. Elle est intéressante, car le juge a un large choix de mesure à prendre dans le cadre des mesures provisoires.

La requête aux fins de mesures urgentes

Une autre possibilité consiste dans le fait pour le demandeur au divorce, dès le dépôt de la requête, de demander au juge d'ordonner des mesures d'urgence. Il s'agit ici de mesures de protection contre un danger physique et des mesures conservatoires tendant à préserver le patrimoine de son couple des manœuvres de l'autre époux. Elles sont prévues par l'article 257 du Code civil qui cite la possibilité d'obtenir du juge :
- la **résidence séparée** de son conjoint,
- et des mesures conservatoires de protection du patrimoine.

Cette possibilité est accordée à celui qui demande le divorce. La procédure est précisée dans la rubrique : *Les règles communes*. Qu'il suffise de rappeler ici que le juge peut être saisi par lettre simple, que l'époux doit se présenter en personne et que l'autre conjoint n'est pas informé du dépôt de la demande. La décision sera donc prise sans son accord. Cette procédure doit être maniée avec précaution car elle peut radicaliser l'attitude du conjoint, furieux de n'avoir pas été prévenu. En outre, il n'existe pas **d'appel** contre la décision (art. 1107 NCPC). Le conjoint peut cependant contester la mesure à l'audience de conciliation (ou éventuellement en référé).
Les deux autres types de procédure peuvent lui être préférés (référé matrimonial, sous réserve que le juge des référés se reconnaisse compétent - voir ci-dessous - ou autorisation d'avancer la date de l'audience de conciliation). Il est pourtant en pratique parfois nécessaire de ne pas mettre son conjoint au courant d'une procédure, compte tenu de son attitude et de la nature de l'urgence.

Les mesures pouvant être prises sont donc :

- ***L'autorisation de résider séparément***

La résidence séparée sera principalement ordonnée en cas de mauvais traitements infligés à son conjoint ou aux enfants. C'est pour cette demande que la procédure d'urgence est le plus souvent utilisée. Il faut conseiller au demandeur de venir à l'audience avec la preuve des faits qu'il invoque (**attestations médicales, témoignages** de tiers...). Le juge doit être convaincu, lors de cette première audience, qu'il y a **danger** à rester auprès de l'autre époux et qu'une autorisation de partir s'impose et doit être immédiate.

- ***Les mesures de protection du patrimoine***

L'introduction de l'instance en divorce peut donner l'idée à un conjoint, pour ne pas avoir à régler d'éventuelles pensions ou prestations, d'organiser son **insolvabilité** ou de diminuer la consistance de ses biens propres ou des biens dont il a l'administration conjointement avec son conjoint (biens communs). Des mesures s'imposent donc pour contrecarrer cette initiative. Ces mesures peuvent tout autant être prises pour des époux mariés sous le régime de la séparation de biens.
Il est possible de demander au juge :

– **l'apposition de scellés** sur les biens communs (pour éviter, par exemple, qu'un époux ne prenne tous les meubles du **domicile conjugal**). L'apposition de scellés a pour but d'éviter que l'un des époux ne dilapide les biens communs. La levée des scellés effectuée à la requête de l'époux est suivie d'un inventaire avec remise entre ses mains à titre de gardien de saisie du bien en question, qu'il continue d'administrer sans pouvoir les vendre ;
– la **saisie** des comptes bancaires (c'est-à-dire le **blocage des comptes bancaires** ; loi du 9.7.1991) ;
– l'inscription d'une **hypothèque** ;
– la désignation d'un **séquestre** (par exemple, pour éviter qu'un époux ne s'approprie les fonds provenant de la vente d'un bien commun), etc.

À noter

*Pour certains tribunaux, le juge n'a pas le pouvoir d'accorder, dans le cadre de cette procédure, d'autres mesures que celles prévues par les textes. Ainsi il ne pourrait pas accorder à un époux une **pension alimentaire** pour un enfant ou un **droit de visite et d'hébergement** (qui serait du domaine de l'ordonnance de non-conciliation).*

En revanche, certaines décisions n'hésitent pas à accorder les mesures de crise prévues par l'article 220-1 du Code civil, quand l'un des époux manque gravement à ses devoirs et met ainsi en **péril** les **intérêts de la famille** (l'art. 220-1 C. civ. est cité expressément dans l'art. 257).
Au regard de cet article, ont pu être prescrites des mesures très coercitives (et variées) telles que :
– **l'interdiction** pour un époux, sans le consentement de l'autre, **de vendre** ses propres biens ou sur ceux de la communauté,
– l'interdiction pour un époux, sans le consentement de l'autre, de **déplacer les meubles**, sauf à spécifier ceux dont il attribue l'usage personnel à l'un ou à l'autre des conjoints,
– la **réintégration des meubles** au logement familial,
– **l'interdiction** pour un époux, sans le consentement de l'autre, **d'utiliser un véhicule** automobile,
– l'interdiction pour un époux de s'endetter,
– l'**expulsion** du mari du logement familial attribué à sa femme dans le cadre de l'ordonnance de non-conciliation,
– la restitution d'effets personnels,
– la **remise des clés du domicile conjugal ou celles d'un véhicule** indispensable pour se rendre à son travail ou pour conduire les enfants à l'école.

> ***Exemple***
>
> *Ainsi, dans une affaire soumise au tribunal de grande instance de Paris, un administrateur judiciaire a pu être désigné pour faire un **inventaire** et veiller à la conservation du patrimoine des époux ou de l'un d'entre eux pendant la procédure (ce au titre de l'art. 257 C. civ.). Le juge a assorti cette mesure de l'**interdiction de ne vendre aucun bien**, qu'il soit mobilier ou immobilier (ce au titre de l'art. 220-1 – TGI Paris, 10.5.1976).*

*Une autre décision a pu imposer à un époux d'obtenir du juge, jusqu'à la fixation de la **prestation compensatoire,** que le consentement de son conjoint soit rendu obligatoire pour qu'il puisse **disposer de ses biens propres** (C. cass., civ. 2e, 6.5.1987).*

L'acte accompli au mépris d'une des interdictions ci-dessus peut être annulé en s'adressant au tribunal (art. 220-3 C. civ.).

▶ Le référé matrimonial

Le juge aux affaires familiales peut être saisi comme juge des référés, pour la période allant de la requête en divorce jusqu'à l'ordonnance de non-conciliation (en pratique jusqu'au placement de l'assignation en divorce). En effet, quand l'affaire est placée (enrôlée par le tribunal pour être jugée), c'est le juge aux affaires familiales, en sa qualité de juge de la mise en état, qui doit être saisi par l'avocat. Cela signifie qu'un époux (son avocat) assigne l'autre par voie d'huissier à une date rapprochée qui lui est indiquée par le greffe (art. 1074 NCPC).

Sur un plan général, le juge aux affaires familiales peut prescrire un certain nombre de mesures nécessitées par l'**urgence,** l'absence de contestation sérieuse, ou la « **prévention d'un péril imminent** » (art. 808, 809 et 1074 NCPC).

Il peut par ailleurs prescrire les mesures urgentes prévues par l'article 220-1 du Code civil, quand l'un des époux manque gravement à ses devoirs et met ainsi en **péril** les **intérêts de la famille** (art. 1290 NCPC ; voir les exemples de péril ci-dessus). À ce titre, on peut penser qu'on peut lui demander une **pension alimentaire** quand on se trouve dans un état d'extrême précarité.

QUESTIONS-RÉPONSES

Quelle est la marche à suivre pour demander le divorce quand on ne peut plus vivre avec son conjoint (problèmes de coups et blessures et d'alcoolisme) ?

La première chose à faire est de prendre un avocat qui pourra rapidement déposer un dossier auprès du juge aux affaires familiales en demandant, le cas échéant, à titre de mesure urgente, la résidence séparée.

Je vais divorcer. J'ai besoin de façon urgente du double des clés de voiture et de la carte grise du véhicule. Mon conjoint a une autre voiture, et j'ai besoin de celle-ci pour mon travail et pour conduire notre enfant à l'école. Que faire ?

S'il y a urgence, vous pouvez demander cette mesure au titre des mesures urgentes en même temps que sera déposée la requête en divorce (art. 257 C. civ.). Vous pouvez également saisir le juge aux affaires familiales en référé (assignation de votre conjoint par voie d'huissier).

Son rôle est cependant réduit à la portion congrue par la Cour de cassation. Il a en effet été jugé que le juge des référés était compétent, non pas pour statuer sur des mesures provisoires (par exemple, fixation d'une **pension alimentaire, droit de visite et d'hébergement**), mais uniquement sur les mesures prévues à l'article 257 du Code civil (voir ci-dessus C. cass., civ. 2e, 16.4.1986). Cette jurisprudence est très critiquée.
La procédure de référé est pourtant très utilisée dans les grands barreaux (notamment Paris). Elle est très utile car elle permet de régler rapidement certaines questions ponctuelles de façon contradictoire (ce qui signifie que les deux parties sont entendues).

LES DIFFÉRENTS CAS DE DIVORCE

LE DIVORCE PAR CONSENTEMENT MUTUEL

Le divorce par consentement mutuel, contrairement à une confusion courante dans le public, n'est pas un type de divorce en soi. La loi recouvre sous le terme générique de « divorce par consentement mutuel » deux types de divorce (art. 230 à 236 C. civ.) qui sont :

– le ***divorce sur demande conjointe,***

– le ***divorce sur demande acceptée*** *(appelé aussi «* ***double aveu*** *»).*

Dans l'esprit de la plupart des gens, divorce par consentement mutuel et ***divorce sur demande conjointe*** *sont synonymes. Mais c'est inexact d'un point de vue juridique. Pourtant, la confusion est logique dans la mesure où le divorce sur demande conjointe est effectivement le seul cas de divorce où existe réellement un « consentement mutuel », puisque :*

– L'accord des époux est réclamé tant sur le principe du divorce que sur toutes ses conséquences et modalités (notamment en ce qui concerne les biens et les enfants) ; il doit exister au début de la procédure, être réitéré par la suite et durer jusqu'à la fin.

– D'un point de vue procédural, le divorce sur demande conjointe est le seul divorce relevant de la procédure gracieuse, c'est-à-dire celle applicable en l'absence de litige (art. 25 et 1088 NCPC) ;
– Il s'agit également du seul cas de divorce où un seul avocat peut être choisi par les deux époux.
À l'inverse, le ***divorce sur demande acceptée*** *débute par la demande d'un seul des époux évoquant un ensemble de «* ***faits procédant de l'un ou de l'autre*** *» des époux, rendant impossible le maintien de la vie commune. Cette formule recouvre des faits qui ne sont pas, en soi, imputables en particulier à l'un ou à l'autre des époux.*
Le public concerné par ces deux sortes de divorce peut être le même : deux conjoints qui sont d'emblée parfaitement d'accord sur le divorce et ses conséquences peuvent utiliser le double aveu pour gagner du temps. En principe cependant, le divorce sur double aveu est conçu pour un couple qui est d'accord pour divorcer mais incapable de s'accorder sur les suites (notamment matérielles) à donner à leur divorce. Ils vont donc laisser au juge le soin de trancher sur la base de leurs demandes respectives.
Le ***divorce sur demande conjointe*** *s'adresse à des conjoints qui sont occupés moins par les raisons qui ont motivé la rupture de leur union que par un règlement rapide, et à leur manière, des conséquences. On constate que, quand les époux divorcent en début de mariage, le divorce sur demande conjointe est celui qui est majoritairement demandé.*

• Pour trouver le thème qui vous intéresse, consultez la table des matières en début de volume ou l'index alphabétique en fin de volume.

Le divorce sur demande conjointe

C'est le divorce qui a la faveur du public. Il est souvent utilisé par les jeunes couples sans enfants et sans patrimoine important. Il serait également le type de divorce le plus prisé dans les classes aisées, dans les zones urbaines, avec versement de prestation compensatoire en capital.

C'est le divorce dont la ***durée*** *est en moyenne la plus brève (le divorce sur demande acceptée peut cependant s'avérer plus rapide dans certains cas). En effet, il n'est pas rare que la décision de divorce puisse être obtenue cinq à six mois après le dépôt de la requête initiale. La procédure peut cependant être plus longue si les parties utilisent la totalité du délai de neuf mois que la loi leur accorde après la première audience (par exemple, s'il n'ont pas réussi à vendre leur bien commun). En ce qui concerne les voies de recours (qui peuvent retarder les procédures), contrairement aux autres types de divorce, le jugement de divorce (qui homologue la convention des époux) ne peut pas faire l'objet d'un appel, mais uniquement d'un pourvoi en cassation.*
Cela peut être par ailleurs le ***divorce le moins onéreux*** *si les deux époux prennent le même avocat (voir encadré ci-dessous), et dans la mesure où il n'y a pas de frais d'huissier (pas d'assignation en divorce à faire délivrer ni de signification du jugement).*

C'est le divorce qui a également la faveur du législateur. La loi autorise en effet les époux à passer des différents autres cas de divorce au divorce sur demande conjointe, et ce à tout moment de la procédure (c'est la passerelle prévue par l'article 246 du Code civil).

Ce mode de divorce n'implique pas la démonstration d'une ***faute.*** *Il n'y a en effet pas besoin de motiver son divorce, par exemple, en invoquant une faute ou en faisant le constat que la vie commune est intolérable. Ce divorce n'a pas de « cause », le juge ne va pas intervenir dans le pourquoi du divorce, sauf à vérifier que la volonté de divorcer est bien réelle.*

En revanche, les époux vont devoir définir par avance les conséquences tant personnelles qu'en ce qui concerne leurs enfants et leurs biens, qu'ils entendent attacher à leur divorce (c'est le divorce « tout compris »). La grande particularité de ce divorce est en effet que les époux vont liquider leurs intérêts patrimoniaux **avant** *le prononcé du divorce. Sous certaines conditions, cette possibilité existe aussi dans les autres cas de divorce (***convention de liquidation anticipée** *de la communauté prévue par l'article 1450 C. civ.), mais ici, il s'agit d'une condition* sine qua non *du prononcé du divorce. L'idée du texte est de concentrer le plus possible autour du jugement de divorce la fixation et la liquidation des droits pécuniaires entre les époux. Il n'y a pas, comme dans les autres divorces, un jugement prononçant le divorce et, après ce jugement, la liquidation et le partage des biens entre ex-époux. Toutes ces questions sont réglées en même temps par les époux et le juge du divorce.*

C'est la « dédramatisation » du divorce par excellence et une responsabilisation accrue des époux. En effet, ils vont pouvoir convenir entre eux de stipulations qui n'auraient pas pu leur être imposées par le juge. C'est le cas notamment en matière de **prestation compensatoire** *où les époux ont beaucoup plus de liberté pour en fixer les modalités. Par exemple, ils peuvent prévoir, et c'est très courant, la compensation d'une* **soulte** *due par un époux avec la prestation compensatoire due par l'autre époux. De ce fait, plus rien n'est dû entre les époux (une soulte est la somme due par un des époux à l'autre dans le cadre de la* **liquidation** *de leurs biens). Des clauses très variées peuvent en effet figurer dans les conventions homologuées.*

Cette grande liberté des époux a une contrepartie : les époux n'ont pas droit à l'erreur, puisque une fois la convention signée et homologuée par le juge, il sera, sauf exception concernant les enfants notamment, très difficile, sinon impossible de revenir sur ses dispositions.

Le contrôle du juge aux affaires familiales, les conseils des avocats et du notaire, s'il doit être saisi, sont donc indispensables, plus encore que dans n'importe quel autre type de divorce. En pratique en effet, on note que ce divorce « idéal » voulu par le législateur n'a pas toujours les résultats escomptés. On constate un contentieux relativement important de **l'après-divorce** *sur demande conjointe (sur les questions relatives aux enfants, à la prestation compensatoire, ou celle des biens omis principalement). Les époux tentent parfois de revenir sur les termes de la convention définitive, qu'ils ont pourtant signée. Parfois, ils estiment qu'il y a eu* **fraude** *de la part de l'un d'entre eux, que des biens ont été omis lors du partage, ou encore ils* *invoquent l'existence d'un accord entre eux sur une répartition de leurs biens, le non-versement d'une pension ou d'une prestation... qu'ils n'avaient pas soumis au juge. Parfois, ils veulent revenir sur le lieu de résidence de l'enfant ou les règles de l'autorité parentale.*

LE RÔLE DU JUGE AUX AFFAIRES FAMILIALES

Compte tenu du type consensuel de ce divorce (divorce fondé sur la confiance entre les époux), le juge aux affaires familiales intervient peu. Par exemple, il n'a pas à faire d'enquête sur la composition des patrimoines de chacun, quand un **état liquidatif** lui est soumis pour homologation. Pourtant, sa mission, telle qu'elle est voulue par les textes, est très importante.

▶ La mission du juge

Elle consiste, d'une part, à vérifier le libre accord des époux : « *Le juge ne peut prononcer le divorce que s'il a acquis la conviction que la volonté de chacun des époux est réelle et que chacun des époux a donné librement son accord* » (art. 232 C. civ. ; l'accord dont il s'agit étant l'accord pour divorcer).

Sur les conséquences du divorce, la mission du juge est la suivante :

- lors de la **première audience**, le juge a en main une **convention temporaire** (celle qui règle les effets du divorce pendant l'instance) et un **projet de convention définitive.** Il peut faire supprimer ou modifier des clauses de la convention temporaire si elles lui paraissent contraires à l'intérêt des enfants (art. 1093 NCPC). Sur le projet de convention définitive, il peut indiquer aux époux que l'homologation de cette convention, et donc le prononcé du divorce, seront subordonnés à telles conditions ou garanties qu'il estime utiles, notamment quant à **l'autorité parentale** et **aux pensions alimentaires pour les enfants,** ainsi qu'à la **prestation compensatoire** pour le conjoint. Si le projet de convention définitive est établi avec l'aide d'un **notaire**, il pourra convoquer le notaire à l'audience (art. 1099 NCPC) ;
- lors de la **seconde audience**, le juge va vérifier la recevabilité de la requête (c'est-à-dire notamment que le délai de réflexion des époux de trois mois a bien été respecté). Il doit s'assurer « *du libre accord persistant des époux* » (art. 1099 NCPC), c'est-à-dire que la volonté de divorcer existe toujours.

Il appelle l'attention des époux sur l'importance des engagements pris par eux notamment quant à exercice de **l'autorité parentale** (art. 1099 NCPC). En effet, après le divorce, il ne pourra y avoir de changements sur ce point que pour motifs graves (voir la rubrique : *Les conséquences vis-à-vis des enfants*).

Le juge vérifie si la convention définitive préserve suffisamment les intérêts des enfants et/ou des époux. En cas de demande de prestation compensatoire, le juge bénéficie de l'attestation sur l'honneur des époux concernant leurs ressources, revenus, patrimoines et conditions de vie (art. 271 C. civ. – voir la rubrique : *La prestation compensatoire*). Ce contrôle peut avoir des conséquences graves. En effet, conformément aux articles 232 du Code civil et 1100 du Nouveau Code de procédure civile, si le juge n'est pas satisfait des termes de la convention définitive, il pourrait **ajourner** le prononcé du divorce ou refuser d'homologuer la convention et donc ne pas prononcer le divorce !

▶ La conciliation

Le juge peut tenter une conciliation en cours d'instance. Dans un divorce sur demande conjointe (comme d'ailleurs dans le divorce sur demande acceptée), il n'y a pas de préalable obligatoire de conciliation, contrairement aux autres cas de divorce. Le juge peut cependant, s'il sent par exemple une hésitation des époux ou de l'un d'entre eux dans son intention de divorcer, tenter de les concilier (art. 251 C. civ.).

LE RÔLE DU NOTAIRE

Le rôle du notaire est centré sur l'établissement de **l'acte liquidatif** (ou la rédaction d'une **convention d'indivision**) quand les époux sont propriétaires de biens immobiliers. S'il n'y a qu'un seul notaire, il est choisi d'un commun accord entre les époux. En effet, dans la grande majorité des cas, un seul notaire intervient, mais rien n'empêcherait chaque époux de prendre son propre notaire.

Le rôle du notaire est important puisque, si le projet de **liquidation et de partage des biens** qu'il élabore ne paraît pas suffisamment prendre en compte les intérêts de chaque époux, le juge peut refuser d'homologuer la **convention définitive** à laquelle est annexé l'état liquidatif notarié, et par la même refuser de prononcer le divorce (voir ci-dessus). En général, le couple et leur avocat préparent de concert avec le notaire tant la convention définitive que les termes de l'état liquidatif. La concertation s'impose en effet puisqu'il va y avoir lieu d'attribuer tel bien au mari et tel autre à la femme, tel passif à l'un et tel autre à l'autre, en considération de raisons pratiques (par exemple, l'époux qui va bénéficier du **logement familial** conservera à sa charge **l'emprunt** contracté pour ce logement, celui des époux qui, compte tenu de la disparité entre leurs revenus, doit verser à l'autre une **prestation compensatoire** abandonnera la **soulte** qu'il doit à son conjoint, pour se débarrasser définitivement de cette dette).

Les conseils du notaire et des avocats seront bien entendu précieux pour le couple souvent peu au fait des règles de répartition des biens. En pratique, les époux ont peu de temps pour faire établir cet **état liquidatif** (soit entre trois mois et neuf mois après la première audience). Un délai de six mois peut être trop court pour régler ces questions et il peut parfois être nécessaire de consulter le notaire en même temps qu'est accordé le premier rendez-vous de l'avocat. Il ne faut pas oublier que les époux doivent être d'accord sur tous les points, y compris les montages financiers, pour entamer une procédure de divorce sur demande conjointe (il convient notamment de bien se faire préciser les **implications fiscales** de telle ou telle opération).

EN PRATIQUE **Faut-il prendre le même avocat ?**

Dans un divorce sur demande conjointe, un seul avocat, choisi d'un commun accord entre les époux, peut les représenter pendant la procédure (art. 230 C. civ. et 1090 NCPC). C'est le seul divorce où cette possibilité existe.

Dans les faits, les époux recourent fréquemment à ce qui est considéré comme un des avantages de ce type de procédure car prendre un seul avocat est source d'économie et de gain de temps.

Ne prendre qu'un seul avocat doit être conseillé pour des couples sans enfant et ne possédant que des biens mobiliers de faible valeur. En revanche, la présence de deux avocats s'impose dans l'hypothèse d'un gros patrimoine ou s'il existe un contentieux latent quant aux conséquences du divorce (enfants, biens).

Le risque de n'avoir qu'un seul avocat est en effet qu'en cas de difficulté entre les époux au cours de l'instance, l'avocat choisi ne pourra plus se présenter pour aucun des deux époux. Ils devront trouver chacun un autre avocat pour recommencer la procédure.

Exemple

Il a été jugé que, « dès lors qu'il a été le conseil commun des deux époux dans une procédure de divorce sur demande conjointe, manque à la délicatesse un avocat qui devient ensuite le conseil de l'un d'eux dans une autre procédure de divorce pour faute puisque les intérêts pécuniaires des deux époux étaient en opposition, l'accord de l'autre époux, allégué par l'avocat, étant sans portée, en l'espèce sur le devoir de prudence qui s'imposait à lui » (C. cass., civ. 1re, 20.1.1993). Dans cette affaire, le premier divorce demandé sur demande conjointe avait été radié, les deux époux ayant changé d'avis. La femme avait ensuite introduit une procédure de divorce pour faute contre son mari en gardant le même avocat. Elle le gardait par la suite devant le tribunal de grande instance dans l'instance en liquidation, les époux étant toujours en désaccord, cette fois sur le partage des biens. Des poursuites disciplinaires ont été engagées par le mari contre l'avocat de sa femme et ont donné lieu à la décision extraite ci-dessus condamnant l'avocat.

À QUELLES CONDITIONS PEUT ÊTRE DEMANDÉ LE DIVORCE SUR DEMANDE CONJOINTE ?

Deux conditions sont posées par les textes pour engager ce type de divorce :

– le divorce sur demande conjointe ne peut être demandé qu'après au moins six mois de mariage (art. 230 C. civ.),

– il ne peut être engagé par ou contre une personne placée sous tutelle, curatelle ou sauvegarde de justice. Cette dernière condition s'impose dans la mesure où ce type de divorce est fondé sur l'accord des époux et qu'un **incapable** ne peut donner valablement son accord.

COMMENT SE DÉROULE LA PROCÉDURE ?

• La procédure débute par une requête (**la requête initiale**) signée par chacun des époux et leur avocat, précisant leur demande. Elle est déposée au greffe du tribunal. À cette requête sont joints : la **convention temporaire** et le projet de **convention définitive.** Les époux et leur avocat sont convoqués ensuite à une audience devant le juge aux affaires familiales (juge du tribunal de grande instance).
• À la suite de cette audience, une deuxième requête (la requête réitérée) est déposée au greffe après un délai de réflexion incompressible de trois mois. Ce délai peut être prolongé de six mois pour une durée totale maximale de neuf mois. À la requête, sont joints la **convention définitive,** accompagnée le cas échéant d'un **état liquidatif,** et un **compte rendu** retraçant la façon dont s'est exécutée la convention temporaire. Les intéressés sont alors à nouveau convoqués devant le juge pour une nouvelle audience. La présence des époux à ces deux audiences est indispensable (voir encadré ci-dessous). Le jugement de divorce est rendu à la suite de cette nouvelle audience. Quand le divorce est prononcé, il n'est pas possible de faire appel de la décision rendue. Seul un pourvoi en cassation peut être formé.

▶ La requête initiale

La requête, qui n'indique pas les motifs du divorce, doit contenir à peine d'**irrecevabilité** (c'est-à-dire qu'à défaut de ces précisions elle est rejetée et doit être recommencée) :
1° l'état civil complet des époux avec date et lieu de mariage et, le cas échéant, l'état civil complet pour chacun de leurs enfants,
2° le nom et l'adresse des caisses **d'assurance maladie** auxquelles sont affiliés les époux, les services ou organismes qui servent les **prestations familiales,** les pensions de **retraite** ou tous avantages de vieillesse ainsi que la dénomination et l'adresse de ces caisses, services ou organismes,
3° l'indication de la juridiction devant laquelle la demande est portée,
4° le nom du ou des avocats chargés par les époux de les représenter.
La requête est datée et signée par chacun des époux et leur avocat (art. 1090 NCPC).
La requête doit en outre comprendre en annexe, également à peine d'irrecevabilité :
1° une **convention temporaire** valable pour la durée de l'instance,
2° un **projet de convention définitive** portant règlement complet des effets du divorce.
Chacun de ces documents doit être daté et signé par chacun des époux et leur avocat (art. 1091 NCPC).
Le juge est saisi par la remise de la requête initiale à son greffe (son secrétariat).

▶ La convention temporaire et la première audience

Le contenu de la convention temporaire

La convention temporaire contient les mesures permettant d'aménager la situation des époux pendant l'instance en divorce. Elle va en effet régler, pour toute la durée de l'instance, les problèmes susceptibles de se poser aux époux en ce qui concerne notamment (art. 1091 NCPC) :

- la jouissance du **logement de la famille,**
- **l'autorité parentale** sur les enfants et le **droit de visite et d'hébergement,**
- la **pension alimentaire** pour les enfants et éventuellement un des époux,
- le versement éventuel d'une **provision pour les frais du procès,** etc.

Les dispositions prévues par les conjoints sont assez proches des mesures arrêtées par le juge dans le cadre de l'ordonnance de non-conciliation (voir la rubrique : *La vie du ménage pendant la procédure*). La rédaction de cette convention temporaire est importante car elle préfigure souvent la convention définitive.

La convocation des époux

Le juge aux affaires familiales va convoquer chacun des époux par lettre simple expédiée quinze jours au moins avant la date qu'il fixe pour leur audition. Il avise le ou les avocats (art. 1092 NCPC).

L'audience : étude de la convention temporaire, puis du projet de convention définitive et rendu de l'ordonnance

Au jour fixé, le juge entend les époux d'abord séparément, puis ensemble et leur adresse les conseils qu'il estime opportuns (art. 1093 NCPC).

En présence du ou des avocats, et après avoir vérifié la recevabilité de la requête et éventuellement fait supprimer ou modifier les clauses de la convention temporaire qui lui paraîtraient contraires à l'intérêt des enfants, le juge rend une ordonnance dans laquelle il attribue à cette convention la force exécutoire attachée à un jugement. Concrètement, cela signifie que, sur la base de cette ordonnance, toutes les mesures indiquées dans la convention temporaire doivent être exécutées à l'amiable et que celui qui ne les exécute pas peut y être contraint (paiement d'une pension alimentaire, par exemple).

Le juge examine ensuite, avec les époux et leur avocat, le **projet de convention définitive.** Il peut leur indiquer que l'homologation de la convention, et donc le prononcé du divorce (puisque les deux sont liés), seront subordonnés à certaines conditions ou garanties, notamment en ce qui concerne les enfants et la **prestation compensatoire** ou les pensions à régler après le divorce (**pension alimentaire pour les enfants**).

> ***Exemple***
>
> *Le juge pourrait ainsi demander les précisions qu'il estime utiles, notamment quant au sort des* ***frais de procédure*** *(TGI Paris, 16.7.1976).*

Si le projet de convention a été établi avec le concours d'un **notaire,** le juge peut consulter ce dernier en le convoquant à son audience.
Le juge rappelle ensuite aux époux qu'ils devront présenter à nouveau leur requête après un **délai de réflexion** minimal de trois mois et maximal de neuf mois. Ce délai de réflexion, qui ne peut pas être réduit, a pour but principalement d'éviter un engagement irréfléchi d'un époux. Ce dernier, au terme de ce délai et lors de la seconde audience où sa présence est indispensable, devra réitérer son consentement.

La caducité des mesures provisoires

À défaut de renouvellement dans les six mois qui suivent l'expiration du délai de réflexion de trois mois, la demande conjointe est **caduque** (elle est annulée). Cette caducité a pour conséquence notamment que l'instance en divorce ainsi que les mesures provisoires (versement de la **pension alimentaire** pour les enfants, par exemple) sont éteintes. Cette mesure est donc identique à celle qui est prévue pour les divorces demandés par un seul époux, seul le délai est différent (voir la rubrique : *La vie du ménage pendant la procédure*). Il a été jugé que les mesures provisoires survivaient jusqu'à l'expiration des délais pour saisir le juge (donc neuf mois).

> ***Exemple***
>
> *Dans une affaire jugée à Poitiers, deux époux saisissaient le juge d'une requête en divorce sur demande conjointe à laquelle était jointe une convention temporaire réglant notamment le droit de visite du père pour les enfants. Lors de la première audience, le 17 février 1978, le juge homologuait cette convention lui donnant force exécutoire. Puis, changeant d'avis, le mari présentait une nouvelle requête, cette fois-ci fondée sur la faute de son épouse, pour une audience de conciliation du 29 septembre 1978. Entretemps, le 24 septembre 1978, la femme ne remettait pas à son mari l'enfant du couple, contrairement aux termes de la convention temporaire. Dans son audition à la gendarmerie, elle déclarait que la procédure de divorce pour faute en cours « annulait l'autre ». Pour la cour d'appel, elle avait tort puisque, selon cet arrêt, ce n'est qu'à défaut de renouvellement neuf mois après l'ordonnance initiale que les mesures provisoires sont caduques (CA Poitiers, 31.5.1979 ; art. 231 C. civ. et 1095 NCPC).*

► La convention définitive et la deuxième audience

Le contenu de la requête réitérée

Après l'expiration du délai de réflexion de trois mois, les époux, s'ils persistent dans leur intention de divorcer, doivent présenter à nouveau une

requête qui sera, comme la requête initiale, déposée au greffe du juge. Cette requête fait référence à la requête initiale, ou ajoute la mention des changements qui auraient pu survenir dans l'intervalle.
À peine d'irrecevabilité (à défaut, elle est rejetée), la requête comprend en annexe :
1° un compte rendu de l'exécution de la convention temporaire,
2° une convention définitive réglant tous les effets du divorce et comprenant un **état liquidatif** du régime matrimonial ou une déclaration selon laquelle il n'y a pas lieu à liquidation.
Chacun des documents doit être daté et signé par chacun des époux et leur avocat ainsi que, le cas échéant, par le notaire, sinon ils sont irrecevables. La requête doit être déposée trois mois au moins après la première audience et neuf mois au plus après cette audience (art. 231 C. civ.).

EN PRATIQUE **Les époux sont-ils obligés de partager leurs biens ou peuvent-ils rester dans l'indivision ?**

S'il est certain que le divorce met fin à la communauté ayant existé entre les époux, il est toujours possible à ceux-ci de maintenir leurs biens en indivision, leur ancienne qualité de mari et femme ne les excluant pas de ces dispositions d'ordre général. Une convention d'indivision peut donc être homologuée par le juge en cas de divorce sur demande conjointe (CA Nîmes, 2e ch., 9.3.1983).
Les biens de la communauté peuvent rester dans l'indivision, notamment si cela peut permettre, à la suite de l'évolution du marché immobilier, une meilleure vente des biens. Les conventions d'indivision sont régies par les articles 815 et suivants du Code civil (convention de cinq ans maximum renouvelable par décision expresse des parties, etc.).
Il est toujours préférable de prévoir de façon précise dans la convention définitive les conditions de cessation de l'indivision et celles relatives au partage du prix à la fin de l'indivision. Il faut également prévoir l'organisation de l'indivision au quotidien afin que cela ne soit pas, pour les ex-époux, une source de conflits (répartition des charges sur l'immeuble commun entre les indivisaires : charges de travaux, d'impôts...).
La convention d'indivision doit obligatoirement être rédigée par un notaire.

Dans la pratique, il existe rarement des difficultés d'exécution de la convention temporaire et, lorsqu'il y en a, la procédure de divorce sur requête conjointe est souvent abandonnée, puisque ces difficultés proviennent généralement du fait que les époux ne sont plus d'accord sur tous les points. Dans ce cas, l'un ou l'autre des époux intentera généralement une procédure pour **faute.**

L'état liquidatif
La liquidation des biens des époux préalable au divorce est une des grandes particularités de ce type de divorce. Un état liquidatif notarié est obligatoire quand la liquidation porte sur des immeubles conservés par

l'un ou l'autre des époux. La loi précise que l'état liquidatif doit être passé en forme authentique (devant notaire) lorsque la liquidation porte sur des biens soumis à la publicité foncière. Ainsi, un état liquidatif portant sur un immeuble ne peut pas être établi par acte « **sous seing privé** » (sur papier libre et sans notaire).

EN PRATIQUE

Qu'est-ce qu'un bien soumis à publicité foncière ?

Les articles 28 à 37 du décret du 4 janvier 1955 sur la publicité foncière prévoient que les actes, jugements et documents relatifs aux droits sur les immeubles doivent être soumis à la publicité foncière. Ceci englobe les donations de biens immobiliers, les ventes, échanges, apports en société, mises en indivision et, en général, tout acte translatif de propriété concernant un bien immobilier, et les actes constitutifs de droit réel (constitution d'un usufruit, droit d'usage), même si ces différents actes sont conclus sous condition suspensive. Une des sanctions de l'absence de publicité est la non-opposabilité aux tiers.

Exemples

Un jugement ne peut pas prononcer un divorce et homologuer une convention définitive si cette convention, à laquelle était simplement jointe une convention notariée d'indivision portant sur trois immeubles communs « à l'exclusion de tous les autres immeubles non cités », ne comporte pas d'état liquidatif de l'ensemble de la communauté.

De même, un jugement ne peut pas se contenter d'un état liquidatif par acte sous seing privé alors que le patrimoine à partager contient des immeubles, même si plus tard (après le divorce) une convention notariée est dressée. En effet, cette convention notariée est nulle parce qu'elle n'a pas été soumise à l'homologation du juge (C. cass., civ. 1re, 6.11.1979).

À défaut de respecter ces règles légales, le jugement peut être cassé (en raison du principe de l'indivisibilité entre le prononcé du divorce et la convention définitive), et les époux doivent entamer une nouvelle procédure de divorce (C. cass., civ. 2e, 11.7.1985).

En revanche, si l'immeuble est vendu en cours de procédure de divorce, un état liquidatif n'est pas nécessaire (à moins qu'il n'y ait d'autres immeubles), une simple **attestation du notaire** suffit.

À noter

En cas de demande de prestation compensatoire, une attestation sur l'honneur doit être jointe à la convention réitérée (art. 271 C. civ. – voir la rubrique : La prestation compensatoire*).*

Le contenu de la convention définitive

La convention définitive contient en général des dispositions concernant les points suivants :

– l'usage du **nom** marital, si la femme entend conserver l'usage du nom du mari (art. 264 C. civ.),
– l'attribution du **logement familial** à l'un ou l'autre des époux,
– le versement d'une **prestation compensatoire,**
– le sort des **avantages matrimoniaux** et **donation entre époux** (par exemple, la révocation expresse de ces avantages, voir encadré).
– une mention qu'il n'y a pas lieu à **liquidation** (ou, à l'inverse, le renvoi à l'état liquidatif du notaire ou à la convention notariée d'indivision),
– le partage du coût du divorce,
– une clause relative aux enfants : **autorité parentale**, lieu de résidence et **pension alimentaire.**

EN PRATIQUE **Que deviennent les donations entre époux ?**

Dans le silence de la convention définitive, l'article 268 du Code civil prévoit que les donations entre époux sont censées être maintenues (sur cette question, voir la rubrique : *Les conséquences du divorce*).

Exemple

*Un mari fait donation à son épouse des biens qui composeraient sa succession. Quelques années plus tard, leur divorce est prononcé sur demande conjointe. Rien n'est prévu dans la convention au sujet de cette donation, mais uniquement un maintien dans l'**indivision** pendant cinq ans d'un terrain commun aux époux. Le mari meurt par la suite en laissant ses parents comme seuls héritiers. Ces derniers contestaient la valeur de la donation, qui diminuait leurs droits successoraux, en estimant qu'elle n'avait été faite que dans l'hypothèse d'une absence de divorce. Les juges ont rejeté cette demande : la donation devait être maintenue au profit du conjoint survivant car elle n'avait jamais été révoquée (C. cass., civ. 1re, 16.6.1993).*

L'audience

Après avoir reçu la deuxième requête, le juge aux affaires familiales convoque chacun des époux et leur avocat et vérifie la recevabilité de la requête et leur libre accord persistant. Le juge rend sur le champ un jugement par lequel il homologue la convention définitive et prononce le divorce.

Le juge peut toutefois refuser d'homologuer la convention si elle lui paraît préserver insuffisamment les **intérêts des enfants** ou de l'un des époux et, ainsi, ne pas prononcer le divorce et **ajourner sa décision** jusqu'à présentation d'une convention modifiée (art. 232 C. civ. et 1099 NCPC).

EN PRATIQUE

Les deux époux doivent-ils être obligatoirement présents aux deux audiences ?

Lors de la requête initiale, le juge doit entendre les deux époux d'abord séparément puis ensemble (art. 1093 NCPC). Lors de la réitération (deuxième audience), le juge doit s'assurer de la persistance de l'accord des époux et attirer leur attention notamment sur les engagements liés à l'autorité parentale (art. 1099 NCPC).

Si un époux ne peut absolument pas se déplacer, par exemple s'il est gravement **malade,** il a été jugé, en ce qui concerne la seconde audience, que le juge peut donner **commission rogatoire** à un juge sur place pour entendre l'époux dans ses explications. Il peut également se **déplacer** lui-même (art. 196 et 730 NCPC ; CA Paris, 24e ch. C, 28.6.1996).

Sur un plan général, il faut communiquer à l'avocat ses dates de vacances, par exemple, ou d'absence pour qu'une date soit prise en conséquence.

Exemples

*Il peut y avoir refus d'homologation d'une convention qui octroie à l'épouse, à titre de **prestation compensatoire**, des parts de société, alors que ces parts s'avéraient être sans valeur, la société ayant été mise en **liquidation judiciaire** quatre mois après cette attribution (CA Paris, 7e ch. B, 10.10.1990).*

*Il en est de même en cas d'insuffisance notoire de la **contribution du père à l'entretien de son enfant** (CA Douai, 7e ch., 27.3.1980).*

Les décisions du juge

Trois types de décision peuvent être rendus :

L'ajournement

Si la convention lui paraît préserver insuffisamment **l'intérêt des enfants ou d'un époux,** le juge aux affaires familiales rend une ordonnance dans laquelle il déclare ajourner sa décision dans l'attente d'une convention modifiée. Concrètement, l'affaire est renvoyée à une date ultérieure où la convention modifiée sera étudiée à nouveau. La loi a donc voulu éviter aux époux d'avoir à recommencer toute la procédure si le juge estime que la convention définitive n'est pas entièrement satisfaisante, c'est-à-dire conforme aux intérêts des époux et des enfants. Un délai de six mois à partir de l'ordonnance d'ajournement est prévu pour présenter la convention modifiée. La loi prévoit que la procédure est **caduque** (c'est-à-dire annulée) si la convention modifiée n'est pas présentée dans les six mois de l'ordonnance.

• *Pour trouver le thème qui vous intéresse, consultez la table des matières en début de volume ou l'index alphabétique en fin de volume.*
• *Les mots imprimés en gras renvoient à l'index alphabétique.*

L'ordonnance d'ajournement peut être frappée **d'appel** dans les quinze jours de la décision (art. 1100 et 1101 NCPC).

Le rejet

Quand une condition de base du divorce sur demande conjointe n'est pas remplie, le juge peut rejeter purement et simplement le divorce par une ordonnance. Tel va être le cas par exemple quand un conjoint ne veut plus divorcer (C. cass., civ. 2e, 29.9.1992). Cette ordonnance peut être frappée d'**appel** dans les quinze jours de son prononcé.

L'homologation de la convention et le prononcé du divorce le jour même de l'audience

C'est de loin la décision la plus fréquente. Aucun **appel** ne peut être interjeté contre cette décision (art. 1102 NCPC).

EN PRATIQUE **Le danger des accords clandestins**

Certains époux peuvent avoir l'intention de passer des accords « secrets » concernant la liquidation de leurs intérêts et de ne pas les soumettre au juge pour qu'il les homologue (voir ci-dessous la rubrique : *Les biens omis du partage*). Il est important de savoir que ces conventions secrètes sont dépourvues de toute valeur juridique, et ce quelle que soit la date de leur signature.

1) Avant le prononcé du divorce, la règle est que la convention définitive, soumise à l'homologation du juge, doit porter règlement complet des effets du divorce. Les conventions des parties intéressant directement ou indirectement ce règlement ne sont donc valables que si elles sont homologuées, et ce quel que soit le régime matrimonial des époux.

Exemples

Une convention définitive prévoit qu'aucun des époux ne demande de prestation compensatoire, qu'il n'existe ni biens communs ni indivision entre eux, qu'ils étaient en possession de leurs biens personnels et qu'il n'y avait pas lieu à liquidation. Postérieurement au divorce, l'ex-épouse se prévaut d'une lettre dans laquelle son époux s'engageait à lui régler une certaine somme d'argent et l'assigne donc en paiement. L'arrêt d'appel qui avait fait droit à cette demande a été cassé. Cette dette aurait dû être signalée au juge et faire l'objet d'une homologation (C. cass., civ. 2e, 11.10.1989).

Selon un autre arrêt, « ce serait ôter toute efficacité à la convention définitive établie par les époux et soumise à homologation du juge aux affaires familiales que de laisser subsister des actes antérieurs destinés eux aussi à régler les effets du divorce. Selon l'article 1097 du Nouveau Code de procédure civile, la convention définitive porte règlement complet des effets du divorce : ainsi l'engagement pris antérieurement est devenu ***caduc*** *par l'effet de la convention définitive »* (CA Dijon, 1re ch., 1re sect., 7.10.1992).

2) Après le divorce la même règle s'applique, car, sauf exception, la convention homologuée ne peut être modifiée que par une nouvelle convention homologuée. ➤

EN PRATIQUE **En cas d'imposition commune, la convention définitive peut-elle prévoir une clause relative aux impôts qui resteraient dus sur le revenu du couple ?**

Si les époux sont en principe solidairement tenus, face au fisc, du paiement de leurs arriérés d'impôt, sauf décharge de solidarité (art. 1685 CGI), rien ne les empêche, en effet, de prévoir entre eux une répartition de cette charge.
Sur la solidarité fiscale, on peut se reporter à la rubrique : *La fiscalité du divorce.*

L'accord des époux (notamment dans la convention définitive) ne s'impose pas aux tiers

La convention réglant les conséquences du divorce des époux, même homologuée en justice, ne peut avoir pour effet, **en l'absence d'un accord du créancier,** d'éteindre la dette de l'un des conjoints et n'a de force obligatoire qu'entre les époux (C. cass., civ. 1re, 2.6.1992).
Ce principe, important, de l'effet relatif aux seuls époux (et non aux tiers) des conventions passées entre les époux a donné lieu à l'affaire suivante :
Deux époux avaient obtenu un prêt pour acquérir un fonds de commerce. Il était stipulé dans ce prêt qu'ils s'engageaient solidairement envers la banque. Dans le cadre d'un divorce sur demande conjointe, ils indiquaient, dans la convention définitive que le fonds était attribué au mari, à charge pour lui de finir de rembourser le prêt. L'année suivante, le mari tombait en ***liquidation judiciaire,*** *et la banque assignait l'ex-épouse en paiement de l'arriéré. La banque a obtenu gain de cause. Cela était logique dans la mesure où elle n'avait pas participé à l'accord signé entre les époux (C. cass., civ. 1re, 2.6.1992).*

▶ Les voies de recours

L'appel

L'article 1102 du Nouveau Code de procédure civile précise : « *Les décisions du juge aux affaires familiales sont susceptibles d'appel, à l'exception de celles qui homologuent les conventions des époux ou qui prononcent le divorce.* » En application de ce texte, il n'est donc pas possible de faire appel de l'ordonnance initiale homologuant la convention temporaire. Il en va de même de la seconde ordonnance homologuant la convention définitive et prononçant le divorce.
En revanche, les autres décisions du juge sont susceptibles d'appel (ex. : la décision de rejet ou d'ajournement du divorce). Dans ces cas, le délai d'appel est de quinze jours à compter de la date de la décision.

Le pourvoi en cassation

Le délai de pourvoi en cassation est de quinze jours à compter du prononcé de la décision qui homologue la convention des époux et prononce le divorce. Le pourvoi **suspend** l'exécution de cette décision (art. 1102 et 1103 NCPC).
Pour faire transcrire la décision de divorce à l'état civil, les avocats doivent demander au greffe de la Cour de cassation un « certificat de non-pourvoi » pour être certain qu'aucun recours en cassation n'a été intenté.

La tierce opposition des créanciers

Les créanciers de l'un ou l'autre des époux peuvent faire déclarer que la convention homologuée leur est inopposable (c'est-à-dire qu'ils peuvent ne pas en tenir compte) en formant une « tierce opposition » contre la décision d'homologation dans l'année qui suit la **transcription** du divorce. La transcription du divorce est le moyen par lequel les tiers, et notamment les créanciers, vont être informés des accord survenus entre les époux.
La loi offre la possibilité aux tiers de contester ce partage auquel ils n'ont pas été parties, en formant tierce opposition au jugement, en cas de **fraude** à leurs droits (par exemple s'ils prouvent le caractère fictif du partage).
En revanche, l'**action paulienne**, c'est-à-dire l'action ouverte aux créanciers pour attaquer les actes faits par leur débiteur en fraude de leurs droits, leur est refusée par la jurisprudence (voir ci-dessous, art. 1167 C. civ.).

▶ Qui paie les dépens ?

Les dépens de l'instance sont partagés par moitié entre les époux si leur convention n'en dispose autrement.

LE CONTENTIEUX SUSCITÉ PAR LA CONVENTION DÉFINITIVE

En dehors de ces actions (appel dans certains cas, pourvoi en cassation et tierce opposition pour les créanciers), prévues expressément par la loi, la pratique a imaginé d'autres moyens d'attaquer non le jugement de divorce mais la convention définitive homologuée par le juge. La question s'est en effet posée de savoir si, finalement, on pouvait dissocier le divorce proprement dit du **partage des biens** entre les époux.
Un partage peut en effet être attaqué, notamment s'il est gravement déséquilibré (c'est ce que l'on appelle la **lésion** ; voir ci-dessous) ou s'il y a preuve d'une **fraude** ou d'une pression d'une partie sur l'autre (art. 1101 et suivants C. civ.). Le problème est qu'ici il ne s'agit pas d'un partage ordinaire mais d'un partage homologué par un juge et lié au prononcé du divorce. Dans certains cas bien particuliers, est-il possible pour un des ex-époux qui s'estime lésé par le partage des biens d'attaquer la convention homologuée après le divorce ? L'hypothèse est celle d'un divorce qui est devenu définitif et a été transcrit à l'état civil. Mais, par exemple, un époux découvre une **fraude** de son conjoint, que le par-

tage est « lésionnaire » (c'est-à-dire très déséquilibré) ou encore qu'un bien a été omis du partage.
Après une longue controverse, la Cour de cassation a posé le principe de l'indivisibilité entre le prononcé du divorce et l'homologation de la convention des époux : « *Le prononcé du divorce et l'homologation de la convention définitive ont un caractère indissociable et ne peuvent plus être remis en cause hors des cas limitativement prévus par la loi* » (C. cass., civ. 2e, 6.5.1987).
On a vu en effet que le juge ne peut pas à la fois refuser d'homologuer la convention et prononcer le divorce (art. 1094 NCPC), les deux sont donc indissociables. Le divorce est intervenu suite à un véritable consentement mutuel, c'est-à-dire qu'il y a eu accord sur le principe du divorce et une convention pour en régler les conséquences, les deux étant liés. « *Principe et conséquences du divorce sont en réalité les éléments indissociables d'un tout* » (Doyen Carbonnier).

▶ Le dol, la lésion, la fraude

Les tribunaux refusent donc, pour la plupart, de rouvrir les débats et de remettre en cause le partage, que ce soit dans le cadre d'une action fondée sur le dol (manœuvres mensongères d'un des conjoints pour obtenir un avantage) ou sur la lésion (la lésion de plus du quart d'un partage entraîne en effet la possibilité de remettre en cause ce partage, en application de l'article 887 C. civ.).

> ***Exemples***
>
> *Une convention homologuée par le juge prévoyait l'allocation à la femme d'une* ***prestation compensatoire*** *sous forme de rente viagère. Le mari prétendait après le divorce que son consentement avait été « vicié » car il avait tenu pour valables les affirmations de son épouse, lors de la seconde audience, selon lesquelles elle était sans emploi alors qu'elle exerçait en fait une activité rémunérée. Il demandait donc par la suite l'annulation du partage en ce qui concernait la prestation compensatoire.*
> *Les tribunaux lui ont refusé cette annulation en estimant qu'il n'y avait pas preuve de manœuvres mensongères constitutives d'un dol (C. cass., civ. 2e, 13.11.1991).*
> *Dans une autre affaire, deux époux avaient rédigé, dans le cadre de leur divorce sur demande conjointe, une convention dans le cadre de laquelle le mari recevait un immeuble commun et la femme une* ***soulte*** *(c'est-à-dire la contrepartie en argent). Le notaire précisait que la soulte avait été payée hors comptabilité. Le divorce était prononcé. La femme assigna par la suite son ex-mari en prétendant qu'elle n'avait pas été entièrement payée. La Cour de cassation refusa en raison du principe de l'indivisibilité existant entre la convention et le divorce. La convention fait corps avec le jugement de divorce qui l'a homologuée et ne peut être attaqué que par les voies de recours prévues contre le jugement (C. cass., civ. 2e, 19.2.1986).*

La liquidation et le partage de la communauté se prêtent facilement à des opérations susceptibles de porter atteinte au droit des créanciers

personnels des époux. Les créanciers vont tenter, dans de telles hypothèses, de faire déclarer le partage à eux inopposable. On a vu plus haut que les créanciers disposent de la voie de recours appelée **tierce opposition** contre le jugement homologuant le partage. Pour la Cour de cassation, ils ne disposent pas d'autre possibilité d'attaquer un partage qu'ils estiment frauduleux et notamment ils ne peuvent se prévaloir de **l'action paulienne.**
L'action paulienne est l'action ouverte aux créanciers pour attaquer les actes faits par leur débiteur en fraude de leurs droits (art. 1167 C. civ.).

> ***Exemple***
> *Une société demandait que lui soit déclarée inopposable, par le biais de l'action paulienne, la convention homologuée par laquelle le débiteur de cette société avait attribué à sa femme, à titre de* ***prestation compensatoire,*** *l'immeuble appartenant au couple, qui se trouvait justement constituer l'intégralité de l'actif de la communauté, à charge pour elle de régler le prêt en cours. Cette demande a été rejetée par la Cour : « ... après son homologation par le jugement prononçant le divorce, la convention définitive revêt la même force exécutoire qu'une décision de justice et ne peut être attaquée que par les voies de recours ouvertes par la loi dans lesquelles n'entre pas l'action paulienne de l'article 1167 du Code civil... » (C. cass., civ. 2e, 25.11.1999, JCP 21.6.2000, 10 338).*

En revanche, en cas de **fraude** prouvée d'une des parties, il a été admis qu'un des ex-époux pouvait attaquer la convention. En application de l'article 595 du Nouveau Code de procédure civile, la fraude permet de revenir devant le juge pour obtenir une nouvelle décision. Les cas de fraude sont énumérés par cet article. Il peut s'agir du cas d'un époux qui a retenu des pièces décisives pour l'issue d'une procédure ou qui a fait un **faux.** Encore faut-il que la fraude soit prouvée par celui qui l'invoque et qu'elle « *surprenne la décision du juge* ».

> ***Exemple***
> *Un époux soutenait que sa femme lui avait dissimulé son infidélité et que cette ignorance avait conduit à lui accorder certains avantages dans la convention définitive. Il invoquait donc une fraude de sa part pour obtenir la révision de cette convention. Sa demande n'a pas été retenue car il n'y avait pas eu de manœuvre frauduleuse destinée à « surprendre la décision du juge » (CA Aix-en-Provence, 19.5.1987).*

▶ Les biens omis du partage

En ce qui concerne les biens omis dans la convention homologuée, la jurisprudence est plus divisée. Il ressort en effet de l'article 279 du Code civil que la convention homologuée ne peut être modifiée que par une nouvelle convention entre époux, également soumise à homologation. Il n'est donc possible de modifier la convention définitive que par une autre convention définitive signée par les époux. Les deux seules exceptions ont trait aux modifications concernant **l'autorité parentale** sur les

enfants (qui peuvent être autorisées par le juge en cas de motifs graves, voir la rubrique : *Les conséquences du divorce vis-à-vis des enfants*), et la **pension alimentaire** pour les enfants.
La question s'est cependant posée du sort des biens que les époux avaient omis dans la **liquidation de la communauté.** L'hypothèse est la suivante : pour une raison ou pour une autre, l'état liquidatif n'est pas exhaustif car les époux ont décidé de laisser certains biens en dehors de la liquidation. Ou encore, un époux a caché l'existence de ce bien à l'autre qui le découvre plus tard. Un époux décide donc de saisir à nouveau le tribunal en lui demandant d'annuler le premier partage et de procéder à un nouveau partage incluant le bien précédemment omis. Face à ce problème, la réaction des juridictions n'est pas uniforme.
• Pour certaines décisions, si un bien a été omis, une décision de justice ne peut pas faire entrer ce bien et accueillir la demande en partage du prix de vente. Cela aboutirait en effet à une modification judiciaire de la convention, ce qui est contraire aux termes de l'article 279 du Code civil.

Exemple

Une femme divorcée sur demande conjointe assigne son ex-mari pour faire juger qu'un immeuble acquis pendant le mariage, mais ne figurant pas dans la convention, constituait un bien commun. Elle voulait obtenir sa part sur le prix de vente d'une partie de cet immeuble. Elle souhaitait aussi obtenir le paiement de la moitié des loyers perçus, par son ex-mari, du locataire de l'autre partie de l'immeuble. La cour d'appel lui avait donné gain de cause en faisant entrer cet immeuble dans la composition de l'actif commun. Selon la Cour de cassation cependant, qui a cassé cet arrêt, cela aboutissait à modifier la convention sans l'accord des parties. Il n'était donc pas possible de revenir sur le partage (C. cass., civ. 2e, 29.11.1995).

• D'autres décisions ont jugé, comme en matière de partage ordinaire, que l'on peut procéder à un partage complémentaire.

Exemple

Un acte de liquidation, annexé au divorce sur demande conjointe, était silencieux sur un fonds de commerce, qui postérieurement au divorce n'était exploité que par le mari. La femme demandait après le divorce le partage de ce bien. Sa demande a été acceptée par la Cour qui remarque que ce bien est un bien de la communauté qui n'avait pas été compris dans l'état liquidatif du régime matrimonial des époux, joint à la convention définitive homologuée par le juge. Il n'en avait plus été fait mention dans le projet de convention définitive étudiée par le juge lors de la première audience (C. cass., civ. 1re, 3.7.1996).

• Une décision de la Cour de cassation a rejeté, en l'absence de précision dans la convention définitive concernant le sort d'un immeuble commun, la demande de l'épouse tendant à revenir sur un partage, opéré par moitié, effectué par le notaire, entre elle et son mari. La nouveauté de cet arrêt est que la femme voulait revenir sur l'accord donné par elle au partage complémentaire effectué sans l'accord du juge, en se fondant sur une violation de l'article 279 du Code civil. Or, auparavant, la 2e chambre de la Cour de cassation (voir ci-dessus) refusait de procéder au partage d'un bien, omis de la convention définitive, à la demande d'un époux. Seul un nouvel accord, homologué par le juge, pouvait pallier l'omission de règlement contenu dans la première convention. Ici, elle accepte de considérer comme valable un partage complémentaire effectué par le notaire et accepté par les deux époux alors même qu'elle ne l'a pas homologué (C. cass., civ. 2e, 27.1.2000).

▶ Les règles particulières concernant l'autorité parentale, les enfants et la prestation compensatoire

Il reste possible de modifier la convention définitive pour les dispositions concernant **l'autorité parentale** ainsi que celles concernant la **pension alimentaire** pour les enfants.
En ce qui concerne la prestation compensatoire, elle peut être modifiée en fonction d'une clause de variation figurant dans l'acte. Même en l'absence d'une telle clause, la Cour de cassation admettait, avant la réforme, qu'elle puisse être modifiée dans les mêmes conditions que pour les autres cas de divorce. Les tribunaux diront si cette possibilité subsiste après la réforme.

LE PASSAGE AU DIVORCE PAR CONSENTEMENT MUTUEL : LA PASSERELLE

Il est toujours possible (même si, en pratique, il existe rarement des demandes en ce sens) pour des époux en instance de divorce pour faute, sur rupture de la vie commune ou sur double aveu, et tant qu'aucune décision sur le fond n'aura été rendue, de modifier leur demande et d'adopter la procédure de demande conjointe (art. 246 C. civ. et 1077 NCPC). La question s'est cependant posée, sur un plan pratique, de l'organisation de cette passerelle selon le moment de la procédure où les époux se trouvent.

• Si la passerelle est réclamée devant le juge lors de l'audience de conciliation (audience constatant le double aveu en cas de divorce sur demande acceptée), le juge peut renvoyer à une prochaine audience pour que les époux puissent préparer leur convention temporaire et le projet de convention définitive.

> ***Exemple***
>
> *À la suite du dépôt par un époux d'une requête en divorce pour* ***faute****, le juge, lors de la tentative de conciliation, a renvoyé les époux à une date ultérieure leur permettant de présenter une convention temporaire et une projet de convention définitive. Ces deux actes pouvaient être examinés par le juge à la prochaine audience (TGI Paris, 13.5.1976 ; TGI Belfort, 8.3.1977).*

• Si la passerelle est réclamée après l'audience de conciliation mais avant le jugement de divorce, le juge du divorce renvoie de la même façon à une prochaine audience pour étudier la convention des époux.

• Si les époux sont en cours de procédure d'appel, il a en revanche été jugé que, le juge aux affaires familiales étant exclusivement compétent pour statuer sur cette demande de passerelle, il y avait lieu pour la cour d'appel de renvoyer les parties devant le juge aux affaires familiales (CA Bordeaux, 6e ch., 26.6.1997).

RÉFORME

La réforme du divorce sur demande conjointe est au centre des différents projets et études.
Sous l'égide de Mme Guigou, deux idées avaient été mises en avant :
– soit un allègement des délais, puisqu'il était envisagé la suppression du délai incompressible de trois mois,
– soit la suppression pure et simple de la deuxième comparution devant le juge des époux (Conférence de la famille, 15 juin 2000).
Les ministres de la Justice et de la Famille, dans leur conférence de presse d'avril 2001 s'orientent vers la suppression de la seconde audience. Par ailleurs, le contrôle du juge serait limité à la préservation des intérêts des enfants.
Les deux ministres s'interrogent toujours sur la possibilité de supprimer le recours au juge en créant un divorce de type administratif.

QUESTIONS-RÉPONSES

J'ai été reçue par un avocat avec mon époux dans le cadre d'un divorce sur demande conjointe. J'ai donné tous les renseignements demandés et suis d'accord sur tout. Mais maintenant mon époux change d'avis. A-t-il le droit de garder le même avocat ?

Si un seul avocat a été choisi dans le cadre d'un divorce sur demande conjointe et si un des époux change d'avis, il n'est pas possible pour l'un ou pour l'autre de garder le même avocat. Chaque époux doit choisir un autre conseil et l'avocat précédemment choisi doit se dessaisir du dossier. C'est le principal inconvénient du choix d'un seul avocat dans ce type de divorce.

Après être passé devant le juge pour la première audience, peut-on encore changer d'avis quand, finalement, on ne veut plus divorcer ?

Oui, il suffit de demander à son avocat de faire part de ce nouvel élément au juge et, bien sûr, au conjoint et, le cas échéant, à l'autre avocat. Une ordonnance de **radiation** va être rendue par le juge puisqu'il n'y a pas accord pour divorcer. En revanche, un autre divorce peut être entamé par l'autre conjoint (divorce pour faute ou pour rupture de la vie commune selon le cas). ➤

QUESTIONS-RÉPONSES

En cas de séparation de fait depuis sept ans, existe-t-il un divorce simplifié, car nous sommes d'accord sur tout ?

Il faut prendre contact avec un avocat qui pourra engager, au vu du dossier, le cas échéant, un divorce sur demande conjointe. L'avocat choisi sera celui qui est compétent au choix du domicile d'un des époux. Il faut noter qu'il existe une autre forme de divorce en cas de séparation de fait depuis plus de six ans qui est le divorce pour **rupture de la vie commune.**

Peut-on écrire dans le projet de convention définitive que la totalité des frais sont à la charge d'un des époux (dans les faits celui qui a pris l'initiative du divorce) ?

Oui, cela est tout à fait possible puisqu'il s'agit d'un divorce d'accord où les époux ont beaucoup de liberté pour la rédaction des accords passés entre eux. Les frais et honoraires peuvent parfaitement être pris en charge par un seul époux.

Peut-on déposer une requête en divorce sur demande conjointe sans l'assistance d'un avocat ?

Non, cela n'est pas possible. L'assistance d'un avocat est obligatoire dès le dépôt de la requête conjointe (art. 230 C. civ.). Une réforme est en revanche en cours d'étude, notamment sur la possibilité de divorce simplifié devant le maire, sans recours obligatoire, un avocat.

Quand un conjoint vous a quitté pour vivre avec une autre personne, et qu'on s'est résolu à un divorce sur demande conjointe, peut-on changer finalement d'avis et entamer une procédure de divorce pour faute (abandon du domicile conjugal et adultère) ?

Sur le plan des principes, cela est tout à fait possible. Le juge va radier l'affaire, et vous réintroduirez une procédure de divorce pour faute. C'est avec votre avocat que vous devez faire le point sur cette question afin de savoir si ce changement de procédure en vaut la peine puisque, dans les deux cas, vous vous résignez à un divorce. En effet, dans la mesure où vous acceptez le principe du divorce à la demande de votre conjoint, vous pouvez en revanche en « négocier » fermement les conséquences.

Deux époux se marient sous le régime de la séparation de biens. Ils acquièrent une maison en indivision, chacun pour moitié. Ils divorcent par la suite en indiquant au juge qu'il n'y a aucun bien à liquider. Plusieurs années après, l'ex-mari assigne son épouse en invoquant un écrit non daté dans

➤

QUESTIONS-RÉPONSES

lequel son épouse s'engageait à lui faire donation de sa part indivise sur la maison. Le mari peut-il obtenir de la justice que cet acte soit effectif ?

Cet acte aurait dû être soumis à homologation du juge lors de la réitération de la demande des époux, à la deuxième audience. Rien n'a été fait à l'époque, ce qui peut sembler indiquer que les époux ont renoncé à leur ancien accord. Un cas similaire a été soumis par la Cour de cassation qui a estimé que cet acte ne pouvait pas recevoir application. N'ayant pas été soumis au juge, il était nul, et donc les époux devaient rester en indivision. En cas de vente de la maison, chacun en recevra la moitié (art. 1097 NCPC, art. 230 et 232 C. civ. ; C. cass., civ. 1re, 10.3.1998).

Deux époux mariés sous le régime de la communauté ont acquis pendant le mariage un pavillon. Ils engagent une procédure de divorce sur demande conjointe et, pendant la procédure, vendent le pavillon. L'argent de la vente est remis par le notaire à la femme qui verse ensuite à son mari un peu plus d'un dixième des fonds (et non la moitié). Le divorce est prononcé et la convention homologuée ne mentionne pas cette vente. Le mari peut-il par la suite demander à son ex-femme sa quote-part sur l'immeuble vendu qui ne lui avait été versé qu'en partie ?

Dans une affaire soumise à la Cour de cassation, dans un cas similaire, l'époux qui s'estimait lésé n'a pas pu revenir sur le partage homologué par le juge. En effet, si les époux indiquent qu'il n'y a pas lieu à **liquidation** ou omettent certains des biens de leur état liquidatif sur la base d'accords qu'ils gardent secrets, le risque est qu'ensuite ils ne peuvent plus faire état de cet accord. La tendance des tribunaux est en effet de refuser de revenir sur une convention définitive homologuée par le tribunal (C. cass., civ. 2e, 24.6.1998). Cette solution a été critiquée car il est interdit aux époux de liquider par avance la communauté sans passage devant un **notaire** ou le juge, si les époux sont en instance de divorce (art. 1397 et 1450 C. civ.). Or, si un acte est nul, il ne peut produire d'effets. Dans l'exemple cité, la maison aurait dû faire l'objet d'un partage à part égal.

À la suite de l'engagement d'une procédure de divorce pour faute, et alors que l'affaire va bientôt être jugée, deux époux peuvent-ils demander et obtenir un divorce sur demande conjointe ?

L'article 246 du Code civil autorise cette « passerelle » entre les deux procédures *« tant qu'aucune décision sur le fond n'a pas été rendue »*. Ce qui est bien le cas ici puisque l'affaire n'a pas été jugée. Ce passage au divorce sur demande conjointe peut donc être obtenu (TGI Belfort, 8.3.1977).

Le divorce sur demande acceptée (ou divorce sur double aveu)

Il existe deux formes de divorce par consentement mutuel :
– le divorce sur demande conjointe,
– et le divorce sur demande acceptée.

Le divorce sur demande acceptée est également appelé divorce sur « double aveu ». En effet, le principe est qu'un des époux peut demander le divorce en invoquant un ensemble de faits qui rend intolérable le maintien de la vie commune, ensemble de faits que l'autre époux va reconnaître devant le juge.

Dans cette hypothèse, le juge prononce le divorce sans avoir à statuer sur la répartition des torts. Selon les articles 233 et suivants du Code civil, le divorce ainsi prononcé produit les effets d'un divorce aux ***torts partagés****. Ce type de divorce correspond au cas de deux époux qui sont d'accord sur le principe du divorce, mais n'arrivent pas à trouver une solution pour régler les conséquences de leur divorce.*

Le principal intérêt de cette forme de divorce est que la ***liquidation du régime matrimonial*** *peut être effectuée après le divorce, et non dans le cadre de la procédure comme cela est obligatoire en cas de divorce sur demande conjointe. Le divorce peut ainsi, dans certains cas, être obtenu plus rapidement.*

De plus, l'exigence d'accord pour le double aveu est moins forte que dans le divorce sur demande conjointe, puisqu'il n'est exigé que sur le principe du divorce et non sur les conséquences.

Cet accord « minimal » n'a d'ailleurs pas besoin d'être renouvelé à la deuxième audience comme en matière de demande conjointe.

Du point de vue procédural, la grande différence est qu'ici il y a un demandeur et un défendeur, alors que la requête en divorce est signée conjointement, comme son nom l'indique, dans le divorce sur demande conjointe.

Par rapport au ***divorce pour faute,*** *cette formule a l'avantage d'une double reconnaissance par les membres du couple de l'échec de leur union, sans qu'un des deux époux s'en reconnaisse plus particulièrement responsable. Ensemble, les époux tirent les conclusions qui s'imposent : ils demandent un divorce, qui sera réputé prononcé aux torts partagés et qui ne sera pas fondé sur des griefs précis mais sur le constat que la vie commune est devenue intolérable. Le juge ne va pas, comme en matière de divorce pour faute, se livrer à une appréciation des fautes et griefs invoqués par les époux. Il va seulement constater la réalité de leur « double aveu ».*

Il semble correspondre à deux cas de figure : celui de deux époux qui, à l'avance, se sont mis d'accord pour utiliser cette formule de divorce et celui d'un époux qui prend cette initiative et l'autre qui, finalement, se résigne à un divorce (il va acquiescer à la demande de son conjoint). En effet, ce divorce peut présenter un avantage de rapidité par rapport au divorce sur demande conjointe puisque la procédure n'est pas retardée par un délai de réflexion et qu'il n'y a pas liquidation de la communauté avant le divorce.
Dans la pratique, ce divorce reste peu utilisé (13,5 % de divorces prononcés en 1996), les « ténors » des divorces restant le divorce pour faute et le divorce sur demande conjointe. Cela peut paraître dommage compte tenu de la simplicité de cette formule et du principe consensuel qui s'en dégage.

RÉFORME

Dans le cadre d'une conférence de presse d'avril 2001, les ministres de la Justice et de la Famille ont annoncé que le divorce sur demande acceptée pourrait ne pas être maintenu en tant que type de divorce. Seuls subsisteraient :
- un divorce sur demande conjointe,
- un divorce pour rupture irrémédiable du lien conjugal,
- un divorce pour faute permettant une indemnisation du conjoint victime de faits graves et notamment en cas de violence conjugale.

LE RÔLE DU JUGE AUX AFFAIRES FAMILIALES

Dans ce type de divorce, le rôle du juge va consister à apprécier la réalité des aveux lors de la confrontation des époux à la première audience. S'il estime par exemple que la volonté d'un époux de divorcer n'est pas assurée ou s'il y a possibilité de conciliation entre les époux, le divorce peut ne pas être prononcé.

EN PRATIQUE **L'aveu judiciaire**

L'aveu judiciaire est la déclaration que fait en justice une partie à une procédure. Il exige de la part de son auteur une manifestation non équivoque de sa volonté de reconnaître pour vrai un fait de nature à produire contre lui des conséquences juridiques (C. cass., civ. 3e, 4.5.1976).
L'aveu fait pleine foi contre celui qui l'a fait. Il ne peut être révoqué à moins qu'on ne prouve qu'il a été la suite d'une **erreur** de fait. Il ne pourrait être révoqué sous prétexte d'une erreur de droit (art. 1356 C. civ.).

COMMENT SE DÉROULE LA PROCÉDURE ?

La procédure est proche de celle applicable au divorce pour faute ou au divorce pour rupture de la vie commune (voir la rubrique : *Les règles communes*). Seules sont précisées ici ses particularités.

EN PRATIQUE **Le droit au secret**

Les déclarations faites par les époux ne peuvent être utilisées comme moyen de preuve dans aucune autre action en justice (art. 236 C. civ.). Donc, en cas d'échec de leur divorce sur demande acceptée, les époux ne peuvent pas se servir de ce qui est indiqué dans leur mémoire pour engager, par exemple, une procédure de **divorce pour faute.**

▶ La requête initiale

La requête initiale, présentée par un avocat, n'est recevable que si elle est accompagnée d'un **mémoire** établi, daté et signé par l'époux qui prend l'initiative de la demande (art. 1130 et s. NCPC). Dans ce mémoire, l'époux va s'efforcer de décrire objectivement la situation conjugale sans chercher à qualifier les faits ni à les imputer à l'un ou à l'autre conjoint.
Dans les quinze jours de la présentation de la requête et du mémoire, le greffier du juge aux affaires familiales compétent en adresse une copie à l'autre époux par lettre recommandée avec demande d'avis de réception. Le greffier adresse le même jour une lettre simple à l'intéressé l'informant du contenu de la lettre recommandée.
Par ces mêmes lettres, l'époux est informé qu'il peut, à son choix :
- rejeter le mémoire soit expressément, soit tacitement en s'abstenant d'y répondre dans le mois de la réception de la lettre recommandée. Dans ce cas, la requête devient caduque (elle est annulée et ne produit aucun effet) et la procédure ne peut pas être poursuivie ;
- déclarer accepter le mémoire. Dans ce cas, la procédure se poursuit.

La **déclaration d'acceptation,** établie, datée et signée par cet époux, doit être déposée, par avocat, au greffe du tribunal dans le mois qui suit la réception des documents adressés par ce greffe. L'époux peut joindre un mémoire où, sans contester la relation des faits, il en propose, dans les mêmes formes, sa version personnelle. En pratique, il n'y a presque jamais de mémoire en réponse mais une simple déclaration d'acceptation.

▶ La première audience

Le juge aux affaires familiales va ensuite convoquer les époux, après examen de ces documents, par lettre recommandée avec demande d'avis de réception, au moins quinze jours à l'avance, confirmée le même jour par lettre simple. Il avise les avocats de la date d'audience.
Lors de cette audience, l'auteur du mémoire initial est invité à confirmer celui-ci, son conjoint, à confirmer sa déclaration d'acceptation (et, le cas échéant, son mémoire). Si le juge aperçoit dans ces documents ou même dans leur confrontation l'existence d'une **communauté d'intérêts**

entre les époux, il oriente leurs réflexions en ce sens : il s'agit là d'une application, au divorce sur double aveu, de la mission de **conciliation** du juge (art. 251 C. civ.).
À défaut de conciliation, le juge rend une ordonnance par laquelle :
– il constate qu'il y a bien un double **aveu de faits rendant intolérable le maintien de la vie commune** ;
– il renvoie les époux à revenir devant lui pour le prononcé du divorce et ses effets, la cause du divorce demeurant acquise. En fait, ce sont les avocats qui vont se déplacer, la présence des époux n'étant pas indispensable à cette seconde audience ;
– il prescrit les **mesures provisoires** : attribution du logement de la famille, pension alimentaire, autorité parentale sur les enfants (voir la rubrique : *Les mesures provisoires*).

▶ L'appel contre l'ordonnance constatant le double aveu

Les règles sont celles applicables au divorce pour faute ou pour rupture de la vie commune (voir la rubrique : *Les règles communes*). La seule disposition spécifique pour ce type de divorce consiste dans le fait que l'appel contre l'ordonnance constatant le double aveu et prescrivant les mesures provisoires est ouvert sans limitation. Il n'est pas restreint, comme pour l'ordonnance de non-conciliation, aux mesures provisoires et à l'incompétence. Les époux peuvent ainsi utiliser le délai d'appel (dans les quinze jours de la signification) pour se rétracter de leur aveu (art. 1135 et 1138 NCPC).

▶ L'assignation, la seconde audience et le jugement

L'un ou l'autre des époux introduit l'instance en assignant l'autre en divorce pour que soit prononcé le divorce (art. 1136 NCPC).
Dans la mesure où le divorce est acquis dès l'ordonnance initiale (voir plus haut), les époux ne comprennent pas toujours pour quelle raison le divorce n'est pas prononcé dès cette première ordonnance, d'autant qu'il n'y a pas, ici, de délai de réflexion comme en matière de divorce sur demande conjointe. Mais c'est que le juge va avoir à se prononcer sur les conséquences du divorce qui, elles, peuvent être soumises à contestation sans que soit remis en cause le principe du divorce. Le divorce ne sera prononcé qu'au deuxième stade de la procédure.
Le juge aux affaires familiales prononce donc ensuite le divorce dont la cause a été définitivement constatée, sans autre motif que le visa de l'ordonnance initiale.

▶ Les dépens

La loi prend soin de préciser que les dépens sont partagés par moitié (art. 1138 NCPC).

PEUT-ON TRANSFORMER UN DIVORCE SUR DEMANDE ACCEPTÉE EN DIVORCE SUR DEMANDE CONJOINTE ?

Lorsque les époux ont commencé une procédure de divorce sur

demande acceptée, ils peuvent, tant qu'aucune décision sur le fond n'a été rendue, demander au juge de constater leur accord et d'homologuer le projet de convention réglant les conséquences du divorce. Cette règle est identique aux autres cas de divorce, ceux-ci pouvant toujours être transformés en divorce sur demande conjointe (art. 246 C. civ. ; voir la rubrique : *Le divorce sur demande conjointe*).

QUESTIONS-RÉPONSES

Peut-on changer d'avis après l'ordonnance initiale dans le cadre d'un double aveu et demander que son aveu soit déclaré nul ?

C'est une question qui s'est effectivement posée en pratique (alors que la réponse se trouvait pourtant dans les textes), de savoir si un époux pouvait changer d'avis après l'ordonnance constatant le double aveu. La réponse des tribunaux est négative. Il n'est plus possible à un époux de remettre en cause, lors de la seconde audience, la sincérité ou la pertinence de son aveu, ou de rétracter son acceptation du divorce ni en première instance ni en appel du jugement. La contestation ne peut avoir lieu que par la voie de l'appel de **l'ordonnance constatant le double aveu**, c'est-à-dire dans les quinze jours de sa notification (C. cass., civ. 2e, 18.12.1996 et 15.1.1997). C'est là une grande différence avec le divorce sur demande conjointe, seul véritable divorce par consentement mutuel, où l'accord doit persister lors de la seconde audience et dont la réalité doit être vérifiée par le juge. En effet, l'article 1135 du Nouveau Code de procédure civile dispose que le juge prononce une ordonnance par laquelle il constate le double aveu de faits rendant intolérable la vie commune, renvoie les époux à une prochaine audience pour prononcer le divorce et statue sur ses effets, la **cause du divorce demeurant acquise.**

Je suis en cours de divorce sur demande acceptée. Est-ce que je peux revenir sur mon accord de divorcer en faisant appel de l'ordonnance qui a retenu le double aveu ?

Oui, dans la mesure où vous êtes encore dans les délais pour le faire (quinze jours de la notification de l'ordonnance). Il a été jugé que, dans le cadre de cet appel, on peut tout autant contester les mesures provisoires ordonnées par le juge que se rétracter de son accord pour divorcer. Dans une décision, la femme invoquait ainsi dans son appel qu'étant dans un état psychologiquement fragile son consentement n'était pas sain et ne devait donc pas être retenu (C. cass., civ. 2e, 16.7.1987). En clair, tant que l'ordonnance du juge n'est pas définitive (elle le sera quinze jours après sa notification si aucun appel n'a été fait), il reste possible de se rétracter de son aveu.

➤

QUESTIONS-RÉPONSES

Que se passe-t-il si la lettre notifiant mon mémoire en demande revient avec la mention « n'habite pas à l'adresse indiquée », comme me l'a fait savoir le greffe du juge ?

Ce qui est sûr c'est que le délai d'un mois pour répondre n'a pas couru, en l'absence de point de départ. Une décision intéressante sur cette question a été rendue par le tribunal de grande instance de Paris qui a estimé, dans une telle hypothèse, qu'il y avait lieu de la faire signifier par voie d'huissier, conformément à l'article 651 du Nouveau Code de procédure civile (TGI Paris, 16.6.1976). Si la personne n'arrive pas finalement à être touchée, la procédure devient par définition inutile, et il faut engager la procédure sur un nouveau type de divorce (par exemple, divorce pour faute).

Étant gravement malade, si je ne peux pas me déplacer à l'audience devant le juge, le divorce va-t-il être refusé ?

Non, il a été jugé qu'un époux, dans l'impossibilité absolue de se déplacer devant le juge, pouvait être entendu par un autre magistrat commis à cet effet. La confirmation du double aveu peut être recueillie par un magistrat d'une autre juridiction (CA Paris, 24e ch. A, 21.4.1986). Il faut cependant impérativement écrire au juge saisi pour demander à bénéficier de cette mesure en justifiant de vos difficultés.

LE DIVORCE POUR RUPTURE DE LA VIE COMMUNE

Cette formule vise en fait deux cas (art. 237 et 238 C. civ.) :

*– une **séparation de fait** des époux pendant six ans,*

*– une **maladie mentale** d'un des conjoints, ayant duré pendant six ans, rendant impossible toute communauté de vie.*

*La loi offre une possibilité de divorce à un conjoint qui ne peut prouver la **faute** de son conjoint ni obtenir son consentement pour divorcer. Dans ces deux cas, en effet, le divorce peut être prononcé, à la demande d'un époux, sans qu'il ait à faire la preuve d'une faute de l'autre. Pour obtenir le divorce, il devra prouver l'existence d'une situation de fait : une séparation des époux ou la **maladie mentale** d'un conjoint pendant une certaine durée.*

*L'époux demandeur peut ainsi obtenir le divorce sans autre motif que la **rupture de la vie commune.** Toutefois cette demande ne peut être faite qu'après six années de séparation (ou de maladie mentale) et*

le demandeur devra en outre prendre à sa charge les ***frais de la procédure*** *de divorce.*
Ce divorce, appelé par certains « ***divorce-répudiation*** *», a été très critiqué. Il aboutit en effet à imposer à un conjoint, contre lequel aucun reproche n'est formulé, une rupture du mariage. Ce dernier n'est pourtant pas démuni, il dispose de plusieurs ripostes selon qu'il refuse ou non le divorce : il peut en effet faire valoir « l'exceptionnelle dureté » que le divorce aurait pour lui et ainsi obtenir le rejet de la demande. Il peut également formuler une demande reconventionnelle pour faute et obtenir ainsi une condamnation de son conjoint au versement des* ***dommages et intérêts.***
Le divorce pour rupture de la vie commune est un divorce atypique à plusieurs égards : c'est le seul cas de divorce qui ne donne pas lieu à versement d'une ***prestation compensatoire*** *mais à une* ***pension alimentaire,*** *versée au titre du devoir de secours, devoir prévu entre les époux pendant le mariage (art. 212 C. civ.).*
Ces règles expliquent peut-être l'absence de succès de cette formule de divorce (en 1995, 1,5 % des divorces seulement sont prononcés pour rupture de la vie commune). En pratique, il est frappant de constater que ce type de divorce est utilisé majoritairement par des époux âgés ayant eu une longue vie commune.

• *Pour trouver le thème qui vous intéresse, consultez la table des matières en début de volume ou l'index alphabétique en fin de volume.*

Les cas de divorce pour rupture de la vie commune

LA SÉPARATION DE FAIT DEPUIS SIX ANS

Les époux peuvent demander le divorce pour rupture de la vie commune lorsqu'ils vivent séparés de fait depuis six ans (art. 237 C. civ.). La loi ne définit pas ce qu'est la séparation de fait. Cette définition a été donnée par les tribunaux qui retiennent, en principe, comme critère pour établir la séparation de fait, la **cessation de toute communauté de vie affective et matérielle** entre les époux. Mais ils réservent le cas des nécessaires relations entre les époux, notamment pour leurs enfants ou leurs affaires communes, ou tout simplement l'entretien de bonnes relations entre eux. L'important est qu'il n'y ait pas une reprise réelle d'une vie commune comportant une **cohabitation** et une intimité d'existence et impliquant l'intention, pour celui qui est parti, de ne plus vivre séparé de son conjoint à l'avenir.

EN PRATIQUE

Dans ce type de divorce, la difficulté consiste souvent à rapporter la **preuve** que, depuis six ans, il y a effectivement eu séparation de fait. En effet, l'époux contre lequel la demande en divorce est formée peut contester la durée (il n'y a pas six ans que les époux sont séparés) ou la réalité de cette séparation (le délai de six ans a été interrompu par une reprise de la vie commune), s'il ne veut pas d'un divorce imposé. La preuve de la séparation de fait incombe à celui qui a pris l'initiative du divorce. Cette preuve résultera en général de la réunion de plusieurs éléments : **certificat de concubinage, quittance de loyer** à une autre adresse que le logement de la famille, **témoignages**...

Exemples

• Une femme, qui demandait le divorce pour rupture de vie commune, était amenée à se rendre fréquemment soit chez son mari, soit chez ses beaux-parents pour voir ses filles restées chez leur père. Le tribunal a estimé que le maintien de ces relations, nécessitées par l'existence des enfants mineurs, ne suffisait pas pour faire douter de la réalité d'une rupture prolongée de la vie commune (TGI Paris, 20.12.1976).

*• Un époux quitte le foyer conjugal pour vivre avec sa maîtresse, dont il a un enfant. Il conserve de bonnes relations avec son épouse. Ces relations n'ont cependant comporté ni **cohabitation** ni intimité d'existence et n'ont pas impliqué pour le mari l'intention*

de vivre autrement que séparé de sa femme. Le divorce a pu être prononcé en raison de la rupture prolongée de la vie commune compte tenu de ces éléments (C. cass., civ. 2e, 11.7.1979).
• À l'inverse, un homme qui menait une double vie avec sa maîtresse s'est vu refuser le divorce pour rupture de la vie commune, n'ayant pas rompu toute ***cohabitation*** *avec sa femme (C. cass., civ. 2e, 2.10.1980).*

En ce qui concerne l'origine de la séparation entre les époux, pour les tribunaux, il n'existe aucune distinction à faire quant aux circonstances ayant accompagné cette séparation et notamment s'il s'agit :
- d'un **abandon du domicile conjugal** par un époux,
- d'une **séparation de fait** d'un commun accord,
- d'une **résidence séparée** organisée dans le cadre d'une **ordonnance de non-conciliation** (art. 255 C. civ.),
- d'une **résidence séparée** prévue par le juge en cas **d'échec de la procédure de divorce** (art. 258 C. civ. ; C. cass., civ. 2e, 18.2.1982 ; voir la rubrique : *Le rejet du divorce*).

À noter que, dans ces deux derniers cas, la preuve du point de départ de la séparation de fait sera facilitée puisqu'il suffira de faire état de la décision autorisant la résidence séparée.

LES TROUBLES MENTAUX

Lorsque les facultés mentales du conjoint se trouvent depuis six ans si gravement altérées qu'aucune communauté de vie ne subsiste entre les époux et ne pourra, selon les prévisions les plus raisonnables, se reconstituer dans l'avenir, il est possible de demander le divorce pour rupture de la vie commune. Pour que ces troubles soient considérés comme graves, il n'est pas nécessaire que l'époux malade soit hospitalisé ou interné, il suffit de justifier par un document médical (au stade de la requête) que son état empêche toute communication, tout échange d'idées ou de sentiments normaux entre les époux.

Cette possibilité de divorcer d'un époux malade a été très critiquée. En effet, un des devoirs du mariage est de porter assistance à son époux (art. 212 C. civ.). Certains jugements s'en font l'écho. Ainsi, pour la cour d'appel de Bordeaux, « *l'article 238 du Code civil dérogeant gravement à l'obligation de* ***fidélité, de secours et d'assistance,*** *doit être interprété restrictivement. Le divorce pour rupture de la vie commune due à l'altération des facultés mentales du mari ne peut être prononcé que dans la mesure où les* ***documents médicaux,*** *tout en reconnaissant la gravité de la maladie – méningite encéphalite – et la difficulté d'apprécier la date de retour à la vie commune, n'interdisent pas de prévoir raisonnablement qu'une communauté de vie pourra se reconstituer dans l'avenir* » (CA Bordeaux, 6e ch., 23.4.1997).

En revanche, le divorce peut être prononcé quand le conjoint est ***hospitalisé*** *dans un hôpital psychiatrique depuis de nombreuses années, ce conjoint présentant une absence d'insertion sociale et familiale complète, son état de santé étant gravement altéré et de manière durable. Il n'existe donc pas pour le couple de possibilité physique ou morale de reprise de la vie commune (CA Besançon, civ. 1re, 1.4.1997).*

Les conséquences financières

Le but des textes sur le divorce pour rupture de la vie commune est de tenter d'éviter que ce divorce n'entraîne une trop grande détérioration de la situation matérielle de celui des époux qui n'a pas demandé le divorce. Pour ce faire, la loi lie ces deux aspects du divorce : il ne peut y avoir de divorce prononcé pour rupture de la vie commune que si le demandeur assume les charges matérielles de la rupture.
En outre, le divorce prononcé pour rupture de la vie commune prononcé est réputé l'être **contre le demandeur,** ce qui entraîne les mêmes conséquences qu'un divorce pour faute prononcé aux **torts exclusifs** (art. 265 C. civ.) : perte du droit aux donations consenties pendant le mariage notamment... (voir la rubrique : *Le divorce pour faute*).
Le jugement rendu doit donc à la fois prononcer le divorce pour rupture de la vie commune et préciser les conditions dans lesquelles l'époux demandeur assumera son devoir de secours (C. cass., civ. 2e, 29.5.1996). Cela signifie qu'un jugement ne peut pas en même temps prononcer le divorce pour rupture de la vie commune et ordonner, par exemple, une **expertise** sur les ressources et charges des époux qui lui permettra plus tard de statuer sur la pension alimentaire (C. cass., civ. 2e, 8.2.1995).

LA PENSION ALIMENTAIRE POUR LE CONJOINT

La pension alimentaire, versée au conjoint dans ce type de divorce, est fondée sur le **devoir de secours**, ce qui est en soi étonnant, puisque le devoir de secours n'existe qu'entre époux mariés... En fait, le législateur, quand il a autorisé ce type de divorce en 1975, divorce alors très critiqué (on l'appelait le « divorce-répudiation »), a voulu en quelque sorte le moraliser en l'empêchant de mettre fin au devoir de secours que se doivent deux époux.
Le régime de cette pension alimentaire s'écarte sur un certain nombre de points, de la **prestation compensatoire** versée dans les autres cas de divorce (la priorité ici est donnée à une rente indexée, la possibilité de s'acquitter du devoir de secours sous forme de capital n'intervenant que si la consistance des biens du débiteur s'y prête ; quand elle est accordée sous forme de rente, celle-ci est révisable à tout moment en fonction des ressources et des besoins de chacun des époux ; la pension cesse automatiquement si le conjoint, qui touche la pension, se **remarie** ou vit en **concubinage notoire**).
C'est le juge aux affaires familiales qui fixe la pension alimentaire due par le conjoint qui demande le divorce. La pension est prévue dans la décision de divorce. Elle prend la suite de la pension temporaire prévue pendant l'instance en divorce (art. 255 C. civ.).
D'un point de vue procédural, la requête initiale en divorce n'est recevable que si l'époux demandeur précise les moyens par lesquels il assumera son devoir de secours et ses obligations à l'égard des enfants pendant l'instance et après le divorce (voir ci-dessous la rubrique : *La procédure*).

▶ L'évaluation

Le **devoir de secours** est en principe centré sur **l'état de besoin** de celui qui va en bénéficier. Mais les tribunaux se montrent généreux dans leur appréciation du droit à versement. Pour eux, en effet, le devoir de secours, dans le cadre du divorce pour rupture de la vie commune, ne se limite pas aux nécessités matérielles de la vie mais doit être évalué, notamment, en fonction du **niveau social** des époux, pour qu'il y ait **maintien du train de vie** antérieur. Il a pour but non seulement la subsistance du conjoint mais aussi l'égalisation des niveaux de vie entre les ex-conjoints (C. cass., civ. 2e, 11.7.1979, D. 79, Som. p. 19).

> ***Exemples***
>
> *Pour refuser à une épouse une pension alimentaire, une décision ne peut pas se borner à énoncer que ses ressources la mettent à l'abri du besoin et que le versement d'une pension alimentaire par le mari serait une source d'enrichissement injustifiée suite au divorce (C. cass., civ. 2e, 16.1.1991, BC n° 19).*
> *Il en est de même d'une décision qui ne prend pas en considération les revenus du mari et qui invoque seulement le fait que les revenus de la femme lui permettent de subvenir entièrement à ses besoins sans le secours de son mari et qu'elle n'a pas de diminution de revenu (C. cass., civ. 2e, 21.5.1997).*
> *Ou encore dans l'hypothèse où il était invoqué seulement le fait que la femme avait une activité professionnelle (C. cass., civ. 2e, 16.1.1980, D. 80, IR, p. 438).*

En outre, les juges apprécient souverainement les différents aspects des besoins de l'époux débiteur.

> ***Exemples***
>
> *Doivent être pris en considération, l'âge, la qualification professionnelle et les revenus respectifs des époux, le fait que le mari ait des enfants à charge et que la femme, si elle a des difficultés passagères, ait la possibilité de retrouver du travail (C. cass., civ. 2e, 14.3.1990).*
> *De même, doit être pris en compte le fait que les ressources personnelles de la femme demandant la pension, quoique assez substantielles ne suffisaient pas à satisfaire ses besoins, dans la mesure où ceux-ci ne se limitaient pas aux seules nécessités matérielles de la vie mais devaient être évalués en fonction du niveau social des époux (C. cass., civ. 2e, 11.7.1979, D. 80, IR, p. 77).*

En cas de divorce pour altération des facultés mentales, la loi précise que le devoir de secours couvre tout ce qui est nécessaire au **traitement médical** du **conjoint malade** (art. 281 et 282 C. civ.).

▶ Les modalités de versements

L'accomplissement du devoir de secours entre époux divorcés pour rupture de la vie commune prend la forme d'une pension alimentaire (art. 282 C. civ.).

La loi prévoit que, si la consistance des biens de l'époux débiteur s'y prête, la pension alimentaire peut être remplacée, en tout ou en partie, par la constitution d'un capital, suivant les règles de la prestation compensatoire (art. 285 C. civ.). Le versement d'un **capital** peut donc prendre trois modalités :
- versement d'une somme d'argent,
- abandon d'un bien meuble ou immeuble, en propriété ou en **usufruit**, ou à titre de simple droit d'usage et d'habitation,
- dépôt de valeurs productives de revenus.

Ce versement en capital peut être assorti des mêmes garanties que celles prévues pour la **prestation compensatoire**. Le versement d'une somme d'argent peut se faire sur huit ans. En revanche, les dispositions fiscales concernant la prestation compensatoire n'ont pas été étendues au capital versé dans le cadre du divorce pour rupture de la vie commune (sur tous ces points, voir les chapitres : *La prestation compensatoire et La fiscalité du divorce*).

> ***Exemple***
> *A ainsi pu être attribué à l'un des époux un capital représenté par l'abandon en usufruit de deux immeubles (C. cass., civ. 2e, 28.1.1999, RFPF 1999, n° 3, p. 25).*

Si le capital devient insuffisant pour couvrir les besoins du conjoint créancier, celui-ci peut demander un complément sous forme de pension alimentaire (art. 285 C. civ.).
Il a été jugé que la constitution du capital n'a pas de caractère subsidiaire. Les juges peuvent choisir entre rente et capital sans priorité.

> ***Exemple***
> *Ont pu ainsi être attribués à un époux l'usufruit de l'immeuble commun et une pension alimentaire. Dans le cadre de la procédure, le mari contestait cette décision, alors que, selon lui, la constitution d'un capital au profit de sa femme ayant un caractère subsidiaire, les juges ne pouvaient pas être satisfaits par l'augmentation de la pension alimentaire. Selon la Cour de cassation, cependant, la constitution d'un capital n'a pas de caractère subsidiaire (C. cass., civ. 2e, 21.7.1986, BC n° 123).*

Dans certains arrêts, les juges, en optant pour une rente, estiment implicitement que la consistance des biens de l'époux ne permet pas de donner à l'obligation alimentaire la forme d'un capital (C. cass., civ. 2e, 14.1.1981, D. 81, IR p. 271).

EN PRATIQUE

La pension alimentaire consiste, dans la très grande majorité des cas, en une **rente** mensuelle indexée, versée par un ex-époux à l'autre. Le versement d'une rente est bien plus fréquente que l'attribution d'un capital. Quand il y a attribution en capital, c'est souvent sous forme d'un usufruit (concernant le **logement familial** le plus souvent), la plupart du temps cumulé avec une rente.

▶ La cessation

La pension alimentaire cesse d'être due en cas de **remariage** ou de **concubinage notoire** de l'époux « innocent », c'est-à-dire celui qui n'a pas demandé le divorce (art. 283 C. civ.). Contrairement au mariage qui opère décharge de plein droit, c'est au juge aux affaires familiales, saisi d'une demande de suppression de la pension, d'apprécier le caractère notoire du concubinage.

Le concubinage notoire n'est pas défini par les textes. Le concubinage est lui défini comme *« une union de fait, caractérisée par une vie commune présentant un caractère de stabilité et de continuité, entre deux personnes, de sexes différents ou de même sexe, qui vivent en couple. »* (art. 515-8 C. civ.). Le concubinage est notoire selon les tribunaux ; quand il est connu de tous, il n'est pas dissimulé. Il y a également **communauté économique d'intérêts** entre les concubins. Un simple **constat d'adultère** est donc inopérant (CA Bordeaux, 27.10.1987, Juris-data n° 049878 cité dans GP 30.3.2000, Doct., p. 1). Les juges ont tendance à refuser la validité des « **constats de concubinage** », effectués par huissier de justice, les estimant attentatoires à la **vie privée.**

Selon les tribunaux, la possibilité d'opposer le concubinage notoire est exclue pendant la procédure de divorce : une épouse peut obtenir une pension ordonnée dans le cadre de l'**ordonnance de non-conciliation**, même si elle vit en concubinage notoire (CA Bordeaux, 17.9.1986, Juris-data 043752 cité dans GP 30.3.2000, Doct., p. 1).

▶ La révision

Comme toutes les obligations alimentaires, la pension alimentaire peut toujours être révisée sur justification d'une modification dans la situation des parties (art. 282 C. civ.). Le juge peut d'ailleurs faire varier, avant indexation, le montant de la pension par périodes successives, en fonction des changements futurs et certains affectant, à compter d'une date déterminée, la situation respective des parties.

> ***Exemple***
>
> *Un jugement de divorce peut diminuer, à partir d'une certaine date, le montant de la pension alimentaire allouée à l'épouse du fait de la mise à la* ***retraite*** *du mari (C. cass., civ. 2e, 21.3.84, BC n° 52).*

▶ Les rentes impayées

Le bénéficiaire d'une rente impayée peut utiliser les procédures prévues en cas d'impayés (voir la rubrique : *Les pensions alimentaires impayées*).

⚠ *Attention*

La charge de la pension alimentaire passe aux héritiers en cas de décès de celui qui la règle (art. 283 et 284 C. civ.).

LES DROITS SOCIAUX

Depuis la mise en place de la CMU (couverture maladie universelle) l'époux demandeur n'est plus tenu d'assurer la prise en charge des cotisations pour l'affiliation à la Sécurité sociale de son ex-conjoint. Cela visait à protéger le conjoint qui n'avait jamais travaillé et qui n'était pas couverte par une affiliation personnelle. Le nouveau système établi par la CMU ne justifie plus cette obligation. Toutefois le conjoint non demandeur bénéficie dans le cadre de ce divorce de droits spécifiques :

• En cas **d'accident de travail** suivi de mort, le conjoint non divorcé a droit à une rente viagère proportionnelle au salaire de la victime sous certaines conditions. Ce droit à rente tombe en cas de divorce, sauf si ce conjoint survivant avait obtenu avant le décès une **pension alimentaire,** ce qui peut être le cas pour les divorces pour rupture de la vie commune (ou la **séparation de corps**).
Sur cette question, voir la rubrique : *Le divorce et les prestations sociales* (art. L. 434-8 et 434-9 CSS).

• Le conjoint divorcé peut avoir vocation au **capital-décès** s'il avait pour seule ressource une pension alimentaire versée par l'assuré décédé et s'il n'y a pas d'autre personne prioritaire. Ce droit à capital-décès peut donc exister en cas de divorce pour rupture de la vie commune (Cour de cassation, 15.6.1978). Sur cette question, voir la rubrique : *Le divorce et les prestations sociales*.

LE LOGEMENT FAMILIAL

Quand le local servant de logement familial appartient à celui qui demande le divorce, le juge peut le donner en location à son conjoint, même en l'absence d'enfant (art. 285-1 C. civ.). C'est ce que l'on appelle le **bail forcé.** Sur cette question, voir la rubrique : *Les conséquences du divorce – Le sort du logement familial.*

L'ATTRIBUTION DU NOM MARITAL À LA FEMME DIVORCÉE

En vertu de l'article 264 du Code civil, la femme contre qui le divorce a été prononcé peut automatiquement garder son nom marital sans avoir besoin de le demander (voir la rubrique : *Les conséquences du divorce – Le nom de la femme divorcée*).

LES DONATIONS ET AVANTAGES

Ils sont automatiquement révoqués pour le conjoint demandeur au divorce (voir la rubrique : *Les conséquences du divorce – Le sort des donations et avantages matrimoniaux après le divorce*).

LES DÉPENS

Les dépens, c'est-à-dire les **frais de l'instance,** couvrent principalement les frais d'huissier (signification de l'assignation en divorce, du jugement de divorce...), les frais relatifs à une éventuelle instruction, et notamment les frais de consignation d'**expertise** (CA Paris, 14e ch. A, 18.12.1991 – sur la notion de dépens, voir la rubrique : *Préliminaires*). Les dépens sont obligatoirement à la charge de l'époux demandeur au divorce (art. 239 C. civ. ; art. 1127 NCPC). Celui-ci va donc devoir régler :

– les dépens de l'instance et éventuellement de l'appel (C. cass., civ. 2e, 11. 7.1979),

– et ce même si le divorce est prononcé pour **faute** à la suite d'une demande reconventionnelle de l'autre époux (C. cass., civ. 2e, 21.1.1987).

> ***Exemple***
> *Même si le mari a obtenu, en première instance, le divorce pour rupture de la vie commune, si son épouse fait appel et échoue dans son appel, les* ***dépens d'appel*** *sont à la charge du mari (C. cass., civ. 2e, 13.7.2000, JCP 2000, Som. 2529).*

Le rejet du divorce ou l'exceptionnelle dureté

La loi prévoit le rejet du divorce dans certains cas extrêmes.
En effet, si le conjoint établit que le divorce aurait pour les enfants ou pour lui (compte tenu de son ***âge et de la durée du mariage****) des conséquences matérielles et morales d'une exceptionnelle dureté, le juge rejette la demande (art. 240 C. civ.). Il ne s'agit pas de revenir sur les faits à l'origine de la rupture, mais d'analyser la situation morale ou matérielle dans laquelle va se trouver le conjoint à qui on impose un divorce contre son gré.*
Il s'agit d'éviter que le prononcé du divorce ne soit un événement traumatisant pour le conjoint ou humainement trop douloureux.
Les tribunaux, quand ils refusent le divorce, relèvent généralement un ensemble d'éléments et non un élément isolé.
La plupart des arguments retenus ont été :
– l'existence de fortes ***convictions religieuses,***
– une aggravation d'un état de ***santé*** *psychique fragile,*
– un ***âge*** *avancé et la* ***durée du mariage.***

▶ Exemples de cas d'exceptionnelle dureté

• *Une femme âgée de 74 ans avait élevé trois enfants pour l'éducation desquels elle avait renoncé à la poursuite de ses études et à l'entrée dans la vie professionnelle. Le divorce pouvait de plus avoir un profond retentissement sur son état de santé. Elle était en outre profondément hostile au principe du divorce. Pour tous ces éléments, le divorce n'a pas été admis (CA Versailles, 2e ch., 6.11.1980).*

• *Une femme de 56 ans mariée depuis trente ans, qui supportait malgré elle une séparation de fait d'autant plus cruelle qu'elle nourrissait de l'affection pour son mari contre lequel elle refusait de former une demande pour faute, avait par ailleurs une santé fragile. Ici également, le divorce n'a pas été admis (CA Versailles, 2e ch., 6.3.1980).*

L'exceptionnelle dureté peut être constituée si le divorce entraîne des conséquences matérielles préjudiciables. Cette dernière notion est plus difficile à cerner dans la mesure où le divorce pour rupture de la vie commune est déjà un divorce « assumé » par le demandeur. Des difficultés matérielles peuvent être compensées au niveau de la **pension alimentaire** qui sera versée. En revanche, la question peut se poser quand le demandeur ne peut pas assumer les différentes charges que la loi met à sa charge (par exemple, sa situation précaire lui interdit le versement d'une **pension alimentaire**).

Pour l'époux malade, la loi prévoit expressément le maintien du mariage en cas d'altération des facultés mentales du conjoint lorsque le divorce risque d'aggraver la maladie de celui-ci (art. 238 C. civ.).

▶ Exemples de non-admission de l'exceptionnelle dureté

• *Un divorce pour rupture de la vie commune peut être prononcé quand le caractère anormal des souffrances subies par le mari par rapport à celles habituellement entraînées par une telle épreuve n'est pas établi, ce dernier souffrant d'un état dépressif anxieux, lié non seulement au départ de son épouse mais aussi à l'échec d'un premier mariage (CA Dijon, 1re ch., 22.4.1997).*

• *Il en est de même d'une femme étrangère qui n'a pas à redouter son expulsion de France à la suite de son divorce, dans la mesure où elle habite en France depuis vingt ans, a donné naissance à six enfants et a une maladie justifiant des soins spécialisés (CA Besançon, Civ. 1re, 1.4.1997).*

• *Un mari a ainsi été débouté de sa demande en divorce, malgré une séparation de plus de vingt ans d'avec sa femme compte tenu des conséquences morales qu'aurait un divorce pour sa femme (état dépressif ayant nécessité différentes hospitalisations avec un risque d'aggravations en cas de modification du cadre de vie), et des conséquences matérielles (le partage de la communauté priverait la femme de son logement). En effet, les ressources insuffisantes de l'épouse ne lui auraient pas permis de régler une soulte pour conserver l'appartement, l'époux ne pouvant de son côté régler une pension alimentaire, en raison de ses faibles revenus (CA Bordeaux, 6e chambre, 1.7.1999).*

La dureté est rarement admise par les tribunaux.

La procédure

La procédure de divorce pour rupture de la vie commune est proche de celle du divorce pour faute (voir les rubriques : Les règles communes *et* Le divorce pour faute*). On peut cependant relever les spécificités suivantes.*

LA REQUÊTE

D'un point de vue procédural, la requête initiale en divorce n'est recevable que si l'époux demandeur précise les moyens par lesquels il assumera son devoir de secours et ses obligations à l'égard des enfants pendant l'instance et après le divorce.

• En cas de **divorce pour maladie mentale**, la requête doit être accompagnée de tout document établissant la réalité de la situation. A défaut, elle est irrecevable.

• En cas de **divorce pour séparation de fait**, la requête initiale en divorce n'est recevable que si l'époux demandeur précise les moyens par lesquels il assumera son devoir de secours et ses obligations à l'égard des enfants pendant l'instance et après le divorce (art. 1123 NCPC). Les tribunaux, tout en étant vigilants sur cette règle, l'apprécient au cas par cas, avec plus ou moins de sévérité.

> ***Exemples***
>
> *Un époux ne peut pas se borner à exposer, dans sa requête, qu'en raison de ses propres ressources et des revenus de son épouse il estime ne pas être astreint à l'exécution d'un devoir de secours (C. cass., civ. 2e, 12.12.1994).*
>
> *Il en est de même d'une requête dans laquelle un mari se borne à indiquer qu'il n'avait reçu aucun revenu l'année précédente, les termes de cette requête étant trop généraux et vagues, alors qu'étant ingénieur et dirigeant de société il aurait dû exposer sa situation antérieure et l'état de son patrimoine (C. cass., civ. 2e, 15.1.1997).*
>
> *Un époux ne peut pas proposer la somme d'un franc symbolique à titre de versement de pension alimentaire alors qu'en parallèle, il ne coopère pas avec la justice pour établir le niveau de ses ressources (CA Douai, 7e ch., 29.9.1994).*
>
> *En revanche, une requête, à laquelle est joint un mémoire par lequel le demandeur mentionne ses ressources annuelles, le patrimoine de son conjoint et le train de vie de celui-ci, est recevable (C. cass., civ. 2e, 4.3.98).*
>
> *Dans la mesure où le mari précise ses revenus et déclare qu'il n'est pas en mesure de faire une offre de pension alimentaire à sa femme, qui bénéficie d'une pension de retraite, la requête est recevable même si aucune offre précise n'a été faite (C. cass., civ. 2e, 4.2.1981).*

Il en est de même d'un mari qui donne les coordonnées de sa caisse de retraite, indique que sa retraite est sa seule source de revenu et qu'il n'est pas imposé sur le revenu (C. cass., civ. 2e, 20.11.1996).

LES DEMANDES PRINCIPALES ET LES DEMANDES RECONVENTIONNELLES

La rupture de la vie commune ne peut être invoquée comme cause de divorce que par l'époux qui présente la **demande initiale**, appelée **demande principale** (art. 241 C. civ.). On ne peut donc pas, à titre de **demande reconventionnelle** (demande adressée en réponse à la demande en divorce), demander le divorce pour rupture de la vie commune. Il est en revanche possible de présenter une demande reconventionnelle **pour faute** en invoquant les torts de celui qui a pris l'initiative (par exemple, **l'abandon du domicile conjugal** et **l'adultère**). Cela est même très fréquent en pratique.

Si le juge admet cette demande reconventionnelle, il rejettera la demande principale et prononcera le divorce aux torts de l'époux qui a demandé le divorce pour rupture de la vie commune (art. 1123 NCPC). Pour les tribunaux, le divorce sera un divorce prononcé aux **torts exclusifs** du demandeur (CA Paris, 1re ch., 19.5.1978). La demande reconventionnelle ne peut tendre qu'au divorce et non à la **séparation de corps.**

L'intérêt de cette demande reconventionnelle pour **faute** est que, dans certains cas, l'époux pourra formuler une demande de **dommages et intérêts** au titre de l'article 266 du Code civil. Il a été jugé que cet article n'autorisait pas un époux à demander des dommages et intérêts en raison de la rupture de la vie commune. La seule possibilité de demander des dommages et intérêts est donc pour le conjoint « innocent » de former une demande reconventionnelle pour faute (C. cass., civ. 2e, 23.1.1980). Si le divorce est prononcé pour faute, il bénéficiera non plus d'une **pension alimentaire** mais d'une **prestation compensatoire** dont le régime est différent. Ceci étant posé, il est toujours possible pour le conjoint de demander une indemnisation fondée sur l'article 1382 du Code civil. Sur ces questions d'indemnisation d'un conjoint, voir la rubrique : *Le divorce pour faute – Les conséquences du divorce prononcé aux torts exclusifs*.

LE JUGEMENT DE DIVORCE

Selon l'article 1126 du Nouveau Code de procédure civile, le dispositif du jugement de divorce ne doit faire aucune référence à la cause du divorce. Il ne doit donc pas être indiqué que le divorce est prononcé pour rupture de la vie commune (C. cass., civ. 2e, 20.11.1996).

En cas d'aliénation mentale, le juge ne prononcera le divorce qu'au vu d'un rapport médical établi par trois **médecins experts.**

L'indemnisation fondée sur l'article 1382 du Code civil

Sur cette question, il convient de se reporter à la rubrique : *Le divorce pour faute*, les règles étant identiques.

Le passage du divorce pour rupture de la vie commune au divorce sur demande conjointe : la passerelle

Sur cette question, il convient de se reporter à la rubrique : *Le divorce sur demande conjointe*, les règles étant identiques.

RÉFORME

Le premier projet prévoit une réduction de la durée de la séparation de fait. Celle-ci passerait de six ans à trois ans. De plus aucune sanction financière à l'encontre de l'époux demandeur ne serait plus prévue. En dernier lieu, le gouvernement n'envisage plus de garder ce type de divorce (Conférence de la famille avril 2001, voir la rubrique : Le divorce sur demande acceptée).

QUESTIONS-RÉPONSES

Quelles sont les procédures possibles contre un conjoint atteint de troubles mentaux ?

La seule procédure spécifique est la demande en divorce pour rupture de la vie commune dans la mesure où les troubles mentaux durent depuis plus de six ans. Il est également possible de demander le divorce pour faute, sans attendre le délai de six ans, si, avant l'altération des facultés mentales du conjoint, celui-ci avait commis des fautes graves susceptibles de permettre une demande en divorce pour faute.

Le divorce pour rupture de la vie commune est-il accordé automatiquement ?

Il faut d'abord faire la preuve de la cessation de cohabitation, et ce par tous moyens. Mais cet élément n'est pas forcément suffisant. Les juges exigent également la cessation de tout lien affectif entre les époux. Le délai de séparation imposé par le texte, de six ans au moins, peut de même se trouver interrompu si les époux ➤

QUESTIONS-RÉPONSES

cohabitent à nouveau ou rétablissent des relations normales de couple. Enfin, la demande en divorce peut être rejetée si elle risque d'entraîner des conséquences d'une exceptionnelle gravité pour le conjoint ou les enfants.

Je perçois une rente de mon ex-mari à la suite de notre divorce pour rupture de la vie commune. J'envisage de vivre avec mon ami. Est-il vrai que cela va me faire perdre mon droit à pension alimentaire ? J'ai obtenu également l'usufruit de l'ancien appartement conjugal. Dois-je rendre cet appartement si je vis avec mon ami ?

L'époux divorcé pour rupture de la vie commune perd le bénéfice de la pension alimentaire versée au titre du maintien du devoir de secours, en cas de concubinage notoire. Mais c'est au débiteur de saisir le juge pour obtenir de ne plus payer la rente en prouvant le caractère notoire du concubinage. Vous courez effectivement un risque certain si vous décidez d'habiter avec cet ami...

En ce qui concerne les attributions en capital (usufruit de l'appartement), il ne semble pas que cet élément soit restituable bien que la loi soit muette sur cette question.

LE DIVORCE POUR FAUTE

Les divorces pour faute représentent une part très importante des divorces, puisqu'ils arrivent, comme le montrent les statistiques officielles, à atteindre plus de 42 % des divorces prononcés. On peut se poser la question de savoir pour quelles raisons ce type de divorce est encore si répandu après l'introduction, suite à la réforme de 1975, de deux nouveaux modes de divorce, ***le divorce sur demande conjointe*** *et le* ***divorce pour rupture de la vie commune.***
Sur un plan sociologique, on constate que, quel que soit l'état d'avancé des mœurs, la notion de faute est encore très ancrée dans les mentalités. Ce divorce est le cas de divorce le plus ancien ; pendant presqu'un siècle il a été d'ailleurs le seul cas de divorce admis (de la loi Naquet du 27.7.1884 à la loi du 11.7.1975). Cela n'a pas été sans laisser de traces. Selon le Doyen Carbonnier, initiateur de la réforme de 1975, « il est des conflits conjugaux que la conscience populaire continue de poser en terme de culpabilité et à résoudre en terme de sanction, d'autant plus vigoureusement que, pour elle, les fautes qui font le divorce dessinent en creux les devoirs qui font le mariage. »
Le divorce pour faute peut être considéré en premier lieu comme un divorce-sanction.
Ce type de divorce peut être utilisé également de façon résiduelle, à défaut d'une autre solution, quand le conjoint refuse toute idée de divorce.

On constate également dans la pratique l'utilisation du divorce pour faute par des époux qui sont pourtant d'accord pour divorcer, mais qui ne veulent pas utiliser une autre procédure (ce qui peut démontrer une méconnaissance de la formule du ***divorce sur demande acceptée****). Ce sont souvent ces mêmes époux qui demanderont la* ***non-énonciation des griefs.***
L'originalité du divorce pour faute réside notamment dans les sanctions qui sont infligées à l'époux coupable, quand il est prononcé aux torts exclusifs de ce dernier.
En pratique, un nombre considérable de divorces sont prononcés aux ***torts partagés*** *(ou* ***réciproques****) plutôt qu'aux* ***torts exclusifs.***
Il résulte d'une enquête menée par le Ministère de la justice que c'est la femme qui prend l'initiative de ce type de divorce dans trois procédures sur quatre. Le juge lui donne raison une fois sur deux. Quand c'est l'époux qui s'avise d'assigner sa femme, le juge ne le suit qu'une fois sur trois. Globalement, sur l'ensemble des divorces pour faute, les torts sont souvent attribués à l'époux (45 %) et moins à l'épouse (11 %). Les griefs sont systématiquement énoncés dans les divorces aux torts exclusifs.
(enquête réalisée pour le ministère de la Justice pour 1996).

• *Pour trouver le thème qui vous intéresse, consultez la table des matières en début de volume ou l'index alphabétique en fin de volume.*

Les conditions du divorce pour faute

Le divorce peut être demandé par un époux sous les conditions suivantes :
- les faits sont imputables à l'autre,
- les faits constituent une violation grave ou renouvelée des droits et obligations du mariage,
- les faits rendent intolérable le maintien de la vie commune.

LES FAITS DOIVENT ÊTRE IMPUTABLES À L'AUTRE ÉPOUX

Dans le cadre de ce type de divorce, il est nécessaire de prouver une faute du conjoint. Un simple constat **d'incompatibilité de caractères** et de **mode de vie** ne suffit pas, en principe, à entraîner le prononcé du divorce. Cette rigueur de la loi a été très critiquée, en comparaison avec la législation d'autres pays autorisant le divorce dans ces hypothèses.

> ***Exemple***
> *Une illustration de cette règle est donnée de façon nette dans un arrêt de la cour d'appel d'Aix-en-Provence. Des époux étaient séparés depuis de nombreuses années d'un commun accord pour motif d'**incompatibilité d'humeur** et de modes de vie, vivant de manière totalement indépendante, sans entretenir le moindre rapport affectif et sans avoir jamais formé le moindre projet de reprise d'une vie commune. Pour la cour, si la demande en divorce n'est que l'aboutissement normal d'un système de vie décidé d'un commun accord, il n'existe pas réellement de violation des obligations du mariage autorisant un divorce pour faute. Un divorce ne peut donc aboutir dans ce contexte, « les époux disposant au demeurant d'autres procédures de divorce correspondant à leur cas » (on pense bien sûr au divorce sur demande conjointe... CA Aix-en-Provence, 15.9.1982 ; voir également C. cass., civ. 2e, 8.10.1986).*

Suivant ce principe, les faits ne seront pas non plus retenus si l'époux est en état de **démence** au moment des faits. Les faits reprochés ne pouvant lui être imputés, il n'en est pas responsable, et donc il ne peut y avoir de divorce pour faute (C. cass., civ. 2e, 12.3.1980).

UN COMPORTEMENT FAUTIF

Les faits doivent constituer soit une violation grave, soit une violation qui, sans être forcément grave, est une violation renouvelée des droits et obligations du mariage.

▶ Les violations graves

Certains faits, même s'ils sont uniques, sont suffisamment graves pour entraîner le divorce.

> ***Exemple***
> *Un acte de violence sur la personne du conjoint est une violation grave des obligations du mariage.*

▶ Les violations renouvelées

Il s'agit de faits qui, s'ils n'étaient arrivés qu'une fois, ne justifieraient pas le divorce, mais leur répétition peut avoir cette conséquence.

> ***Exemple***
> *Un comportement méprisant ou injurieux pour un conjoint peut, s'il est répété, justifier un divorce pour faute.*

▶ Quels sont les droits et obligations du mariage ?

Les devoirs du mariage sont la fidélité, le secours, l'assistance, la contribution aux charges du ménage et la cohabitation (art. 212 à 215 C. civ.). Ils continuent à s'appliquer, en principe, pendant l'instance en divorce (v. la rubrique : *Les règles applicables pendant la procédure*).
C'est en effet, en négatif, la jurisprudence en matière de divorce qui permet de préciser les contours des devoirs du mariage (Bénabent, Droit civil, La famille, Litec, n° 157).

LES FAITS DOIVENT RENDRE LA VIE COMMUNE INTOLÉRABLE

La loi exige une double condition : les faits doivent constituer une violation grave ou renouvelée des droits ou obligations du mariage et ces faits doivent rendre la vie commune intolérable.
En effet, si un époux a vécu pendant de nombreuses années dans ces conditions, et qu'il se met à reprocher des faits déjà anciens à son conjoint, le juge risque de soulever le fait que ces faits n'ont rien d'insupportable ou d'intolérable et de le débouter de son action. Certaines juridictions recherchent si les faits reprochés (aventures extraconjugales notamment) sont bien à l'origine de la rupture du mariage ou non. Tel ne sera pas le cas par exemple si les faits sont anciens (CA Rouen, 3e ch., 22.6.1992).

> **Exemple**
> *Le fait pour un mari de ne pas avoir assisté à un repas de communion de son enfant alors que trente personnes étaient invitées, fait unique reproché chez un couple qui comptait vingt ans de vie commune, n'est pas de nature à rendre intolérable la vie commune (CA Rouen, 3e ch., 18.3.1991).*

BON À SAVOIR

La dernière jurisprudence de la Cour de cassation montre cependant un net assouplissement : « *En retenant que les faits reprochés au mari constituaient une violation grave des devoirs et obligations du mariage, au sens de l'article 242 du Code civil, ce dont il résultait que la double condition exigée par cet article avait été constatée, la cour d'appel a... légalement justifié sa décision* » (C. cass., civ. 2e, 30.11.2000, Juris-Data n° 0077101). Dans cet arrêt, la Cour semble déduire de l'existence des faits graves une vie commune intolérable.

AUTRES PRÉCISIONS APPORTÉES PAR LA JURISPRUDENCE

▶ Les faits doivent en principe avoir eu lieu pendant le mariage

Une des conséquences est que les faits reprochés peuvent être commis pendant l'**instance en divorce**, puisque le mariage n'est pas encore dissous.

> **Exemple**
> *Un* ***adultère*** *commis après* ***l'ordonnance de non-conciliation*** *autorisant la résidence séparée, ou même entre le jugement de divorce et l'arrêt statuant sur l'****appel*** *de ce jugement, peut entraîner le prononcé du divorce aux torts de l'époux fautif (C. cass., civ. 2e, 29.4.1982).*

Pour les tribunaux, en effet, il n'existe pas d'**immunité** pour des fautes commises par les époux, leur ôtant leur caractère de gravité, sous prétexte que ces fautes ont été commises en cours de procédure de divorce.

▶ Mais certains faits antérieurs au mariage peuvent être retenus

> **Exemple**
> *Tel serait le cas si un époux avait dissimulé un élément important à son conjoint sur sa situation, comme son* ***état mental déficient*** *(CA Rennes, 22.2.1978).*

Les possibilités de rejet du divorce

Les faits peuvent perdre de leur gravité et donc, le cas échéant, empêcher le prononcé du divorce s'ils sont excusés par les agissements de l'autre époux. En effet, les fautes commises par un époux peuvent enlever aux faits qu'il reproche à son conjoint le caractère de gravité qui en aurait fait une cause de divorce (art. 245 C. civ.). Dans cette hypothèse, il doit y avoir une certaine relation de cause à effet entre les fautes que se reprochent les époux.

> ***Exemple***
>
> *Il ne sera pas tenu compte de l'abandon du domicile conjugal par un époux si l'autre époux use de violences envers son conjoint qui peut craindre pour lui-même et pour ses enfants (C. cass., civ. 2e, 2.10.1980).*

De façon générale, le juge, quand les époux invoquent de part et d'autres des griefs, tente de faire le point sur chacun de ces griefs (est-il prouvé ? peut-il être excusé par une faute de l'autre... ?) et prononcera ensuite en conséquence soit une décision de rejet du divorce (on parle de **débouté**), soit un divorce aux **torts exclusifs**, soit encore un **divorce aux torts partagés** (cas le plus fréquent). Sur cette question, on peut se reporter plus loin à la rubrique : *L'incidence des fautes reconventionnelles entre époux*.

EN PRATIQUE **Le cas particulier des infractions pénales**

Le divorce pour faute peut être demandé si le conjoint a été condamné pour des faits accomplis postérieurement au mariage, à une des peines criminelles énumérées à l'article 131-1 du Code pénal, c'est-à-dire la réclusion criminelle à perpétuité, la détention criminelle à perpétuité, la réclusion criminelle et la détention criminelle de dix ans au moins (art. 243 C. civ.). La condamnation doit être définitive et non susceptible de voie de recours.
Si le juge aux affaires familiales est saisi, il doit surseoir à statuer, c'est-à-dire attendre l'issue de la procédure pénale avant de prononcer le divorce.

Le rôle des intervenants

Il faut bien savoir qu'aucun grief n'est en soi une cause de divorce. Il faut que ce grief entre dans le cadre des restrictions posées par l'article 242 du Code civil (voir ci-dessus).

Va donc jouer ensuite l'habileté de la présentation du dossier par l'avocat et la recherche de la preuve.

LE JUGE

Le rôle du juge est de contrôler le respect du **principe du contradictoire** (échange des pièces et des conclusions). Il ne peut en aucune façon :

- relever d'office, pour prononcer le divorce aux **torts exclusifs** de l'un des époux, une faute commise par celui-ci envers l'autre,
- ne pas tenir compte de tous les griefs qui lui sont présentés. Ainsi, il ne peut pas se contenter d'énoncer, sans préciser les griefs écartés, qu'un époux ne rapporte pas d'élément de preuve à l'appui de ses accusations (C. cass., civ. 2e, 20.6.1996).

> ***Exemples***
>
> *Si un des époux demande le divorce et que l'autre ne formule pas de* ***demande reconventionnelle,*** *c'est-à-dire qu'il se contente de contester la demande de divorce mais ne demande pas de son côté le divorce, le divorce ne peut pas être prononcé aux* ***torts exclusifs*** *de celui qui l'a demandé (C. cass., civ. 2e, 11.7.1988).*
> *Une juridiction ne peut pas prononcer un divorce aux torts exclusifs de la femme, après avoir écarté comme non établis les griefs invoqués tant par la femme que par le mari, en se fondant sur le fait que l'imputation par la femme dans le cadre de sa demande, de* ***faits injurieux,*** *sans preuve, constitue de sa part une violation grave et renouvelée des devoirs et obligations du mariage rendant la vie commune intolérable (C. cass., civ. 2e, 27.2.1993).*

LES PARTIES ET LES AVOCATS : LA RECHERCHE DE LA PREUVE

Ce sont les époux qui construisent, avec les avocats, leur argumentation, apportent la preuve des griefs qu'ils invoquent et se répondent par le biais de leurs « conclusions » (écrit matérialisant les prétentions). En matière de divorce, la preuve se fait par tous moyens et le juge ne peut écarter des débats un document dont un époux veut faire usage que s'il a été obtenu par **violence** ou **fraude**. Les faits invoqués peuvent être établis par tous les modes de preuve, notamment l'**aveu**, les lettres échangées entre son conjoint et un tiers, les constats dressés par un huissier, les attestations écrites et les témoins entendus dans le cadre d'une enquête ordonnée par le juge aux affaires familiales (art. 259 et s. C. civ.).

▶ Les lettres et journaux intimes

Selon les tribunaux, un époux peut apporter comme élément de preuve des griefs qu'il invoque des lettres adressées par son conjoint à des tiers (même adressées par le conjoint aux **descendants,** voir ci dessous : *Le témoignage et attestations*), son **journal intime,** un **carnet de bord** ou

tout autre document du moment qu'il ne l'a pas obtenu par **fraude** ou **violence** (C.cass., civ. 2e, 29.1.1997, 6.5.1999 ; art. 259-1 C. civ.).
La plupart des tribunaux, en effet, refusent de sanctionner ce type d'attitude en relevant une violation de la **vie privée** (art. 9 C. civ.). Tout est, bien entendu, appréciation du cas d'espèce, comme souvent en matière de divorce, et les décisions peuvent varier d'une juridiction à l'autre. Pour la Cour de cassation, cependant, le principe, en matière de divorce, est la liberté de la preuve, et seule une fraude ou une violence entraînerait le rejet de cette preuve des débats. Cette jurisprudence est critiquée compte tenu du caractère déloyal du procédé (un journal intime est censé resté secret, une correspondance ne devrait pas pouvoir être exposée à la justice sans l'accord de son auteur...). En effet, ce sera à l'époux destinataire de la lettre de rapporter la preuve d'une fraude ou d'une violence, et cette preuve pourra être difficile à apporter. Par exemple, pour les tribunaux, ne sont pas considérées comme obtenues irrégulièrement les lettres découvertes par un des époux au domicile conjugal et utilisées ultérieurement en original ou même en photocopie. En revanche, l'interception d'une lettre pourra être considérée comme irrégulière. Il s'agit d'ailleurs d'un agissement sanctionné sur un plan pénal (voir encadré, page suivante).

EN PRATIQUE **Qu'est-ce que la violation de domicile ?**

Le domicile est inviolable. Cela signifie que personne ne peut pénétrer chez un particulier sans le consentement de celui-ci. Sur un plan pénal, la violation de domicile par un particulier est constituée lorsque celui-ci s'est introduit dans le domicile d'un autre particulier, à l'aide de manœuvres, menaces, voies de fait ou contrainte. Mais le nouveau Code pénal réprime également le fait de se maintenir par les mêmes moyens dans le domicile d'autrui.
Il a été jugé que le fait pour un ancien époux de rester dans l'ancien domicile malgré une décision de justice attribuant la **jouissance du logement de la famille** à son conjoint pouvait constituer le délit de violation de domicile (C. cass., crim., 9.12.1998).
L'introduction ou le maintien illégal dans le domicile d'autrui est puni d'un an de prison et de 100 000 F (soit 15 000 €) d'amende (art. 226-4 C. pén.).
Un huissier amené à la demande d'un client à faire un constat d'adultère chez un particulier va devoir demander l'autorisation du tribunal (voir ci-dessous la rubrique : *Le constat d'adultère*).

▶ Les enregistrements téléphoniques

Un époux peut avoir intérêt à garder une preuve d'une conversation téléphonique quand il prend connaissance d'éléments susceptibles d'être reprochés à son conjoint (par exemple, le fait que le mari a l'intention de dissimuler une grande partie de son patrimoine pour minorer le montant de la prestation compensatoire, une relation adultère...).
Mais la capture d'une conversation à l'insu d'une des parties peut être considérée comme un moyen de preuve frauduleux.
En outre un enregistrement clandestin est un délit pénal.

En effet, le fait d'enregistrer secrètement une communication téléphonique ou une conversation quelconque, qu'ils aient lieu dans un lieu privé ou en public, à titre privé ou confidentiel, sans le consentement de la personne constitue une atteinte à la vie privée (voir encadré ci-dessous). Il s'agit d'un délit prévu et réprimé par l'article 226-1 du Code pénal. En conséquence, ces enregistrements de conversations privées ou d'entretiens téléphoniques ne peuvent en aucune façon être produits en justice, sous peine de poursuites qui pourraient être exercées contre ceux qui tentent de les utiliser.

Exemple

A été sanctionné pénalement un conjoint qui a mis sur écoute téléphonique le poste de sa femme au bureau où elle travaille (C. cass., crim., 11.2.1987, D. 87, Som. p. 142).

EN BREF

Quand y a-t-il atteinte à la vie privée ?

• Sur un plan civil, l'article 9 du Code civil précise que chacun a droit au respect de sa vie privé. Il a été jugé, sur la base de cet article, que le président du tribunal de grande instance est en droit d'autoriser un **constat** pour faire la preuve de l'adultère d'un époux au domicile d'un tiers. Ce constat ne constitue pas une atteinte illicite à la vie privée parce qu'il est autorisé par le juge (C. cass., civ. 2e, 18.11.1992). Il ne constitue pas non plus une violation de domicile (voir ci-dessus : *Le constat d'adultère*).
De la même façon, un courrier adressé par son conjoint à un tiers dont le conjoint aura pris connaissance, l'aura détourné et produit au débat peut être constitutif d'atteinte à la vie privée et écarté des débats (l'article 259-1 du Code civil refuse d'ailleurs ce genre de preuve quand les pièces obtenues l'ont été par la fraude ou la violence).

• Sur un plan pénal, est puni d'un emprisonnement d'un an et d'une amende de 300 000 F (soit 45 000 €) quiconque aura volontairement porté atteinte à l'intimité de la vie privée d'autrui :
1° en captant, en enregistrant ou en transmettant au moyen d'un appareil quelconque des paroles prononcées, à titre privé ou confidentiel, par une personne sans son consentement ;
2° en fixant ou en transmettant au moyen d'un appareil quelconque l'image d'une personne se trouvant dans un lieu privé sans le consentement de celle-ci.
Cependant, quand ces actes auront été accomplis au cours d'une réunion, au vu et au su de ses participants, le consentement de ceux-ci sera présumé (art. 226-1 et s. C. pén.).
Les mêmes peines sont applicables à celui qui conserve ces enregistrements ou ces photos, ou qui les diffuse.

Exemple

Un mari enregistre une conversation téléphonique qu'il a avec un tiers sans le consentement de celui-ci pour s'en servir dans le cadre de l'action en divorce qu'il va engager. Il a été condamné sur un plan pénal (C. cass., crim., 3.3.1982).

En revanche, comme en matière de constat d'adultère, rien ne s'opposerait a priori à ce qu'un époux s'adresse au juge en lui demandant, sur requête, d'autoriser un huissier à procéder à l'enregistrement. A ce jour, et à notre connaissance, aucune décision n'a été rendue en ce sens.

▶ La sommation de réintégrer le domicile conjugal

En cas d'**abandon du domicile conjugal** par un des époux, son conjoint peut le « sommer » de réintégrer le domicile conjugal. Si le conjoint ne revient pas (ce qui peut être prouvé par tous moyens), il peut être fait état devant le juge du divorce de ce manquement au **devoir de cohabitation.**

Encore faut-il, selon la jurisprudence, que l'intention de l'époux de reprendre la vie commune soit bien réelle et ne constitue pas un artifice permettant à l'époux de se procurer une preuve de faute conjugale pour la procédure de divorce qu'il souhaite en fait entamer (C. cass., civ. 2e, 20.3.1989, 16.11.1994). Dans la pratique, ce mode de preuve est rarement utilisé.

▶ Le constat d'adultère

L'adultère peut se prouver par des écrits ou autres documents, par témoignage ou par constat (sur la vie privée et la violation de domicile, voir encadrés ci-dessus). Les **documents écrits** peuvent consister en notamment des **lettres** écrites ou reçues par l'époux coupable, **photographies** (prises en dehors d'un lieu privé à l'insu des intéressés), **factures d'hôtel** et/ou de **voyage.** Les **témoignages** peuvent être produits sous forme d'**attestations** écrites, rédigées par des membres de la famille ou des tiers qui ont pu constater l'adultère ou recevoir des confidences de l'époux coupable.

On peut également avoir recours aux services d'un **détective privé.** Cependant, la dépense peut être importante car les filatures sont coûteuses et les rapports du détective privé ne sont pas très appréciés des magistrats du fait qu'ils sont établis de façon unilatérale et sur commande.

EN PRATIQUE

Les frais d'un constat d'adultère font-ils partie des dépens ?

L'article 695 du Nouveau Code de procédure civile inclut dans les dépens les émoluments des officiers publics ou ministériels. Ces émoluments ne peuvent être compris dans les dépens que dans la mesure où le ministère de l'huissier est obligatoire.

Il a été jugé que tel n'était pas le cas pour un constat d'adultère dont le coût est librement débattu entre l'huissier et son client. (TGI Albertville, 17.2.1994).

L'adultère peut enfin être prouvé par **constat d'huissier.** Pour établir l'adultère par constat, l'avocat du demandeur peut avoir à présenter une requête au président du tribunal de grande instance qui désigne un **huissier** susceptible d'établir le constat avec l'assistance d'un **commissaire de police.** En effet, selon les tribunaux, une **autorisation judiciaire** s'impose dès lors que le constat doit être établi chez un tiers. Le risque est, en effet, que les constats dressés à la demande des époux soient écartés des débats s'il y a eu violation de domicile ou atteinte illicite à l'intimité de la **vie privée** (art. 259-2 C. civ.). Or, pénétrer chez un tiers contre son gré peut constituer une **violation de domicile,** sanctionnée également sur un plan pénal. L'huissier doit par ailleurs, comme pour tout autre acte, respecter les règles de procédure civile et celles de sa propre déontologie, c'est-à-dire notamment dresser le constat de façon loyale, ne pas le faire la **nuit** (entre 21 h et 6 h du matin).

L'autorisation judiciaire n'est en revanche pas nécessaire quand l'adultère a lieu au domicile des époux (domicile principal, résidence secondaire ou tout lieu dont l'époux qui réclame le constat a la **jouissance),** puisque dans cette hypothèse il n'y a pas de violation de domicile (C. cass., civ. 2e, 14.12.1983).

La difficulté réside cependant dans le fait que, pour pouvoir dresser le constat, il faut que le couple illégitime vive maritalement à une adresse précise (ou ait l'habitude de se rencontrer à des dates et dans des lieux précis). Le coût de l'ensemble de l'opération est assez élevé et peut varier de 2 000 à 5 000 F (soit 304,90 € à 762,25 €) (frais et honoraires de l'avocat, de l'huissier et du serrurier) car :

- l'avocat va rédiger une requête et la présenter personnellement au président du tribunal,
- il faut ensuite prévoir la rémunération de l'huissier, la vacation du commissaire de police et d'un serrurier (permettant d'ouvrir la porte de l'appartement).

Il est prudent d'interroger au préalable son avocat sur le montant des frais et honoraires à prévoir.

▶ Les témoignages et attestations

Les **descendants** ne peuvent jamais témoigner pour ou contre leurs parents (art. 205 NCPC). L'interdiction est générale et absolue et vise notamment les **enfants** légitimes, les enfants du premier lit, les conjoints des descendants et les petits-enfants (C. cass., civ. 2e, 5.2.1986). Les attestations des **gendres ou belles-filles** ne peuvent pas plus être retenues (C. cass., civ. 2e, 30.9.1998). Il en est de même des attestations de **concubins des enfants** (cas de concubinage stable) (CA Rouen, civ. 3e, 11.5.89).

Il a cependant été jugé que l'interdiction de témoignage des descendants n'empêche pas de produire des documents dont ces descendants ont été destinataires.

> ***Exemple***
>
> *Dans le cadre d'un divorce pour faute engagée par une femme contre son mari, la femme produisait aux débats une* ***lettre*** *adressée par le mari à son fils, dans laquelle ce dernier faisait état, en s'en repentant, de ses excès alcooliques et de sa violence. Cette lettre, que confirmaient d'ailleurs d'autres attestations versées au débat, a été retenue par la justice comme n'étant pas en contradiction avec l'article 205 du Code civil interdisant le témoignage des descendants. Pour la cour, il ne s'agit pas d'un* ***témoignage indirect*** *(C. cass., civ. 2e, 19.1.1983).*

En dehors de ces cas, le principe en matière de divorce étant la liberté de la preuve, même les témoignages de la **famille proche** sont admis. En pratique, d'ailleurs, les faits intéressant une famille dans son intimité peuvent, pour certains, n'être relatés que par les membres de celle-ci. Pour les tribunaux « *si les attestations de parents proches d'un des époux doivent être analysées avec esprit critique, elles ne peuvent être écartées des débats sous prétexte de partialité dès lors qu'elles ne font pas l'objet d'une procédure de faux ni contredites par des témoignages opposés portant sur les mêmes faits* » (CA Paris, 24e ch. A, 30.6.1986).

EN PRATIQUE

Que risque-t'on en cas de faux témoignage ?

Le faux témoignage est passible d'un emprisonnement de cinq ans et d'une amende de 500 000 F (soit 75 000 €).
Toutefois, le faux témoin n'est pas poursuivi s'il a rétracté spontanément son témoignage avant la fin de la procédure en cours (procédure d'instruction ou procédure de jugement ; art. 434-13 C. pén.).

Comment rédiger une attestation ?

Pour pouvoir être utilisée en justice, une attestation doit contenir la relation des faits auxquels son auteur a assisté ou qu'il a personnellement constatés. Cette attestation doit, en outre, mentionner les nom, prénoms, date et lieu de naissance, demeure et profession de son auteur ainsi que, s'il y a lieu, son lien de parenté ou de subordination avec les parties. Il doit, en outre, être précisé que l'attestation est établie en vue de sa production en justice et que son auteur a connaissance qu'une fausse attestation de sa part l'expose à des sanctions pénales. L'attestation est écrite, datée et signée de la main de son auteur qui doit lui annexer, en original ou en photocopie, une pièce d'identité.

▶ Les certificats médicaux

En cas de **brutalités,** de **violences** commises par un conjoint sur sa famille, la preuve des hématomes ou blessures par certificat médical s'impose. L'idéal est de prendre rendez-vous avec son **médecin** le plus tôt possible (ou au service d'urgence de l'hôpital le plus proche) en lui demandant d'attester de ce qu'il a pu constater dans le cadre de sa consultation. Bien sûr, le médecin ne pourra pas mentionner la personne qui a porté les coups puisqu'il n'en aura rien vu, mais il pourra relater le type de blessures subies et, d'un point de vue médical, indiquer ce qui peut en être l'origine.

▶ Les mains courantes

Il s'agit d'une déclaration effectuée à la police et qui est enregistrée sous un numéro. Elle n'a aucune valeur juridique en soi, mais peut être invoquée à l'occasion d'une procédure. Par exemple, une femme déclare à la police qu'elle quitte le domicile conjugal car elle y subit des **violences** de la part de son mari. Dans l'hypothèse d'une procédure de divorce ultérieure de sa part, elle pourra invoquer la déclaration de main courante qu'elle a effectuée au poste de police lors des faits, ce document pouvant être remis au tribunal qui statuera sur le divorce. Les policiers refusent d'ailleurs souvent de remettre aux particuliers une copie de leur main courante et exigent que la demande en soit faite par leur avocat.

À noter

Il ne faut pas oublier de demander le numéro de la main courante sous laquelle la déclaration a été effectuée pour pouvoir la communiquer ensuite à son avocat. En effet, le commissariat n'adressera copie de la main courante qu'à l'avocat désigné et non au particulier.

▶ Le rapport d'enquête sociale

L'enquête sociale est étudiée dans la rubrique : *Les conséquences vis-à-vis des enfants.* Elle est en effet ordonnée dans le cadre de la recherche de **l'autorité parentale** sur les **enfants.** Elle ne peut être utilisée dans le débat sur la cause du divorce (art. 287-2 C. civ.). Elle est citée ici car la loi **interdit** à un époux de se servir de déclarations faites par son conjoint à l'assistante sociale chargée d'enquêter avant qu'il ne soit statué sur l'autorité parentale (C. cass., civ. 2e, 5.2.1986 et 13.1.1988).

Les principaux griefs

La faute conjugale est une notion variable puisqu'elle va faire l'objet d'une appréciation par le juge dans le cadre d'un dossier qui va lui être remis, plus ou moins bien étayé, plus ou moins bien prouvé ou présenté. L'étude du contexte dans lequel les faits se sont produits va s'avérer très importante, la recherche des motivations psychologiques des intéressés, les excuses que l'on peut éventuellement trouver à certains agissements vont jouer un rôle dans l'appréciation du juge.
Certes, la loi donne un cadre précis au juge pour effectuer son travail, puisque la faute, cause de divorce, doit remplir un certain nombre de conditions (voir ci-dessus). Cependant, si l'on regarde le « catalogue » des fautes soumises au juge, et qui entraînera ou non le divorce, celui-ci donne une impression de grande diversité. Les fautes conjugales sont en effet également le reflet de l'état des mœurs d'une société à un moment donné. Ainsi si les causes des divorces n'ont guère changé depuis le Code civil

(tel ***l'adultère,*** *grand vainqueur des fautes conjugales, ou* ***l'abandon du domicile****), d'autres griefs n'auraient peut-être pas été invoqués il y a cent ans (telle cette décision retenant le non-entretien par le mari de sa maison, ou son défaut d'aide aux tâches ménagères de sa femme exerçant une activité professionnelle).*
En outre, la façon dont va être traitée, par le juge, l'information des faits qui lui sont soumis contient forcément une part de subjectivité.
Les décisions rendues, dont quelques-unes sont citées ci-après, reflètent cette diversité dans l'approche des situations conjugales. Elles ne peuvent donc avoir de valeur en soi, mais plutôt d'exemple de ce qui a pu être jugé à un moment donné par un tribunal.

▶ L'adultère

L'un des devoirs du mariage étant la **fidélité,** l'adultère constitue donc une des causes du divorce. Il s'agit même, semble-t-il, d'un des griefs les plus fréquemment soulevé. Les juges vont apprécier cas par cas, de la liaison unique et cachée à l'installation en concubinage au vu et au su de tous, si ce grief doit entraîner le divorce et si le divorce doit être prononcé aux torts exclusifs de l'époux fautif. L'adultère n'est pas en effet une cause automatique de divorce (comme cela était le cas dans le passé).
Le moment où est commis l'adultère et le contexte de l'affaire vont jouer. Ainsi, par exemple, un adultère unique connu de l'époux au préjudice duquel il est commis, et ancien, peut ne pas être retenu comme cause de divorce ; de même, en cas d'adultère commis avec l'accord exprès ou tacite du conjoint trompé ou s'il est commis pendant la procédure de divorce. Le juge peut cependant estimer, dans ce dernier cas, qu'il n'y a pas **immunité** entre époux, du fait de l'introduction de la procédure, et que les faits restent fautifs.

> ***Exemples***
> *Il a été jugé qu'un adultère unique et commis après le prononcé de l'***ordonnance de non-conciliation** *ne rendait pas intolérable la vie commune (C. cass., civ. 2e, 18.2.1982) ; de même, dans le cas d'un constat d'adultère établi plus de deux ans après l'ordonnance autorisant la résidence séparée et « alors que le devoir de fidélité est nécessairement moins contraignant du fait de la longueur de la procédure » (C. cass., civ. 2e, 29.4.1994).*
> *Il a été jugé que le* ***concubinage*** *du mari, après* ***l'autorisation de résidence séparée*** *et la naissance d'un enfant, constituait en revanche une violation grave et renouvelée des obligations du mariage rendant intolérable la vie commune (C. cass., civ. 2e, 3.5.1995).*

Dans l'hypothèse d'adultères réciproques (chacun des époux a refait sa vie par exemple), le juge peut prononcer un divorce aux **torts partagés...** ou débouter les époux de leur demande.

> ***Exemple***
> *L'adultère commis par une femme, à une date à laquelle le lien conjugal entre les époux était rompu totalement, le mari vivant lui-même en concubinage et ayant un enfant de sa concubine, n'a pas de caractère de faute entraînant le caractère intolérable de la vie commune, celle-ci étant devenue inexistante et le divorce doit être prononcé aux torts du mari (CA Paris, 2e ch. A, 10.10.1990).*

Un **adultère commis par chaque époux** perd de sa gravité si le contexte montre que les époux ont toujours entendu vivre librement et que ces liaisons extraconjugales correspondent à un mode d'organisation conjugale mutuellement consenti.

> ***Exemple***
> *Dans une affaire jugée à Carcassonne, le juge a précisé : « La connivence des deux époux enlève à l'adultère du mari, consommé avec l'épouse de l'amant de sa propre femme, son caractère offensant pour le conjoint qui a eu lui-même une conduite déshonorante dont il ne peut prétendre tirer avantage. L'épouse ne peut donc se prévaloir de l'adultère du mari et doit être, par la suite, débouté de sa demande en divorce » (TGI Carcassonne, 19.3.1982).*

▶ L'abandon du domicile conjugal et le refus de cohabitation

En vertu de l'article 215 du Code civil, les époux s'obligent mutuellement à une **communauté de vie.** La **résidence de la famille** est choisie d'un commun accord. On peut considérer que l'obligation de cohabitation reste encore une des clés de voûte du mariage. Est donc fautif et susceptible d'entraîner un divorce pour faute l'abandon par un des époux du domicile conjugal.

> ***Exemple***
> *Le refus par un époux de reprendre la vie commune, après organisation de la résidence séparée dans le cadre d'un* ***rejet*** *d'une précédente action en divorce (art. 258 C. civ.), était en soi constitutif d'une faute susceptible d'entraîner le divorce aux tort exclusifs de cet époux (C. cass., civ. 2e, 25.11.1992). Selon cet arrêt, la résidence séparée en vertu de l'article 258 est une mesure provisoire qui n'a pas pour effet de dispenser définitivement des époux mariés de leur communauté de vie.*

Mais, pour être fautif, l'abandon doit réunir les deux conditions posées par l'article 242 du Code civil, c'est-à-dire une violation grave et renouvelée des droits et devoirs du mariage rendant intolérable le maintien de la vie commune. Ainsi, le refus d'un conjoint de suivre l'autre dans son nouveau logement peut ne pas être considéré comme fautif quand cette attitude est dictée par sa peur de perdre son emploi, de mauvais traitements, des violences ou sévices, des conditions de vie intenables, une inconduite du conjoint...

> ***Exemple***
>
> *Un refus de cohabitation dans un lieu qui n'a pas été choisi d'un commun accord entre les époux et où il n'a jamais habité ne peut être reproché à un époux (CA Douai, 12.10.1984).*

Il en est de même :

• si le logement choisi n'est pas un logement suffisant permettant de recevoir les parents et les enfants,

• si le conjoint entretient dans ce logement des relations adultères (CA Rouen, 3e ch., 18.3.1981),

• si la reprise de la vie commune présente des dangers pour l'un des époux et les enfants (risque de coups notamment...).

Ces excuses doivent cependant revêtir une certaine gravité.

> ***Exemple***
>
> *Un époux installe sa belle-fille au domicile familial contre le gré de sa femme. Celle-ci s'installe chez son fils. Le divorce a été prononcé aux* ***torts exclusifs*** *de l'épouse du fait de son abandon du domicile, cet abandon n'étant pas suffisamment justifié pour les juges : « C'est dans l'exercice de son pouvoir souverain d'appréciation des preuves qu'une cour d'appel a énoncé que le comportement du mari à l'égard de son épouse ne justifiait pas la décision de celle-ci de quitter le domicile conjugal et que ce départ constituait ainsi une faute de sa part » (C. cass., civ. 2e, 30.11.2000, D. 2001, IR, p. 41).*

BON À SAVOIR

L'époux abandonné peut toujours délivrer par huissier une sommation de réintégrer le domicile conjugal à son conjoint. En pratique, ce mode de preuve est cependant rarement utilisé (voir ci-dessous).

À noter

L'abandon du domicile se double souvent d'un abandon financier du conjoint. Ces deux éléments doivent alors être invoqués.

▶ La non-contribution aux charges du mariage

Le refus d'un époux de contribuer financièrement aux charges du mariage peut constituer une faute entraînant le divorce à ses torts (C. cass., civ. 2e, 25.5.1994 ; sur la contribution aux charges du mariage, voir p. 94 ; art. 214 C. civ.).

La non-contribution est souvent le fait, en pratique, d'époux ayant déjà quitté le domicile conjugal.

▶ Les comportements répréhensibles ou injurieux

Sont visés ici des comportements qui ont pu être retenus dans le cadre d'un divorce pour faute. Attention : comme cela a été indiqué plus haut, il n'existe pas de faute « objective » de divorce mais une appréciation par un juge, dans un certain contexte, de certains faits. Ces décisions de justice n'ont donc d'intérêt qu'à titre d'exemples.

Peuvent être reprochés à un époux :

- ses colères infondées (CA Rouen, 3e ch., 22.6.92), son caractère particulièrement coléreux et exceptionnellement brutal (TGI Albertville, 27.11.79),
- des attitudes désagréables de sa part (CA Rouen, 3e ch., 22.6.1992),
- sa non-participation aux travaux d'entretien de la maison et du jardin (il s'agissait du mari) (CA Douai, 12.10.1984),
- ses absences répétées du domicile conjugal, dues à une activité syndicale, l'amenant à être absent le soir ou le dimanche (même arrêt),
- son refus de faire soigner sa stérilité (CA Bordeaux, 6e ch., 7.6.1994),
- son comportement autoritaire et méprisant, susceptible, alors qu'il n'est pas excusé par une attitude en parallèle du conjoint, d'emporter le prononcé d'un divorce à ses torts exclusifs (C. cass., civ. 2e, 4.6.1997),
- des violences physiques et verbales (CA Dijon, 1re ch., 2e sect., 8.3.1996),
- le fait de laisser son conjoint (ici la femme), qui avait une activité professionnelle, assumer la part la plus importante des tâches ménagères (CA Dijon, 1re ch., 2e sect., 8.3.1996),
- le refus de participer à des fêtes de famille ainsi que à des fêtes religieuses,
- le fait (pour l'épouse) de laisser le domicile conjugal dans un état de saleté tel que cela interdisait à son mari et ses enfants d'y recevoir leurs amis et d'y vivre confortablement (CA Lyon, civ. 2e, 30.4.1996),
- le fait de refuser de soigner un état dépressif et de s'opposer, avec détermination, aux tentatives de son époux de remédier à la situation (même arrêt),
- le fait de ne pas prendre des mesures d'ordre thérapeutique pour faire soigner son épouse, dépressive, surtout s'il est médecin, et ne pas prendre de mesures pour faire nettoyer une maison, dont la femme, malade, ne peut pas s'occuper (même arrêt),
- son adhésion au mouvement des **témoins de Jéhovah**, ce qui n'est pas en soi une faute, sauf si cela perturbe la vie familiale (absences répétées, désintérêt à l'égard du conjoint ; CA Nancy, 3e ch., 23.2.1996),
- son adhésion à une **secte**, ce qui impose à son entourage et à son enfant en particulier, une nourriture étrange et le refus d'élever l'enfant dans les principes de la religion de la famille (C. cass., civ. 2e, 4.10.1978),
- son infidélité d'ordre intellectuel, l'épouse ayant, sur le plan de la pensée, cédé à l'ascendant d'un homme dont la valeur intellectuelle était à ses yeux supérieure à celle de son mari pour se détacher progressivement de celui-ci et lui donner l'impression qu'elle le tenait pour quantité négligeable (CA Paris, 17e ch. B, 13.2.1986),
- son refus de toute relation sexuelle depuis la naissance de son enfant, obligeant son mari à coucher seul dans son bureau. Cet acte a été jugé comme présentant un caractère injurieux pour le conjoint (C. cass., civ. 2e, 11.3.1981),

- le fait de troubler et d'altérer les sentiments de son enfant vis-à-vis de l'autre parent (C. cass., civ. 2e, 4.10.1978),
- son refus de soin ou son indifférence face à la maladie ou l'hospitalisation de son conjoint (TGI Lyon, 9e ch. 15.12.1977),
- le dénigrement de son conjoint auprès de l'employeur de ce dernier ou de tiers (CA Versailles, 2e ch. 1re sect., 27.2.1987),
- sa suspicion habituelle et jalousie excessive en l'absence d'infidélité prouvée du conjoint (CA Versailles, 2e ch. 1re sect., 26.3.1987),
- son alcoolisme et son refus de suivre des traitements médicaux, alors que l'intéressé est sujet à la violence et terrorise son épouse (CA Douai, 7e ch., 25.4.1986),
- le fait d'avoir trompé la confiance de son conjoint en retirant, à son insu, un chéquier auprès d'une banque alors que celui-ci était seul titulaire du compte et que son conjoint n'avait pas de procuration (TGI Châlons-sur-Marne, 2.12.1989),
- son changement de sexe (divorce prononcé aux torts du mari qui a subi une opération chirurgicale pour changer de sexe) (CA Nîmes, 7.6.2000, Droit de la Famille, Ed. Juris-Classeur 1.2001, p. 19).

Ne peuvent être reprochés à un époux :

Il s'agit ici encore d'exemples de décisions rendues par les tribunaux, compte tenu du dossier communiqué aux juges saisis. Ici, ces éléments n'ont pas été retenus comme cause de divorce, mais, dans un autre contexte, ils auraient pu être éventuellement être considérés comme efficaces par le juge :

- un appétit sexuel excessif (TGI Bernay, 3.6.1981, selon cette décision, « *Il n'est pas démontré que l'époux, en exerçant ses prérogatives maritales dont la nature procède concurremment du droit et de l'obligation, se soit livré à des abus offensants sur son épouse…* »),
- le fait de devenir **témoin de Jéhovah**. Dans plusieurs affaires, ce fait soulevé par un époux à l'appui de sa demande de divorce, comme lui rendant la vie commune intolérable, n'a pas été retenu par le juge. Il est en effet moins tenu compte de cette adhésion (expression de la liberté de conscience de chacun) que des répercussions qu'elle peut avoir sur la vie de famille (endoctrinement du conjoint ou des enfants, absences fréquentes… CA Montpellier, 1re ch. C, 7.11.1994 ; CA Grenoble, civ. 2e, 4.6.1991),
- l'attachement à une **religion**, s'il ne s'accompagne pas d'excès (ici religion musulmane ; CA Douai, 28.11.1986),
- des relations équivoques avec un tiers sans adultère prouvé (CA Dijon, 1re ch. 2e sect., 27.3.1987),
- son caractère « ascétique » qui l'empêche de faire décorer sa maison, lui fait donner avec parcimonie de l'argent à son conjoint, l'empêche de l'emmener au spectacle ou de voir des amis (CA Paris, 7e ch. B, 1.10.1987).

La réconciliation

Les griefs invoqués par un époux peuvent être effacés par une réconciliation. La réconciliation des époux intervenue depuis les faits allégués empêche en effet de les invoquer comme cause de divorce (la demande en divorce est irrecevable ; art. 244 C. civ.). Elle nécessite au minimum un maintien ou une **reprise de la vie commune.** Mais cet élément ne suffit pas : il faut une réelle volonté de passer outre aux fautes de l'autre, de pardon. C'est à l'époux qui invoque la réconciliation d'en apporter la **preuve.**

> ***Exemples***
>
> *Le maintien ou la reprise temporaire de la vie commune ne sont pas considérés comme une réconciliation s'ils résultent de la nécessité (par exemple, décès de la personne chez qui l'époux habite depuis la séparation) ou des besoins de l'éducation des enfants s'il manque la volonté des époux de pardonner les griefs qu'ils pourraient avoir l'un contre l'autre (CA Douai, 7e ch., 2.5.1986).*
>
> *Ne peut être retenue comme impliquant la réconciliation des époux la reprise de la vie commune qui s'accompagnait du maintien d'une relation extraconjugale, avait un caractère ambigu et ne manifestait pas de manière non équivoque la reprise d'une vie conjugale normale et un* ***pardon*** *des griefs antérieurs à la séparation (CA Saint-Denis Réunion, 24.8.1990).*

Une nouvelle demande peut en revanche être formulée en raison de faits survenus ou découverts depuis la réconciliation. Dans ce cas, les faits anciens peuvent alors être rappelés à l'appui de cette nouvelle demande.

L'incidence des fautes réciproques entre époux

Le mariage créant des relations réciproques, le juge doit nécessairement tenir compte de l'ensemble des relations tissées au sein du couple. La réciprocité des torts, reconnue par le juge, peut aboutir :
- soit à un **rejet** de la demande en divorce,
- soit au prononcé d'un divorce aux **torts partagés,** les torts partagés pouvant résulter d'une demande reconventionnelle ou non,
- soit au prononcé d'un divorce aux **torts exclusifs** de l'un des époux.

Le conjoint qui demande le divorce pour faute va tenter d'apporter la preuve de fautes à la charge de son conjoint. Ce dernier a deux possibilités :

• demander le **rejet** du divorce. Dans ce cas, il va se borner à contester les fautes qui lui sont attribuées. Au cours du débat cependant, en se défendant, le conjoint peut être amené à faire état de faits qui peuvent être des fautes conjugales justifiant son attitude.

> ***Exemple***
> *Si j'ai abandonné le domicile conjugal, c'est parce que mon conjoint m'était infidèle ou parce qu'il était violent. La jurisprudence admet que ces faits constituent des excuses ou une provocation ayant conduit la faute du défendeur, et enlèvent à celle-ci son caractère de gravité.*

– Si le conjoint défendeur **réussit sa démonstration,** le divorce va être rejeté : la faute de l'époux contre lequel le divorce est demandé est « excusée » par un comportement antérieur de l'autre partie et ne peut donc entraîner un divorce.
– Si le conjoint défendeur **ne réussit pas sa démonstration**, le divorce peut être prononcé aux torts partagés. L'article 245 du Code civil dispose : « *Même en l'absence de demande reconventionnelle, le divorce peut être prononcé aux torts partagés si les débats font apparaître des torts à la charge de l'un ou de l'autre.* » Il existe donc un risque pour l'époux qui ne veut pas divorcer. Il faut cependant savoir qu'avant de prononcer le divorce, le juge doit inviter les parties à présenter leurs observations sur les conséquences éventuelles d'un tel divorce et notamment le versement d'une prestation compensatoire (C. cass., civ. 2e, 16.1.1991, BC n° 18 ; 20.11.1996, PA 19.9.1997) ;

• former une **demande reconventionnelle.** Cela signifie que, de son côté, le conjoint va répliquer à la demande en divorce par une demande en divorce en alléguant une ou des fautes à la charge de son conjoint qui a pris l'initiative du divorce. Le divorce, dans cette hypothèse, peut :
– soit être **rejeté,** si le juge estime par exemple que la preuve des fautes n'est pas rapportée de part et d'autre, ou si les fautes de chacun sont excusées par celles de l'autre ou encore si elles n'ont pas de caractère de gravité...,
– soit être **accepté,** et prononcé aux **torts exclusifs** de l'un des époux, par exemple, si les fautes ne sont prouvées que d'un côté (le plus souvent aux torts exclusifs de l'époux en défense),
– soit être **accepté** et prononcé aux **torts partagés** si les fautes conjugales sont prouvées de part et d'autre et sont susceptibles d'entraîner un divorce (hypothèse de loin la plus fréquente).
Le prononcé du divorce aux torts exclusifs va entraîner certaines conséquences exposées ci-dessous.

La procédure

La procédure de divorce pour faute est présentée dans la rubrique : *Les règles communes*.

Les conséquences du divorce prononcé aux torts exclusifs

▶ La révocation des donations et avantages

L'époux aux torts exclusifs duquel le divorce est prononcé perd les droits que la loi ou les conventions passées avec des tiers attribuent au conjoint divorcé (art. 265 C. civ.). Ainsi, les donations et avantages sont automatiquement révoqués vis-à-vis de l'époux fautif (art. 267 C. civ.). Cette question est traitée en détail dans la rubrique : *Les conséquences du divorce*.

▶ L'absence de droit à prestation compensatoire et l'indemnité exceptionnelle au profit du conjoint fautif (art. 280-1 C. civ.)

La prestation compensatoire ne peut pas être accordée à l'époux fautif. Toutefois, une indemnité peut lui être accordée sous certaines conditions (art. 280-1 C. civ.). Cet article s'inscrit dans le cadre des règlements pécuniaires entre époux divorcés quand le divorce est prononcé aux torts exclusifs. L'époux aux torts exclusifs desquels le divorce est rendu perd tout droit de demander une prestation compensatoire.

Mais la loi l'autorise à obtenir, à titre exceptionnel, une indemnité si, compte tenu de la durée de la vie commune et de la collaboration apportée à la profession de l'autre époux, « *il apparaît manifestement contraire à l'équité de lui refuser toute compensation pécuniaire à la suite du divorce* ». Pour certains auteurs (Doyen Carbonnier notamment), cette règle ne serait qu'une application de la maxime « Toute peine mérite salaire ». En pratique, cette indemnité intéressera plus particulièrement les époux mariés sous un régime de séparation de biens ou sous un régime de communauté quand l'un des deux a travaillé sans rémunération sur un fonds appartenant en propre à l'autre.

On pense bien sûr à la situation de la femme ayant apporté une collaboration non rémunérée à son conjoint dans l'exercice de sa profession durant de longues années. En l'absence de toute **prestation compensatoire,** celle-ci pourrait se trouver dans une situation très difficile, alors qu'objectivement elle a apporté une « plus-value » à l'exercice professionnel de son conjoint. Cet article implique donc une **collaboration professionnelle,** une participation directe ou indirecte à la profession du conjoint.

Exemple

Une épouse ne peut pas demander une indemnité uniquement parce qu'elle est restée au domicile, ce qui avait permis à son mari de faire carrière (C. cass., civ. 1re, 8.6.1983).

EN PRATIQUE

Il faut penser à demander cette indemnité, le juge ne pouvant l'accorder d'office, pendant l'instance en divorce. Il n'est plus possible de la réclamer par la suite (C. cass., civ. 2e, 27.5.1999, GP 30.3.2000, Som. p. 17).

L'indemnisation peut prendre la forme du versement d'une somme d'argent, de l'allocation d'une **rente indexée** ou d'un **capital.** Elle ne peut pas être révisée (C. cass., civ. 2e, 20.3.1989 et 26.4.1990, D. 90, JIR p. 127).
Par ailleurs il ne semble pas possible, selon la jurisprudence, d'imposer, à titre de réparation, l'abandon d'un usufruit sur un bien commun ou propre (C. cass., civ. 2e, 9.3.1983, BC n° 72).
Peu importe si la collaboration d'un époux a enrichi ou non l'autre époux (C. cass., civ. 2e, 20. 3.1989).

▶ Les dommages et intérêts

En plus des principes généraux de la responsabilité civile prévue par l'article 1382 du Code civil, l'article 266 du Code civil, spécifique au **divorce pour faute prononcé aux torts exclusifs** d'un époux, prévoit la possibilité de se faire indemniser pour un préjudice résultant de la **dissolution du mariage**. L'article 1382 peut s'appliquer dans tous les cas de divorce quand des faits commis pendant le mariage ont été source de dommages pour le conjoint.

EN PRATIQUE

La jurisprudence se montre très sévère dans l'application de l'article 266 : une indemnisation est relativement rarement accordée. Les avocats, compte tenu de l'attitude des tribunaux, orientent leurs clients vers une demande plus étoffée de prestation compensatoire, même si tel n'est pas le but de cette prestation.

– Article 266 du Code civil

Quand le divorce pour faute est prononcé aux **torts exclusifs** d'un des époux, celui-ci peut être condamné à des dommages et intérêts en réparation du préjudice matériel ou moral que la **dissolution du mariage** fait subir à son conjoint. Le préjudice, dont l'époux demande l'indemnisation, ne doit donc être ni antérieur ni postérieur au divorce mais lié à la rupture

du mariage. L'action ne peut plus être intentée si la décision de divorce est devenue définitive (C. cass., civ. 2e, 6 févr. 1985, D. 86, IR p. 114).
Un époux ne peut pas demander des dommages et intérêts sur le fondement de l'article 266 du Code civil en cas de divorce pour rupture de la vie commune ou en cas de divorce aux torts partagés (C. cass., civ. 2e, 23.1.1980, D. 80, p. 281).
Le conjoint, pour obtenir réparation, doit apporter la preuve d'un préjudice spécifique lié à la rupture.
Deux limites sont posées concernant ce préjudice. Il doit en effet :
- être distinct de la réparation des fautes, à l'origine du divorce,
- résulter de la dissolution même du mariage et non d'autres circonstances.
Force est de constater, à la lecture de la jurisprudence, que celle-ci n'a pas toujours la cohérence souhaitée.
• Ce préjudice est distinct des fautes, causes du divorce :

> ***Exemple***
> *Une femme quitte le domicile conjugal et laisse à son époux l'essentiel de la charge éducative et matérielle des enfants, de l'organisation de la maison et du remboursement de crédits, ce qui le conduit à mettre fin à son activité professionnelle. La femme a été condamnée à des dommages et intérêts par la cour d'appel. Cet arrêt a été cassé par la Cour de cassation. En effet, les juges du fond avaient retenu les fautes conjugales pour indemniser le mari sur le fondement de l'article 266, ce qui n'est pas le but de cet article (C. cass., civ. 1re, 31.5.1995).*

• ***Le préjudice doit résulter de la dissolution du mariage***

> ***Exemple***
> *Le préjudice subi par l'épouse, dont le mari a quitté le domicile conjugal pour vivre avec une autre femme, n'a pas à être réparé sur le fondement de l'article 266 car il est distinct de celui résultant de la rupture du mariage (C. cass., civ. 2e, 4.3.1999, RJPF, n° 3, mai 1999, p. 16).*
> *De même, le fait d'avoir des enfants avec une autre femme, alors que le couple n'avait pas d'enfant, n'a pu être indemnisé sur le fondement de l'article 266 car ce préjudice ne résultait pas de la dissolution du mariage (C. cass., civ. 2e, 28.9.2000, Droit de la Famille, Ed. Juris-Classeur 1.2001, p. 20).*

Pourtant, dans un arrêt déjà ancien, une épouse a pu obtenir une indemnisation pour le préjudice moral du fait d'avoir été abandonné pour une maîtresse plus jeune qu'elle après une longue vie commune (C. cass., civ. 2e, 5.6.1984, BC n° 106).
Sous ces réserves, le préjudice peut être matériel ou moral.

• ***Le préjudice matériel***
En pratique, la conséquence dommageable la plus importante de la cessation de la vie commune réside dans le risque pour l'époux abandonné de vivre dans des conditions matérielles inférieures à celles d'avant la séparation. Cette question est cependant réglée par l'attribution, pen-

dant l'instance en divorce, de la pension alimentaire entre époux, versée au titre du devoir de secours, et, après le divorce, de la **prestation compensatoire.** Le préjudice doit donc être distinct de la seule disparité des situations engendrées par le divorce.

• ***Le préjudice moral***
L'abandon du domicile peut en revanche causer un **préjudice moral** (douleur morale d'avoir été abandonnée). Par exemple, quand l'abandon a causé des troubles psychologique à son conjoint (dépression, désordres physiques ou psychiques de tous ordres) ou encore quand il s'accompagne d'un adultère.

> ***Exemples***
> *Le préjudice moral causé par la déconsidération dans le milieu social concerné du fait du divorce, la solitude morale, la séparation d'avec les enfants (C. cass., civ. 2e, 6.5.1987) peut justifier selon les cas une indemnité (C. cass., civ. 2e, 6.5.1987). De même, il a été jugé que le préjudice moral en cas de rupture du mariage du mari pour aller vivre avec une maîtresse après vingt-huit ans de vie commune, même si le mari a assumé ses obligations matérielles pouvait s'évaluer à 20 000 F (CA Rouen, 3e ch., 29.1.1998).*
> *Le fait pour une épouse de se trouver délaissée au profit d'une maîtresse plus jeune après une longue vie commune peut constituer un préjudice moral (C. cass., civ. 2e, 5.6.1984).*
> *Il en est de même en cas de solitude de l'épouse abandonnée alors qu'elle avait atteint un âge où la perte irrémédiable des affections était particulièrement ressentie (C. cass., civ. 2e, 22.10.1975), ou d'obligation, pour l'épouse abandonnée avec ses enfants après une union de quinze ans, de quitter l'appartement dans lequel elle vivait depuis le début du mariage (CA Paris, 16.2.79).*
> *L'indemnisation est indépendante des ressources des conjoints (C. cass., civ. 2e, 6.1.1993).*
> *Peut constituer un préjudice moral le fait que le divorce soit intervenu après une longue union d'où sont nés de nombreux enfants (C. cass., civ. 1re, 6.5.1987).*

• L'indemnisation

L'indemnisation est indépendante des ressources des conjoints. Elle répare par ailleurs un préjudice indépendant de la disparité des conditions de vie des époux, objet de la prestation compensatoire (C. cass., civ. 2e, 6.1.1993, BC n° 12).
Elle est accordée sous forme de dommages et intérêts, c'est-à-dire, selon les tribunaux, d'un versement d'une **somme d'argent,** d'un **capital** ou d'une **rente.**
En conséquence, l'époux innocent ne peut pas obtenir un bien immobilier appartenant à l'autre à titre de réparation ni sa part d'un bien **indivis ni** encore **le domicile conjugal** (C. cass., civ. 2e, 27.1.1993).
Il a cependant été jugé qu'outre l'allocation de dommages et intérêts la

réparation pouvait s'effectuer en nature (par exemple, allocation de la part de communauté revenant au conjoint coupable, cette part comprenant le **logement familial**). On voit l'intérêt de cette jurisprudence qui permet d'éviter la vente de la maison (C. cass., civ. 1re, 26.1.1983, D. 84, p. 17).

Le conjoint innocent peut, le cas échéant, demander à titre de réparation une somme d'argent lui permettant d'acquérir cette part dans le cadre des opérations de partage. De même, il a été jugé que le conjoint innocent pouvait demander **l'attribution préférentielle** du **logement familial** et, à titre de dommages et intérêts, d'une somme égale au montant de la **soulte** (C. cass., civ. 2e, 26.11.1975). Sur l'attribution préférentielle du logement, voir la rubrique : *Les conséquences financières du divorce – Le sort du logement familial*).

Un époux peut toujours, en dehors de l'application de l'article 266 du Code civil, engager la responsabilité de son conjoint, en prouvant une faute de sa part, sur le fondement de l'article 1382 du Code civil (C. cass., civ. 2e, 5.6.1991 ; voir ci-dessous).

QUESTIONS-RÉPONSES

Puis-je obtenir à titre de réparation, dans le cadre du divorce pour faute, l'attribution du logement conjugal ?

Les tribunaux sont partagés sur ce mode de réparation. Certains refusent l'attribution d'un bien à titre de réparation. Selon cette jurisprudence, l'époux innocent ne peut obtenir qu'une somme d'argent à titre de dommages et intérêts. Ceci dit, en ce qui concerne le domicile conjugal, il peut être attribué à un conjoint dans le cadre de **l'attribution préférentielle.** Rien n'empêche le conjoint de demander à titre de dommages et intérêts, s'il justifie d'un préjudice de cette valeur, une somme équivalant au montant de la **soulte** qu'il aura à verser, comme cela a été jugé (C. cass., civ. 2e, 26.11.1975). Par ailleurs, une jurisprudence estime que le mode de réparation choisie est libre dans la mesure où elle choisit la façon la plus adéquate. Ainsi, il a pu être décidé d'attribuer à un conjoint innocent la totalité de la part de son époux dans la communauté, celle-ci comprenant un immeuble qui constituait l'habitation des époux (C. cass., civ. 1re, 26.1.1983). Des dommages et intérêts sont rarement accordés par les tribunaux.

• *Pour trouver le thème qui vous intéresse, consultez la table des matières en début de volume ou l'index alphabétique en fin de volume.*

– Article 1382 du Code civil

Cet article peut être invoqué dans tous les types de divorce (en pratique il est surtout utilisé dans les **divorces pour faute** et pour **rupture de la vie commune**). Le conjoint doit prouver :
– une faute, ici distincte de la rupture du mariage,
– un préjudice lié à cette faute,
– un lien de causalité entre la faute et le préjudice.

> ***Exemple***
>
> *Des **violences** physiques ou morales, un **abandon financier**, un **adultère** au bout d'une longue vie commune, un acte accompli avec intention de nuire, une double vie menée pendant tout le mariage, peuvent entraîner une indemnisation de l'autre époux à des dommages et intérêts.*

On constate ici aussi la sévérité de la jurisprudence.

> ***Exemple***
>
> *Il a été jugé que le fait pour le mari de délaisser sa femme pour une maîtresse plus jeune et d'avoir un enfant hors du mariage ne pouvait pas entraîner sa condamnation à des dommages et intérêts au profit de l'épouse dans la mesure où cette dernière n'apportait pas la preuve que « cet adultère lui avait causé des souffrances particulières et distinctes de celles résultant de tout adultère »... (CA Grenoble, 13.6.2000, Droit de la Famille, Ed. Juris-Classeur 1.2001, p. 20).*

L'évaluation des dommages doit être faite exclusivement en fonction du préjudice subi, et non en considération des ressources du conjoint fautif (C. cass., civ. 2e, 21. 7.1982).
L'indemnisation prend la forme du versement d'un **capital** ou d'une **rente** non révisable.

La non-énonciation des griefs ou le divorce dans la discrétion (art. 248-1 C. civ.)

Par souci de discrétion, les parties peuvent demander au juge de ne pas énoncer expressément les torts et griefs. Si le jugement est ensuite communiqué à une administration ou consulté par les enfants ou par d'autres héritiers, ils n'auront pas connaissance des causes réelles de mésentente des époux. La demande doit être faite par les deux époux « de façon expresse et concordante », dit la loi (art. 1128 NCPC). Les deux époux doivent donc demander chacun cette mesure. Cet article autorise alors le juge à prononcer le divorce sans avoir à énoncer les torts et griefs des parties.

Attention

Cela ne dispense pas le juge de fonder le divorce sur des torts constituant des fautes conjugales au sens de l'article 242 du Code civil. Le divorce peut, par exemple, être prononcé aux torts exclusifs et bénéficier de la non-énonciation des griefs. Cette possibilité prévue par la loi consiste simplement à ne pas énumérer et décrire les fautes dans le jugement de divorce. Le juge va se borner à indiquer dans le jugement qu'il existe des faits constitutifs d'une cause de divorce selon le Code civil.

RÉFORME

Le projet présenté lors de la conférence de la famille le 15 juin 2000 prévoit que, lorsque les époux sont d'accord sur le principe de la séparation mais non sur ces conséquences, aucun grief ne sera énoncé.

Le passage du divorce pour faute vers un divorce d'accord

En vertu de l'article 246 du Code civil, quand le divorce a été demandé pour faute et tant qu'aucune décision sur le fond n'a été rendue, les époux peuvent demander au juge aux affaires familiales de constater leur accord et d'homologuer le projet de convention réglant les conséquences du divorce. La procédure de divorce par demande conjointe est donc applicable.

À noter

Cette disposition s'applique également aux autres formes de divorce (divorce pour rupture de la vie commune et sur demande acceptée). Elle est précisée dans la rubrique : *Le divorce sur demande conjointe*.

QUESTIONS-RÉPONSES

Je viens de démarrer une procédure de divorce. Qu'est-ce que je risque si je vais habiter maintenant avec mon amie ?

Votre épouse peut invoquer un **adultère** de votre part pour faire prononcer un divorce à vos torts avec toutes les conséquences que cela entraîne. En effet, les devoirs du mariage subsistent pendant la procédure de divorce...

Mes enfants et leurs conjoints, mes parents ou voisins, peuvent-ils témoigner contre ma femme ?

Vos enfants ne peuvent en aucun cas témoigner contre leur mère (art. 205 NCPC). Il en est de même pour leurs conjoints ou concubins. En revanche, les autres membres de la famille et les tiers peuvent vous aider à prouver les faits que vous invoquez.

Que puis-je apporter comme témoignage des violences physiques et verbales et de l'adultère de mon mari ?

Le principe en matière de divorce est la liberté de preuve. Vous pouvez apporter comme preuve des certificats médicaux, des attestations de proches (excepté vos enfants et leurs conjoints ou concubins), des constats d'huissiers... Votre avocat vous conseillera sur ces questions.

LES EFFETS DU DIVORCE

LES DATES DES EFFETS DU DIVORCE

Avant de connaître les différents effets du divorce, il faut savoir à quelles dates se produisent ces effets. Or, les textes du Code civil sont d'une compréhension peu aisée en la matière puisque, en fonction du type d'effet causé, la date de ces effets diffère.
En effet, on fait couramment état de la « triple date » des effets du divorce :
– la date de la ***dissolution du mariage*** *(art. 260 C. civ.),*
– la date de la ***dissolution de la communauté*** *(et plus généralement du régime matrimonial) entre les époux (art. 262-1 C. civ.),*
– la date de ***l'opposabilité du divorce aux tiers*** *en ce qui concerne* ***les biens des époux*** *(art. 262 C. civ.).*

À noter : à ces trois dates, il faut ajouter la date du ***partage*** *effectif des biens.*
Ces règles sont communes à tous les régimes matrimoniaux (communauté, séparation de biens) même si, en pratique, elles concernent essentiellement la communauté légale (régime adopté par la plupart des couples).

• *Pour trouver le thème qui vous intéresse, consultez la table des matières en début de volume ou l'index alphabétique en fin de volume.*

La dissolution du mariage

▶ Les conséquences personnelles du divorce pour les époux

La date de la **dissolution du mariage** est celle du jour où le divorce a « **force de chose jugée** » (art. 260 C. civ.). C'est à partir de cette date que :

- cessent les **devoirs et obligations du mariage** et les **mesures provisoires** (étudiés dans la rubrique : *La vie du ménage pendant la procédure*), sous réserve de la possibilité pour la femme de conserver l'usage du nom marital ;
- commencent les **mesures définitives** accessoires au divorce (par exemple, la **prestation compensatoire**). Si la **prestation compensatoire** est versée sous forme de capital et s'il est prévu que ce capital sera payé sous forme de versements échelonnés, le premier versement doit être réglé à ce moment ;
- les époux ne peuvent plus hériter l'un de l'autre. Ils vont devenir des étrangers l'un à l'autre sur un plan **successoral** et perdent en cas de décès après cette date la vocation de « conjoint survivant » ;
- les époux peuvent se **remarier** sous réserve du **délai de viduité** pour la femme (voir la rubrique : *Les conséquences personnelles du divorce*).

EN PRATIQUE **Quand le divorce est-il définitivement prononcé ?**

La décision de divorce a « force de chose jugée » dans les

- cas de divorce pour **faute**, pour **rupture de la vie commune** ou sur **demande acceptée**, le jugement ne peut plus être contesté un mois après avoir été signifié, si aucun appel n'a été interjeté. Ce délai peut être réduit :
  - si les époux **acquiescent** au jugement (c'est-à-dire qu'ils renoncent à faire appel) ;
  - s'ils se **désistent** de leur appel (c'est-à-dire qu'ils y renoncent en cours de procédure d'appel).

  S'il s'agit d'un **arrêt** de la cour d'appel, il devient définitif deux mois après avoir été signifié, c'est-à-dire à la date d'expiration du délai pour former un pourvoi en **cassation** (art. 760 et s. C. civ.). Ce délai peut être réduit si les parties renoncent à former un pourvoi (elles acquiescent à la décision).
- cas de divorce sur **demande conjointe**, le divorce est définitif quinze jours après son prononcé. Ce délai de quinze jours peut être raccourci en cas **d'acquiescement**.

La dissolution de la communauté : le sort des biens des époux

Quand les époux sont mariés sous le régime de la communauté légale, la dissolution du mariage par le divorce entraînera de plein droit un certain nombre de conséquences, notamment quant à la communauté qui devra nécessairement être liquidée. Sont mariés sous ce régime les couples qui n'ont pas adopté de contrat de mariage ou qui ont adopté un contrat se référant aux règles de la communauté légale.
*Une fois le divorce prononcé, de nombreux problèmes matériels vont en effet rester à régler (notamment l'évaluation et le partage des biens communs, la reprise par chaque époux de ses biens propres, le calcul des « **récompenses** », c'est-à-dire les sommes dues entre la communauté et les époux, l'évaluation de ces récompenses, la prise en compte de l'indivision postcommunautaire…).*

BON À SAVOIR **Existe-t-il un délai légal pour procéder à la liquidation et au partage de ses biens ?**
Aucun délai n'est imposé pour liquider la communauté : certains partages n'interviennent parfois que des années après le divorce.

LE JUGE DU DIVORCE NE PROCÈDE PAS À LA LIQUIDATION

Le juge du divorce se borne à charger le **président de la chambre des notaires** de désigner un **notaire** pour procéder aux opérations ultérieures de liquidation sans pouvoir statuer sur les problèmes liquidatifs. L'article 264-1 du Code civil précise : « *Le juge ordonne la liquidation et le partage des intérêts patrimoniaux entre les époux.* »
À cette règle de non-intervention du juge du divorce, il n'existe que deux exceptions : 1° celle de la possibilité pour le **juge du divorce** d'ordonner **l'attribution préférentielle** d'un bien ou 2° la mise en place d'une **indivision** entre les époux relativement à certains biens (voir la rubrique : *Les conséquences du divorce sur les biens*).
En pratique les raisons qui militent pour une incompétence du juge du divorce – sous réserve de ces deux exceptions – en matière de liquida-

tion (essentiellement ralentissement de la procédure) ne devraient-elles pas céder le pas au regard des inconvénients de ce principe ? Il serait plus logique en effet, comme en matière de divorce sur demande conjointe, de régler en une seule fois la question des effets du divorce sur les biens des époux ensemble avec les autres effets du divorce.
Un exemple de complexité de la situation actuelle est celle du versement de la **prestation compensatoire,** qui n'est pas lié au règlement de la communauté. Le juge du divorce va fixer une prestation compensatoire (en capital par exemple) sans savoir quel bien va être attribué, dans le cadre de la liquidation, à l'époux qui, lors du divorce, est effectivement en situation de disparité mais qui peut se trouver, le cas échéant, avantagé lors du partage.
Le juge du divorce a besoin de cette appréciation globale qui lui échappe en partie lors du divorce, même s'il peut demander un **projet de liquidation de la communauté** ou étudier une **convention de liquidation anticipée** proposée par les époux (art. 1116 NCPC et 1450 C. civ.). En effet, suivant la jurisprudence actuelle, dans le cas de la liquidation anticipée, les époux ne peuvent pas décider de la prestation compensatoire... (sur ces différentes questions, voir la rubrique : *La liquidation de la communauté*).

LE JUGE DU DIVORCE N'EST PAS LE JUGE DU PARTAGE

En cas de difficulté entre les ex-époux pour procéder à l'évaluation et au partage de leurs biens après divorce, ils peuvent saisir le **tribunal de grande instance,** et non le juge aux affaires familiales, pour qu'il tranche. Devant ce tribunal, l'assistance d'un avocat est obligatoire. Sur un plan pratique, ce sera dans les faits le même juge qui sera saisi et qui statuera avec deux autres magistrats.
Le tribunal de grande instance peut se trouver face à de grandes difficultés pour démêler la situation dans laquelle se trouvent les ex-conjoints. Ceux-ci peuvent être amenés à le saisir quand ils ne sont pas d'accord pour l'évaluation de telle récompense, pour la composition de la masse des biens à partager ou encore sur l'existence ou non d'une indemnité d'occupation concernant le logement familial pendant une partie de la vie du couple. Or ces questions peuvent se poser juste après le jugement de divorce... ou des années après, puisque la loi n'impose pas de délai aux ex-époux.
Ces difficultés seront d'autant plus grandes si les époux n'ont pas pris soin d'établir la **preuve** de ce qu'ils demandent au juge : preuve de **l'origine des fonds** ayant servi à acquérir tel bien pendant la communauté ou l'indivision, preuve de la **donation** d'une somme d'argent qui a été faite à un conjoint et qu'il a réinvestie dans la communauté...
Le principal inconvénient de cette absence de liquidation des intérêts pécuniaires lors du divorce reste en effet la complexité des comptes à faire entre les époux. Le but du divorce est de dissocier des intérêts pécuniaires entremêlés : il va falloir déterminer les droits respectifs de

chacun à la date de dissolution de la communauté. Mais il va falloir également tenir compte de la période postérieure à cette dissolution jusqu'au partage effectif.

LA DATE DE DISSOLUTION DE LA COMMUNAUTÉ N'EST PAS CELLE DU DIVORCE

Autre source de difficulté : en ce qui concerne la date de **dissolution de la communauté,** cette date n'est pas la même que la date du prononcé du divorce. Les particuliers ont parfois du mal à tenir compte de ces deux dates et à en comprendre la portée. La date de la dissolution de la communauté n'est également pas la même selon que l'on cherche ses effets (dissoudre la communauté entre les époux) entre les époux ou entre les tiers.

▶ La dissolution de la communauté entre les époux et l'indivision

La date de **dissolution de la communauté entre les époux** est la date de l'**assignation en divorce.** Il peut également s'agir d'une date plus ancienne (**la séparation de fait**) en cas de report judiciaire (art. 262-1 et 1442 C. civ. ; voir la rubrique : *La liquidation de la communauté* et *le partage des biens*).
Concernant le divorce sur **demande conjointe,** en l'absence de décision judiciaire sur cette question, il semblerait que la date de la dissolution soit la date de la requête réitérée (il n'y a pas d'assignation dans ce type de divorce).
Cette date est importante puisqu'elle va servir à fixer la **composition du patrimoine** du couple (c'est-à-dire son contenu) en vue de sa **liquidation** et de son **partage** (bien que l'**évaluation** des biens n'ait lieu qu'ultérieurement, à la date la plus proche du **partage** ; voir ci-dessous).
Cela signifie que les comptes entre les époux, et donc les précautions qu'ils doivent prendre, ne sont pas les mêmes selon, par exemple, que la date d'acquisition d'un bien ou du remboursement d'une dette se situe avant ou après l'assignation en divorce (ou une date de report antérieure fixée par le juge). En effet, après cette date, les époux se trouvent sous le régime de **l'indivision postcommunautaire.**

▶ La dissolution de la communauté vis-à-vis des tiers

Selon l'article 262 du Code civil, la date de la **dissolution de la communauté pour les tiers** est la date de la **publication du divorce** à l'état civil (sur cette formalité, appelée « **transcription** », voir la rubrique : *Les règles communes*).

EN PRATIQUE

Un arrêt de la Cour de cassation sur cette question précise illustre bien cette difficulté.

> *Madame X solde un **prêt commun** des époux à l'aide de fonds qui lui sont propres (par exemple, une somme d'argent dont elle a hérité qui a le caractère de bien propre). Elle n'a cependant pas pris soin de se préserver la **preuve de l'origine des fonds**.*

• Si le remboursement a lieu **avant l'assignation en divorce**, la femme peut demander une **récompense** à la communauté (c'est-à-dire, demander lors du partage, à être remboursée de cette somme) puisque la communauté a encaissé des fonds propres (art. 1433 C. civ. ; sur la notion de bien propre et de récompense, voir la rubrique : *La liquidation de la communauté légale*). Mais elle risque, lors du partage, de se voir opposer le fait qu'elle n'a pas la preuve de l'origine des fonds.

• En revanche, si le remboursement a lieu **après l'assignation en divorce**, les époux ne sont plus soumis au régime de la communauté (puisque celle-ci est dissoute depuis l'assignation, voir ci-dessus) mais sont en indivision. Or, les règles de l'indivision sont différentes de celles régissant la communauté entre époux. La femme va donc devoir demander, sur le fondement de l'article 815-13 du Code civil, à être indemnisée de « **l'amélioration** » qu'elle a apportée à un bien commun.

Bien entendu, comme dans la première hypothèse, la question de la preuve peut se présenter. Pourtant, Madame X va pouvoir obtenir plus facilement le remboursement des sommes versées. En effet, selon la Cour de cassation, il n'y a pas de **« présomption de communauté »** en matière d'indivision, présomption qui oblige pendant le mariage à être vigilant dès lors qu'on utilise des fonds propres en s'en constituant une preuve (voir sur cette importante question, la rubrique : *La liquidation de la communauté légale*). Selon la Cour de cassation : « *... à la date à laquelle les remboursements avaient été opérés, la communauté était dissoute, la créance litigieuse était soumise aux règles de l'indivision et non à celles des récompenses, et Mme X, réputée avoir effectué ce paiement à l'aide de ses deniers personnels, pouvait prétendre à une indemnité sur le fondement de l'article 815-13 C. civ.*. » (C. cass., civ. 1re, 17.12.1996).

Cette date fixe la contribution des époux aux dettes vis-à-vis des tiers. En effet, c'est, par exemple, seulement à cette date qu'un créancier ne pourra plus compter sur la **solidarité des époux pour les dettes ménagères,** applicable pendant le mariage, pour demander le paiement d'une dette d'un époux à son conjoint. Notamment, le **bailleur** ne pourra plus demander le paiement des **loyers** dus après cette date qu'à l'époux resté dans les lieux et non à celui qui est parti.

> ***Exemple***
>
> *Un jugement de divorce est rendu, mais n'est pas encore transcrit. Avant la transcription de ce jugement, le mari vend un bateau qui dépendait de la communauté sans l'accord de sa femme qui demande la nullité de la vente. Elle obtient gain de cause devant la cour d'appel. En effet, la vente d'un bien indivis (le bateau était devenu indivis entre les époux depuis l'assignation en divorce) nécessite l'accord des deux époux (art. 815-3 C. civ.).*
> *La Cour de cassation casse cependant l'arrêt d'appel. Car, vis-à-vis des tiers, les époux sont toujours mariés tant que le divorce n'est pas transcrit à l'état civil. Ces tiers n'ont donc pas connaissance de cette indivision. Le mari a donc vendu un bien mobilier commun, ce qu'il peut parfaitement faire seul, sans l'accord de son épouse (art. 1421 C. civ. ; C. cass., civ. 1re, 12.10.83).*

Autre exemple de difficulté en cas de **report de la dissolution de la communauté :** pour les époux, et en ce qui concerne leurs biens, le jugement de divorce prend effet dès la date de l'assignation. Sous certaines conditions, ils peuvent cependant demander que cette date de la dissolution soit **reportée** à une date antérieure à l'assignation. Ce report a notamment pour but de protéger un époux contre les agissements de l'auteur en évitant que les biens acquis par l'époux victime ne soient également partagés (voir la rubrique : *La liquidation de la communauté* et *le partage des biens*). Mais cette rétroactivité des effets de la dissolution ne vaut qu'entre époux et non vis-à-vis des tiers (créanciers des époux notamment). Pour ces tiers, le jugement de divorce ne leur est opposable qu'à la transcription du jugement.

> ***Exemple***
>
> *Un mari est débiteur d'une somme auprès d'un créancier qui introduit une action en paiement contre les époux. Or, par la suite, les époux divorcent et la femme obtient le report des effets du divorce. La dette du mari se trouve se situer à une date postérieure à ce report. Entre les époux, il en est donc seul responsable. La femme demande au tribunal à ne pas être tenue au paiement de cette dette de son mari. Pour elle, c'est une* ***dette née pendant l'indivision*** *(du fait du report de la dissolution), qui est personnelle au mari, et non une* ***dette de la communauté*** *qui l'engagerait (un créancier d'un indivisaire ne peut attaquer l'indivision, il ne peut que provoquer le partage de cette indivision – art. 815-27 C. civ.). Cette interprétation est erronée selon la Cour de cassation puisque, pour ce créancier, les époux étaient mariés lors de la naissance de la dette, ils doivent donc y contribuer tous les deux (C. cass., civ. 1re, 1.6.1994).*

Le partage

Certes, la dissolution de la communauté entre les époux, et donc la fixation de la masse à partager, s'effectue à la date de la dissolution de la communauté, soit l'assignation en divorce (ou une date antérieure en cas de report). Mais, avant que les opérations de partage ne s'effectuent, il peut se passer des mois, voire des années. Depuis l'assignation en divorce jusqu'au partage, les époux peuvent avoir acquis des biens, remboursé des dettes ou accompli un grand nombre d'opérations diverses. Les biens communs ainsi que les indemnités ou récompenses que les époux se doivent vont devoir être réévalués à l'époque du partage.

LES CONSÉQUENCES PERSONNELLES DU DIVORCE

Le divorce produit un certain nombre de conséquences pour les épouses : elles vont, en principe perdre l'usage de leur nom de femme mariée, elles sont tenues par un délai dit « de viduité » pour se remarier... À d'autres égards, les conséquences du divorce touchent le couple : chacun n'est plus tenu d'aider ses beaux-parents dans le besoin, ils deviennent étranger l'un vis-à-vis de l'autre d'un point de vue successoral. Tous ces points doivent être compris par les époux.

• *Pour trouver le thème qui vous intéresse, consultez la table des matières en début de volume ou l'index alphabétique en fin de volume.*

Le nom de la femme divorcée

LE PRINCIPE : CHACUN REPREND L'USAGE DE SON NOM

Le mariage n'a pas d'effet à proprement parler sur le nom des époux, puisque chaque époux conserve son nom. En principe, la femme mariée n'a pas d'autre nom que son nom de jeune fille. Mais elle a bien entendu un droit d'usage sur le nom de son mari et elle peut s'en servir dans les actes de la vie civile ou commerciale. Il s'agit là d'une faculté et non d'une obligation. Pendant le mariage, il est d'ailleurs possible à titre d'usage d'ajouter à son nom le nom de son époux ou épouse (loi du 23.12.1985 et circulaire du 26.6.1986). À la suite du divorce, chacun des époux reprend l'usage de son nom, c'est-à-dire que, sauf jugement contraire, la femme divorcée reprend son nom de jeune fille. Cette règle est la conséquence de la disparition du lien conjugal et permet notamment d'éviter toute confusion vis-à-vis des tiers ou par rapport aux éventuelles épouses successives qui ne porteront pas ainsi le même nom.
L'épouse qui persiste à vouloir porter le nom de son mari (seul ou adjoint au sien) peut être condamnée à ne plus le faire, au besoin sous **astreinte** (somme d'argent à verser par jour de retard dans l'exécution d'une décision de justice) et, le cas échéant, elle peut être condamnée à des dommages et intérêts.

L'ÉPOUSE PEUT CONTINUER DE PORTER LE NOM DE SON EX-MARI DANS CERTAINS CAS

Cette perte du droit de porter le nom du mari peut occasionner une gène certaine quand, par exemple, la femme exerce une profession dans laquelle elle est connue sous le nom de son mari (artiste, commerçante, avocat...), ou encore, d'un point de vue psychologique, quand la femme a porté ce nom pendant des années et qu'elle n'entend pas en changer. De même, il peut être important pour les enfants que leur mère continue à porter le même nom qu'eux. La loi a pris en compte ces considérations et l'autorise à continuer à porter le nom de son mari :
- soit avec l'autorisation du juge, si la femme justifie qu'un intérêt particulier s'y attache pour elle-même ou pour les enfants,
- soit avec l'accord explicite de son mari.

▶ L'autorisation judiciaire

Pour obtenir l'autorisation judiciaire de continuer à porter le nom de son ex-mari, la femme doit justifier d'un intérêt particulier. L'intérêt particulier nécessaire pour cette autorisation peut être constitué par la longueur du mariage (le femme est connue de tous sous le nom de son ex-mari), surtout si le divorce est prononcé aux torts du mari, ou encore par le fait que les enfants vivant avec leur mère expriment le sentiment que leur mère continue à porter le même nom qu'eux (CA Paris, civ. 1re). Il n'est pas nécessaire que la femme justifie d'une notoriété particulière.

▶ L'accord du mari

Le mari peut donner son accord à ce que la femme continue à porter son nom. Cet accord :
- doit en principe être écrit,
- peut être donné pour une durée déterminée (par exemple, fin de la scolarité des enfants) ou à vie,
- peut être le cas échéant conditionnel (par exemple, uniquement pour un usage professionnel où l'usage du nom du mari devra cesser en cas de concubinage notoire),
- n'a pas besoin d'être homologué par le juge,
- ne peut être révoqué que pour motif grave, c'est-à-dire un **usage abusif ou préjudiciable du nom** ou encore si la raison qui motive son autorisation a disparu. Cette révocation peut elle-même faire l'objet d'une contestation par la femme devant le tribunal (CA Paris, 9.3.1979),
- n'est pas transcrit sur les registres d'état civil puisqu'il ne s'agit que d'un usage.

L'autorisation de porter le nom patronymique cesse d'elle-même en cas de remariage.

> ***Exemple***
>
> *Une personne saisissait le juge des référés, sur le fondement de l'urgence (art. 808 NCPC), dans le cadre d'une campagne électorale, en soutenant l'usage abusif de son nom qu'aurait fait son ex-femme qui se portait candidate aux cantonales (en l'occurrence nom de l'épouse suivie du sien). Sa demande a été rejetée, les juges estimant qu'il n'y avait pas de confusion, retenant en revanche l'absence de volonté de nuire de la femme et le fait qu'elle était connue dans son milieu professionnel – elle était enseignante – sous ce nom (carte d'adhésion à une association de parents d'élèves, procès-verbaux de délibérations d'un conseil d'école... – TGI Pontoise, 10.3.1989).*

CAS PARTICULIER DU DIVORCE POUR RUPTURE DE LA VIE COMMUNE

Dans le cas où le divorce est demandé par le mari pour **rupture de la vie commune**, la femme n'a pas besoin de faire une demande pour conserver le nom du mari et le jugement de divorce n'a pas besoin de le mentionner (art. 264 C. civ.).

Le délai pour se remarier : le délai de viduité

Le mari n'a pas de délai pour se remarier. Il peut le faire dès la transcription de la décision de divorce sur les registres d'état civil (voir la rubrique : *Les règles communes*). La femme en revanche doit attendre 300 jours révolus (un peu plus de neuf mois) depuis la dissolution du mariage précédent : c'est ce qu'on appelle le **délai de viduité.** Il est destiné à éviter toute confusion de paternité en cas de grossesse dans les mois qui suivent le divorce.

Le délai, pour la femme, ne court cependant pas du jugement de divorce, mais de **l'autorisation de résidence séparée** prévue par l'ordonnance de non-conciliation. Le délai prend fin si un accouchement a lieu après la décision sur la résidence séparée ou, à défaut d'une telle décision, après la date à laquelle le jugement de divorce a « **force de chose jugée** » (voir la rubrique : *La date des effets du divorce*).

Si le mari meurt avant que le jugement de divorce ait pris force de chose jugée, le délai court à compter de la décision sur la résidence séparée.

Ce délai prend fin en cas d'accouchement après le décès du mari. Il prend fin également si la femme produit un **certificat médical** attestant qu'elle n'est pas en état de grossesse. Il est alors possible de saisir le président du tribunal de grande instance du lieu du mariage envisagé pour qu'il abrège ce délai. Il faut prouver que la **cohabitation** entre l'épouse et son précédent mari a cessé depuis 300 jours ou plus (art. 228, 261, 261-1 et 261-2 C. civ.). En cas de divorce pour **rupture de la vie commune,** il n'y a pas de délai de viduité. Pour le délai de viduité après une **séparation de corps** convertie en divorce, voir la rubrique : *La séparation de corps*.

Les successions

Passé le divorce, d'un point de vue successoral, les époux deviennent des étrangers l'un à l'autre. Le conjoint divorcé n'a plus, à aucun titre, la qualité de conjoint survivant. Il n'est en aucun cas appelé à la succession, sauf si l'ex-conjoint décédé avait rédigé un **testament** ou effectué une **donation** en sa faveur qu'il n'a pas révoqués au moment du divorce (sur cette question, voir la rubrique : *Les conséquences du divorce sur les biens*).

Le cas est bien différent d'un décès en cours d'instance. Ce **décès** en cours de procédure va éteindre la procédure de divorce et les époux seront considérés comme toujours mariés (voir la rubrique : *Les règles communes*).

Les devoirs alimentaires

L'article 206 du Code civil précise que les gendres et belles-filles doivent des aliments à leurs beau-père et belle-mère qui sont dans le besoin. Mais cette obligation cesse en cas de divorce. Cette règle n'est pas inscrite dans la loi qui ne prévoit que le décès de l'époux « qui produisait l'affinité ». Cependant, les tribunaux admettent également que le devoir alimentaire cesse en cas de divorce. Un ex-beau-père ne pourrait donc pas demander une pension alimentaire à son ex-beau-fils ou à son ex-belle-fille (CA Bordeaux, 4.5.1972).

LES CONSÉQUENCES FINANCIÈRES DU DIVORCE

LA PRESTATION COMPENSATOIRE

La prestation compensatoire prend la forme d'une somme d'argent (sous forme de capital ou de rente) ou d'un bien, qu'un conjoint peut être condamné à verser à l'autre, sous certaines conditions, lors d'un divorce, pour compenser la disparité que la rupture du mariage peut créer dans les conditions de vie respectives des époux. Le divorce ne doit cependant pas avoir été rendu aux torts exclusifs de celui qui la demande. Elle est prévue de la façon suivante par le Code civil : « Sauf lorsqu'il est prononcé en raison de la rupture de la vie commune, le divorce met fin au devoir de secours prévu par l'article 212 du Code civil ; mais l'un des époux peut être tenu de verser à l'autre une prestation destinée à compenser, autant qu'il est possible, la disparité que la rupture du mariage crée dans les conditions de vie respectives » (art. 270 C. civ).
La prestation compensatoire est donc destinée à compenser le déséquilibre économique résultant, pour un des époux, du prononcé du divorce. Pendant la vie commune, en effet, même si les époux n'ont pas les mêmes ressources, ce déséquilibre est masqué par la mise en commun de leurs ressources. De même, pendant le mariage, les époux sont tenus au devoir

• *Pour trouver le thème qui vous intéresse, consultez la table des matières en début de volume ou l'index alphabétique en fin de volume.*

de secours, c'est-à-dire qu'ils contribuent aux dépenses du ménage ensemble, l'éventuelle faiblesse des revenus de l'un étant compensée par les revenus plus conséquents de l'autre (art. 212 C. civ. ; voir le chapitre : « Les obligations alimentaires entre époux et ex-époux »). En revanche, le divorce implique que chaque époux ne peut plus compter que sur ses propres revenus, ce qui peut créer une disparité entre la situation financière des époux. D'où l'idée d'une **compensation économique** *de cette disparité, intitulée prestation compensatoire, fondée en quelque sorte sur une solidarité post-conjugale.*

En fait, il ressort des statistiques, établies en 1996, que la prestation compensatoire ne touche qu'un petit nombre de divorces (moins de 14 %). Ce sont encore en très grande majorité les femmes qui demandent (et obtiennent) la prestation compensatoire : elle est accordée à l'épouse dans 97 % des cas. Mais il faut noter que cette prédominance est le reflet des demandes : la prestation obtenue a été demandée près de six fois sur dix par l'épouse, quatre fois sur dix le divorce a été demandé sur demande conjointe et vise alors près de neuf fois sur dix une attribution à l'épouse.

Les divorces avec prestation compensatoire sont ceux qui interviennent après les durées de mariage les plus longues : la durée du mariage est proche de quatorze ans lors du divorce, mais atteint dix neuf ans dans les divorces avec prestation compensatoire et tombe à douze ans dans les divorces sans prestation compensatoire (Rapport Assemblée Nationale du 31 janvier 2000).

Ne pas confondre prestation compensatoire et pension alimentaire

Pour la plupart des personnes interrogées, prestation compensatoire et pension alimentaire sont des termes synonymes. La prestation compensatoire est souvent confondue avec la pension alimentaire due pendant l'instance en divorce entre époux ou pour les enfants. Or, ces deux notions sont bien différentes :

• La prestation compensatoire ne constitue pas un devoir alimentaire entre ex-époux mais une sorte de **maintien du train de vie** existant pendant le mariage.

• La prestation compensatoire emprunte certains traits aux pensions alimentaires, mais contrairement à celles-ci qui sont susceptibles d'être révisées à tout moment en cas de survenance d'un élément nouveau, à la hausse ou à la baisse, à la demande de l'une ou l'autre des parties, elle a un caractère forfaitaire. Cela signifie que la prestation compensatoire est, en principe, fixée une fois pour toutes, d'après les éléments existants lors du divorce. Son montant ne peut être modifié, à la suite d'un événement ultérieur au divorce, que dans certains cas précis, à la baisse seulement (dans l'hypothèse d'un paiement sous forme de rente, le montant du capital ne pouvant pas, lui, être modifié) et uniquement à la demande du débiteur.

• Le **devoir alimentaire entre époux** (appelé **devoir de secours**) cesse en cas de divorce, sauf si celui-ci est prononcé pour **rupture de la vie**

BON À SAVOIR

La loi n'a pas précisé la nature juridique de cette prestation due en cas de divorce des époux, sauf pour indiquer qu'elle a un **caractère forfaitaire** (art. 273 C. civ.). On verra qu'elle s'éloigne par maints aspects du régime de la pension alimentaire, la différence la plus frappante concernant la possibilité pour l'une d'être **révisée** à tout moment sur justification d'éléments nouveaux (la pension alimentaire) et pour l'autre de n'être révisée que dans certains cas spécifiques (la prestation compensatoire).
La loi a pourtant assimilé la prestation compensatoire à une pension alimentaire pour certaines caractéristiques. Tel est le cas, en partie, pour son évaluation ; elle est fonction, comme pour une pension alimentaire, des besoins et des ressources notamment. L'assimilation joue également pour la procédure civile de recouvrement des **impayés** qui s'applique tant pour les pensions que pour les prestations compensatoires impayées (du moins quand elles prennent la forme de rente). L'**abandon de famille** s'applique également en cas de non-paiement de la prestation compensatoire. De même, la prestation compensatoire est **indexée** comme en matière de pension alimentaire (art. 276-1 C. civ.).

commune. Dans le cadre d'un divorce, en dehors de la pension alimentaire pour les enfants, les époux peuvent donc être obligés de se verser une pension alimentaire dans deux cas seulement :
- pendant l'instance en divorce au titre des mesures provisoires,
- suite à un divorce pour rupture de la vie commune.

AVANT LA RÉFORME

Avant la réforme, introduite par une loi du 30 juin 2000, la prestation compensatoire prenait majoritairement la forme d'une rente (temporaire ou viagère), comme la pension alimentaire, bien que la loi donne priorité au versement d'un capital. Cette attribution sous forme de rente permet de comprendre une des raisons de la confusion du public entre prestation compensatoire et pension alimentaire, cette dernière étant versée sous forme de rente).

LA RÉFORME

La loi du 30 juin 2000 a profondément modifié les caractéristiques de la prestation compensatoire. Dorénavant, c'est un capital (abandon d'un bien, liquidités...) qui doit être versé sous les conditions prévues par les textes. Mais ce capital peut prendre la forme d'un versement mensuel sur huit ans (ou plus, en cas de révision). Par ailleurs, de façon certes restreinte, il est possible pour le juge d'ordonner à la place du versement d'un capital, une rente viagère.
Cependant les problèmes, posés avant la réforme, demeurent. L'évaluation de la prestation compensatoire est en effet effectuée sur la base d'une disparité des situations économiques des époux au **moment du divorce.** Or, l'attribution de la prestation compensatoire sous forme d'un capital sur huit ans (ou plus en cas de révision) ou d'une rente versée durant la vie de l'époux à qui elle est attribuée, est susceptible d'alimenter un important contentieux judiciaire (dans quelles conditions peut-on en obtenir la révision ? Comment se prémunir contre des impayés ?).
La charge économique représentée par le versement d'une rente (ou d'un capital sur plusieurs années) peut être, au fil des années, très mal ressentie par celui qui la doit, surtout quand ses conditions de vie ont changé ainsi que celles de son ex-conjoint. Ce malaise subsiste même si la réforme a facilité les possibilités de révision de la prestation compensatoire.
Par ailleurs, contrairement aux obligations alimentaires « classiques » (par exemple celle prévue entre ascendants et descendants), la charge de la rente, en cas de **décès** de celui qui la doit, peut passer à ses **héritiers**, et ses enfants ou sa veuve (s'il s'est remarié) peuvent donc être amenés à régler la prestation compensatoire due à la première femme de leur mari ou père...
S'il est concevable qu'une prestation compensatoire soit due après le divorce (et s'avère d'ailleurs indispensable dans le cas de l'épouse qui a consacré sa vie à élever les enfants et n'a pas de perspective de

retrouver une activité professionnelle), la transmissibilité automatique aux héritiers est plus difficile à admettre pour les justiciables. Pourtant cet élément, comme on le verra plus loin, n'a pas été touché par la réforme de la prestation compensatoire.
Il convient enfin d'insister sur le fait que le régime de la prestation compensatoire est très différent si elle est décidée par le tribunal ou si elle est choisie par les époux, dans le cadre d'un **divorce sur demande conjointe.** En effet, les époux ont bien plus de libertés dans ce type de divorce pour fixer le principe et les modalités de la prestation compensatoire. Ils peuvent ainsi prévoir la possibilité d'une rente temporaire ce qui n'est plus possible dans les autres cas de divorce.

Les caractéristiques de la prestation compensatoire

LA PRESTATION COMPENSATOIRE EST-ELLE INDÉPENDANTE DES TORTS ?

En principe, la prestation compensatoire est indépendante des torts : un époux peut prétendre à une prestation compensatoire même si le divorce a été prononcé aux **torts partagés** (c'est-à-dire qu'une partie des torts a été mise à sa charge). En revanche, l'époux aux **torts exclusifs** duquel le divorce est prononcé, n'a pas droit à une prestation compensatoire.
Ceci s'explique par le fait que le but de la prestation compensatoire est seulement d'aider le plus démuni à refaire sa vie après le divorce et non pas de sanctionner tel ou tel époux. En cas de divorce aux torts exclusifs l'époux fautif peut toutefois obtenir une **indemnité** à titre exceptionnel, si compte tenu de la durée de la vie commune et de la collaboration apportée à la profession de l'autre époux (par exemple aide apportée par la femme à la bonne marche de l'exploitation du mari), il apparaît manifestement contraire à l'équité de lui refuser toute compensation pécuniaire à la suite du divorce (art. 280-1 C. civ.).

A PARTIR DE QUAND EST DUE LA PRESTATION COMPENSATOIRE ?

▶ Les divorces contentieux

Dans tous les cas de divorce sauf le divorce sur demande conjointe (sur ce divorce, voir ci-dessous), la prestation compensatoire n'est due qu'à compter de la date à laquelle la décision de divorce est passée en

« **force de chose jugée** » (c'est-à-dire qu'elle ne peut plus faire l'objet d'aucune voie de recours ; art. 260, 270 C. civ.).
Elle se substitue alors aux **mesures provisoires** prescrites par le juge aux affaires familiales, et notamment à la pension alimentaire versée entre époux au titre du **devoir de secours**, prévue dans le cadre de l'ordonnance de non-conciliation pour la durée de l'instance de divorce (sur cette question.

Absence d'interruption entre le versement de la pension alimentaire et de la prestation compensatoire

Les mesures accessoires au divorce, et notamment la prestation compensatoire, se substituent aux mesures provisoires prévues dans le cadre de **l'ordonnance de non-conciliation.** La prestation compensatoire devrait donc logiquement prendre la suite de la pension alimentaire entre époux versée pendant l'instance en divorce.

Les exceptions

Une situation de « hiatus » peut cependant se produire et l'époux concerné ne touchera rien pendant un certain temps.

• Il suffit d'imaginer le cas d'une femme qui sollicite une mesure d'instruction sur les revenus de son époux, alors que le divorce est prononcé sans qu'aucune voie de recours ne soit exercée. Les époux sont d'accord pour divorcer mais ne sont pas d'accord sur le principe ou le montant de la prestation compensatoire. Cette possibilité donnée au juge, de prononcer le divorce et de surseoir à statuer sur la prestation compensatoire, était en effet utilisée avant la réforme du 30 juin 2000 (reste à savoir si elle le sera toujours compte tenu des nouveaux textes). Le divorce étant passé **en force de chose jugée** (il n'est pas contesté), la pension alimentaire, versée jusqu'à présent à la femme pendant l'instance, prend fin : puisqu'il n'y a, par définition, plus d'instance. Cependant, la femme ne touche pas encore la prestation compensatoire puisque le juge attend le résultat de l'expertise pour se décider, situation qui peut la plonger dans de grandes difficultés.

• Autre cas de figure : une femme perçoit une pension alimentaire à son profit versée par son mari et fixée par l'ordonnance de non-conciliation. Le jugement de divorce lui attribue une prestation compensatoire qui ne la satisfait pas. Elle fait appel de la partie du jugement concernant la prestation compensatoire (appel limité à la prestation compensatoire) mais non sur le principe du divorce, car elle désire une décision rapide sur cette question, envisageant de se remarier. Le jugement de divorce est transcrit sur l'état civil, à la suite de l'**acquiescement** des deux époux et prend donc « force de chose jugée ». Les mesures provisoires prennent fin en même temps que la procédure de divorce. La femme ne peut donc plus toucher de pension alimentaire au titre des mesures provisoires, puisqu'elles ont pris fin quand le divorce a pris « force de chose jugée ». En revanche, elle ne peut pas encore toucher la prestation compensatoire. En effet, la règle prévue par le Code civil est que la prestation compensatoire ne peut jamais être assortie de **l'exécution provisoire** (art. 1080-1 NCPC).

Dans ces deux hypothèses, la pratique avait admis que la femme pouvait demander une **prestation compensatoire provisionnelle,** c'est-à-dire due dans l'attente d'une décision définitive. La réforme de la prestation compensatoire n'a pas abordé ce sujet. Cependant, compte tenu de la philosophie des nouveaux textes, il n'est pas sûr que cette possibilité pour le juge d'accorder une rente provisionnelle, soit toujours possible. Il faudra que la jurisprudence prenne position sur ce point.

▶ Les divorces sur demande conjointe

En cas de divorce sur demande conjointe, les époux fixent eux-mêmes dans la convention définitive le point de départ, le montant et les modalités de versement de la prestation compensatoire (art. 278 C. civ.).

La fixation de la prestation compensatoire

LA DEMANDE DE PRESTATION COMPENSATOIRE

La prestation compensatoire est considérée comme une **demande accessoire au divorce**. Cette règle entraîne un certain nombre de conséquences :

– la prestation compensatoire ne peut être demandée qu'à l'occasion d'une procédure de divorce. Il n'est pas possible de demander une prestation compensatoire plus tard, pendant les opérations de **liquidation et partage** du régime matrimonial (C. cass., civ. 2e, 8.11.1989, BC n° 340) ;

– une demande de prestation compensatoire peut être présentée pour la première fois en appel tant que le divorce n'a pas acquis « **force de chose jugée** » (c'est-à-dire qu'aucune voie de recours n'est plus possible). Tel est le cas si la cour d'appel est saisie d'un appel qui n'est pas limité au seul divorce (C. cass., civ. 2e, 22.10.1997, BC n° 253) ;

– en revanche, le **décès** de l'époux débiteur d'une prestation compensatoire, après que le divorce est passé en « force de chose jugée », n'éteint pas la possibilité de demander une prestation compensatoire.

> ***Exemple***
>
> *Un jugement prononce le divorce des époux et accorde à la femme une prestation compensatoire sous forme de capital. Le mari fait appel limité du jugement, uniquement pour la disposition concernant la prestation compensatoire, mais ne fait pas appel contre le divorce lui-même : ce divorce est donc acquis. Il décède pendant l'appel mais l'instance est reprise entre les* ***héritiers*** *de l'époux et la femme. La cour d'appel se dessaisit de l'affaire, estimant que la prestation compensatoire étant l'accessoire du divorce, l'instance engagée par le mari est éteinte à la suite de son décès.*

> *Cet arrêt est cassé par la Cour de cassation. En effet, la Cour de cassation estime que ce n'est que dans l'hypothèse où le mari serait mort en cours d'instance, sans qu'un divorce soit prononcé (alors qu'ici le divorce était acquis), qu'il n'y aurait pas eu lieu de poursuivre l'action sur la prestation compensatoire. Dans ce dernier cas en effet, la femme aurait été considérée comme conjointe survivante puisque au moment du décès elle serait considérée comme toujours mariée (C. cass., civ. 2e, 25.5.1993, BC n° 184).*

LE MONTANT DE LA PRESTATION COMPENSATOIRE

La fixation de la prestation compensatoire est un art difficile. La difficulté principale réside dans la **détermination** du montant de la prestation compensatoire.
Il apparaît en pratique peu aisé de prévoir son montant même si la loi énumère un certain nombre d'éléments que le juge doit prendre en considération (voir ci-dessous la rubrique : *Les besoins et les ressources des époux*). En effet, cette liste n'est pas exhaustive et le juge doit, en outre, tenir compte de l'évolution future de la situation des époux. Ainsi, la durée de la vie conjugale, l'absence de travail et la perte de droits à la **retraite**, la **maladie** rendant difficile la réinsertion professionnelle ou encore la présence d'**enfants** influent sur la forme de la prestation compensatoire ou son montant. Le juge devra également examiner les perspectives de carrière de chacun des époux, les conséquences de la retraite sur leurs revenus, la réinsertion possible du créancier, l'état de fortune du **concubin** de celui qui demande la prestation compensatoire...
Un grand nombre des conditions, retenues pour la fixation de cette prestation compensatoire, font l'objet d'appréciations subjectives par les magistrats (appréciation qui dépend également en grande partie du caractère plus ou moins complet des dossiers qui leur sont soumis) et peuvent donner lieu à des variations d'une juridiction à l'autre.
Autre source de difficulté : pour apprécier la disparité dans les conditions de vie respectives des époux résultant de la rupture du mariage, le juge doit se placer à la **date du divorce**, et non à la date de **séparation de fait** du couple. Or, il est prouvé que le divorce fait très souvent suite à une période plus ou moins longue de séparation de fait des époux, période pendant laquelle la situation financière du couple peut rapidement évoluer (voir ci-dessous la rubrique : *La prestation compensatoire compense une disparité*).
Il doit être tenu compte des revenus de toutes natures (y compris les rentes d'invalidité, les indemnités de chômage ou les avantages en nature), des charges, de la consistance du patrimoine existant et prévisible de chaque époux. L'appréciation des espérances successorales, du sort des donations consenties en cours de mariage ou de l'étendue du patrimoine après liquidation du régime matrimonial peut se révéler particulièrement délicate.
Il faut cependant signaler dans certains tribunaux, la mise en place de **base de données** permettant de déterminer le montant des prestations compensatoires.

▶ Qui fixe la prestation compensatoire ?

En dehors du cas du divorce sur **demande conjointe**, où ce sont les époux qui fixent le principe et les modalités de la prestation compensatoire sous le contrôle du juge, elle ne peut être fixée que par le juge aux affaires familiales saisi du divorce.

Les tribunaux ont apporté les précisions suivantes :

- la prestation compensatoire ne peut pas être fixée dans le cadre d'une convention de **liquidation anticipée** du régime matrimonial existant entre les époux, prévue par l'article 1450 du Code civil (C. cass., civ. 2ᵉ, 23.3.1994). Selon cet article, les époux peuvent, pendant l'instance en divorce, passer une convention notariée pour la liquidation et le partage de leurs biens. Mais cette possibilité de liquider de façon anticipée la communauté n'autorise pas les époux à régler eux-mêmes la question de la prestation compensatoire. Celle-ci, en dehors du divorce sur demande conjointe, ne peut être fixée que par le juge. Cela présente donc un important inconvénient pour les époux et le notaire qui rédige l'acte ;
- la prestation compensatoire ne peut pas non plus être fixée par **le juge du partage de la communauté**, c'est-à-dire le tribunal de grande instance, s'il est saisi en cas de difficultés sur le partage des biens. Cette jurisprudence confirme l'hostilité des tribunaux à une appréciation globale de la situation divorce/liquidation des intérêts patrimoniaux des époux. Pourtant, c'est la liquidation qui permet de connaître la consistance des droits de chacun et qui donne donc la possibilité au juge d'apprécier l'existence d'une éventuelle disparité et le droit à prestation compensatoire. Sur ce plan, les époux divorçant dans le cadre d'un divorce sur **demande conjointe** ont une plus grande latitude (voir ci-dessous la rubrique : *Le cas particulier du divorce sur demande conjointe*).

▶ La prestation compensatoire compense une disparité

Sans disparité dans les conditions de vie respectives des époux, il n'y a pas de prestation compensatoire. Selon la loi, le but de la prestation compensatoire est en effet de tenter de compenser la disparité que le divorce crée dans les conditions de vie respective des époux (art. 270 C. civ.).

Cette prestation compensatoire est donc fondée sur l'idée d'un rééquilibrage entre deux situations patrimoniales dont la disparité avait été jusqu'alors masquée par la communauté de vie entre les époux. La disparité est d'ordre exclusivement économique.

> ***Exemple***
>
> *Un époux prétendait que le législateur avait aussi envisagé une disparité de caractère moral. En conséquence, il soutenait qu'à la suite de la liquidation de la communauté, lui-même et ses enfants risquaient de perdre la jouissance du* ***logement familial*** *auquel ils étaient très attachés, et que lui-même avait organisé toute sa vie autour du foyer très uni qui se développait harmonieusement dans le cadre que constituait ce pavillon, jusqu'au jour où l'épouse l'avait abandonné pour aller vivre avec son amant. Sa demande de prestation compensatoire fondée sur ces arguments, a été rejetée (CA Versailles, 11.3.1985).*

Quand s'apprécie la disparité ?

Cette disparité s'apprécie au moment du divorce. C'est la rupture du mariage qui importe et non un autre moment. Il n'est donc pas permis au juge de prendre en compte des événements antérieurs au divorce (par exemple la disparité lors de la date effective de leur **séparation de fait**), ni d'autres événements postérieurs au divorce.

> ***Exemple***
>
> *Deux époux étaient séparés de fait depuis de nombreuses années. Pour apprécier la disparité entre les époux, une cour d'appel avait pris en compte non la date de la demande en divorce mais la date de la séparation de fait des époux. Elle avait donc rejeté la demande de prestation compensatoire de la femme car au moment de la séparation de fait, il n'y avait pas de disparité dans la situation respective des époux. Cet arrêt a été cassé (C. cass., civ. 2e, 4.2.1987, BC n° 35).*

À noter

*Si des modifications interviennent dans la situation des parties, pendant l'instance devant le juge du divorce ou en appel, il faut impérativement le signaler à la juridiction. En effet, la disparité peut être appréciée jusqu'au jour où le divorce est passé en « **force de chose jugée** » (art. 260 C. civ.).*

> ***Exemple***
>
> *Un époux, condamné à régler une prestation compensatoire par jugement de divorce, était placé en **invalidité** entre le jugement de divorce et le moment où la cour d'appel statuait sur son appel (dirigé contre le divorce et la prestation compensatoire). La cour d'appel refusait cependant de tenir compte de cet **élément nouveau**, estimant que le premier juge avait correctement évalué la prestation compensatoire, compte tenu des éléments qui lui étaient soumis à l'époque. Cet arrêt a été cassé. Jusqu'au terme de la procédure, les **éléments nouveaux** doivent être communiqués au juge du divorce (C. cass., civ. 2e, 28.1.1987, D. 87, 497).*

Il convient de noter, dans cet exemple, que si le mari s'était contenté d'un appel limité à la prestation compensatoire et n'avait pas contesté, comme en l'espèce, le prononcé des torts du divorce, il n'aurait pas pu faire état de sa mise en invalidité pour demander une diminution de la prestation compensatoire. Dans ce cas en effet, il lui aurait été opposé le fait que son jugement de divorce était passé en « **force de chose jugée** ». On peut cependant penser que, depuis l'intervention de la réforme du 30 juin 2000, cette invalidité pourra constituer le « changement imprévu » ou « le changement notable » autorisant une révision de la prestation compensatoire (voir dans ce chapitre, la rubrique ci-dessous : *La révision*).

Quoi qu'il en soit, le juge du divorce a la possibilité de tenir compte, au moment du divorce et dans la mesure des éléments qui lui sont signalés par les intéressés, de l'évolution de la situation dans un **avenir prévisible** (l'exemple type étant l'éventualité de la prise de **retraite** d'un des conjoints).

À noter

Les époux doivent donc donner le maximum de renseignements sur leur situation dans l'avenir au juge (par exemple : prochain départ à la retraite et montant prévisible de celle-ci).

En revanche, pour les tribunaux, le juge, pour apprécier la disparité entre les époux, n'a pas à tenir compte de la part de communauté qui va revenir à chaque époux **après la liquidation et le partage**. En effet, dès lors qu'aucune partie n'a invoqué l'existence de circonstances particulières affectant la nature des biens communs à partager, il n'y a pas lieu à tenir compte de la part de la communauté revenant aux époux (C. cass., civ. 2e, 14.1.1998, BC n° 12). Selon cette jurisprudence, sous réserve d'invoquer des « circonstances particulières » au partage, l'attribution des parts entre les ex-époux ne concerne donc pas le juge du divorce. Cette attitude des magistrats est très critiquée et paraît contraire aux termes de l'article 272 du Code civil. Cet article prévoit, en effet, que le juge doit tenir compte des droits des parties à l'issue de la **liquidation du régime matrimonial.**

> ***Exemple***
>
> *Il a ainsi été jugé que ne suffit pas à constituer une disparité la simple différence arithmétique entre les ressources actuelles des parties mais qu'il devait être tenu compte de l'état de santé précaire du débiteur, du fait qu'il prenait en charge le* ***passif de la communauté*** *et que la femme, compte tenu de son âge, pouvait retrouver un emploi même modeste (événement prévisible lors de la décision ; CA Paris, 23.11.1989).*

▶ Les besoins et les ressources des époux

La prestation compensatoire est fixée selon les besoins de l'époux à qui elle est versée d'une part et les ressources de l'autre époux qui doit la verser d'autre part. Elle tient compte de la situation des époux au moment du divorce et de l'évolution de celle-ci dans un **avenir prévisible** (art. 272 C. civ.).

Pour la détermination des besoins et des ressources, le juge doit se fonder sur un certain nombre d'éléments, dont la loi donne quelques exemples (art. 272 C. civ.) :

- l'âge et l'état de santé des époux ;
- la durée du mariage ;
- le temps déjà consacré, ou qu'il leur faudra consacrer à l'éducation des enfants ;

– leur qualification et leur situation professionnelles au regard du marché du travail ;
– leurs droits existants et prévisibles (par exemple, un départ prochain en retraite) ;
– leur situation respective en matière de pensions de retraite ;
– leur patrimoine, tant en capital qu'en revenu, après la liquidation du régime matrimonial (bien que cet élément ne soit pas toujours retenu par les tribunaux, voir rubrique précédente).

Ainsi sont fréquemment retenus par les tribunaux les éléments suivants : **invalidité** ou grave **maladie** de l'épouse qui demande la prestation, son absence de qualification, son âge, le fait qu'elle ait quitté son emploi pour suivre son mari et élever les enfants, qu'elle est au **chômage**, le fait que le mari, à qui est demandé la prestation compensatoire, soit à la retraite ou au chômage.

L'énumération légale n'étant pas limitative, peuvent également être pris en considération d'autres éléments tels que la **collaboration bénévole** de la femme à la profession de son mari, le fait que l'un des époux vive en concubinage...

La question du montant de la prestation compensatoire est donc très délicate puisque le juge va apprécier les différents éléments qui lui sont soumis, en se livrant à des combinaisons entre chacun.

Les ressources

Toutes les **ressources des époux** sont à prendre en compte :
– les revenus du travail, les allocations chômage, les avantages en nature (par exemple, une voiture de fonction), les indemnités de fonction, les rentes d'invalidité, les indemnités pour accidents de la circulation, l'intéressement, les revenus du patrimoine... (sur les investigations en matière de ressources, voir ci-dessous la rubrique : *Les renseignements d'ordre patrimonial et l'expertise*) ;
– le patrimoine, et ce même s'il n'est constitué que de biens propres appartenant à celui à qui est demandée la prestation compensatoire (CA Paris, 1re chambre C, 26.5.1989, D. 89, IR, 190) ;
– de même, les ressources du **concubin** de l'épouse, personne gagnant largement sa vie, doivent être retenues (C. cass., civ. 2e, 10.7.1991, BC n° 216).

À noter

Les allocations familiales ne doivent pas, selon la jurisprudence de la Cour de cassation, être prises en compte pour l'appréciation des ressources de l'époux qui demande la prestation compensatoire (C. cass., civ. 2e, 3.12.1997, BC n° 295.)

Les charges

Les **charges** des époux, ou en tout cas celles qui correspondent à un train de vie normal, doivent aussi être prises en compte, c'est-à-dire en principe les charges incompressibles : loyer, charge d'emprunts, abonnements EDF/GDF, téléphone... (mais non des charges manifestement

excessives eu égard aux revenus, comme par exemple un crédit automobile trop élevé).
Doivent également être prises en compte à titre de charge pour l'époux débiteur, la contribution qu'il verse aux enfants (C. cass., 2e civ., 10.5.2001, D. 2001, IR p. 1669).

▶ Les événements prévisibles

Le juge du divorce doit tenir compte de l'évolution de la situation des époux dans un avenir prévisible et notamment :
- l'existence **d'espérances successorales** (un héritage conséquent devant intervenir prochainement est susceptible de changer les conditions de vie d'un époux) ;
- les **perspectives de carrières** des époux (possibilités d'avancement pour un fonctionnaire, mise à la retraite ou en invalidité par exemple, difficultés de reclassement professionnel du créancier suite à un licenciement).

> ***Exemple***
> *Ainsi, il a été jugé que devait être pris en considération le fait que le mari allait bénéficier de la nue-propriété d'un important patrimoine immobilier dans la succession de son père pour l'évaluation de ses ressources (C. cass., civ. 2e, 14.6.1989, BC n° 128).*

À noter

*Le juge statuant sur le divorce doit avoir une idée la plus précise possible de la situation financière actuelle et prévisible des époux. Pour reprendre l'exemple de la **retraite,** si le conjoint à qui est demandé une prestation compensatoire pense être prochainement mis à la retraite, il doit soumettre au juge le montant prévisionnel de sa retraite.*

▶ Les renseignements d'ordre patrimonial et l'expertise

Au vu de ces précisions, l'on mesure combien il est important pour le juge d'avoir une « photographie » précise des ressources et du patrimoine des époux afin d'en apprécier l'étendue. Or, un des époux (principalement celui à qui peut être demandée une prestation compensatoire) n'a pas toujours le désir d'une transparence parfaite de son patrimoine. Son conjoint va donc avoir du mal à présenter un dossier conséquent à l'appui de sa demande. Comme nous le verrons, il n'est pourtant pas désarmé au regard des différentes possibilités qui s'offrent à lui.
Pour obtenir les renseignements nécessaires, le juge dispose de par la loi du droit de demander d'office ou suite à la demande d'un époux :
- à un notaire d'établir un projet d'état liquidatif afin d'envisager les conséquences de la liquidation du régime matrimonial sur le patrimoine de chacun des époux,

– aux époux de lui communiquer, ainsi qu'à l'**expert** éventuellement désigné, tous renseignements et documents utiles pour fixer la prestation compensatoire et liquider le régime matrimonial.

Le projet d'état liquidatif notarial

Cette possibilité est explicitement prévue par l'art. 1116 du Nouveau Code de procédure civile. Cet article très intéressant, et pourtant en pratique peu utilisé, prévoit que, dans tous les cas de divorce, hors celui du divorce sur **demande conjointe**, le juge peut, à la demande des parties ou même d'office, charger un **notaire** ou un professionnel qualifié d'établir un projet de règlement des prestations et pensions après divorce. Il peut aussi donner mission à un **notaire** de dresser un **projet de liquidation** du régime matrimonial.
Ainsi, au moment où il statuera sur la prestation compensatoire, le juge aura en main une évaluation, faite par un professionnel, des droits de chacun dans la liquidation de son régime matrimonial (communauté mais aussi **séparation de biens** quand des biens sont acquis en indivision), c'est-à-dire une évaluation des biens des époux en vue de leur partage. En dehors du divorce sur **demande conjointe,** cette liquidation n'est en effet faite (sauf hypothèse de **convention de liquidation anticipée**) qu'après le divorce. Si elle suscite des difficultés, ce n'est pas le juge du divorce qui est saisi par les époux mais le juge du partage, soit le **tribunal de grande instance**. Or, ces éléments patrimoniaux peuvent être importants à connaître, comme indiqué plus haut, pour apprécier le droit à prestation compensatoire.
A la dissolution, les biens communs sont en principe partagés par moitié entre les époux après que la communauté ait été liquidée. Mais encore faut-il que le juge du divorce ait connaissance de l'étendue du patrimoine commun des époux. Par ailleurs, il y aura lieu à reprise des propres, au calcul des **récompenses**. Celles-ci peuvent avoir une influence sur la part de chacun. Le juge peut également avoir intérêt à connaître les donations que les époux se sont consentis et s'ils entendent les révoquer... Pour constater une disparité, il faut tenir compte de la **nature** des biens fournissant des revenus au couple. Le partage de la communauté va changer la nature de ces biens.

JURISPRUDENCE

Pour des époux **séparés de biens**, il a été jugé qu'une femme n'avait pas à percevoir de prestation compensatoire dans la mesure où son mari avait acquis, à leurs deux noms, mais sans le concours financier de sa femme, un appartement et un grand terrain : en raison de la liquidation de la communauté, la femme était donc appelée à recevoir des valeurs importantes équivalant largement à une prestation compensatoire à laquelle elle aurait pu prétendre, et elle n'avait donc pas à recevoir de prestation compensatoire (C. cass., civ. 2e, 13.2.1980).

> ***Exemple***
>
> *Un époux a acquis pendant la communauté une* ***pharmacie*** *et l'a développée. La dissolution du mariage entraîne le partage du fonds. Lors du partage, il va en demander* ***l'attribution préférentielle*** *(il a seul le titre de pharmacien), mais il devra une* ***soulte*** *(somme d'argent correspondant à la part de l'épouse) à son épouse ou, s'il y a d'autres biens, perdra ses droits sur d'autres biens pour compenser cette attribution à son profit, d'où une diminution importante de ses revenus. Il est intéressant pour le juge d'anticiper cette question du partage des biens pour fixer au mieux la prestation que le mari serait éventuellement amené à verser à sa femme (C. cass., civ. 2e, 17.3.1993, BC n° 111 ; Liquidation de la communauté et prestation compensatoire de G. Goffaux Droit de la Famille, Ed. Juris-Classeur, 1.2001).*

Cependant on constate que la plupart du temps les tribunaux sont hostiles à cette mesure, et également que les époux la sollicitent rarement.

Les renseignements fournis par les époux et le fisc

L'article 1075-1 du nouveau Code de procédure civile fait obligation aux époux de justifier, sur demande du juge, de leurs charges et ressources, notamment par la production de leurs **déclarations de revenus, avis d'imposition** et **bordereaux de situation fiscale**. Cela va permettre d'établir les ressources globales du ménage : salaires ou autres sources de revenus, revenus mobiliers ou immobiliers.

> **BON À SAVOIR**
>
> – Les recherches du juge aux affaires familiales concernant les revenus et patrimoines des époux peuvent être effectuées directement auprès des débiteurs des époux ou de ceux qui détiennent des valeurs pour le compte des époux (banques notamment), sans qu'on puisse lui opposer le secret professionnel (art. 259-3 C. civ.).
>
> – Le juge peut demander à l'administration fiscale (ou aux époux) de communiquer toutes pièces fiscales intéressant le débat (art. L. 143 LPF).

Encore faut-il que ces pièces soient réclamées (généralement par l'autre époux), notamment au cours de la première audience, où l'on constate souvent le caractère rapide de la prise de décision. Le juge y sera incité si un des conjoints demande un **renvoi pour communication de ses pièces** ou demande au juge qu'une **injonction de communiquer** les pièces soit ordonnée, au besoin sous **astreinte** (somme d'argent due en cas de retard à exécuter une décision de justice).

L'expertise comptable

Un expert, comme on la vu plus haut, peut être chargé par le juge d'établir un projet de liquidation du régime matrimonial. Il peut également se borner à procéder à une expertise portant sur la consistance du patri-

moine et des revenus d'un conjoint. L'époux qui demande une prestation peut en effet avoir intérêt à demander une vérification des ressources du conjoint, l'évolution de ses comptes bancaires ou postaux, sa comptabilité etc. Le juge peut de son côté, d'office, ordonner une expertise. L'expert peut se faire remettre tous les documents qu'il estime nécessaires à l'accomplissement de sa mission.
Comme indiqué plus haut (voir la rubrique : « A partir de quand est versée la prestation compensatoire ? »), certains époux n'hésitaient pas, avant la réforme, en attendant les résultats de l'expertise destinée à fixer le montant définitif de la prestation compensatoire, à demander au juge une **rente provisionnelle** (C. cass., civ. 2e, 29.1.1997, BC n° 26). Cette prestation provisionnelle devait d'ailleurs être, le cas échéant, restituée si les résultats de l'expertise démontraient qu'il n'y a pas lieu à versement de la prestation. Dorénavant, le principe est le versement d'une prestation compensatoire sous forme de capital, la rente viagère n'étant versée qu'exceptionnellement. Cette possibilité de demander une rente devrait donc maintenant être plus difficilement admise.

La déclaration sur l'honneur

La loi du 30 juin 2000, sur la réforme de la prestation compensatoire, introduit dans les procédures de divorce un devoir de transparence et de loyauté économique. Les époux ont dorénavant l'obligation, que ce soit pendant la procédure de divorce ou en cas de demande de **révision** de la prestation compensatoire, de fournir au juge une **déclaration sur l'honneur** de l'exactitude de leurs ressources, revenus, patrimoine et conditions de vie (par exemple **concubinage ou remariage**). Cette obligation s'applique aux nouveaux divorces et aux procédures en cours. Il ne s'agit pas d'un état liquidatif notarié mais d'une simple déclaration.
En cas de divorce sur **demande conjointe**, cette déclaration devrait a priori être jointe au projet de convention définitive (pour les autres divorces, à l'assignation en divorce). Il a été souligné que cette disposition vise à assurer la loyauté des débats et la participation des parties à la recherche des éléments permettant au juge de trancher un litige ou d'apprécier une situation qui lui est soumise en pleine connaissance de cause.

BON À SAVOIR **Le point sur le projet de réforme du divorce**

Le ministère de la Justice travaille sur un projet de réforme de grande ampleur du divorce depuis 1997. Si la réforme de la prestation compensatoire a fait l'objet d'un vote anticipé, un projet plus global devrait être examiné au Parlement courant 2001. L'une des idées maîtresses de cette réforme globale du divorce est de joindre, comme pour le divorce sur demande conjointe, liquidation du régime matrimonial et divorce. Le divorce serait donc envisagé dans sa globalité, les matières relatives à la liquidation du régime matrimonial étant évoquées avant le prononcé du divorce.

Il a été jugé que le défaut de présentation au juge de ce document pouvait entraîner un rejet de la demande de prestation compensatoire. Le juge peut se contenter de reporter cette décision dans l'attente du document (C.A. Bourges, 19.12.2000, 11.11.2000, Ed. Juris-classeur, Droit de la famille, 5.2001, p. 18). On peut par ailleurs regretter que cette disposition ne soit fixée que pour les prestations compensatoires et non pour la fixation de toutes les **pensions alimentaires** (notamment pour les enfants).

La forme de la prestation compensatoire : rente ou capital ?

La question du choix de la forme de la prestation compensatoire peut se poser quand les époux ont choisi le divorce sur **demande conjointe** (voir ci-dessous : « Le cas particulier du divorce sur demande conjointe »).
En dehors de ce cas, c'est le juge qui, au vu des précisions figurant dans les dossiers des époux et de leur demande, va fixer la forme du versement, conformément aux règles posées par le Code civil. C'est sur ce point, et sur la révision de la prestation compensatoire, qu'a porté essentiellement la réforme.

⚠ *Attention*

Les nouvelles dispositions sont applicables aux procédures en cours (voir ci-dessous). Les débats peuvent donc être réouverts dans de nombreux dossiers pour prendre en considération les nouvelles dispositions légales.

AVANT LA RÉFORME

Malgré le souhait du législateur qui donnait, pourtant, priorité au capital (mais de façon moins affirmée que la réforme), dans la majorité des cas, la **rente** était en pratique préférée au capital et ceci principalement pour les raisons suivantes :
- l'absence de capital (biens, liquidités financières...) du débiteur de la prestation ;
- la préférence des créanciers pour ce mode de règlement leur permettant d'avoir un revenu fixe ;
- une fiscalité désavantageuse. La prestation compensatoire sous forme de capital n'était assortie d'aucune faveur fiscale à la différence de la rente, déductible au titre de l'imposition sur le revenu de l'époux débiteur.

La rente mensuelle était ordonnée dans 78 % des cas (mais seulement dans la moitié des divorces sur demande conjointe). Moins d'un tiers des

rentes mensuelles étaient des rentes viagères, plus de deux tiers d'entre elles étaient versées pour une durée déterminée. Dans les rentes à durée déterminée, dans 75 % des cas, les rentes étaient limitées à dix ans. Quand était prévu le versement d'un capital, il pouvait être panaché avec le versement d'une rente.
Pourtant, pour encourager le versement de la prestation compensatoire sous forme de capital dans le but de pacifier les relations pécuniaires entre les ex-époux, les articles du Code civil relatifs à la prestation compensatoire ont été refondus. Par ailleurs, la fiscalité de la prestation compensatoire a été entièrement revue (voir ci-dessous la rubrique : *L'incidence des règles fiscales*).

LA RÉFORME

Les points essentiels du nouveau texte sont les suivants :
• la prestation compensatoire prend la forme d'un **capital** ; ce n'est qu'à titre **exceptionnel** qu'une rente est ordonnée et sur la seule demande du créancier (en pratique de l'épouse). Le caractère subsidiaire de l'attribution de la rente par rapport au capital est renforcé : le juge doit en effet motiver spécialement sa décision quand il décide de ne pas attribuer un capital, en se fondant sur l'âge et l'état de santé du créancier. Compte tenu de la rédaction actuelle des textes, la question se pose de savoir si l'on peut panacher capital et rente viagère (bien qu'un arrêt n'ait pas hésité à l'accorder : CA Versailles, 23.11.2000, RG n° 98/07503) une **rente prévisionnelle** dans l'attente des résultats d'une expertise sur le patrimoine des époux ;
• ce capital pourra prendre la forme de versements mensuels ou annuels, indexés comme pour les pensions alimentaires, dans la limite de huit années si le débiteur n'est pas en mesure de verser le capital immédiatement ;
• la rente ne peut plus être que **viagère**. Le juge n'aura plus la possibilité d'ordonner une rente sur une durée déterminée (comme cela se faisait couramment avant la réforme ; voir chiffres ci-dessus). La seule possibilité est prévue pour les divorces sur demande conjointe ;
• cette rente viagère peut à tout moment être transformée en capital (avec versement du solde en une seule fois ou moyennant versement sur huit ans) à la demande de celui qui la doit, ou de ses héritiers. Celui qui reçoit la prestation compensatoire peut également demander cette « capitalisation » de la rente s'il établit qu'une modification de la situation du débiteur permet cette substitution, notamment lors de la liquidation du régime matrimonial.

LE VERSEMENT EN CAPITAL

La prestation compensatoire prend la forme d'un capital dont le montant est fixé par le juge. Mais, lorsque celui à qui est demandée la prestation compensatoire n'est pas en mesure de verser le capital, le juge l'autorise à s'en libérer sur huit années, sous forme de versements mensuels ou annuels indexés selon les règles applicables aux pensions alimentaires (art. 274, 275-1 C. civ.). Enfin, si l'âge ou l'état de santé de celui qui demande la prestation compensatoire ne lui permettent pas de subvenir à ses besoins, le juge peut alors seulement fixer la prestation compensatoire sous forme de rente viagère (art. 276 C. civ.).

Le juge doit-il, contrairement à ce qui se passait avant la réforme, d'abord fixer le montant de la prestation en capital, même s'il décide, compte tenu de circonstances exceptionnelles, d'allouer une rente viagère au créancier ? Auparavant, le juge qui fixait une prestation compensatoire sous forme de rente n'avait pas à en évaluer préalablement le montant en capital. La réponse n'est pas donnée par les textes.

À noter

Certains spécialistes du divorce insistaient, avant la réforme, sur le fait que le faible pourcentage d'octroi de capital viendrait d'une ***information insuffisante du juge*** *sur la consistance du patrimoine des époux. Pour eux, au minimum, un projet notarial de liquidation du régime devait être joint obligatoirement au dossier de divorce. Ce vœu n'a pas été retenu par le législateur.*

▶ Quelle forme va prendre l'attribution en capital ?

Une fois le montant du capital déterminé, le juge aux affaires familiales va devoir statuer sur ses modalités de versement, parmi les trois possibilités suivantes, prévues par la loi :

Le versement d'une somme d'argent

C'est la solution la plus fréquente en raison de sa simplicité. Elle implique cependant que le débiteur dispose immédiatement des liquidités correspondantes. C'est aussi la solution la plus avantageuse car il n'y a pas d'aléa (risques d'impayés).

L'abandon de biens en nature, meubles ou immeubles

Celui qui doit la prestation compensatoire peut s'en acquitter en faisant « abandon » à son conjoint d'un ou de plusieurs de ses biens. Cet abandon de biens peut porter sur des meubles ou des immeubles. Il peut être effectué en propriété, en **usufruit**, ou seulement pour l'**usage ou l'habitation**. Deux précisions doivent être données ici :

- selon la jurisprudence, la décision doit préciser la **durée de l'usufruit**. Par exemple, l'épouse va recevoir la jouissance ou l'usufruit du **domicile conjugal** jusqu'à la majorité des enfants. A défaut, il est dû pendant toute la vie du créancier ;
- l'abandon peut porter sur un bien propre ou un bien commun aux époux. Dans ce dernier cas, il porte sur la part du débiteur de la prestation compensatoire.

À noter

*Avant la réforme, seul un abandon du bien en **usufruit** pouvait être imposé à un époux et non un abandon en pleine propriété. Dorénavant, le juge peut imposer à un époux de céder à son conjoint la pleine propriété d'un bien. Cette disposition a été très critiquée dans la mesure où elle s'apparente à une véritable expropriation du débiteur de la prestation compensatoire. En pratique, le jugement de divorce vaut « cession forcée » du bien abandonné, l'avocat devant se préoccuper des formalités de publicité foncière.*

BON À SAVOIR **Définition de l'usufruit**

L'usufruit est le droit d'user et de percevoir les « fruits » d'un bien. L'usufruitier a un droit d'usage sur l'immeuble c'est-à-dire qu'il peut habiter une maison ou la louer, exploiter les terres...
Il a droit aux fruits (loyers, fermages...) et il peut prendre part aux assemblées de copropriétaires si une clause du règlement de copropriété le prévoit. Il peut céder son usufruit. Concernant ses obligations, il ne peut modifier la destination de l'immeuble. Il doit exécuter les réparations d'entretien et locatives.
D'un point de vue fiscal, il doit régler la **taxe foncière** normalement établie à son nom en vertu de l'article 1400 II du Code général des impôts (à la différence du locataire ou du titulaire du droit d'usage et d'habitation). Il doit aussi régler la **taxe d'habitation** s'il habite la maison. La taxe d'habitation doit en effet être réglée par celui qui habite dans les lieux (s'il la loue, ce sera bien entendu au locataire d'acquitter cette taxe).
Le nu-propriétaire doit régler les grosses réparations que l'article 605 du Code civil met à sa charge. Il ne peut pas céder son bien sans l'accord de l'usufruitier. En cas de refus de l'usufruitier, il ne peut pas se passer de cet accord même en saisissant le juge (C. cass., civ. 1re, 13.10.1993).
En cas de vente, les droits de l'usufruitier restent inchangés, malgré le changement de propriétaire. En pratique cependant, la vente de la seule nue-propriété est rare, car elle présente un faible intérêt, sauf si l'usufruit arrive à son terme. En effet, au terme de l'usufruit, le nu-propriétaire va redevenir pleinement propriétaire.

Attention

*S'il s'agit d'un **bail rural**, il ne peut le signer qu'avec l'accord du nu-propriétaire (art. 595 C. civ.).*

Avantages

Le conjoint peut avoir intérêt à demander l'usufruit d'un immeuble, ce qui lui permet de percevoir des loyers régulièrement (il peut s'agir de bâtiments ou de terrain, à vocation agricole ou autre). Il peut aussi, pour ne pas changer son cadre de vie, notamment s'il y a des enfants mineurs, demander l'usufruit du logement de la famille. Dans ce cas il ne percevra pas de loyer mais conservera son domicile.
De son côté, l'autre conjoint, qui n'a pas de liquidité, peut trouver intéressante (et peut-être moins culpabilisante s'il est à l'origine de la rupture) la formule de l'usufruit.

Inconvénients

Comme on vient de le voir, l'usufruit entraîne cependant des charges autant pour le nu-propriétaire que pour l'usufruitier. Par ailleurs, les praticiens insistent sur l'inconvénient de cette formule qui laisse subsister entre les ex-époux des relations de nu-propriétaire à usufruitier (qui peuvent parfois être sources de conflits) et sur le fait que la charge que représente l'abandon d'un usufruit viager peut même finir, à certains égards, par être économiquement plus lourde qu'un transfert de propriété.

BON À SAVOIR **La valeur de l'usufruit**

L'usufruit est le plus souvent évalué suivant la méthode fiscale. En vertu de l'article 762 du Code général des impôts, pour le calcul des droits de mutation, l'usufruit est calculé selon l'âge de l'usufruitier, en pourcentage sur la valeur totale du bien, comme suit :
Si l'usufruitier est âgé de :
- moins de 20 ans révolus, l'usufruit est égal à 70 % et la nue-propriété à 30 % de la propriété entière ;
- moins de 30 ans révolus, l'usufruit est égal à 60 % et la nue-propriété à 40 % ;
- moins de 40 ans révolus, l'usufruit est égal à 50 % et la nue-propriété à 50 % ;
- moins de 50 ans révolus, l'usufruit est égal à 40 % et la nue-propriété à 60 % ;
- moins de 60 ans révolus, l'usufruit est égal à 30 % et la nue-propriété à 70 % ;
- moins de 70 ans révolus, l'usufruit est égal à 20 % et la nue-propriété à 80 %.

Le dépôt de valeurs productives de revenus entre les mains d'un tiers chargé de verser les revenus à l'époux créancier de la prestation jusqu'au terme fixé

Par exemple, la prestation compensatoire est attribuée sous la forme d'un portefeuille de valeurs mobilières du mari dont les revenus sont directement versés par la **banque**, l'agent **de change** ou le **notaire** à la femme.

QUESTIONS-RÉPONSES

Faut-il préférer un abandon du droit d'usage et d'habitation à l'usufruit ?

Le juge du divorce peut attribuer, à la place de l'usufruit, un simple droit d'usage et d'habitation (art. 275 C. civ.). Cette possibilité résulte d'une modification apportée par la réforme du 30 juin 2000. Cependant, la jurisprudence en avait autorisé la possibilité auparavant.

Le droit d'usage et d'habitation est considéré comme un diminutif de l'usufruit (art. 625 et s. C. civ.). A la différence du droit d'usufruit, l'usager ne peut pas céder son droit ni, en principe, louer la chose. Le titulaire du droit ne peut donc pas percevoir les fruits du bien (loyers...), ni le vendre. En revanche, les obligations de l'usager (impôt, entretien du bien) sont quasiment équivalentes à celles de l'usufruitier (art. 629 et 635 C. civ.). Fiscalement, il n'a cependant pas à régler la taxe foncière et la taxe d'enlèvement des ordures ménagères (art. 1400, 1408-1, 1523 CGI). Le propriétaire, de son côté doit régler les grosses réparations et ne peut céder son bien sans l'accord du créancier de la prestation compensatoire.

Exemple

Un arrêt intéressant illustre les libertés laissées au juge dans son appréciation de la situation patrimoniale des époux. Un mari avait hérité d'une importante fortune immobilière, grevée d'un usufruit au profit d'une mère très âgée. Il invoquait cet usufruit pour refuser le versement d'une rente à sa femme, ces biens ne lui procurant aucun revenu. La Cour de cassation a estimé qu'il était titulaire d'un patrimoine qui pouvait lui permettre, le cas échéant, en empruntant ou en réalisant (vendant) une partie de l'actif, de verser une prestation compensatoire sous forme de capital. Un capital sous forme de versement de liquidités a donc été mis à sa charge, avec un délai pour s'acquitter de sa dette (C. cass., civ. 2e, 25.4.1978).

▶ Les délais de paiement du capital

Dans le meilleur des cas, le capital est versé en une seule fois. Ce capital sera par exemple réglé par l'abandon d'un appartement d'un des époux à l'autre, ou le versement d'une somme d'argent (voir ci-dessus). Mais,

lorsque le débiteur n'est pas en mesure de verser le capital dans ces conditions, le juge peut fixer les modalités de paiement, de façon échelonnée, dans la limite maximale de huit années (ce délai, comme cela ressort du projet de loi, a été établi par correspondance avec la durée des produits financiers offerts par les institutions bancaires).
Ces paiements sont faits sous forme de versements mensuels ou annuels indexés selon les règles applicables aux pensions alimentaires (art. 275-1 C. civ.). Selon la jurisprudence d'avant la réforme, et qui devrait en principe conserver son actualité, il s'agit de la seule possibilité de paiement différé autorisée par la loi. La première fraction est donc due immédiatement, c'est-à-dire une fois que le jugement est devenu définitif. Par conséquent, il n'est pas possible :
- de renvoyer le paiement du capital à un événement qui pourrait dégager des liquidités, notamment la **liquidation de la communauté**, une **succession** ou la **vente** d'un immeuble (C. cass., civ. 2e, 16.4.1996, BC n° 92, cassant un arrêt qui autorisait l'époux à payer à son épouse un capital à prélever sur la part du mari lui revenant après partage des intérêts patrimoniaux). Cette possibilité se rencontre en revanche fréquemment dans le cadre d'un divorce sur **demande conjointe** ;
- de décider que le paiement de la première annuité ou mensualité de la prestation compensatoire due en capital se fera à compter de la vente d'un bien par le débiteur (C. cass., civ. 2e, 18.3.1998, BC n° 90).

▶ Le paiement du solde du capital après la liquidation du régime matrimonial

Pour apurer les comptes de l'après-divorce, la loi autorise le débiteur de la prestation compensatoire (ou ses héritiers, voir ci-dessous : *Transmissibilité aux héritiers*) à se libérer à tout moment du solde du capital. De même, après la **liquidation du régime matrimonial**, le bénéficiaire de la prestation compensatoire peut saisir le juge d'une demande en paiement du solde du capital (art. 275 – 1 C. civ.).

LA RENTE

▶ Avant la réforme du 30 juin 2000

La rente fixée par le juge pouvait être versée, avant la réforme du 30 juin 2000, pour une durée de vie égale ou inférieure à la vie du créancier. Il était également possible qu'un terme soit fixé par le jugement de divorce, tel :
- la majorité du dernier enfant,
- le décès du débiteur (C. cass., civ. 2e, 2.4.1996),
- un certain nombre d'années (rente prévue pour cinq ans, dix ans...).

À noter

Les conventions définitives, en cas de divorce sur demande conjointe, prévoient fréquemment des termes à la prestation compensatoire.

En revanche, une fois fixée judiciairement, la rente ne pouvait pas évoluer en raison de circonstances ultérieures au divorce, sauf cas exceptionnels. Dans le cas d'une rente limitée dans le temps, le juge devait fixer un terme certain. Il n'était donc pas possible au juge, dans sa décision :
– d'assortir la rente d'une condition. Par exemple de prévoir la cessation du versement de la rente en cas de survenance d'un événement incertain tel le **remariage** ou le **concubinage notoire** de l'époux à qui est due la prestation compensatoire ou un événement de nature à supprimer la disparité, par exemple la **vente d'un immeuble commun** (C. cass., civ. 2e, 2.5.1984, 12.7.1994),
– d'allouer une rente pour une durée incertaine.

Compte tenu de cette rigidité dans la fixation et la quasi-absence de possibilité de révision, il était difficile au juge de faire « coller » l'évolution du montant de la rente à la réalité économique vécue par les ex-époux dans l'avenir.

Sur un plan pratique, on pouvait constater que les rentes, plus souvent qu'autrefois, étaient versées pour une durée brève. La rente viagère restait cependant attribuée aux femmes d'un certain âge n'ayant jamais travaillé, quand le divorce intervenait après de nombreuses années de mariage. La rente viagère était donc attribuée plus rarement qu'autrefois, pour les cas où la femme n'avait jamais travaillé et n'avait aucune retraite (voir les chiffres ci-dessus).

> ***Exemple***
>
> *Une décision ne pouvait pas prévoir que la rente serait versée jusqu'à la réalisation effective des opérations de* ***partage de la communauté*** *– durée qui n'a rien de certain puisque la loi n'impose aucun délai pour les ex-époux pour procéder aux opérations de liquidation et de partage (C. cass., civ. 2e, 27.2.1985).*

▶ La réforme

Lors des débats sur la réforme de la prestation compensatoire, il avait été envisagé de ne conserver le règlement de la prestation compensatoire que sous la forme d'un capital, compte tenu des nombreux problèmes posés par le versement des rentes, problèmes accrus par une quasi-impossibilité de révision (irrégularité des paiements, taux important d'impayés, charge devenant trop lourde pour les débiteurs au fil des ans...). Cependant, il a été jugé que les rentes viagères ne pouvaient être totalement écartées. Dans certaines situations, il a semblé que c'était la seule solution raisonnable et humaine à adopter. Pour certaines épouses, en raison de leur âge ou du fait qu'elles se sont consacrées au foyer familial, la prestation compensatoire est la seule ressource dont elles puissent disposer. Elles ont donc été maintenues par le législateur « à titre exceptionnel » (art. 276 C. civ.).

Il résulte donc des nouveaux textes que :

• la rente ne peut être que viagère. Le juge n'aura donc plus la possibilité d'ordonner le versement d'une rente sur une durée déterminée (comme cela se faisait couramment avant la réforme). La seule possibilité de rente temporaire est prévue dans le cadre des **divorces sur demande conjointe** ;

• elle n'est ordonnée qu'à titre exceptionnel, la décision du juge devant être spécialement motivée ;
• elle n'est ordonnée que si l'âge ou **l'état de santé** du créancier ne lui permet pas de subvenir à ses besoins. Il faut attendre les décisions de justice pour savoir comment sera interprété cet article.

La loi prévoit que la rente est indexée, l'indice étant déterminé comme en matière de pension alimentaire.

Le montant de la rente, avant indexation, est fixé par le juge de façon uniforme pour toute sa durée ou peut varier par périodes successives suivant l'évolution probable des ressources et des besoins (art. 276-1 C. civ.). Il s'agit là d'une possibilité de souplesse donnée au juge. Cette possibilité existait avant la réforme. La jurisprudence avait cependant précisé que cette règle ne pouvait s'appliquer qu'à condition de fixer, pour chaque période, un montant déterminé. En pratique, il semble que cette faculté soit assez peu utilisée, alors qu'elle présenterait un intérêt certain, par exemple pour tenir compte de la mise à la retraite du débirentier.

Exemple

Le jugement prévoit que le mari âgé de 54 ans va payer 2 000 F par mois de prestation compensatoire jusqu'à sa retraite fixée à l'âge de 60 ans, c'est-à-dire pendant 6 ans, et 1 500 F par mois à compter de cette date.

▶ La substitution d'un capital à une rente

Les versements réguliers auxquels les rentes astreignent le débiteur – et ses héritiers en cas de décès – peuvent être à l'origine de situations difficiles. Aussi, suivant la même logique que la priorité donnée au versement en capital, la loi prévoit que la rente viagère peut à tout moment être transformée en capital.

Cette transformation peut être demandée au juge :

– par le débiteur de la prestation compensatoire ou ses héritiers (s'il vient à disposer d'un capital ou, le cas échéant en contractant un emprunt ; mais la loi est muette sur la possibilité de déduire fiscalement les intérêts de l'emprunt pris pour rembourser le capital) ;

BON À SAVOIR **Le problème de l'insolvabilité**

La réforme n'a pas touché à la question des personnes se plaçant volontairement en situation d'insolvabilité pour ne pas avoir à régler de prestation compensatoire. Il faut savoir, sur un plan général, que l'insolvabilité frauduleuse constitue un délit. Par ailleurs, des mesures peuvent être prises, en cours de procédure de divorce, dans le cadre des mesures urgentes afin d'éviter ces manœuvres (sur cette question, voir sous la rubrique : *La vie du ménage pendant le divorce*, l'encadré sur les mesures urgentes pendant la procédure de divorce).

– par le créancier de la prestation compensatoire s'il établit qu'une modification de la situation du débiteur permet cette substitution, notamment lors de la **liquidation du régime matrimonial** (art. 276-4 C. civ.).
La substitution doit être demandée au juge. La demande est faite de la même façon qu'une demande en révision (par requête ou simple lettre). Elle peut être effectuée, au vu des textes, avec versement du solde en une seule fois (sous forme de paiement en liquidités ou d'abandon de bien ou tout autre moyen prévu en matière de paiement en capital ; voir ci-dessus) ou moyennant versements mensuels ou annuels sur huit ans.
Les héritiers peuvent saisir le juge aux fins de statuer sur la substitution d'un capital à une rente. Cette possibilité est d'un grand intérêt pour eux si, à l'occasion de la succession, ils disposent d'un capital suffisant pour racheter la rente.

À noter

Cette possibilité de transformer une rente en capital est prévue également pour les anciennes rentes (voir ci-dessous la rubrique : Dans quelle mesure les bénéficiaires ou les débiteurs des prestations compensatoires peuvent bénéficier des nouveaux-textes ?*)*

LA TRANSMISSIBILITÉ DU SOLDE DU CAPITAL OU DE LA RENTE AUX HÉRITIERS DU DÉBITEUR

Le fait que la charge de la prestation compensatoire soit transmissible aux héritiers du débiteur suscite de nombreuses critiques. Le décès du débiteur oblige en effet ses héritiers à continuer le versement de la prestation. Ce qui est très mal vécu, c'est quand les héritiers sont, non pas les enfants du couple, mais la seconde épouse ou les enfants de la première union. Ceux-ci doivent assurer cette charge financière, perçue comme étant injuste.
En outre, dès lors que la prestation compensatoire est destinée à remédier à la disparité que la rupture du mariage provoque dans les conditions de vie des conjoints, on peut se demander si elle ne devrait pas rester une charge propre au débiteur, sa transmission à ses héritiers ne se justifiant pas.
La réforme en a pourtant conservé le principe. Ce choix est essentiellement justifié par le caractère alimentaire que peuvent revêtir les rentes viagères pour des épouses relativement âgées, qui n'ont pas exercé d'activité professionnelle, et que le décès de leur ex-mari priverait de tout revenu si la charge de la rente n'était pas transmissible à ses héritiers (Rapport fait au nom de la commission des lois sur la réforme de la prestation compensatoire du 26 janvier 2000).
Il est, à cet égard, révélateur de constater, d'après les statistiques parues sur l'année 1996, qu'à partir de cinquante ans, les rentes à vie prenaient une part prépondérante : alors que les rentes viagères ne représentaient que 26,4 % des rentes mensuelles fixes allouées aux épouses ayant entre quarante et quarante neuf ans lors du divorce, cette

proportion s'élevait à 64,4 % pour les femmes âgées de cinquante à cinquante neuf ans et à 87,6 % pour celles de soixante à soixante neuf ans.

À noter

Dans la déclaration de succession, les héritiers peuvent déduire de l'actif la valeur de la rente de prestation compensatoire au jour du décès, rente déterminée suivant le barème fiscal (âge du bénéficiaire).

▶ Le solde du capital

A la mort de l'époux débiteur, la charge du solde du capital passe à ses héritiers. Ces derniers peuvent demander la révision des modalités de paiement comme le débiteur aurait pu le faire (étalement du paiement sur plus de huit ans sous certaines conditions). Ils peuvent se libérer **à tout moment** du solde du capital (voir ci-dessus, art. 275-1 C. civ.).

▶ La rente viagère

A la mort de l'époux débiteur, si le terme du paiement n'est pas atteint, la charge de la rente viagère passe à ses héritiers (art. 276-2 C. civ.).

Les héritiers disposent alors de la faculté de demander la révision de la rente, tout comme aurait pu le faire l'ex-époux débiteur de celle-ci. Ce principe était accordé par la jurisprudence avant l'intervention de la réforme. Cette possibilité de révision est dorénavant inscrite dans la loi (art. 276-3 C. civ.).

Il faut en effet noter que les héritiers n'hériteront pas des différentes pensions, retraites et autres sources de revenus de **caractère viager** de leur parent et que cette charge pourra par la suite leur paraître lourde à supporter. C'est pourquoi ils doivent pouvoir eux aussi demander une révision de la rente.

▶ La pension de réversion

La pension de réversion, partie de la retraite d'un époux, est attribuée, sous certaines conditions, au conjoint divorcé non remarié, assimilé à un conjoint survivant, s'il a moins de cinquante cinq ans et si le mariage a duré plus de deux ans. Quand l'assuré est remarié, la pension de réversion est partagée entre le conjoint survivant et les précédents conjoints divorcés, non remariés, au prorata de la durée respective de chaque mariage.

En cas de décès du débiteur de la rente, ses héritiers sont tenus de continuer le paiement de la prestation compensatoire. Depuis la réforme du 30 juin 2000, les pensions de réversion, éventuellement versées du chef du conjoint décédé, sont déduites de **plein droit** (sans qu'aucune demande ne soit nécessaire) de la rente viagère, ce qui en diminue d'autant la charge.

Par ailleurs, sauf décision contraire du juge saisi par le créancier, une déduction du même montant continue à être faite si le créancier perd son droit à pension de réversion (art. 276-2 C. civ.).

Exemple

Imaginons un divorce datant d'après la réforme du 30 juin 2000 : une femme de soixante ans touche une prestation compensatoire viagère de 6 000 F. Son ex-mari meurt. La femme peut bénéficier d'une pension de réversion de 4 000 F. Les héritiers lui devront une prestation compensatoire de 2 000 F.

À noter

C'est un des principaux apports de la réforme puisque auparavant cette question n'était pas réglée par la loi. La réforme s'applique aux anciennes rentes (voir plus loin).

LES GARANTIES DE VERSEMENT DE LA PRESTATION COMPENSATOIRE

En matière de prestation compensatoire, on constate, comme pour les pensions alimentaires dues pendant l'instance en divorce entre les époux, un nombre considérable d'impayés. La question peut donc se poser de savoir ce que prévoit la loi pour tenter d'éviter ces difficultés.

▶ La souscription d'un contrat

Pour garantir un paiement régulier de la prestation compensatoire, la loi autorise le juge à l'assortir de garanties limitativement énumérées par la loi, à savoir : un **gage,** une **caution** ou une **hypothèque.** Le juge peut également imposer à l'époux débiteur, depuis la réforme du 30 juin 2000, de souscrire un « contrat garantissant le paiement de la rente ou du capital » (art. 277 C. civ.). L'objet de cette modification est d'inclure les **contrats d'assurance** parmi les garanties que peut imposer le juge à l'époux redevable d'une prestation compensatoire sous forme de rente. On peut penser que cet ajout est de nature à consolider les droits du bénéficiaire, même si, en pratique, se pose le problème du risque assurable : invalidité, décès, insolvabilité.

Attention

C'est à celui qui demande la prestation compensatoire de penser à demander une garantie. Mais, de son côté, le juge peut l'imposer. Il ne s'agit cependant que d'une simple faculté laissée à l'appréciation du juge ; celui-ci n'est pas obligé d'y avoir recours. Dans la pratique, avant la réforme, on constatait malheureusement que peu de prestations compensatoires faisaient l'objet de garanties.

En cas de versement d'un **capital,** le jugement de divorce peut être subordonné au versement de ce capital ou à la constitution de garanties (art. 275 C. civ.).

▶ L'hypothèque

Le paiement de la prestation compensatoire est de plein droit garanti par l'hypothèque légale prévue par l'article 2121 du Code civil pour le paiement des droits et créances d'un époux sur les biens de l'autre.
Ce paiement est aussi garanti par l'hypothèque judiciaire. Définie dans l'article 2123 du Code civil comme résultant des « jugements, soit contradictoires, soit par défaut, définitifs ou provisoires, en faveur de celui qui les a obtenus », elle permet au créancier, bénéficiaire de l'hypothèque, d'« inscrire son droit sur tous les immeubles appartenant actuellement à son débiteur » et de « prendre des inscriptions complémentaires sur les immeubles entrés par la suite dans le patrimoine de son débiteur », celui-ci pouvant toutefois demander leur réduction si ces inscriptions sont excessives (art. 2161 C. civ.). Elle peut être inscrite pendant le délai d'un an à compter de la dissolution du mariage, et prend rang au jour de son inscription.

⚠ *Attention*

La publication du jugement de divorce à la Conservation des hypothèques ne vaut pas inscription d'hypothèque (C. cass., civ. 3e, 13.12.2000, Droit de la Famille, Ed. Juris-Classeur, mars 2001, p. 27). Il est nécessaire de respecter les prescriptions prévues en matière de prise d'hypothèque (art. 2137 et s. C. civ.)

DANS QUELLES MESURES LES BÉNÉFICIAIRES OU LES DÉBITEURS DE PRESTATIONS COMPENSATOIRES PEUVENT-ILS BÉNÉFICIER DES NOUVEAUX TEXTES ?

La loi est entrée en vigueur le 03 juillet 2000 pour Paris. Ailleurs la loi est entrée en vigueur un jour franc après l'arrivée du journal officiel du 1er juillet 2000 (journal où est publiée la loi du 30 juin 2000) au chef-lieu du département.

▶ La fixation de la prestation compensatoire

La loi précise dans ses dispositions transitoires, que les nouvelles dispositions sont applicables aux instances en cours qui n'ont pas donné lieu à une décision « **ayant force de chose jugée** ». Les époux peuvent donc demander à bénéficier des nouvelles modalités de versement de la prestation compensatoire (versement d'un capital sur huit ans, demande d'abandon d'un bien en pleine propriété notamment), en première instance ou en appel et même devant la Cour de cassation, tant que la décision de justice est susceptible d'une voie de recours.

▶ La substitution d'un capital aux rentes

Par ailleurs, les demandes de substitution de capital aux rentes sont autorisées dès l'entrée en vigueur de la loi, de la façon suivante :

– il est possible de demander la substitution d'un capital, suivant les nouvelles modalités, aux rentes viagères attribuées avant l'entrée en vigueur de la loi. Si le juge refuse, son refus doit être spécialement motivé ;
– les rentes temporaires peuvent être transformées en capital, à la demande du débiteur et des héritiers, ou même du bénéficiaire de la rente s'il établit qu'une modification de la situation du débiteur permet cette substitution (art. 21, L. du 30.06.2000).

▶ La pension de réversion

Les héritiers du débiteur de la prestation compensatoire doivent saisir le juge pour obtenir l'imputation de la pension de réversion sur les rentes de prestation compensatoire en cours qu'elles soient temporaires ou viagères (voir ci-dessus la rubrique : *La pension de réversion* ; art. 22, L. du 30.06.2000).

La révision

AVANT LA RÉFORME

La révision n'était admise que de façon exceptionnelle par les juridictions, ce qui était ressenti comme une injustice.

▶ Les problèmes posés par la révision de la rente

A l'heure actuelle, l'incertitude liée à la conjoncture économique pèse essentiellement sur le débiteur d'une rente. Or, compte tenu du caractère restrictif de la révision, avant l'entrée en vigueur de la réforme du 30 juin 2000, peu de demandes de révision étaient effectuées, soit environ 800 par an. En effet, la prestation compensatoire ne pouvait pas être révisée en cas de changement imprévu dans les ressources et les besoins des parties, contrairement à une pension alimentaire. Elle n'était autorisée que si l'absence de révision devait avoir pour l'un des conjoints des conséquences d'une **exceptionnelle gravité.**
Or, le versement de la prestation compensatoire peut, dans certains cas, engendrer des injustices : par exemple, lorsque celui qui la verse devient chômeur et perd une part substantielle de ses revenus alors que le créancier a vu ses revenus augmenter ou sa situation s'améliorer (par exemple, par **remariage).** Un ex-époux, astreint à verser une prestation compensatoire calculée sur la base d'un salaire qu'il ne perçoit plus, peut, en effet, se trouver dans une situation financière plus difficile que la personne à laquelle il doit verser cette prestation. Mais, les tribunaux ont toujours fait preuve d'une grande rigueur dans l'appréciation de cet article.

La situation du créancier

D'après les tribunaux, la révision ne pouvait pas être fondée sur l'amélioration de la situation de l'ex-conjoint. Ainsi, le riche **remariage** (ou **concubinage**) du bénéficiaire de la prestation compensatoire ne pouvait entraîner, à lui seul, une diminution ou une suppression de la rente (CA Paris 27.1.1983, et 26.4.1988).

La situation du débiteur

D'après les tribunaux, la révision ne pouvait pas plus être fondée sur la réduction des ressources du débiteur lors de la **retraite,** élément censé avoir été pris en compte par le juge au moment du divorce, dans le cadre des événements prévisibles, ni sur des difficultés financières qui seraient le résultat de carences dans la gestion du budget.
La perte d'un emploi n'emportait pas automatiquement la révision de la prestation compensatoire alors que la maladie semblait plus fréquemment retenue. Des difficultés passagères ne pouvaient également pas suffire à obtenir la révision. Il fallait au contraire démontrer une impossibilité actuelle et durable de faire face à ses obligations, allant, pour certaines juridictions, jusqu'à une détérioration irrémédiable de la situation du débiteur.
La priorité était donc clairement donnée au créancier de la prestation compensatoire, qui pouvait compter sur un versement sans diminution ou interruption de cette rente, plutôt qu'au débiteur. Mais, cette quasi-impossibilité de révision était de plus en plus mal acceptée par l'ex-époux débiteur, surtout s'il avait refait sa vie, par son nouveau conjoint ou les enfants issus de cette nouvelle union qui, en acceptant sa succession, se voyaient transmettre la charge de la rente. C'est sur cette question de la révision des prestations compensatoires que les critiques étaient les plus fortes.

▶ Les problèmes posés par la révision du capital

Concernant le capital, la question s'était posée de savoir si tant son montant que son échéancier pouvaient être modifiés par le juge. En effet, avant la réforme du 30 juin 2000, la loi prévoyait une possibilité de régler le capital sur trois ans (contre huit ans actuellement).
Une seule décision était, à notre connaissance, intervenue sur cette question, et elle ne concernait que l'échéancier. Il avait été jugé qu'une demande de report, dans l'hypothèse d'un capital versé sur trois annuités, devait être assimilée à une demande de révision : *« La demande de report du versement de la dernière annuité de capital, qui vise à modifier un des éléments intrinsèques de la prestation fixée, correspond à une demande en révision, même s'il n'est pas sollicité de modification de son montant »* (C. cass., civ. 2e, 19.2.1992, D. 93, 397).
Dans ce cas précis, la Cour de cassation n'excluait pas ce type de demande, mais il appartenait bien sûr au demandeur à justifier de circonstances exceptionnellement graves, au regard de l'ancien article 273 du Code civil (voir ci-dessus).

LA RÉFORME

La loi du 30 juin 2000 favorise la révision de la prestation compensatoire et différencie la révision du capital de la révision de la rente.

▶ Versement sous forme de capital

Si la demande de révision porte sur le **capital** (qui, par hypothèse, est versé sous forme de versements mensuels ou annuels dans la limite de huit ans), seul le débiteur peut en demander la révision et uniquement **en cas de changement notable de sa situation.** A titre exceptionnel, le juge peut alors, par décision spéciale et motivée, autoriser le versement du capital sur une durée totale supérieure à huit ans (art. 275-1 C. civ.). La révision ne porte donc pas sur le **montant** de la prestation compensatoire mais sur l'échéancier. Seul un changement dans la situation du débiteur (et non celle du bénéficiaire du capital) est admise. Les tribunaux devront interpréter ce qui peut constituer un changement notable de situation.

▶ La rente viagère

Si la révision porte sur une **rente viagère,** le débiteur peut en demander la baisse, la suppression ou la suspension **en cas de changement important dans les ressources et les besoins des parties**. Ici, contrairement au capital, le changement peut donc être un changement dans la situation du débiteur ou dans celle du créancier : si ce dernier fait un riche remariage par exemple, le débiteur pourra invoquer ce nouvel élément. La révision ne peut avoir pour effet de porter la rente à un montant supérieur à celui fixé initialement par le juge (art. 276-3 C. civ.).

▶ La révision

La révision du capital ou de la rente ne peut être demandée que par le débiteur ou ses héritiers. Celui qui touche la prestation compensatoire ne peut pas demander une augmentation de la rente, comme cela est possible pour une obligation alimentaire, en cas de retour à meilleure fortune du débiteur. En revanche, quand il s'agit d'un capital payé par annuités ou mensualités, il peut saisir, après la liquidation du régime matrimonial, le juge d'une demande en paiement du solde du capital.

La révision peut être demandée au juge aux affaires familiales sans avoir à passer par un avocat, contrairement à ce qui était le cas avant la réforme.

À noter

Comme par le passé, toute révision est par principe refusée en cas ***d'endettement volontaire*** *du débiteur (difficile à prouver) ou plus généralement survenu en raison des conséquences de choix familiaux personnels du débiteur (par exemple, s'il fonde un nouveau foyer).*

Quelle sera l'importance quantitative de ces demandes de révision dans les années à venir ? Selon le rapport rendu par le groupe de travail sur la rénovation du droit de la famille, « il est évident que, tout en cantonnant la possibilité de révision à une modification notable de la situation des parties, un nombre considérable de demandes seront formées, tout au moins dans les premiers temps d'application de la loi ».

LES ANCIENNES RENTES BÉNÉFICIENT-ELLES DE CES MODIFICATIONS LÉGISLATIVES ?

Les anciennes rentes, qu'elles soient temporaires ou viagères, bénéficient de cette modification législative. En effet, les prestations compensatoires, actuellement versées sous forme de **rente temporaire** lors de l'entrée en vigueur de la loi, peuvent être révisées à la baisse, suspendues ou supprimées en cas de changement important dans les ressources et les besoins des parties. Mais la révision ne peut pas conduire à proroger la durée initiale, sauf accord des parties. Elle ne peut pas avoir pour effet de porter la rente à un moment supérieur à celui fixé initialement par le juge. La révision des **rentes viagères** attribuées avant l'entrée en vigueur de la loi peut également être demandée par le débiteur ou ses héritiers (art. 21 du 30.06.2000).

LA SUSPENSION ET SUPPRESSION DES VERSEMENTS

Avant la réforme, en cas de difficultés financières importantes mais, en principe, passagères, les tribunaux autorisaient le débiteur à demander une suspension des versements, afin de répondre rapidement à certaines situations d'urgence, telles le licenciement. Pouvaient ainsi être admises :

- une réduction momentanée de la rente,
- une suspension temporaire du paiement de la rente,
- et ce, dans les mêmes conditions que pour une révision.

La réforme prévoit expressément que la rente viagère peut être suspendue en cas de changement important dans les ressources et besoins des parties (art. 276-3 C. civ.). Les critères sont donc les mêmes que pour une révision de rente. Bien plus, ce texte prévoit qu'elle pourra être supprimée. On est loin ici d'une suspension temporaire.

JURISPRUDENCE

Ainsi, une suspension dans les versements de six mois a été ordonnée dans le cas d'un débiteur de prestation compensatoire, gérant d'une SARL, de création récente, n'ayant pas encore eu le temps de réaliser des bénéfices. Dans cette affaire, le paiement de la prestation compensatoire, jointe à celui de la pension pour l'enfant du couple, aurait eu pour l'intéressé, dont les ressources se trouvaient très diminuées, des conséquences d'une exceptionnelle gravité (CA Paris, 1re ch. C, 9.10.1984).
La suspension, qui était considérée comme une des formes de la révision, ne pouvait être prononcée que pour une durée déterminée, et non jusqu'au retour à meilleure fortune (C. cass., civ. 2e, 31.03.1993, BC n° 134).

À noter

En ce qui concerne le capital dont les versements sont échelonnés dans le temps, la loi prévoit seulement une modification de l'échéancier, mais non la suspension ou la suppression des versements.

Le cas particulier du divorce sur demande conjointe

Le cadre légal des prestations compensatoires fixées par le juge présente donc, même malgré la réforme, une certaine rigidité. Les époux peuvent y échapper en se mettant d'accord sur des dispositions plus proches de leurs souhaits. Dans le cadre du divorce sur demande conjointe, la liquidation du régime matrimonial doit être homologuée au moment du prononcé du divorce. Les époux peuvent donc trouver des modalités de versement de la prestation compensatoire correspondant plus spécifiquement à leur situation personnelle. Ils apprécient eux-mêmes s'il y a lieu à prestation compensatoire, fixent son montant et ses modalités dans la convention qu'ils soumettent à l'homologation du juge : ce dialogue permet de trouver un accord sur le bien-fondé de la prestation et d'en adapter la forme au plus près des vœux de chacun des époux.

Le divorce sur demande conjointe est un divorce fréquemment utilisé. D'après des statistiques établies en 1996, il représente 41,4 % des divorces prononcés. C'est le divorce qui a la faveur du public. Il est souvent utilisé par les jeunes couples sans enfants et sans patrimoine important. Il serait également le type de divorce le plus prisé dans les classes aisées, dans les zones urbaines, avec versement de prestation compensatoire en capital.

Depuis la réforme de la prestation compensatoire du 30 juin 2000, il permet encore plus de souplesse dans le choix des solutions, les époux n'étant plus enfermés, comme dans les autres cas de divorce, dans le dilemme capital ou rente obligatoirement viagère. Par exemple, une rente à durée temporaire peut être prévue ; capital et rente peuvent être panachés. Les clauses de révisions en revanche, depuis la nouvelle loi, sont conçues différemment. Par ailleurs l'instruction fiscale du 19 janvier 2001 rend le paiement des rentes défavorables sur le plan fiscal (voir ci-dessous).

LA FIXATION DE LA PRESTATION COMPENSATOIRE

▶ La liberté des époux

L'article 278 du Code civil prévoit que les époux fixent le montant et les modalités de la prestation compensatoire dans la convention qu'ils soumettent à l'homologation du juge. Ils peuvent prévoir que le versement de la prestation cessera à compter de la réalisation d'un événement déterminé. La prestation peut prendre la forme d'une rente attribuée pour une durée limitée.

Les époux bénéficient en effet d'une grande liberté dans le cadre de ce divorce puisqu'ils peuvent organiser les mesures qui les concernent pour l'après-divorce (sous le contrôle du juge). En ce qui concerne la prestation compensatoire, ils peuvent ainsi fixer d'un commun accord **le montant, la durée et le point de départ de la prestation compensatoire.**

▶ Les clauses de variation

Les clauses les plus utilisées par les époux portent sur la possibilité de réviser la prestation compensatoire, en fonction d'événements déterminés ou déterminables. Certains époux prévoient des variations de la rente en cas de baisse de revenu du bénéficiaire de la prestation compensatoire.

Ainsi, une clause peut valablement prévoir :

- que la rente est versée de façon temporaire,
- qu'elle est due à partir d'une date antérieure au divorce, par exemple la date de la **séparation de fait** entre les époux (C. cass., civ. 2e, 28.1.1998),
- qu'elle est versée par **virement** de compte bancaire à compte bancaire,
- qu'elle cessera d'être versée en cas de **remariage** ou de **concubinage** de l'époux créancier ou toute autre condition qui serait refusée dans une autre forme de divorce,
- qu'elle sera amenée à varier suivant tel ou tel paramètre. De telles clauses sont très fréquemment insérées dans les conventions.

> ***Exemple***
>
> *Les époux prévoient que la prestation compensatoire diminuera lors de la retraite du débiteur ou encore que la prestation est fixée en proportion des revenus, par exemple 15 % lors de l'activité, 5 % lors de la retraite.*

De nombreuses solutions sont trouvées en relation avec la **liquidation du régime matrimonial.** Ainsi une clause peut prévoir un paiement en capital à titre de prestation compensatoire par abandon de la soulte (un partage est fait avec soulte quand les partageants reçoivent des attributions supérieures à leurs droits, à charge de verser aux autres une soulte qui peut être une somme d'argent ou d'un bien).

Exemple

Une épouse, divorçant sur demande conjointe, doit dans le cadre de la liquidation de la communauté une ***soulte*** *à son mari. L'époux lui doit, de son côté, une prestation compensatoire, compte tenu de la disparité de leurs revenus. Il va lui abandonner, dans le cadre de la convention définitive homologuée par le juge, à titre de prestation compensatoire, la soulte que celle-ci devrait normalement lui verser. Il y aura donc compensation entre la soulte que la femme doit verser à son mari dans le cadre du partage, et la prestation compensatoire que le mari doit verser à sa femme.*

De même, un **partage inégal** de la communauté peut être organisé dans le cadre du versement de la prestation compensatoire (un immeuble de grande valeur est attribué à la femme, le mari gardant celui de plus faible valeur et qui n'est pas encore soldé, le restant des prêts étant à sa charge). Il en résulte une plus forte proportion de paiement en capital dans ce genre de procédure. Le juge va cependant contrôler les conventions qui lui sont soumises et notamment les clauses relatives aux prestations compensatoires. Il peut dont être amené à refuser de les homologuer si elles fixent de façon inéquitable les droits et obligations de chacun (par exemple un époux se laisse convaincre d'abandonner tout droit à une prestation compensatoire alors que ses ressources sont peu élevées).

À noter

Il n'est pas possible de revenir sur un abandon de prestation compensatoire prévue dans une convention définitive dans le cadre d'un divorce sur demande conjointe. Ainsi, si une épouse déclare expressément renoncer à une prestation compensatoire, elle ne peut pas par la suite en demander le bénéfice sous couvert d'une action en révision. La révision suppose en effet que le droit à prestation compensatoire ait été reconnu antérieurement, judiciairement ou conventionnellement (C. cass., civ. 2e, 28.1.1987, BC n° 29).

LA RÉVISION DE LA PRESTATION COMPENSATOIRE

Les époux peuvent revenir devant le juge pour faire modifier la prestation compensatoire s'ils sont d'accord sur ce point et souhaitent faire établir une nouvelle convention entre eux (art. 279 C. civ.).

▶ Application d'une clause de révision

Les époux peuvent insérer, dans leur **convention définitive,** une clause de révision de la prestation compensatoire. L'article 279 du Code civil les autorise en effet à prévoir une clause indiquant que chacun d'eux pourra, en cas de **changement important dans leurs ressources et besoins**, demander au juge de procéder à une révision de la prestation compensatoire.

Les époux doivent être vigilants quant à la rédaction des clauses de révi-

BON À SAVOIR

Avant la réforme du 30 juin 2000, la loi autorisait les époux à insérer, dans la convention définitive, une clause prévoyant une possibilité de révision en cas de **changement imprévu** dans leurs ressources et besoins. La réforme apporte donc un correctif important aux pouvoirs des époux dans le divorce sur demande conjointe puisqu'ils ne peuvent maintenant prévoir que l'hypothèse d'un changement important et non imprévu. Le législateur a eu pour souci d'aligner la situation de ces époux sur ceux divorçant suivant d'autres procédures que le divorce sur demande conjointe. Mais cette nouvelle situation n'est pas avantageuse pour les époux adoptant le divorce sur demande conjointe.

sion qu'ils insèrent (et notamment leurs implications fiscales). En leur absence, seul l'accord ultérieur des ex-époux peut modifier les modalités de versement de la prestation compensatoire (voir ci-dessous). De façon générale, il convient d'être très attentif à la façon dont vont être rédigées les clauses de la convention définitive, afin qu'aucune ambiguïté n'existe dans la mesure où il sera difficile d'en contester les termes par la suite.

▶ Révision sans clause

Quand les époux n'avaient pas prévu de clause de révision, et à défaut d'accord entre eux pour établir une nouvelle convention homologuée, la jurisprudence, antérieure à la réforme du 30 juin 2000, les autorisait à demander la **révision judiciaire** en présence de circonstances d'une exceptionnelle gravité – cas de révision prévue auparavant (C. cass., civ. 2e, 6.2.1985, BC n° 31 ; art. 273 C. civ.). Cela permettait aux époux, ayant omis d'insérer une clause de variation de la prestation compensatoire, de conserver la possibilité de demander une révision, comme des époux divorçant sur un autre cas de divorce.
La nouvelle loi ne dit rien sur cette question. La question se pose donc de savoir si une telle possibilité de révision, en l'absence de clause, existe.

L'incidence des règles fiscales

L'influence du droit fiscal est déterminante pour les modalités de versement de la prestation compensatoire. En effet, avant la réforme du 30 juin 2000, le régime de la taxation du capital et celui de la rente étaient fondamentalement différents, le fisc ayant tendance à assimiler rente et pension alimentaire. Nous précisons ici le régime fiscal existant avant l'application du nouveau texte dans la mesure où les nouvelles dispositions ne sont applicables que pour les jugements rendus après l'entrée en vigueur de la loi (art. 17 de la loi). Les nouvelles règles ont fait l'objet d'une instruction fiscale reproduite en fin d'ouvrage.

LE CAPITAL

La taxation va dépendre du mode de règlement et de la nature des biens ayant servi à ce paiement en capital.

▶ Impôt sur le revenu

Avant la réforme du 30 juin 2000, le versement d'une somme d'argent ou l'affectation de biens en capital ne donnait lieu ni à l'imposition entre les mains du créancier ni à déduction des revenus du débiteur.
Depuis la réforme, en cas de versement d'une **somme d'argent**, il existe deux régimes fiscaux distincts en fonction de l'échelonnement des paiements. Ce régime se veut incitatif pour l'époux qui règle au plus vite le capital :
- quand le capital est versé immédiatement ou dans un délai maximal de douze mois à compter du jugement qui ne peut plus faire l'objet d'une voie de recours, le débiteur bénéficie d'une **réduction d'impôt** égale à 25 % du montant des versements effectués conformément à la convention de divorce (divorce sur demande conjointe) ou au jugement de divorce. Un plafond est cependant fixé à 200 000 F (la réduction ne peut donc dépasser 50 000 F). Cette réduction peut s'appliquer sur un an ou s'étaler sur deux ans suivant la date des paiements (art. 199 octodecies CGI). De son côté, le bénéficiaire de la prestation compensatoire n'a pas à la déclarer à titre de revenus mais doit régler un droit d'enregistrement (voir ci-dessous) ;
- quand les paiements s'étalent sur plus de douze mois, ils sont déduits, comme la rente, intégralement des revenus du débiteur et sont en contrepartie déclarés par le créancier (art. 156, II, 2e CGI ; voir l'instruction fiscale en fin d'ouvrage sur cette question).

À noter

Les autres versements en capital (abandon de biens notamment) sont exclus de ces dispositions.

▶ Droits d'enregistrement du jugement fixant la prestation compensatoire

En cas de versement d'une somme d'argent (paiement immédiat ou sur moins de douze mois) ou d'un abandon d'un bien meuble ou immeuble, un droit d'enregistrement doit être réglé par celui qui en bénéficie. En revanche l'affectation de **biens productifs de revenus** ne constitue pas un versement en capital et ne donne pas lieu à versement de droits d'enregistrement.
Le montant de ce droit dépend de savoir si l'argent ou le bien est d'origine commune ou propre.
• Dans les régimes de communauté, les versements effectués au moyen de **biens communs** en nature (biens achetés pendant la communauté) ou en argent (les **salaires** sont considérés comme des biens communs) sont assimilés à des **opérations de partage**. Le droit à régler est le droit

de partage de 1 %, calculé successivement sur la valeur de l'actif net des biens revenant à l'époux (c'est-à-dire actif brut moins les charges) à la suite du partage proprement dit et sur celui constituant la prestation compensatoire, sans double imposition et sans déduction des **soultes** et **plus-values.**

À noter

Si le partage prévoit des soultes mises à la charge de certains copartageants (destinées à compenser des attributions supérieures aux lots qu'ils auraient dû recueillir) ou si un copartageant bénéficie d'une plus-value (excédent d'un lot sans obligation de verser une soulte), le droit de partage de 1 % est calculé sur la globalité de l'actif net à partager comprenant ces soultes ou plus-values (art. 746 du CGI). Ce régime s'applique s'agissant d'un bien, qu'il soit abandonné en propriété ou en usufruit (sur l'usufruit, voir ci-dessus).

• Les versements effectués au moyen de **biens propres** (dans le régime communautaire) ou **personnels** (dans le régime de la séparation de biens) sont soumis aux **droits de mutation à titre gratuit (droits de donation),** que le bien soit attribué en propriété ou en usufruit. Cela signifie un important coût fiscal puisque les droits sont fixés suivant un barème progressif, au-delà de l'abattement prévu entre conjoints. Une instruction fiscale du 23.5.2001 rappelle qu'il convient d'appliquer le cas échéant à ce tarif la réduction du droit liée à l'âge du donateur (c'est-à-dire du débiteur – voir en pratique).

EN PRATIQUE **Tarif des droits de mutation applicables entre époux**

Pour la perception des droits de mutation à titre gratuit, il est effectué un abattement de 500 000 F pour les donations consenties à compter du 1er janvier 2000 (art. 777, 779 CGI). Un bien propre d'une valeur inférieure à 500 000 F ne fait donc pas l'objet de paiement de droit d'enregistrement pour celui qui l'abandonne à son conjoint à titre de prestation compensatoire. Après application de cet abattement, il est dû pour une valeur :
- n'excédant pas 50 000 F : 5 % (soit 2 500 F) ;
- comprise entre 50 000 et 100 000 F : 10 % (soit 5 500 F) ;
- comprise entre 100 000 F et 200 000 F : 15 % (soit 15 500 F) ;
- comprise entre 200 000 F et 3 400 000 F : 20 % (soit 640 000 F) ;
- comprise entre 3 400 000 F et 5 600 000 F : 30 % (soit 660 000 F) ;
- comprise entre 5 600 000 F et 11 200 000 F : 35 % (soit 1 960 000 F) ;
- au-delà de 11 200 000 F : 40 % (soit 3 288 750 F).

Réduction des droits liés à l'âge du donateur
- 50 % quand le donateur a moins de 65 ans
- 30 % quand le donateur a 65 ans révolus et moins de 75 ans.

• Les versements effectués au moyen de **biens indivis** dans le régime de la **séparation de biens** sont soumis depuis la réforme du 30 juin 2000 au droit de partage de 1 % par assimilation aux droits de partage des biens communs. Cette disposition est d'application immédiate (art. 19 de la loi).

À noter

Avant cette réforme, les versements effectués au moyen de biens indivis étaient soumis aux droits de mutation à titre gratuit (art. 757 A CGI ; C. cass., com., 10.6.1997). L'avantage fiscal issu de la réforme est donc évident pour les époux.

▶ La substitution d'un capital à une rente

En ce qui concerne l'impôt sur le revenu, le capital substitué fera l'objet suivant les modalités de versements pour celui qui le verse soit d'une réduction d'impôt, soit d'une déduction des revenus.
Par exemple, si l'on prend une prestation compensatoire viagère de 3 500 F par mois, le débiteur peut proposer à son ex-femme le versement d'une somme de 200 000 F versée sur cinq ans soit 40 000 F par an. Il pourra déduire cette somme de ses revenus puisqu'elle est versée sur plus de douze mois mais son ex-femme devra la déclarer. Elle tentera donc de son côté d'obtenir un versement immédiat ou sur moins d'un an et le juge devra trancher. Selon l'instruction fiscale du 19 janvier 2001, quand le capital est versé sur une période n'excédant par douze mois le débiteur ne peut pas se prévaloir de la réduction d'impôt dès lors qu'il a déjà obtenu par le passé une déduction de son revenu imposable à raison des versements sous forme de rente.
En ce qui concerne les droits d'enregistrement, la loi ne précise pas quels seront les droits à payer. L'administration fiscale devra préciser ce point.

LA RENTE

▶ Impôt sur le revenu

La rente viagère est déductible, à hauteur du montant fixé judiciairement, des revenus de celui qui la verse et imposable entre les mains de celui qui la reçoit (art. 80 quater, art. 156 II, 2e CGI).
En ce qui concerne les rentes versées dans le cadre d'un divorce sur demande conjointe, l'instruction fiscale du 19 janvier 2001, reproduite en fin d'ouvrage, estime qu'elles ne sont pas déductibles (art. 278 C. civ.).

À noter

Les sommes versées au titre d'un simple accord amiable ne sont pas déductibles. Il est indispensable d'être en possession d'un jugement.

▶ Droits d'enregistrement du jugement fixant la prestation compensatoire

Il n'y a pas lieu à perception de droit d'enregistrement

À noter

Il n'existe pas de droit à régler pour les prestations compensatoires versées en capital sur plus d'un an dont le régime suit les rentes (voir ci-dessus). Comme pour tout avantage fiscal, le contribuable doit justifier de son jugement de divorce et de la réalité des versements.

QUESTIONS-RÉPONSES

L'épouse perçoit-elle automatiquement une prestation compensatoire ? Si oui, sur quelle base est-elle évaluée ?
Non, le versement d'une prestation compensatoire n'a rien d'automatique, puisqu'elle est destinée à compenser une disparité dans la situation économique des parties. Il faut donc qu'il y ait disparité et qu'elle soit du côté de la femme. Un mari qui remplirait les conditions posées par les textes pourrait parfaitement demander le versement à son profit d'une prestation compensatoire. On commence à voir quelques décisions sur ce point.

Quel montant de prestation dois-je verser à ma femme sachant que je compte déjà payer 2 000 F pour mes deux enfants ?
Comme pour la pension alimentaire destinée aux enfants, il n'existe pas de calcul mathématique type pour calculer le montant de la prestation compensatoire. Celle-ci dépend d'abord du fait de savoir si le divorce va entraîner une disparité dans la situation financière des époux, et ensuite d'apprécier l'importance de cette disparité, compte tenu d'un certain nombre d'éléments tels que les ressources respectives des parties, leur âge et qualification professionnels, l'existence ou non d'enfant, leur état de santé. Le fait qu'une pension alimentaire pour les enfants soit versée est (en principe) indifférent au montant que vous allez verser à titre de prestation compensatoire. Dans la pratique, cependant, le juge va en tenir compte.

Le fait de collaborer à l'entreprise de son mari sans être rémunérée a-t-il une incidence, dans le cadre d'un divorce, pour apprécier le montant de la prestation compensatoire ?
Oui, dans le calcul de la prestation compensatoire, il va être tenu compte d'un certain nombre d'éléments et notamment de la

➤

QUESTIONS-RÉPONSES

durée de la vie commune, de l'âge et situation actuelle professionnelle des époux, et du fait notamment que l'un d'eux avait, par exemple, arrêté son travail pour aider l'autre sans être rémunéré. Il a en effet été jugé que la disparité entre les ressources des époux pouvait être accentuée par une période de collaboration professionnelle non rémunérée de l'épouse. Dans un arrêt, une épouse a pu obtenir un capital important, couplé à une rente, en invoquant le fait qu'elle avait travaillé sept ans pour effectuer la comptabilité de son mari sans être déclarée ni rémunérée (CA Bordeaux, 2e ch., 26.3.1996).

La prestation compensatoire que je verse sous forme de rente viagère cesse-t-elle en cas de remariage de mon ex-épouse ?
Depuis la réforme du 30 juin 2000, cet élément pourra vous permettre, s'il a une incidence sur les revenus de votre épouse, de demander une diminution de la rente versée sinon une suppression de celle-ci. En effet, l'article 276-3 du Code civil précise : « La prestation compensatoire fixée sous forme de rente viagère peut être révisée, suspendue ou supprimée en cas de changement important dans les ressources ou les besoins des parties ».

La prestation compensatoire est-elle transmissible automatiquement aux héritiers du débiteur sans possibilité de s'y opposer ?
La charge de la prestation compensatoire se transmet effectivement aux héritiers (art. 276-2 C. civ.). Bien que la question soit controversée, il semble que la seule possibilité pour les héritiers d'éviter le versement, aux lieux et place de leur auteur, soit de renoncer à la succession. En revanche, il faut noter que les héritiers peuvent demander la révision de la prestation compensatoire. Il peuvent également demander – et ils y ont intérêt – depuis la réforme la substitution d'un capital au versement de la rente.

Le fait pour un époux de passer sous silence l'existence d'un emploi obtenu à titre d'intérim, après plusieurs années de chômage, pour lui permettre de bénéficier d'une prestation compensatoire, peut-il être sanctionné ? Le jugement de divorce a été rendu en effet sur des bases erronées. Quel recours peut-on avoir ?
Il a été jugé que, dans le cas d'une épouse qui passe sous silence un emploi rémunéré au milieu d'une période de chômage dans le but de tromper le juge, le jugement rendu sur la prestation compensatoire pouvait faire l'objet d'un recours en révision pour fraude sur le fondement de l'article 595 du Nouveau Code de procédure civile (C. cass., civ. 2e, 4.3.1992) : *« Le fait qu'après plus de trois ans de chômage, Mme X ait retrouvé un emploi même temporaire, ne pouvait être tenu sans conséquence dans*

➤

QUESTIONS-RÉPONSES

l'appréciation du litige, la démonstration étant apportée de la persistance d'une chance pour elle d'exercer une activité rémunérée. (...) En raison de l'importance toute particulière que revêtait la question de son non-emploi dans le cadre de la demande, spécialement contestée, de la prestation compensatoire, laquelle n'avait cessé de donner lieu à des sommations de communiquer et à des incidents de procédure, son silence ne peut être regardé que comme l'intention d'obtenir des juges, incomplètement informés de sa situation, une décision plus favorable ».
Attention, il s'agit d'une appréciation cas par cas du dossier et les conseils d'un avocat s'imposent.

Pour évaluer l'éventuelle prestation compensatoire qu'un époux, marié sous séparation de biens, aura à verser, est-il tenu compte de ses biens personnels ?
Le juge, en principe, tient compte des revenus et du capital de chacun des époux pour apprécier la disparité, même lorsque ce capital appartient en propre à l'un des époux (CA Paris, civ. 1re C, 26.5.1989).

J'ai vécu six ans avec mon mari. Nous n'avons pas d'enfant. Puis-je lui demander, dans le cadre de mon divorce, une prestation compensatoire ?
Tout dépend si votre divorce entraîne une disparité dans vos conditions de vie respectives, disparité qu'est censée combler la prestation compensatoire. Cette appréciation de la disparité des conditions de vie respectives est notamment fonction de la vie commune. Dans la mesure où vous avez eu une vie commune relativement courte, pour demander une prestation compensatoire, il va vous falloir prouver que vous pouvez y prétendre : par exemple, existence d'une forte différence entre vos revenus et ceux de votre mari. Votre âge, votre emploi actuel, seront des éléments à prendre en considération. Seul l'avocat à qui vous soumettrez votre dossier pourra vous conseiller sur ce point en connaissant tous les détails que vous lui soumettrez.

A la suite d'un jugement de divorce pour faute, en date du 4 novembre 1998, une prestation compensatoire doit être versée. A partir de quel moment le paiement est-il effectif, sachant qu'un certificat de non-appel a été rendu le 20 février 1997 ?
Il faut se reporter à la décision afin de vérifier si un point de départ du versement n'a pas été précisé. A défaut, la date à retenir est celle où le jugement est « passé en force de chose jugée », c'est-à-dire après l'expiration des voies de recours. Dans votre cas, il faut compter un mois à compter de la signification du jugement.

➤

QUESTIONS-RÉPONSES

Je dois verser une prestation compensatoire à mon ex-épouse pendant encore cinq ans. Je viens d'être licencié. Puis-je demander au juge de réviser à la baisse le montant de la rente ?
Depuis la réforme du 30 juin 2000, la prestation compensatoire, fixée sous forme de rente viagère, peut être révisée, suspendue ou même supprimée en cas de « changement important dans les ressources ou les besoins des parties » (art. 276-3 C. civ.). Cette possibilité est applicable pour les anciennes rentes temporaires. Pour ce faire, il vous faut saisir le juge aux affaires familiales de votre demande (depuis cette réforme, l'assistance d'un avocat n'est pas obligatoire).

Une prestation compensatoire versée sous forme de rente mensuelle peut-elle être révisée à la baisse lors de la mise à la retraite du débiteur ?
Depuis la réforme du 30 juin 2000, cela est effectivement possible, comme l'est la possibilité de demander une suspension ou une suppression du versement de la prestation compensatoire. Pour ce faire, il vous faut saisir le juge aux affaires familiales de votre demande (depuis cette réforme, l'assistance d'un avocat n'est pas obligatoire).

Mon mari verse une prestation compensatoire à son ex-femme. Nous voulons adopter un régime de communauté universelle avec attribution intégrale au dernier vivant. On m'a dit que, du fait de l'adoption de ce nouveau régime, en cas de décès de mon mari, je devrai continuer à régler la prestation compensatoire. Est-ce exact ?
C'est ce qui a été jugé par la Cour de cassation. Cette juridiction précise qu'effectivement, dans ce cas de figure, le conjoint survivant doit continuer à régler la prestation compensatoire au conjoint divorcé. En application des articles 1524 et 1526 du Code civil, le conjoint survivant, attributaire de la communauté, est débiteur de la prestation compensatoire (C. cass., civ. 2e, 11.6.1998).

La pension allouée pendant l'instance en divorce par un époux à l'autre peut-elle être récupérée lors de la liquidation du régime matrimonial ?
La question s'est posée de savoir si la pension alimentaire allouée en cours d'instance en divorce pouvait être récupérée lors des opérations de liquidation du régime matrimonial. A la suite d'une longue controverse, la Cour de cassation a décidé que la pension alimentaire n'était pas versée à titre d'avance sur la part de la communauté qui reviendra à l'époux créancier. Elle est due pendant l'instance en divorce au titre du devoir de secours et est donc acquise définitivement (C. cass., civ. 1re, 30.6.1998). ➤

QUESTIONS-RÉPONSES

Les allocations familiales que perçoit ma femme, et la pension pour nos deux enfants sont-elles à intégrer dans ses ressources permettant d'apprécier le montant de la prestation compensatoire que je vais devoir lui verser ?

Il a été jugé que les allocations familiales perçues pour les enfants ne devaient pas être comptabilisées dans les ressources du parent car elle sont censées couvrir les besoins des enfants et non procurer des revenus au parent (bien qu'en pratique les juges en tiennent souvent compte ; C. cass., civ. 2e, 3.12.1997, D. 98, p. 441).

Il en est de même des sommes versées au titre de la contribution à leur éducation. En revanche, un arrêt vient d'affirmer qu'il devait être tenu compte dans les charges du débiteur de la prestation compensatoire de la pension pour les enfants... La jurisprudence évolue (C. cass., 2e civ., 10.5.2001, D. 2001, IR. p. 1669).

LES CONSÉQUENCES DU DIVORCE SUR LES BIENS

Tout le monde sait que le divorce va entraîner la liquidation du patrimoine commun du couple. Mais les questions, délicates de l'organisation de cette liquidation, celle du sort du logement de la famille, du maintien ou non des différentes prestations sociales ou des donations entre les époux, pour ne donner que quelques exemples, doivent être clairement comprises.

• *Pour trouver le thème qui vous intéresse, consultez la table des matières en début de volume ou l'index alphabétique en fin de volume.*

Le sort du logement familial

Le sort du logement familial ***pendant l'instance en divorce*** *a été étudié dans la rubrique :* La vie du ménage pendant la procédure. *Il faut simplement rappeler que par* ***logement de la famille*** *on entend la résidence principale de la famille, c'est-à-dire du couple et des enfants (s'il y en a).*

Le juge du divorce aura également à régler la question du sort du logement de la famille, cette fois définitivement, entre les époux après le divorce.
Il s'agit d'une question importante tant sur un plan pratique (d'un point de vue financier) que psychologique.

Deux hypothèses sont à envisager :
- le logement est la propriété des deux époux ou de l'un d'entre eux ;
- le logement est en location.

LE LOGEMENT EST LA PROPRIÉTÉ DES DEUX ÉPOUX

▶ Quand le bien est-il commun ou propre ?

Sous le régime de la communauté, le logement est la propriété des deux époux (c'est un bien commun) quand il a été acquis pendant le mariage.

Quand les époux sont séparés de biens, le bien est commun quand le logement a été acheté en **indivision** par les époux.

Sous le régime de la communauté, le logement est la propriété d'un seul époux quand il a été acquis avant le mariage, ou pendant le mariage sous certaines conditions (notamment, il a été acheté au moyen d'un bien propre en respectant la formalité de remploi d'un propre ; voir la rubrique : *La liquidation de la communauté légale*).

Quand les époux sont séparés de biens, les biens acquis avant ou pendant le mariage leur sont personnels, sauf s'ils ont été acquis en indivision.

▶ Les époux sont d'accord sur le sort du logement

Le bien est commun

Quand le bien est commun, les époux peuvent se mettre d'accord pour vendre le logement, ou pour que celui-ci soit attribué à l'un d'eux moyennant paiement d'une **soulte** (contrepartie financière). On rencontre fréquemment cette hypothèse dans le cadre des **conventions définitives** signées par les époux dans les divorces **sur demande conjointe.** Le versement d'une **soulte** peut d'ailleurs, dans le cadre de cet accord, être compensé par celui d'une prestation compensatoire prévue pour le même montant. Une autre clause type est l'attribution du bien commun en pleine propriété à titre de **prestation compensatoire** (sur ces questions voir la rubrique : *La prestation compensatoire*).

BON À SAVOIR **Logement familial et surendettement**

Le Code de la consommation prévoit au profit d'une personne surendettée, la possibilité d'obtenir une réduction des échéances restant dues concernant le logement principal. Selon l'article L. 331-7 du Code de la consommation, la commission de surendettement peut en effet, sous certaines conditions, recommander au juge, en cas de vente forcée du logement principal du débiteur (vente sur saisie après non-paiement du prêt), la réduction du montant de la fraction du prêt immobilier restant due grevé et d'une hypothèque au profit du prêteur.
Selon les tribunaux, le logement principal s'entend du **lieu de vie** des emprunteurs surendettés. La Cour de cassation en déduit que l'ancien domicile conjugal, où un ex-époux n'habite pas, n'est pas un lieu de vie. Conséquence : il ne peut pas bénéficier des mesures de réduction du prêt contracté pendant le mariage alors que son ex-conjoint, qui lui habite dans les lieux, pourra en bénéficier.

Exemple

Une femme en situation de surendettement, récemment divorcée, n'habitait plus avant le divorce dans l'appartement, ancien domicile conjugal, au jour de sa vente sur saisie. Pour la Cour, cela signifiait que cet appartement n'était plus son logement principal et qu'elle ne pouvait bénéficier des mesures de réduction des dettes. La cour d'appel avait pourtant tenté de démontrer que la notion de logement principal s'opposait seulement à celle de logement secondaire. Qu'en revanche, dans la mesure où la femme, avec son ex-époux, avait continué à régler les mensualités du crédit alors que seul son ex-époux résidait dans les lieux, la solution consistant à réserver à celui-ci les mesures prévues par le Code de la consommation serait injuste. La Cour de cassation ne l'a pas suivi (C. cass., civ. 1re, 19.5.1999, Ed. Juris-Classeur, contrats-concurrence-consommation, janv. 2000, n° 18, p. 28).

Les époux peuvent également s'entendre sur un maintien dans **l'indivision** du bien en signant une convention d'indivision (dans les mêmes conditions que le maintien en indivision ordonné par le juge, voir ci-dessous) ou en laissant les choses en l'état jusqu'au partage. Dans ce dernier cas, le bien sera également en indivision entre les époux. Il ne s'agira pas de l'indivision conventionnelle mais d'une indivision légale, ce qui apporte moins de garanties au conjoint qui habite dans le logement, puisqu'il peut être mis fin à tout moment à cette indivision (art. 815 et s. C. civ.).

Le bien est un bien propre

Quand le bien est un bien propre, il peut être attribué au conjoint à titre de **prestation compensatoire** en pleine propriété (par exemple, le bien est l'ancien logement familial). Cette possibilité est fréquemment utilisée dans le cadre des conventions définitives incluses dans un divorce sur **demande conjointe**, mais cela suppose l'accord de l'autre époux, propriétaire jusqu'alors.

▶ Les époux sont en désaccord sur le sort du logement et s'adressent au juge du divorce

Quand les époux ne parviennent pas à s'entendre, la loi donne pouvoir au **juge du divorce** de trancher la question du sort du logement en statuant sur les demandes de maintien dans l'indivision ou d'attribution préférentielle des époux (art. 264-1 C. civ.). Il convient de noter cependant, sur un plan pratique, que ces questions d'indivision et de l'attribution préférentielle sont dans la majorité des cas réglées lors de la **liquidation** par le **juge du partage.** Les précisions ci-dessous restent cependant valables quel que soit le juge saisi.

L'attribution du logement à titre de prestation compensatoire

Depuis la réforme du 30 juin 2000, la jouissance d'un bien peut être attribuée à un époux au titre de la prestation compensatoire. Le bien peut également être attribué non seulement en usufruit mais également en pleine propriété (art. 275 C. civ. ; voir la rubrique : *La prestation compensatoire*).

Le maintien en indivision

Le juge peut ordonner le maintien en indivision du logement de la famille pendant une durée de cinq ans au plus. Ce délai est renouvelable, s'il y a des enfants, jusqu'à la majorité du plus jeune d'entre eux ou, s'il n'y a pas d'enfant, jusqu'au décès du conjoint (art. 815-1 C. civ.).

Cette possibilité peut permettre à l'un des époux de racheter à terme la part de l'autre en obtenant, pendant le délai, les liquidités suffisantes. Pendant ce délai, il est assuré de pouvoir rester dans les lieux.

La jouissance du logement sera attribuée par le juge à l'un des époux, en général, celui qui a **l'autorité parentale** sur les enfants et qui devra, en principe, une **indemnité d'occupation** à l'autre (art. 815-9 C. civ.), sauf s'il bénéficie d'une pension alimentaire pour ses enfants incluant une jouissance gratuite du logement (la rubrique : *La vie du ménage pendant la procédure*).

L'attribution préférentielle

Dans la mesure où sa situation financière le lui permet, un conjoint peut demander au juge du divorce que lui soit attribué à titre préférentiel le logement familial, moyennant rachat de la part de son conjoint.

⚠ *Attention*

Seul le conjoint qui réside effectivement dans le logement peut en demander l'attribution préférentielle en cas de liquidation de la communauté (sur ce point, voir cependant les questions/réponses ci-dessous). Elle n'est pas possible pour une résidence secondaire notamment, même si la maison a toujours appartenu à la famille de l'épouse qui la réclamait, ces motifs étant inopérants (C. cass., civ. 1re, 1.7.1997).

Cette attribution reste toutefois facultative pour le juge qui statue souverainement en fonction des intérêts en présence (notamment la présence d'**enfants**). Le juge peut décider que la **soulte** sera payée comptant (art. 832, 1476 et 1452 C. civ.).

> ***Exemple***
>
> *Une femme s'est vu refuser l'attribution préférentielle du logement, compte tenu de son âge (quarante-cinq ans) et du fait que son absence d'activité professionnelle ne rendait pas difficile ou pénible l'installation dans un autre logement, qu'elle n'avait pas la garde d'un enfant mineur et qu'en ce qui concernait sa fille majeure, elle n'établissait pas que sa résidence dans le logement était nécessaire à la poursuite des études (CA Paris, 11.1.1982).*

LE LOGEMENT EST LA PROPRIÉTÉ D'UN SEUL ÉPOUX (LE BAIL FORCÉ)

L'époux, propriétaire du bien, peut être contraint par le juge à louer le logement à son conjoint si l'époux qui demande le bail a l'**autorité parentale** sur les enfants, ou si les enfants résident chez lui : c'est ce qu'on appelle le « **bail forcé** » (art. 285-1 C. civ.). Le juge fixe la durée du bail et peut renouveler celui-ci jusqu'à la majorité du plus jeune des enfants.

Le bail forcé est conclu moyennant paiement d'un loyer correspondant à cette occupation privative. Il peut être résilié par le juge si des circonstances nouvelles le justifient ou si le locataire ne respecte pas ses obligations (non-paiement de loyer, enfants quittant le domicile...).

Si le divorce a été prononcé pour **rupture de la vie commune** à la demande de l'époux propriétaire, l'époux contre lequel le divorce est formé peut revendiquer ce bail forcé sans aucune autre condition (il peut obtenir ce droit même en l'absence d'enfants par exemple). Dans ce cas, le bail ne peut être concédé pour une durée supérieure à neuf ans, mais peut être prolongé par une nouvelle décision. Dans ce cas de divorce, il prend fin obligatoirement en cas de **remariage** ou de **concubinage notoire** de celui à qui il a été accordé.

EN PRATIQUE **Le logement et le fisc : la plus-value**

Certaines plus-values ne sont pas imposables. Il s'agit des plus-values réalisées :
- à la vente de l'habitation principale du propriétaire,
- à la première vente d'un logement autre que l'habitation principale lorsque le vendeur n'est pas propriétaire de sa résidence principale et qu'il a conservé le bien vendu pendant au moins cinq ans. Par ailleurs, s'il y a eu vente de la résidence principale, cette vente a dû intervenir depuis plus de deux ans,
- à la vente des terrains à usage agricole ou forestier dont le prix de vente ne dépasse pas certain plafond variable selon la nature du terrain,
- à l'occasion d'une vente ne dépassant pas 30 000 F (4 600 €).

1 - En ce qui concerne **l'habitation principale**, les services fiscaux refusent l'exonération :
- si l'habitation est fictive,
- si la vente intervient très peu de temps après l'acquisition sans motif légitime,
- ou si les opérations d'achat-revente sont répétées dans un court laps de temps sans justification (art. 150-c CGI).

En revanche en cas de **divorce,** ils admettent l'exonération si le logement était la résidence principale des époux lors de la séparation, si la vente du logement est motivée par la rupture et intervient dans un délai normal après leur séparation (BOI 8 M 3 98 du 18.6.1998).

La circonstance selon laquelle un des conjoints a été contraint de quitter le logement qui constituait alors sa résidence principale n'est pas de nature à écarter l'opération.

2 - En ce qui concerne un logement autre que l'habitation principale, les délais de cinq ans et de deux ans ci-dessus ne sont pas exigés dans certains cas particuliers (art. 74 B bis de l'annexe II CGI) et notamment un changement dans la situation de famille résultant de l'augmentation du nombre d'enfants à charge, du divorce ou de la séparation de corps, du décès du contribuable ou de son conjoint.

Le juge n'est pas obligé d'accorder le bail forcé. Il lui appartient de décider en fonction des éléments du dossier et compte tenu de **l'intérêt des enfants** auxquels le législateur a voulu, dans la mesure du possible, éviter un changement de cadre de vie à la suite du divorce de leurs parents.

Exemple

Cette possibilité a été accordée au parent d'un enfant qui vivait depuis qu'il avait neuf mois dans une maison qu'il habitait depuis dix ans, cet enfant poursuivant ses études dans un collège des environs (CA Paris, 4.5.1979).

La modalité du bail forcé est en pratique rarement utilisée.

LE LOGEMENT EST EN LOCATION

Le droit au bail peut être attribué, en considération des intérêts sociaux et familiaux en cause, à l'un des époux par la juridiction saisie de la demande (art. 1751 C. civ.).
Quand les époux divorcés réclament l'attribution du droit au bail de l'appartement qui abritait le foyer conjugal, la préférence est souvent donnée par les tribunaux à celui chez qui réside l'enfant ou (et) à celui qui peut le moins facilement se reloger.
L'attribution du droit au bail ouvre droit à **récompense** ou à indemnité au profit de la communauté ou de l'époux colocataire. Son montant dépend de l'avantage résultant, pour le bénéficiaire, de l'attribution privative qui lui a été faite et peut notamment correspondre à la dépense supplémentaire que devrait exposer l'attributaire s'il se trouvait obligé de se reloger (TGI Seine, 3e ch., 21.6.1965 : D. 1966, Som. p. 65).

QUESTIONS-RÉPONSES **Puis-je demander l'attribution préférentielle de mon logement : mon mari n'a jamais accepté que j'y reste alors que j'avais été autorisée à y résider lors de l'ordonnance de non-conciliation ?**
En principe, l'attribution préférentielle porte sur le **logement de la famille** au jour du prononcé du divorce. Mais il a été admis que cette condition pouvait faire l'objet d'une appréciation souple par les tribunaux. Notamment dans le cas où un des époux a été contraint de partir provisoirement du domicile conjugal du fait des menaces en raison du climat de **violence** instauré par son conjoint (CA Paris, 1re civ. 19.2.85, D. 85, p. 405, C. cass., civ. 1re, 13.4.92, BC n° 120).
La maison est un bien propre de mon conjoint. Il veut divorcer. Peut-il me mettre à la porte avec nos enfants ?
La question du logement ne se posera que si le divorce est prononcé. En effet, si la demande en divorce est rejetée, un des époux ne peut, même s'il est propriétaire du bien, vendre son logement sans l'accord de l'autre (art. 215 C. civ.). Dans le cadre de la procédure de divorce, un des conjoints (en général celui à qui les enfants sont confiés), peut obtenir la jouissance du domicile conjugal (art. 255 C. civ.). Cette jouissance se fait en principe moyennant règlement d'une indemnité d'occupation, sauf si le juge estime que l'occupation doit être gratuite au titre du devoir de secours d'un époux envers l'autre. Dans ce cas, il sera tenu compte pour votre mari de cette occupation gratuite pour le calcul des **pensions alimentaires** qu'il peut être amené à verser. Le jugement de divorce peut enfin accorder un bail forcé du logement, c'est-à-dire imposer à votre mari de vous le louer. Enfin, le bien peut être accordé, en usufruit ou en pleine propriété, au conjoint à titre de prestation compensatoire ou de pension alimentaire pour les enfants (art. 275 et 294 C. civ.). En résumé, en fonction de votre dossier (présence d'enfant notamment, montant des revenus...), vous pourrez rester dans les lieux ou non.

LES ALLOCATIONS LOGEMENT (APL)

Il faut être vigilant quand le logement du couple qui divorce bénéficie d'une aide au logement.

À la suite d'un divorce ou d'une séparation, seul un des membres du couple va continuer à occuper le logement concerné par l'aide au logement en cas de perception de cette aide. Dès la séparation du couple, l'occupant du logement doit donc faire le point avec sa caisse d'allocations familiales. La CAF va procéder à une nouvelle évaluation de l'APL sur la base des charges des loyers ou de remboursement de l'emprunt **effectivement acquittés** par l'occupant du logement (Circulaire CNAF n° 69-91 du 30.12.91). Le calcul de l'APL s'effectue à partir des revenus imposables de l'année civile précédant la période de paiement. Cette base n'est en principe pas modifiée au cours de la période de paiement sauf exception (séparation, décès, notamment). En revanche, il n'est pas tenu compte de la baisse des revenus due à une diminution des pensions alimentaires que l'ex-épouse reçoit après un divorce (Rép. Min. n° 38698, JOAN Q, 10.4.2000).

L'époux concerné doit préciser à son avocat que le couple bénéficie d'une APL. Le risque est en effet que **l'ordonnance de non-conciliation** ou le jugement de divorce mette à la charge de l'époux non occupant une partie du prêt ou du loyer au titre de son **obligation alimentaire** (entre époux ou vis-à-vis des enfants). La conséquence immédiate au regard de l'APL pourrait donc être une suppression ou une diminution de l'aide pour le conjoint occupant. L'intérêt pour lui dans cette hypothèse serait de continuer à régler son loyer ou le prêt, quitte à obtenir une pension alimentaire plus importante (A. Benoît, *Divorce et prestations sociales*, D. 1997, p. 15).

Le sort des donations et avantages matrimoniaux après le divorce

*Deux cas doivent être distingués : les donations consenties **entre les époux** et les donations consenties **aux époux** (ou futurs époux) et le sort de ces donations lors du divorce.*

LES DONATIONS ET AVANTAGES ENTRE ÉPOUX

Le régime des donations entre époux est particulier. À la différence des autres donations, dont le principe est l'**irrévocabilité** (par exemple, donation effectuée par un parent d'un des époux à son enfant ou au conjoint de ce dernier), les donations entre époux peuvent être révoquées à tout moment par le **donateur** (c'est-à-dire l'époux qui effectue la donation) (art. 1096 C. civ.).

▶ Quelle est la différence entre donations (ou legs) entre époux, présents d'usage et avantages matrimoniaux ?

• En cours de mariage, les époux peuvent être amenés à se faire des **donations.** Il peut s'agir de donations directes (par exemple : don d'une somme d'argent par un époux **séparé de fait** à l'autre, donation d'un bien propre à son conjoint...), de **donations au « dernier vivant »** qui ne prennent effet qu'au moment du décès du donateur, ou encore (sous certaines conditions) du bénéfice d'un contrat **d'assurance vie** qui prévoit l'attribution d'un capital décès au conjoint bénéficiaire. Les époux peuvent également se **léguer** certains biens par **testament.**
• Contrairement aux donations, en revanche, les « **présents d'usage** » sont irrévocables, même entre les époux. Cela signifie qu'une fois donné, ils ne peuvent plus être repris. Tel peut être le cas pour une **automobile** donnée à l'occasion de l'anniversaire de naissance à un conjoint ou d'une **bague de fiançailles** (C. cass., civ. 1re, 22.2.1983). Sur la question de la restitution de la bague de fiançailles, voir plus loin, la rubrique : *Les cas litigieux.*
• Un **avantage matrimonial** est une clause insérée dans un contrat de mariage qui permet, lors du partage de la communauté (par divorce mais aussi par décès), d'avantager l'un des conjoints et donc de déroger au principe selon lequel la communauté se partage par moitié entre les époux.
C'est ainsi qu'une clause peut prévoir qu'un des époux prélèvera sur la communauté tel ou tel bien avant le partage, ou encore que la communauté sera attribuée pour deux tiers à l'un et pour un tiers à l'autre (ou à ses héritiers) (**clause de partage inégal de la communauté**).
L'adoption du régime de **communauté universelle** a également été considérée comme un avantage matrimonial (voir ci-dessous : Questions/Réponses).
Ces avantages matrimoniaux suivent le même sort que les donations en cas de divorce des époux.

▶ Les conséquences du divorce

On pense souvent que le divorce entraîne automatiquement la **révocation** des donations et/ou autres avantages entre époux. Cela n'est pas exact. Les donations sont révocables à tout moment. Le divorce ne va donc pas changer la situation, sauf dans l'hypothèse où il est prononcé aux **torts exclusifs** d'un des époux. Dans cette seule hypothèse, la révocation est automatique. L'incidence sera la même pour les legs ou avantages matrimoniaux que les époux s'étaient éventuellement consentis.

Les torts exclusifs : la révocation automatique des donations et avantages pour le conjoint « coupable »

On a vu que le **divorce pour faute** pouvait être prononcé aux torts exclusifs de l'un des époux. De même, le divorce pour **rupture de la vie commune** entraîne automatiquement la révocation des donations et avantages. Or, l'époux aux **torts exclusifs** duquel le divorce est prononcé (ou l'époux qui demande un divorce pour rupture de la vie commune) perd, selon la loi, « *les droits que la loi ou les conventions passées avec des tiers attribuent au conjoint divorcé* » (art. 265 et 267 C. civ.). Cette formulation très générale vise en fait les donations ou legs entre époux et

les avantages matrimoniaux, c'est-à-dire ceux prévus par le contrat de mariage (par exemple, clause de partage inégal de communauté, clause d'attribution au dernier vivant...).
L'époux « coupable », qui obtient le divorce dans ces deux hypothèses, perd donc de plein droit les donations et avantages que son conjoint lui avait consentis. L'autre époux conserve en revanche les siens (art. 267 et 269 C. civ.). Il en de même pour l'époux « innocent » en cas de divorce pour **faute** prononcé aux torts exclusifs de l'autre époux (sous réserve des précisions figurant ci-dessous).

Les torts exclusifs et le conjoint innocent

Le prononcé d'un divorce aux torts exclusifs n'a de conséquences que pour l'époux fautif. L'époux innocent conserve en principe les donations qui lui ont été faites. Mais c'est avec les caractères qu'elles présentaient pendant le mariage. Or, même si cela peut paraître choquant, la jurisprudence considère que, suivant le principe selon lequel les donations entre époux sont toujours révocables (sauf les « **présents d'usage** » faits entre les époux), la donation peut toujours être révoquée par la suite, même après le divorce, **par le conjoint aux torts exclusifs duquel a été rendu le divorce** (C. cass., civ. 1re, 29.5.1979). Mais il n'y a pas de révocation automatique. L'exemple suivant est une illustration de cette jurisprudence.

> ***Exemple***
>
> *Deux époux sont mariés sous le régime de la* ***séparation de biens.*** *Le mari avait donné à sa femme une indemnité d'assurance (qui constituait un bien propre) pour qu'elle le verse sur son compte d'épargne. À la suite du divorce, il révoquait cette donation bien que le divorce ait été prononcé à ses torts exclusifs. La cour d'appel avait estimé que cela ne lui était pas possible en sa qualité de conjoint « coupable ». Mais la Cour a cassé cet arrêt (C. cass., civ. 1re, 4.2.1992). Ce conjoint pouvait donc après le divorce révoquer sa donation, c'est-à-dire demander le remboursement de cette somme après son divorce.*

Les torts partagés : la révocation possible des donations et avantages

- Quand le divorce est un divorce pour **faute** aux **torts partagés** ou un divorce **sur demande acceptée,** il n'y a pas de révocation automatique, mais en revanche chacun des époux peut révoquer tout ou partie des donations et avantages qu'il avait consentis à l'autre à tout moment et de façon discrétionnaire (art. 267-1 et 268-1 C. civ.).
- Quand le divorce est prononcé sur **demande conjointe,** la règle est la même. Les époux décident eux-mêmes, dans ce type de divorce, du sort de ces donations et avantages. Si rien ne figure à ce sujet dans leur convention, ils sont censés les avoir maintenus, mais cela n'empêche pas par la suite de les révoquer (art. 268 C. civ. ; voir encadré dans la rubrique : *Le divorce sur demande conjointe*). Il a été jugé que le droit de révocation est absolu et d'ordre public et qu'il peut s'exercer de manière discrétionnaire jusqu'au décès du donateur, même après rupture du lien conjugal. Il n'en serait autrement que s'il est précisé, dans la convention homologuée, que le maintien de la donation est irrévocable.

Exemple

Dans le cadre d'un divorce sur demande conjointe, une convention définitive rédigée entre les époux prévoyait le règlement définitif du passif de la communauté et se contentait de rappeler l'existence d'une donation d'un chalet faite par l'épouse au mari. Les époux n'avaient pas fait préciser que la donation était irrévocable. Par la suite, l'épouse a pu révoquer la donation et récupérer son chalet en obligeant son mari récalcitrant à lui remettre les clés (CA Lyon, 15.6.1989).

BON À SAVOIR

Ce principe de révocabilité des donations entre époux (ou ex-époux) est unanimement critiqué. Beaucoup réclament un alignement sur le droit commun, c'est-à-dire que les donations entre époux et ex-époux soient irrévocables. Pourtant, le projet de réforme du droit de la famille est muet sur cette question.

Le cas le plus fréquent est celui des époux qui révoquent expressément les donations et avantages dont ils s'étaient gratifiés. Ils peuvent l'indiquer au juge du divorce qui en prend acte dans son jugement. C'est d'ailleurs **la meilleure solution**, car cela permet au juge d'avoir une meilleure vision de ce que sera le patrimoine des époux et, partant, de l'attribution d'une éventuelle **prestation compensatoire.** Mais cela n'est pas une obligation et la révocation des donations et avantages peut se faire après le divorce, c'est-à-dire jusqu'au décès du donateur et par tous moyens. S'il s'agit d'un avantage matrimonial, la question est réglée, nécessairement au plus tard lors de la **liquidation de la communauté.** En effet, soit la liquidation se fait en tenant compte de l'avantage matrimonial, soit sans tenir compte de cet avantage, ce qui vaut révocation.

Exemple

Prenons le cas de l'avantage matrimonial résultant de l'adoption d'un régime de ***communauté universelle****. Soit cet avantage est maintenu et le partage des biens va concerner ceux acquis avant le mariage et ceux acquis après le mariage, soit cet avantage est révoqué et le partage se fera comme si les époux s'étaient mariés sous le régime de la* ***communauté légale****. Conséquence : le partage ne concernera que les biens acquis pendant le mariage (biens communs), chaque époux conservant ses biens propres. La différence peut être importante quand, par exemple, un des époux en se mariant était à la tête d'un patrimoine important (voir les questions-réponses pour une illustration ci-dessous).*

LES DONATIONS FAITES AUX ÉPOUX PAR DES TIERS

Le divorce n'a pas d'incidence sur ces donations. En effet, dans la mesure où elles ont été régulièrement faites, les donations sont irrévocables, c'est-à-dire que l'objet donné ne peut être repris.

LES CAS LITIGIEUX

▶ L'assurance vie entre époux et la révocation du bénéficiaire

• L'opération d'assurance vie est, en général, considérée par les tribunaux comme une **donation « indirecte »** (voir cependant ci-dessous les réserves des tribunaux).
Ainsi, par exemple, quand elle est souscrite par un époux au profit de l'autre, et qu'un divorce est prononcé aux **torts exclusifs** du bénéficiaire, comme toute donation entre époux, elle va tomber : l'époux bénéficiaire ne touchera pas le capital. Cela peut entraîner également une autre conséquence en ce qui concerne les possibilités de changer le nom du bénéficiaire, en période de crise conjugale, comme l'est le divorce.
Notamment, les donations entre époux étant révocables, une certaine jurisprudence admet le droit pour l'époux souscripteur de la police de **changer le bénéficiaire de la police** et de désigner une autre personne que son conjoint, sans que celui-ci puisse s'y opposer, et ce même s'il avait accepté le contrat (ceci est contraire au droit commun en matière d'assurance vie prévu par l'article L. 132-9 du Code des assurances, en vertu duquel on ne peut changer le bénéficiaire d'une assurance vie sans le consentement de l'ancien bénéficiaire qui a accepté la stipulation en sa faveur ; C. cass., civ. 2e, 10.7.1996). Sur les droits des époux en matière d'assurance vie lors de la liquidation de la communauté, on peut également se reporter à l'encadré **Le point sur l'assurance vie**, dans la rubrique : *La liquidation de la communauté légale*.
• Il a cependant été jugé que la souscription conjointe des époux à un **contrat mutuel** d'assurance vie n'avait pas le caractère d'une donation, l'opération étant en fait effectuée dans l'intérêt de la famille. Par conséquent, cette opération n'était pas révocable quand elle a été acceptée par les bénéficiaires selon les règles du droit commun en matière d'assurance (C. cass., civ. 1re, 13.5.1998 ; CA Paris, 4.1.2000).
De même, un arrêt a utilisé l'argument des « donations rémunératoires » (voir ci-dessous) pour écarter la révocabilité de la clause concernant le bénéficiaire.

> ***Exemple***
> *Une cour d'appel devait trancher un conflit opposant une veuve et la maîtresse du souscripteur du contrat, décédé. Ce dernier avait en effet souscrit un contrat en cas de décès au profit de son épouse, qui l'avait expressément accepté. Mais la maîtresse du défunt prétendait que cette attribution avait été révoquée par lettre RAR m'étant adressée par le souscripteur avant le décès et qu'elle était donc la seule attributaire des fonds. Pour la cour d'appel, certes, l'opération d'assurance est considérée comme une libéralité : le souscripteur peut donc à tout moment changer le nom du bénéficiaire. Mais, elle estime que l'assurance vie souscrite au bénéfice de l'épouse avait un caractère « rémunératoire » et était donc dénuée d'intention libérale : l'épouse avait en effet aidé son époux au début de leur union et avait collaboré à son activité avec un salaire dérisoire. C'est donc*

l'épouse qui a obtenu gain de cause. « R. G., tout en désirant se séparer de son épouse, voulait rétribuer cette aide et collaboration... Que la souscription de contrat d'assurance vie procède également d'une opération de prévoyance du défunt qui, se sachant gravement malade, a voulu s'acquitter de son devoir d'assistance à l'égard de son épouse » (CA Paris, 4.1.2000, Ed. Jurisclasseur, Responsabilité civile et assurances, 11.2000, p. 6).

▶ Les « donations rémunératoires »

La jurisprudence a tendance à refuser de qualifier de donation certaines opérations entre époux, qu'on peut appeler « **donation rémunératoire** » qui rémunère la **collaboration d'un époux** à l'activité de l'autre ou même son activité au foyer qui va au-delà d'une simple contribution aux charges du mariage. Une des conséquences pratiques est qu'elle ne peut pas être révoquée à la suite d'un divorce.

Exemple

*Deux époux **séparés de biens** acquièrent ensemble un bien immobilier, qui est donc en indivision entre eux. Seul un des époux acquitte le prix de vente. Juridiquement, cette opération peut être considérée comme une **donation déguisée** ou une **donation indirecte** (les deux époux sont considérés comme propriétaires du bien alors qu'un seul l'a payé). Dans le premier cas, elle peut être annulée car les donations déguisées entre époux sont interdites (art. 1099 C. civ.). Dans le second cas, elle peut donc être révoquée en cas de divorce.*
*Mais cette opération peut aussi être considérée comme la **contrepartie** de l'activité de l'épouse dans l'entreprise de son mari et donc n'a plus la qualification juridique d'une donation. Elle ne sera donc pas révoquée lors du divorce ni annulée comme donation déguisée (C. cass., civ. 1re, 9.11.1993).*

▶ La bague de fiançailles

Un conjoint (et/ou sa famille) peut-il, lors du divorce, demander à récupérer une **bague de fiançailles ?** Cette question alimente effectivement une jurisprudence d'une certaine importance, ce qui peut s'expliquer compte tenu de son impact affectif, symbolique et financier.
La bague de fiançailles fait partie de ce qu'on appelle les **présents d'usage** (ou cadeaux de noce ; sur cette question voir ci-dessus). Ces cadeaux sont acquis définitivement à l'époux. Ni l'époux ni les beaux-parents ne peuvent obtenir restitution du présent. Pourtant, en pratique, le fait que la bru emporte, suite au divorce, la bague de fiançailles peut paraître dans certaine famille insupportable, surtout s'il s'agit d'un bijou resté longtemps dans la famille du donateur (celui qui donne). Certains tribunaux ont donc admis la restitution de cette bague en se fondant sur un autre terrain juridique que celui de la donation à la bru ou du « présent d'usage » (par exemple, la donation n'a été faite qu'au fils à charge pour lui, pendant le mariage, de « prêter » l'objet à sa femme...). Dans un arrêt rendu par la Cour de cassation, une belle-mère a pu obtenir gain de cause, la juridiction ayant à juger de cette affaire se fondant sur des

lettres dont il ressortait que l'intéressée avait conscience de devoir rendre le bijou un jour à celle de qui elle l'avait reçu en entrant dans une famille dont elle n'allait plus faire partie (C. cass., civ. 1re, 22.2.1983).

QUESTIONS-RÉPONSES

Mon beau-père a donné (à mon mari et à moi) par chèque une importante somme d'argent. Nous sommes en instance de divorce. Peut-il récupérer cette somme lors du partage ?

Non, votre ex-beau-père ne peut pas récupérer cette somme. Il n'est pas possible de revenir sur une donation sous prétexte du divorce, et ce même si le divorce a été prononcé aux torts exclusifs de sa belle-fille qui a reçu le don. Les articles concernant la révocation automatique des donations entre époux en cas de divorce aux torts exclusifs ne sont pas applicables aux donations effectuées par les tiers aux époux.

Le fait d'adopter un régime de communauté universelle est-il un avantage matrimonial ? Quelles peuvent être les conséquences en cas de divorce prononcé aux torts exclusifs d'un des époux ?

Selon la Cour de cassation, l'adoption du régime de communauté universelle est effectivement un avantage matrimonial. L'une des conséquences, c'est que cet avantage tombe automatiquement pour l'époux aux torts exclusifs de qui est prononcé le divorce. Cet avantage peut par ailleurs être révoqué, même en cas de divorce prononcé aux torts partagés. La Cour de cassation a eu à statuer sur cette question. Les faits étaient les suivants : deux époux se marient sous le régime de la communauté universelle, alors que le mari est à la tête d'une importante fortune. Quelques années plus tard, ils divorcent ; le divorce est prononcé aux torts partagés et le mari déclare au juge du divorce qu'il entend révoquer l'avantage matrimonial qu'il a assuré à sa femme du fait de l'adoption d'un régime de communauté universelle. La femme, qui s'y opposait, n'a pas pu obtenir gain de cause. Ce ne sont donc pas les règles de la communauté universelle qui se sont appliquées aux partage des biens (dans cette hypothèse, les époux se partagent tous les biens : ceux acquis avant et ceux acquis après le mariage) mais celles de la communauté légale (les époux ne se partagent que les biens communs, c'est-à-dire ceux acquis après le mariage). Le mari a ainsi pu préserver le patrimoine dont il disposait avant le mariage (C. cass., civ. 1re, 19.10.1983).

La liquidation de la communauté et le partage des biens du couple

Qui dit divorce dit séparation des patrimoines. Un des buts du divorce est de dissocier des intérêts pécuniaires entremêlés : il va en effet falloir déterminer les droits respectifs de chacun. La question des comptes à faire entre les époux peut être ardue dans la mesure de l'enchevêtrement de leurs intérêts, de leur régime matrimonial... et du temps passé avant de liquider leur régime. En effet, en prononçant le divorce, le juge aux affaires familiales se borne à charger le président de la chambre des notaires de désigner un notaire pour procéder aux opérations ultérieures de liquidation, sans statuer sur les problèmes liquidatifs ni indiquer de délai au terme duquel la liquidation et le partage doivent être effectués (voir la rubrique : La date des effets du divorce*).*
C'est la liquidation et le partage des biens soumis à la communauté légale (communauté réduite aux acquêts) qui est étudié ici. Il s'agit du régime sous lequel sont automatiquement les époux qui n'ont pas signé de contrat de mariage (art. 1400 C. civ.). Certains époux demandent également à un notaire de leur rédiger un contrat de mariage de communauté dans lequel ils adaptent le régime légal à leur cas particulier (par exemple, ils prévoient dans ce contrat certains avantages matrimoniaux pour l'un d'entre eux comme une clause d'attribution de l'intégralité de la communauté en cas de décès d'un des époux). Ils peuvent également déclarer dans ce contrat qu'ils se soumettent aux règles de la communauté légale. Selon les cas, les règles indiquées ci-dessous vont ou non s'appliquer à leur cas.
Il existe d'autres régimes communautaires que les époux peuvent adopter par contrat, comme par exemple le régime de **communauté universelle** *ou le régime de* **communauté des meubles et acquêts.** *À l'opposé, les époux peuvent adopter un régime de* **séparation de biens,** *ces différents régimes obéissant à des règles de liquidation et de partage qui leur sont propres.*

• *Pour trouver le thème qui vous intéresse, consultez la table des matières en début de volume ou l'index alphabétique en fin de volume.*

LES DATES IMPORTANTES POUR LA COMPOSITION DU PATRIMOINE À PARTAGER : L'ASSIGNATION OU LE REPORT

• Entre les époux, la date de la dissolution de la communauté remonte au jour de l'assignation. Passé cette date (ou une date antérieure – la séparation de fait – en cas de report de cette date), les époux ne sont plus soumis au régime de la communauté mais à celui de l'indivision post-communautaire, dont les règles sont très différentes. Cette dualité de régimes est bien sûr source de complexité.

• **Vis-à-vis des tiers** en revanche, les époux restent mariés jusqu'à la transcription du divorce à l'état civil et continuent donc à disposer des pouvoirs qu'ils tiennent notamment de leur régime matrimonial (voir sur ces points, la rubrique : *Les dates des effets du divorce*).

▶ L'assignation

• **Pour les tiers,** pendant le mariage (et donc pendant l'instance en divorce), si un époux fait une dette, les biens communs des époux vont en principe en répondre. En effet, le tiers n'est pas informé de l'instance en divorce. Il peut donc se retourner, pour obtenir paiement de ce qui lui est dû, contre la communauté, sauf hypothèse de **fraude du conjoint** et de **complicité du tiers** (art. 1413 C. civ.). Les époux continuent à s'engager solidairement pour les dettes ménagères (art. 220 C. civ.). Les règles du régime de communauté et celles applicables quel que soit le régime des époux (voir la rubrique : *La vie du ménage pendant la procédure*) s'appliquent jusqu'à la **transcription** du jugement de divorce.

• Dans les rapports entre époux, en revanche, le jugement de divorce prend effet dès la date **d'assignation.** Cette **rétroactivité** a été instituée en partie pour protéger l'un des époux des agissements de l'autre **pendant l'instance en divorce**, figeant ainsi la consistance des biens à partager et des dettes à répartir entre les époux lors de l'assignation :

– les biens acquis pendant l'instance en divorce ne seront plus des biens communs mais des biens propres ;

– les revenus de biens propres échus ou perçus en cours d'instance restent propres à chaque époux ;

– les revenus du travail (salaires notamment) ne tombent plus dans la communauté, mais restent propres à l'époux qui les gagne.

(Sur la notion de biens propres et de biens communs, voir ci-dessous).

> ***Exemple***
>
> *Un mari procède à l'immatriculation de la société qu'il a créée après l'assignation en divorce. Sa femme demande, lors de la liquidation du régime, que les parts appartenant à son mari concernant cette société soient comprises dans la masse des biens communs à partager. Sa demande a été rejetée (C. cass., civ. 1re, 3.12.1985).*

En cas de divorce sur **demande conjointe,** où il n'y a pas d'assignation, ce sont les époux qui fixent la date qui sera la plupart du temps la date de leur séparation de fait ou la date de la première audience.

À noter

C'est l'assignation en divorce qui fixe la date de la dissolution de la communauté et non l'acte qui introduit le divorce, à savoir la requête initiale en divorce.

▶ Le report : la date de la séparation de fait

Dans le cadre du divorce sur **demande conjointe,** les époux peuvent décider de la date de la dissolution de la communauté (et notamment retenir la date de la **séparation de fait**).

Dans tous les **autres cas de divorce**, pour obtenir le report, il faut prouver l'existence d'une séparation de fait ou, plus exactement, de la cessation de toute collaboration et cohabitation. Les époux peuvent l'un ou l'autre demander en effet, s'il y a lieu, que *« l'effet du jugement soit reporté à la date où ils ont cessé de* ***cohabiter*** *et de* ***collaborer*** *»* (art. 262-1 C. civ.).

La preuve de la cessation de cohabitation est facile à rapporter. Celle de la cessation de la collaboration entre époux est plus délicate. Le fait de continuer à régler ensemble les dettes communes, après la séparation, ne constitue pas forcément, pour les tribunaux, la volonté de collaborer des époux, mais peut tout simplement signifier que les époux ne veulent pas laisser dépérir le patrimoine commun. L'intention des époux doit donc être recherchée (C. cass., civ. 2e, 7.10.1999, BC n° 153).

Dans ces cas, ne seront pas intégrés dans la masse commune à partager entre eux les revenus et biens acquis alors que les époux n'avaient plus d'intérêts pécuniaires ensemble à une époque où toute communauté de vie avait cessé. C'est donc à la date du **report** que va être apprécié l'actif ou le passif de la communauté. C'est à cette date que prend fin la communauté et commence l'**indivision postcommunautaire.**

En revanche, celui des époux auquel incombe à titre principal les « **torts de la séparation** » ne peut pas obtenir ce report (art. 262, 262-1 et 1442 C. civ.). La loi ne parle pas des torts du divorce mais des torts de la séparation ; ce sont deux notions qui ne sont pas forcément identiques. C'est pourquoi il est admis que la demande de report puisse être formulée dans tous les cas de divorce, même en cas de divorce pour **rupture de la vie commune** (C. cass., civ. 1re, 10.11.1980).

La demande doit en principe être faite devant le juge du divorce. Mais il a été jugé que cette demande pouvait être faite même au cours des opérations de liquidation, sauf convention contraire (C. cass., civ. 2e, 7.12.1994).

LA DATE IMPORTANTE POUR L'ÉVALUATION DES BIENS : LE PARTAGE

Cette date de dissolution de la communauté ne concerne que celle où la consistance de la communauté doit être déterminée et non le moment où les biens communs doivent être évalués (art. 1476 C. civ.).

L'ATTRIBUTION PRÉFÉRENTIELLE ET L'INDIVISION

L'attribution préférentielle et le maintien d'un bien en indivision peuvent être autorisées par le juge du divorce ou, plus fréquemment, par le juge du partage en fonction des intérêts en présence.

▶ L'attribution préférentielle

Un des époux peut demander l'attribution préférentielle :
- d'une **entreprise** ou partie d'entreprise **commerciale, industrielle, artisanale ou agricole** dont l'importance n'exclut pas un caractère familial. Celui qui demande l'attribution doit avoir participé à l'exploitation agricole, commerciale ou industrielle,
- de la propriété ou du **droit au bail** du **local d'habitation** ou à **usage professionnel** qui servait à la résidence ou à l'exercice de la profession de l'époux demandeur (art. 832 et s. C. civ.).

L'attribution préférentielle du logement familial est traitée dans la rubrique : *Les conséquences du divorce sur les biens – Le sort du logement familial.*

L'attribution préférentielle n'est jamais de droit pour les communautés dissoutes par divorce ou séparation de corps. Le juge a donc toute liberté pour l'accorder ou la refuser en fonction des intérêts en présence. Par ailleurs, il peut toujours être décidé que la totalité de la **soulte** éventuellement due en raison de cette attribution sera payable comptant (art. 1476 C. civ.).

▶ L'indivision

Le juge du divorce peut décider que certains biens devront rester dans l'indivision (art. 264-1 et 815-1 et s. C. civ.). Le maintien de l'indivision peut être ordonné :
- pour une **exploitation agricole,**
- pour la **propriété du local d'habitation** ou à **usage professionnel**, avec les objets mobiliers servant à la profession.

Ce maintien dans l'indivision ne peut être imposé que pendant une durée de cinq ans, renouvelable.

LA LIQUIDATION DE LA COMMUNAUTÉ LÉGALE

Avant de procéder au partage proprement dit, il y a lieu de procéder à la « **liquidation** » de la communauté. La liquidation peut se définir comme une opération comptable consistant à fixer et à chiffrer les droits de chacun des ex-époux.

Dans le régime de la communauté légale, on distingue trois catégories de biens : les biens propres du mari, les biens propres de la femme et les biens communs aux époux. Le but de la liquidation du régime matrimonial va être de faire en sorte que chaque époux reprenne ses biens propres et qu'ils se partagent l'actif net (schématiquement, les biens moins les dettes), le partage se faisant sur la base de moitié chacun de cet actif.

Cette règle peut paraître simple mais souvent, dans les faits, il y a des « glissements de fonds » entre les patrimoines. Par exemple, le mari utilise l'argent de la vente d'un bien qu'il a acquis avant le mariage pour acheter le logement de la famille qu'il a fondé : le bien sera-t-il propre ou commun ? Ou encore, les époux construisent le logement de la famille sur un terrain qui appartenait à l'un d'eux avant le mariage : la maison sera-t-elle propre ou commune ? Dans ces deux cas, y aura-t-il règlement entre les époux (on parle de **récompense**) ?

BON À SAVOIR

La liquidation englobe tous les rapports pécuniaires entre les époux.

Exemple

Il a été jugé que si un époux se prétend créancier de l'autre, il doit faire valoir ses droits lors de l'établissement des comptes de liquidation. Ainsi, une épouse en instance de divorce ne peut engager une instance, distincte des opérations de liquidation suite au divorce, pour obtenir le recouvrement d'une créance sur son mari (C. cass., civ. 1re, 28.11.2000, D. 2000, IR, p. 177).

▶ La liquidation dans le cadre du divorce sur demande conjointe

La liquidation du régime dans le cadre de ce divorce va être effectuée en cours de procédure. La question est traitée dans la rubrique : *Le divorce sur demande conjointe*.

▶ La liquidation anticipée de la communauté (art. 1450 C. civ.)

Selon l'article 1450 du Code civil, les époux peuvent, **pendant l'instance en divorce,** passer toute convention notariée pour la liquidation et le partage de la communauté.

« Pendant l'instance en divorce » signifie en réalité que l'on se situe **après** l'assignation en divorce. En revanche, de telles conventions sont interdites en dehors de l'instance en divorce, tant que la communauté n'est pas dissoute (C. cass., civ. 1re, 19.1.1982). Cependant, les époux peuvent pendant l'instance en divorce régulariser une convention conclue auparavant.

À noter

Ces conventions doivent être passées par **acte notarié** *(et ce même si la communauté n'est composée que de biens mobiliers).*

La plupart du temps, le juge va prendre connaissance de cette convention, les époux (par l'intermédiaire de leur avocat) la lui soumettant à l'audience. C'est en effet important pour lui de connaître les dispositions prises par les époux, ne serait-ce que pour lui permettre de fixer en connaissance de cause la **prestation compensatoire**. Mais il ne va pas l'homologuer comme en cas de divorce sur demande conjointe. Cette absence d'homologation autorise les époux à revenir sur cette convention.

Par ailleurs, les époux ne sont pas autorisés à régler eux-mêmes la question de la **prestation compensatoire** qui, en dehors du divorce sur **demande conjointe,** ne peut être fixée que par le juge. Cela présente donc un important inconvénient pour les époux et le notaire qui rédige l'acte (sur cette question, voir la rubrique : *La prestation compensatoire*).

La convention anticipée est de toute façon suspendue quant à ses effets au prononcé du divorce et elle ne peut être exécutée, même dans les rapports entre les époux, que lorsque le jugement a pris « **force de chose jugée** ». Cela signifie que le divorce doit être prononcé pour qu'elle puisse être exécutée par les époux.

La loi autorise un des époux à demander au juge du divorce la modification de la convention si les conséquences du divorce telles que fixées dans le jugement remettent en cause les bases de la liquidation et du partage (art. 1451 C. civ.).

▶ La liquidation après divorce d'un régime de communauté légale

Dans le régime légal, les biens propres sont l'exception, toutes les acquisitions onéreuses réalisées durant le mariage tombant en principe en communauté.

La ventilation des biens entre les propres et la communauté a des conséquences importantes sur la liquidation et le partage de la communauté à la dissolution du mariage.

La détermination des biens propres et des biens communs

a – Qu'est-ce qu'un bien propre ?

Les biens propres sont constitués par le patrimoine personnel de chaque époux qui en conserve la pleine propriété après le divorce (c'est ce qu'on appelle la « reprise » des propres) (voir ci-dessous).

• Sous le régime de la **communauté légale,** sont considérés comme biens personnels, les biens dont les époux avaient la propriété ou la possession au jour du mariage ou qu'ils ont acquis pendant le mariage par **succession, donation ou legs.**

En revanche, les biens tombent en communauté quand la libéralité est faite aux deux époux conjointement (cas d'une donation aux deux époux, par exemple si les parents du mari ont versé des sommes sur le compte joint des époux. Ces sommes sont communes : CA Besançon, 7.4.1998, JCP 2000, IV, 1245).

• Forment par ailleurs toujours des biens propres, quel que soit le régime matrimonial, les **vêtements** et **linges à usage personnel** de l'un des époux, les **actions en réparation d'un dommage corporel** ou **moral,** les **créances et pensions incessibles** et plus généralement les **biens qui ont**

EN PRATIQUE

Les fonds déposés sur un compte sont-ils des biens communs ?

Quand la communauté fonctionne, même s'il s'agit d'un compte ouvert au nom d'un seul époux (compte bancaire, compte d'épargne, compte d'épargne-logement...), les sommes y figurant font partie de la communauté du fait de la « présomption de la communauté », et ce sauf preuve contraire de l'origine propre des fonds (art. 1402 C. civ.).
Après l'assignation en divorce (ou l'éventuel report de la dissolution de la communauté prévue), les règles sont différentes puisqu'il n'y a plus de présomption de communauté mais indivision entre les époux.
Les comptes joints sont des biens communs. Ils sont donc partagés au moment du divorce.

un caractère personnel et tous les **droits exclusivement attachés à la personne.** Ainsi, quand une indemnité est due non pas en remplacement d'une rémunération mais pour compenser un préjudice personnel, les sommes versées restent des biens propres (par exemple, les **dommages et intérêts** pour licenciement abusif versés pour un préjudice strictement moral subi par l'employé du fait du comportement fautif de l'employeur sont des biens propres). C'est également le cas pour des dommages et intérêts qui seraient dus pour compenser un **préjudice corporel,** après un accident par exemple ou une **pension militaire d'invalidité** (CA Colmar, 11.2.1999, JCP 2000, IV, 1245) (art. 1401 et 1404 C. civ.).
• Forment aussi des biens propres par nature les **instruments de travail** nécessaires à la profession de l'un des époux.
En revanche, les **revenus provenant des biens propres** sont des biens communs (voir ci-dessous).
• Sont considérés comme des **propres « par accessoire »** les biens acquis à titre d'accessoire d'un propre ainsi que les valeurs nouvelles et autres accroissements se rattachant à des valeurs mobilières propres. Il en est de même pour les créances et indemnités qui remplacent les propres.
Lors de la liquidation, chaque époux va reprendre ses **biens propres** s'ils existent ou les biens qu'il a acquis en remploi.

BON À SAVOIR

Un exemple de propre par accessoire est celui de la maison construite sur un terrain propre à un époux. La maison est propre « par accessoire » puisque l'immeuble bâti est l'accessoire du terrain, qui est un bien propre. Lors de la dissolution de la communauté en revanche, l'époux devra **récompense** à la communauté (sur la notion de récompense, voir ci-dessous). Lorsqu'un époux détient des **actions d'une société** avant son mariage et qu'au cours du mariage il y a augmentation du capital de cette société, les nouvelles actions restent des biens propres puisque rattachées aux anciennes, elles-mêmes biens propres (art. 1406 C. civ.).

EN PRATIQUE **Les animaux**

Les tribunaux estiment que les animaux doivent être considérés comme des biens mobiliers. En cas de divorce, ils sont attribués à celui des époux à qui appartiennent ou doivent revenir les biens mobiliers. Cette jurisprudence met fin à une controverse. Par un arrêt du 11 janvier 1983, la cour d'appel de Paris a en effet jugé qu'il n'y avait pas à réglementer des **droits de visite et d'hébergement** imaginés par référence abusive à la législation sur l'enfance, l'époux propriétaire de l'animal pouvant en disposer librement.

Le juge peut en attribuer la jouissance à l'un des époux comme pour le mobilier du ménage. En cas de contestation, l'animal sera attribué à celui des époux qui pourra prouver qu'il en était propriétaire.

Le juge devra en revanche s'inspirer des circonstances de fait si l'animal a été acheté en commun.

b – La reprise des propres

Lorsque la communauté est dissoute à la suite d'un divorce, chacun des époux reprend ses biens propres ou les biens qui les ont remplacés s'ils n'existent plus.

Le remploi

Le remploi (ou l'emploi) est l'acquisition d'un bien avec l'argent provenant de la **vente d'un bien propre** d'un des époux. Le bien, ainsi acheté à titre de remploi, devient à son tour bien propre de l'époux qui était propriétaire du bien propre vendu (art. 1434 C. civ.).

Le remploi est censé être fait à l'égard d'un époux toutes les fois que, lors d'une acquisition, cet époux a **déclaré** que cette acquisition était faite avec une somme provenant de la vente d'un bien propre et à titre de remploi. Ce remploi ne nécessite pas l'accord du conjoint ni du cocontractant (C. cass., civ. 1re, 19.5.1998). Une **clause de remploi** va donc figurer dans l'acte notarié.

> ***Exemple***
>
> *Un acte notarié d'acquisition immobilière mentionnait bien qu'un terrain était acquis avec les fonds personnels du mari mais non que cette acquisition devait tenir lieu de remploi. L'arrêt en déduit que le bien doit tomber en communauté (CA Fort de France, 28.5.1999, JCP 2000, IV, 1245).*

À noter

Si le prix et les frais de l'acquisition excèdent la somme dont il a été fait emploi ou remploi, la communauté a droit à ***récompense*** *pour l'excédent. Si, toutefois, la contribution de la communauté est supérieure à celle de l'époux acquéreur, le bien acquis tombe en communauté, sauf la récompense due à l'époux (art. 1436 C. civ. ; voir encadré sous la rubrique :* Les récompenses*, ci-dessous).*

L'absence de remploi

À défaut de cette déclaration de remploi dans l'acte notarié, le remploi n'a lieu que par l'accord des époux et il ne produit ses effets que dans leurs rapports réciproques (art. 1434 C. civ.). L'absence de remploi donne néanmoins lieu à **récompense** au profit de l'époux s'il prouve l'origine des fonds (voir sous la rubrique : *Les récompenses,* ci-dessous).

c – Qu'est-ce qu'un bien commun ?
Les acquêts de communauté

Selon l'article 1401 du Code civil, « *la communauté se compose activement des acquêts faits par les époux ensemble ou séparément durant le mariage, et provenant tant de leur industrie personnelle que des économies faites sur les fruits et revenus de leurs biens propres* ».
Il est rappelé que cette règle ne va s'appliquer que jusqu'à l'assignation en divorce ou la date de séparation de fait des époux en cas de report (art. 262-1 et 1442 C. civ. ; voir ci-dessus).
L'actif de la communauté légale des époux mariés se compose donc :
• du **produit de leur « industrie personnelle »** : les **rémunérations** rentrent donc dans la communauté, qu'il s'agisse de **salaires,** émoluments, **honoraires, traitements,** redevances, **intéressements**... et quelle que soit la forme du travail ou la profession exercée. Les **indemnités** que peuvent recevoir les époux en substitut des salaires font partie elles aussi de la communauté. Ainsi, sont communes les sommes perçues par un époux au titre d'une **incapacité temporaire totale de travail suite à un accident du travail,** ou l'**indemnité de licenciement,** de reconstitution de carrière, ou encore les **indemnités de préavis,** de **congés payés,** de **départ à la retraite**...
En revanche, lorsque l'indemnité est due non pas en remplacement d'une rémunération mais pour compenser un préjudice personnel, les sommes versées restent des biens propres (voir ci-dessus).
La valeur d'un fonds de commerce ou d'une **clientèle civile** ou commerciale fait partie de la communauté quand elle est afférente à un bien commun : en ce qui concerne un **cabinet médical** par exemple, bien commun des époux (fonds acheté pendant le mariage), il a été jugé que, lors de la dissolution de la communauté, la plus-value de la clientèle doit figurer dans l'actif de la communauté, car elle constitue un « acquêt » provenant de l'industrie personnelle d'un époux (C. cass., civ. 1re, 12.1.1994) ;
• de ce qui a été acquis par les époux, ensemble ou séparément avec leurs salaires ;
• des fruits et revenus des propres. En ce qui concerne les **revenus provenant de biens propres,** ils sont en effet communs dès leur perception.
Il en est de même de libéralités (donations par exemple) effectuées au profit des deux époux (voir ci-dessus : *Qu'est-ce qu'un bien propre ?*).
Par exemple, l'argent provenant de la location d'un appartement reçu en héritage par l'un des époux est commun. Les revenus restent en revanche propres s'ils sont « consommés », c'est-à-dire employés à un usage particulier : ils sont par exemple capitalisés ou placés (art. 1403 C. civ. ; sur ce point, voir aussi l'exemple donné dans les questions-réponses, ci-dessous).
De même, en l'absence de preuve qu'un bien est propre, il est présumé être commun.

La présomption de communauté

Selon l'article 1402 du Code civil, « *tout bien, meuble ou immeuble, est réputé acquêt de communauté si l'on ne prouve qu'il est propre à l'un des époux par application d'une disposition de la loi* ».
Cette règle est importante car la propriété personnelle de l'époux, si elle est contestée, devra être établie par écrit. Il pourra s'agir d'un inventaire des biens propres ou autre preuve préconstituée, ou encore, à défaut, des écrits, notamment **titres de famille, registres et papiers domestiques** ainsi que documents de **banque** et **factures.** Si un époux est dans l'impossibilité matérielle ou morale de se procurer un écrit, la preuve par **témoignage** ou **présomption peut être admise** (art. 1401 et s. C. civ. ; sur les formalités d'emploi et remploi, voir la rubrique : *Le sort des donations* et *avantages matrimoniaux après le divorce*).

EN BREF

Le point sur l'assurance-vie

L'assurance-vie est un placement destiné à une épargne à long terme. Elle bénéficie d'un régime fiscal privilégié. Les conséquences du divorce sur le sort de ce contrat ont été réglées par la jurisprudence. On doit distinguer ici :
– l'assurance en cas de vie qui va bénéficier au souscripteur qui est également l'assuré. Il s'agit pour lui d'une opération d'épargne,
– l'assurance mixte qui permet en outre qu'un capital ou une rente soit versée à un bénéficiaire en cas de décès de l'assuré,
– l'assurance-vie qui permet l'attribution d'un capital au bénéficiaire en cas de décès de celui-ci (appelée aussi assurance-décès).

Les primes d'un contrat mixte d'assurance-vie avec possibilité de rachat et la valeur de rachat font-elles partie de la communauté ?

Le problème s'est posé de savoir si la **valeur d'un contrat d'assurance-vie** faisait partie des biens communs lorsqu'un divorce intervient en cours de contrat. Le type de contrat visé ici est celui qui prévoit que les sommes capitalisées seront versées à l'assuré au terme fixé (ou à un tiers en cas de décès), avec possibilité de rachat en cours de contrat au profit de l'assuré.
Ce type de contrat peut être souscrit au nom d'un seul époux. Cependant, l'argent servant à payer les primes est commun lorsqu'il a été prélevé sur les salaires ou revenus d'un époux.
Pour la Cour de cassation, dans cette hypothèse, les primes du contrat et la valeur de rachat font partie de la communauté entre les époux même si les primes n'étaient versées que par l'un d'entre eux sur son salaire. La communauté a donc droit à la valeur de ce contrat calculée au jour de la dissolution de la communauté. ➤

EN BREF

Dans cet arrêt, les époux s'opposaient sur le partage de la communauté après leur divorce. Un des points d'opposition concernait un contrat d'assurance-vie mixte souscrit par l'époux, et dont le capital souscrit était arrivé à échéance et lui avait été versé après l'assignation en divorce. Le mari soutenait que ce capital lui était propre. Ce raisonnement a été repoussé par la Cour de cassation. Les primes avaient été payées avec des fonds communs (salaires de l'époux) jusqu'à la dissolution de la communauté, la valeur de la police faisait donc partie des biens communs (C. cass., civ. 1re, 3.3.1992, arrêt dit Praslika).
En revanche, lorsque le contrat a été alimenté par des **biens propres** (s'il peut être prouvé que ce n'est pas la communauté qui a versé les primes), il n'y a pas lieu de réintégrer la valeur de rachat dans l'actif communautaire.

En cas de révocation du conjoint en tant que bénéficiaire, ce dernier a-t-il droit à récompense dans le cadre d'un contrat assurance-décès pour les primes payées par la communauté ?

Le cas ici est différent du premier. Il s'agit d'un contrat en cours lors du divorce, garantissant au décès de l'assuré un capital au profit du bénéficiaire (contrat d'assurance-vie « classique »). Le conjoint qui va divorcer révoque le nom de son époux ou épouse comme bénéficiaire. Ce dernier pourra-t-il bénéficier d'une **récompense** puisqu'il ne touchera pas le capital à terme ? Selon la Cour de cassation, en vertu de l'article 1437 du Code civil, le mari doit effectivement récompense à la communauté *« des deniers communs ayant servi à acquitter une charge contractée dans l'intérêt personnel du mari »* (C. cass., civ. 1re, 10.7.1996).

Le partage de la communauté

a – L'évaluation de l'actif de communauté

La question de l'évaluation des biens à partager va inévitablement se poser. Les biens doivent-ils être évalués au jour de la dissolution de la communauté (c'est-à-dire, selon le cas, l'assignation en divorce ou la séparation de fait des époux en cas de report) ou au jour du partage effectif des biens ?
D'après la loi, la date d'évaluation des biens doit être la plus proche possible du partage (art. 1476 et 890 C. civ.). Pour la Cour de cassation, cela signifie que l'évaluation des biens communs doit être faite au jour le plus proche du partage, **compte tenu des modifications apportées à l'état de ces biens pendant la durée de l'indivision postcommunautaire** (c'est-à-dire entre l'assignation et le partage).

> ***Exemple***
>
> *Une épouse avait, après l'assignation en divorce, procédé à des réparations sur l'immeuble commun. Lors de la liquidation, la cour d'appel a décidé que cet immeuble devait figurer dans la masse des biens à partager pour sa valeur au jour le plus proche du partage, mais compte tenu de son état au jour de la dissolution de la communauté (date de l'assignation). Pour la Cour de cassation, au contraire, la valeur de l'immeuble doit être effectuée au jour du partage compte tenu de son état au jour du partage (C. cass., civ. 1re, 7.4.1998).*

La conséquence pratique est que l'indivision va profiter de cette plus-value. Un des époux peut donc avoir droit à une **indemnité** dans la mesure où il a amélioré le bien commun devenu indivis sur le fondement de l'article 815-13 du Code civil : « *Lorsqu'un indivisaire a amélioré à ses frais l'état d'un bien indivis, il doit lui en être tenu compte selon l'équité, eu égard à ce dont la valeur du bien se trouve augmentée au temps du partage ou de l'aliénation. Il doit lui être pareillement tenu compte des impenses nécessaires qu'il a faites de ses deniers personnels pour la conservation desdits biens, encore qu'elles ne les aient point améliorés. Inversement, l'indivisaire répond des dégradations et détériorations qui ont diminué la valeur des biens indivis par son fait ou par sa faute.* »

b – Le passif de la communauté

Sont des dettes de la communauté (art. 1409 C. civ.) :
- les dettes alimentaires (exemple **pension alimentaire** due à un enfant d'un premier lit),
- les dettes nées pendant le mariage.

Font ainsi partie des dettes communes les dettes relatives au fonctionnement d'un commerce propre, les **taxes ou impôts** relatifs à un immeuble commun, les **impôts sur le revenu,** ou les **redressements fiscaux** relatifs aux revenus personnels d'un des époux (en dehors de certaines pénalités) ainsi que le crédit destiné à l'achat d'un bien de consommation.

> ***Exemple***
>
> *Une femme mariée contracte un emprunt à son seul nom pour financer l'achat d'un* ***véhicule*** *automobile alors que la carte grise est au nom de son mari. La question s'est posée de savoir qui devait rembourser le crédit en cas de divorce : l'épouse, l'époux ou la communauté ? Pour la cour d'appel, s'agissant d'un acte de la vie courante, le prêt destiné à le financer fait partie du passif commun, le remboursement incombe donc à la communauté (CA Grenoble, 10.3.1998).*

c – Les récompenses

Le mécanisme des récompenses est destiné à maintenir l'équilibre des patrimoines propres des époux et de leur patrimoine commun. Il tend notamment à éviter que la masse de biens communs ne se trouve, lors du partage, augmentée ou diminuée au détriment ou au profit du patrimoine propre d'un époux (Rapport de la Cour de cassation, 1998).

EN PRATIQUE **Le droit de poursuite des créanciers après la dissolution de la communauté**

Le passif commun

Les créanciers qui auraient pu agir sur les biens indivis avant qu'il y eût indivision, et ceux dont la créance résulte de la conservation ou de la gestion des biens indivis, sont payés par prélèvement sur l'actif avant le partage. Ils peuvent en outre poursuivre la saisie et la vente des biens indivis (art. 815-17 C. civ.).

Par ailleurs, après la dissolution de la communauté, chacun des époux peut être poursuivi pour la totalité des dettes existant **au jour de la dissolution,** qui étaient de son fait. En revanche, chaque époux ne peut être poursuivi que pour la moitié des dettes de communauté qui ont été faites du chef de son conjoint (art. 1482 et 1483 C. civ.).

Le passif de l'indivision

Les créanciers personnels d'un indivisaire (époux) ne peuvent pas saisir sa part dans les biens indivis, meubles ou immeubles. Mais ils peuvent provoquer le partage au nom de leur débiteur ou intervenir dans le partage provoqué par lui. Les coïndivisaires peuvent arrêter le cours de l'action en partage en réglant la dette pour le débiteur. Ceux qui exerceront cette faculté se rembourseront par prélèvement sur les biens indivis (art. 815-17 C. civ.).

Le compte des « récompenses » doit être arrêté pour chaque époux après avoir établi l'actif et le passif de la communauté. Les récompenses (ce que l'on a appelé plus haut des « glissements de fonds » entre les patrimoines) sont des transferts de valeurs ayant eu lieu pendant le mariage entre les biens propres et les biens communs. La communauté a donc bénéficié de sommes provenant de biens propres (ou inversement) et ces sommes vont être compensées lors de la liquidation des biens par une somme qu'on appelle « récompense ». Le calcul des récompenses n'a donc lieu d'être que dans les régimes de communauté et non de **séparation de biens.** Il n'y a également pas lieu à calculer les récompenses après la dissolution de la communauté, c'est-à-dire après **l'assignation en divorce** (ou après la date de report) puisqu'il n'y a plus communauté.

La difficulté en matière de récompenses est que le compte est établi après la dissolution du régime matrimonial des époux, parfois de nombreuses années après l'intervention de ces mouvements de fonds, alors que les époux n'ont pas songé entre eux à tenir une comptabilité détaillée et à se ménager des preuves des mouvements de fonds. D'où les risques évidents de confusion des patrimoines.

Quand la communauté a-t-elle droit à récompense ?

La communauté a droit à récompense quand elle a acquitté la dette personnelle d'un époux (art. 1412 C. civ.). Trois exemples sont donnés ici :

– des travaux sont faits sur une maison léguée à la femme (qui est donc un bien propre à l'épouse) pendant le mariage. Ces travaux sont financés par les salaires et les économies des époux (qui sont des biens

communs). Lors du divorce, cette maison va rester un bien propre à la femme, mais celle-ci va devoir à la communauté une récompense en échange du financement des travaux. Pour cela on prend schématiquement la valeur de la maison avant travaux et sa valeur après travaux. La différence est la somme que la femme devra à la communauté, qui sera ensuite divisée par deux entre les époux ;
– une dette contractée dans l'intérêt d'un époux propriétaire d'un bien propre tendant à améliorer ce bien est remboursée à l'aide de fonds communs. L'époux doit à la communauté une récompense qui peut être estimée à la plus-value résultant des travaux financés par la communauté (C. cass., civ. 1re, 16.12.1997) ;
– des instruments de travail nécessaires à la profession d'un époux, qui constituent des biens propres par nature (sous certaines conditions), sont acquis grâce à des fonds communs. La communauté a droit à récompense (art. 1404 C. civ.).
En revanche, la communauté n'a jamais droit à récompense quand elle a acquitté les dettes contractées par les époux pour **l'entretien du ménage ou de l'éducation des enfants** (art. 220 C. civ.), ou les **dettes alimentaires.** On parle alors de « **passif définitif** ».

EN PRATIQUE

Le cas du bien acquis par un époux pour partie avec ses fonds propres et pour partie avec des fonds communs

Prenons l'exemple d'un bien acquis par les époux avec pour partie leur salaire (bien commun) et pour partie une somme résultant d'un héritage perçu par un époux (bien propre).
Dans cette hypothèse, on prend pour acquis qu'en ce qui concerne le bien propre (l'héritage), la formalité de **remploi** a bien été effectuée (voir ci-dessus).
La règle posée par la loi est la suivante : si le prix et les frais de l'acquisition excèdent la somme correspondant aux fonds propres à l'époux, mais que les fonds propres constituent la plus grande partie de l'acquisition, le bien est propre. Mais, la communauté a droit à **récompense** pour l'excédent. En effet, dans cette hypothèse, le bien est propre et la communauté a enrichi un époux. En revanche, si la contribution la plus importante est la contribution de la communauté, le bien devient commun, mais la communauté doit récompense à l'époux à l'origine des fonds propres (art. 1436 C. civ.).

Quand la communauté doit-elle une récompense à un époux ?
La communauté doit récompense quand elle a tiré profit d'un bien propre, par exemple, si elle a encaissé le prix provenant de la vente d'un bien propre. Il en est ainsi notamment lorsque la communauté a encaissé la somme provenant de la vente d'un immeuble propre sans qu'il en ait été fait emploi ou remploi (voir ci-dessus) ou encore lorsqu'elle a

encaissé des fonds propres, par exemple, provenant d'une succession (art. 1433 et s. C. civ.).
L'époux doit prouver le caractère propre du bien vendu ou de l'argent qu'il soutient avoir recueilli par succession ou par donation. Un testament, un titre de propriété d'immeuble, une donation peuvent constituer cette preuve. S'il s'agit d'une donation manuelle ou de vente de valeurs mobilières, la preuve peut être apportée par tous moyens (écrits, attestation...). Ensuite, l'époux doit prouver, en cas de contestation de son conjoint, que la communauté s'est enrichie au détriment de son patrimoine (C. cass., civ. 1re, 9.7.1985, BC n° 214). Le seul fait que les biens propres aient disparu lors de l'établissement des comptes est indifférent (C. cass., civ. 1re, 2.12.1997, BC n° 335).

EN PRATIQUE **La plus-value apportée à l'exploitation d'une entreprise, propre à un époux, par l'activité de l'autre époux peut-elle donner lieu à récompense ?**

Quand le bien est commun, cette plus-value rentre dans la communauté (voir ci-dessus la définition des biens communs). La question s'est posée de savoir si, quand la plus-value est apportée à un bien propre à un époux, son conjoint responsable en tout ou en partie de cette plus-value avait droit à récompense ou à indemnité. L'exemple type est **l'officine de pharmacie,** le **cabinet médical**, le **fonds de commerce** propre à un époux pour lequel l'autre collabore activement pendant le mariage. Lors de la liquidation, il va demander des comptes à son conjoint. La Cour de cassation estime, sur cette délicate question, que la communauté n'a pas droit à **récompense** à défaut de valeur « empruntée à la masse commune » (C. cass., civ. 1re, 18.5.1994). Les fruits du travail du conjoint échappent donc totalement à la communauté. Certaines cours d'appel n'hésitent cependant pas à envisager la question différemment. Ainsi, dans une affaire concernant un cabinet médical, qui était un bien propre du mari et qui avait triplé de volume lors du mariage, la femme demandait lors du divorce la moitié de la valeur de cette plus-value. La cour la lui a accordée en se fondant sur l'article 1401 du Code civil : « *La communauté se compose activement des acquêts faits par les époux ensemble ou séparément durant le mariage, et provenant tant de leur* ***industrie personnelle*** *que des économies faites sur les fruits et revenus de leurs biens propres.* » L'industrie personnelle du mari (c'est-à-dire le fruit de son travail) est donc commune et « au total c'est bien un tiers de la valeur patrimoniale de la présentation de la clientèle qui est commune au jour de la dissolution » (CA Besançon, 9.9.1997).
Il aurait pu, le cas échéant, être fait appel à la notion « **d'enrichissement sans cause** » pour permettre au conjoint d'obtenir une part de l'enrichissement de son conjoint, sous réserve que les tribunaux retiennent ce fondement.

Exemple

Une épouse demandait une récompense pour avoir, à la suite de la vente d'un bien propre, versé l'argent de la vente sur un compte bancaire joint. Elle n'apportait cependant pas la preuve que l'argent avait profité à la communauté et la récompense a été refusée (C. cass., civ. 1re, 17.12.1996, BC n° 451).

L'évaluation des récompenses (art. 1469 et 1473 C. civ.)

Il existe deux modes de calcul d'évaluation des récompenses : celle de la dépense faite ou celle du profit subsistant.

La loi en effet pose le principe d'un mode d'évaluation des récompenses qui tient compte du temps passé entre la dissolution de la communauté (assignation en divorce ou date de la séparation de fait en cas de report) et sa liquidation qui peut être réalisée plus tard.

L'article 1469 du Code civil précise : « *La récompense est, en général, égale à la plus faible des deux sommes que représentent la* ***dépense faite*** *et le* ***profit subsistant.***

« Elle ne peut, toutefois, être moindre que la dépense faite quand celle-ci était nécessaire.

« Elle ne peut être moindre que le profit subsistant, quand la valeur empruntée a servi à acquérir, à conserver ou à améliorer un bien qui se retrouve, au ***jour de la liquidation de la communauté,*** *dans le patrimoine emprunteur. Si le bien acquis, conservé ou amélioré a été vendu ou cédé* ***avant la liquidation,*** *le profit est évalué au jour de la vente ; si un nouveau bien a remplacé le bien vendu ou cédé, le profit est évalué sur ce nouveau bien.* »

Exemple

Correspondent à une ***dépense nécessaire,*** *permettant de fixer le seuil minimal de la récompense, les travaux effectués à l'aide de deniers communs sur un immeuble propre au mari, même s'ils n'ont pas augmenté la valeur de l'immeuble* ***(profit subsistant),*** *dans la mesure où ils étaient nécessaires pour assurer* ***l'habitabilité de l'immeuble*** *: la récompense a été fixée à la dépense faite (C. cass., civ. 1re, 25.1.2000, BC n° 20).*

Si la valeur du bien a doublé lors de la liquidation de la communauté, la récompense sera également au double de la dépense effectuée.

Exemples

• La communauté finance la construction d'un immeuble sur le terrain propre du mari après démolition de l'immeuble qui s'y trouvait antérieurement. L'évaluation du bien propre doit être faite selon le principe du ***profit subsistant*** *puisque la valeur empruntée a servi à améliorer un bien propre. La question s'est posée du calcul du « profit subsistant ». Le profit subsistant doit représenter* ***l'avantage réellement procuré au fonds*** *emprunteur au jour du règlement de la récompense, c'est-à-dire de la liquidation de la communauté. Pour chiffrer la récompense due par l'époux à la communauté, il faut prendre en compte la consistance qu'avait le bien propre avant la nouvelle construction. Ainsi le calcul du profit subsistant oblige à soustraire de la valeur actuelle du terrain construit non seulement la valeur du terrain nu mais celle du terrain et de l'ancienne construction (C. cass., civ. 1re, 13.1.1993).*

• *Si cette valeur est nulle, il n'en est pas tenu compte (pour un abri de jardin et une maison en très mauvais état, C. cass., civ. 1re, 25.2.1997).*

Lorsque le compte des récompenses est arrêté pour chaque époux, la balance en est faite. Suivant que le solde est débiteur ou créditeur, chaque époux doit en rapporter le montant à la communauté ou en réclamer le paiement (art. 1470 et s. C. civ.).
Les récompenses égales au nominal de la dépense (et non au profit subsistant) portent intérêt de plein droit au jour de la **dissolution de la communauté** (art. 1473 C. civ.).

d – L'opération de partage
L'intervention du **notaire** est obligatoire pour partager une communauté comprenant des immeubles. Le notaire va déterminer la part de chacun des ex-époux dans la communauté.
L'actif net (actif moins passif et récompense dues de part et d'autre) est partagé par moitié entre les époux. Ce partage, simple (en principe) pour les meubles, peut être difficile pour un immeuble. Dans les deux cas, la vente peut avoir lieu à l'amiable ou, en cas de désaccord, aux enchères et les ex-époux se partagent le prix. Un ex-époux peut également garder un bien et, le cas échéant, si la valeur de ce bien est supérieure à ses droits dans l'actif net, il versera à son ex-conjoint une **soulte,** c'est-à-dire une compensation.
Si le notaire ne parvient pas à mettre les parties d'accord, en cas de difficultés, il dresse un **procès-verbal de difficulté** et renvoie les parties devant le tribunal de grande instance (le juge aux affaires familiales, juge du divorce, n'est pas compétent en matière de partage).
Les règles du partage de la communauté sont soumises à toutes les règles qui existent en matière de **succession** pour les partages entre cohéritiers.

e – La fiscalité du partage
Le partage des communautés conjugales (communauté et indivision entre deux époux **séparés de biens**) est soumis à un droit d'enregistrement ou une taxe de publicité foncière (pour les biens immobiliers) de 1 % sur l'actif partagé, déduction faite du passif, mais non des **soultes** et **plus-values** (art. 748 CGI ; C. cass., com., 21.4.1992).
Les actes de partage doivent être soumis à la formalité de **l'enregistrement** dans un délai d'un mois, ou, s'ils portent sur des biens immobiliers, une publication doit être effectuée à la conservation des hypothèques dans le délai de deux mois.

Les comptes de l'indivision

Pendant la période qui va de l'assignation en divorce au partage, les époux sont soumis au régime non de la communauté entre les époux mais à celui de l'indivision. Les règles concernant l'indivision sont celles prévues par les articles 815 et suivants du Code civil. Les biens communs vont changer de nature et vont devenir indivis entre les époux. À partir de cette date, il n'y aura plus de « **présomption de communauté** » si les époux acquièrent des biens, ni de notion de récompense, par exemple, si un époux rembourse une dette après l'assignation (sur un exemple de ces règles, voir la rubrique : *la date des effets du divorce*).

Il n'y a ici donc plus de notion de **récompense** mais éventuellement d'**indemnité** qui peut être due par l'indivision à un indivisaire et dont il va falloir tenir compte lors du partage.

BON À SAVOIR **L'amélioration d'un bien indivis**

• Une des questions à régler est celle **d'un bien ayant fait l'objet d'une amélioration pendant l'indivision grâce à un époux.** L'exemple le plus simple est celui de **travaux** effectués par un époux indivisaire sur le bien en indivision.
L'article 815-13 du Code civil permet à un époux de se faire indemniser dans les conditions suivantes : « *Lorsqu'un indivisaire a amélioré à ses frais l'état d'un bien indivis, il doit lui en être tenu compte selon l'équité, eu égard à ce dont la valeur du bien se trouve augmentée au temps du partage ou de l'aliénation. Il doit lui être pareillement tenu compte des impenses nécessaires qu'il a faites de ses deniers personnels pour la conservation desdits biens, encore qu'elles ne les aient point améliorés.* »
La variation de valeur d'un bien (par exemple, travaux effectués sur une maison) entre l'assignation et le partage donne donc naissance à une créance entre les époux quand ces variations sont le fait d'un indivisaire (donc d'un des époux).
• Un cas plus complexe est celui où la variation de la valeur est due à l'activité du gérant de l'indivision, à son **« industrie personnelle »** comme, par exemple, l'accroissement de la valeur d'un **fonds de commerce** ou d'une **clientèle civile** pendant l'indivision, d'un **cabinet médical**...
Quand le bien est indivis, cette plus-value rentre dans l'indivision. La question s'est posée de savoir si le conjoint coïndivisaire responsable en tout ou en partie de cette plus-value avait droit à indemnité.
Pour les tribunaux, en cas d'indivision la règle est la suivante : « *L'activité d'un époux qui gère un fonds de commerce durant l'indivision postcommunautaire ne peut être assimilée à une dépense d'amélioration d'un bien indivis, de sorte que la plus-value constatée accroît l'indivision. Mais l'époux gérant a droit à une rémunération* » (C. cass., civ. 1re, 29.5.1996). Cette indemnité du gérant de l'indivision est prévue par l'article 815-12 du Code civil : « *L'indivisaire qui gère un ou plusieurs biens indivis est redevable des produits nets de sa gestion. Il a droit à la rémunération de son activité, dans les conditions fixées à l'amiable, ou, à défaut, par décision de justice.* »

La liquidation et le partage des autres régimes matrimoniaux

Le régime de la communauté légale est de loin le régime majoritaire. Mais l'obligation de liquider et de partager un bien à la suite d'un divorce (ou pendant le divorce, dans le cadre d'un divorce sur demande conjointe) est applicable à tous les régimes matrimoniaux.

• Pour les régimes de communauté conventionnelle, il faut respecter lors du partage les règles prévues spécifiquement pour ce régime.

Par exemple, pour un régime de **communauté universelle,** il n'existe pas de biens propres ou de biens communs (ni de dettes propres ou communes). Le partage va donc se faire sur cette base.

• Pour le régime de **communauté de meubles et acquêts,** l'actif commun comprend les biens meubles possédés par les époux avant le mariage.

Le régime de **séparation de biens** est différent puisque, dans ce régime, chaque époux est réputé seul propriétaire de ses biens. Il n'y a donc pas en principe de partage à effectuer. Il arrive néanmoins fréquemment que le couple achète un bien en **indivision.** Dans cette hypothèse, les époux devront liquider et partager cette indivision. Le règlement de cette indivision est, comme pour l'indivision postcommunautaire des époux communs en biens, régi par les articles 815 et suivants du Code civil.

• Différents points ont été abordés par les tribunaux concernant la liquidation des intérêts des époux séparés de biens. Sont cités ici, pour exemple, les donations entre époux séparés de fait et le problème de la liquidation anticipée.

LES DONATIONS RÉMUNÉRATOIRES

Le cas visé ici est celui d'un immeuble acquis au nom de l'épouse, séparée de biens grâce à des fonds du mari (hypothèse relativement fréquente en pratique). Dans ce cas de figure, le mari, en cas de divorce, aura tendance à demander la nullité de la vente en soulevant le fait qu'il s'agit en fait d'une **donation déguisée**, qui est interdite entre époux. Ou encore il va chercher à révoquer cette donation (voir la rubrique : *Le sort des donations* et *avantages matrimoniaux après le divorce*).

Pour la Cour de cassation, cette demande n'a de chance d'aboutir que si ce « prêt » ne correspond pas en fait à la « rémunération » par le mari de sa femme qui a contribué au-delà de sa « contribution aux charges du mariage » (voir la rubrique : *La vie du ménage pendant la procédure*).

> ***Exemple***
>
> *Un arrêt a décidé de la sorte dans une affaire où il était prouvé que la femme qui avait travaillé longtemps avec un salaire très supérieur à celui de son mari avait ensuite abandonné son travail pour se consacrer aux soins du ménage et à l'entretien des enfants. Pour la Cour, cette assistance de l'épouse allait au-delà de son obligation de contribution aux charges du mariage et constituait la cause des versements de son mari (C. cass., civ. 1re, 3.6.1998).*

LES CONVENTIONS DE LIQUIDATION ANTICIPÉE POUR DES ÉPOUX SÉPARÉS DE BIENS

Il a été jugé que les règles de la liquidation anticipée de la **communauté** prévues dans le cadre d'un règlement du régime de communauté, exigeant un acte notarié, ne s'imposaient pas aux époux séparés de biens. « *Pour le règlement de leurs intérêts matrimoniaux, les époux X. séparés de biens n'étaient pas tenus de se conformer aux exigences de l'article 1450 du Code civil.* » Il s'agissait en l'espèce d'une reconnaissance de dette qu'un époux avait signée au profit de l'autre par acte sous seing privé, c'est-à-dire sans être passé devant notaire, et que, après le divorce, il ne voulait plus régler. Cet époux soulevait le fait que l'acte était nul... ce qui n'a pas été retenu par la cour d'appel ni la Cour de cassation.
Attention : en cas de divorce sur demande conjointe (ce qui n'était pas le cas dans cette affaire), l'accord passé entre les époux doit obligatoirement être soumis au juge (C. cass., civ. 1re, 6.5.1997, 10.3.1998 ; voir la rubrique : « Le divorce sur demande conjointe »).

QUESTIONS-RÉPONSES

Quelle est la marche à suivre pour liquider la communauté suite à un divorce (une maison, des comptes bancaires et des meubles) lorsque l'ex-époux refuse de se soumettre à cette formalité ? Puis-je choisir seul un notaire pour préparer la liquidation ?

De par votre jugement de divorce, vous pouvez effectivement exiger la liquidation et le partage de votre communauté. Si votre conjoint s'y oppose, il faut saisir un notaire (choisi par la chambre des notaires comme indiqué dans votre jugement) qui va vous convoquer ainsi que votre ex-conjoint. Si celui-ci ne vient pas au rendez-vous, le notaire dressera un procès-verbal de **carence**. S'il vient mais fait obstacle à tout règlement, c'est un procès-verbal de difficulté qui sera dressé. Le tribunal de grande instance devra ensuite être saisi par un avocat, sur la base de ces deux procès-verbaux, pour procéder au partage.

Comment procéder pour liquider la communauté suite à un divorce comportant des biens immobiliers notamment ? La représentation par un avocat est-elle obligatoire ? Quel est le délai pendant lequel la procédure de liquidation doit être engagée ?

Tout d'abord il n'existe pas de délai pour liquider et partager les biens de la communauté. Ensuite, l'assistance d'un avocat ne s'impose que si le partage est judiciaire, c'est-à-dire en cas de difficulté. Ceci dit, il est toujours préférable de ne pas tarder à liquider et à procéder au partage d'une communauté pour éviter que les comptes ne deviennent plus complexes. Le recours au notaire est obligatoire si vous possédez un immeuble. ➤

QUESTIONS-RÉPONSES

Je suis marié sous le régime de la communauté. J'ai acheté un appartement avant le mariage et le remboursement du crédit afférent à cet appartement a continué pendant le mariage. Le notaire me dit que la part du capital non remboursé rentre dans la communauté. Or, ce logement a été habité par le couple puis loué et les revenus de la location dépassaient les mensualités. Peut-on encore dire que l'appartement a été pour partie financé par la communauté alors qu'au contraire il lui a procuré un enrichissement ?

Légalement, les **revenus d'un propre** tombent dans la communauté (art. 1401 C. civ.). En conséquence, les loyers provenant de la location de cet appartement font partie de la communauté. La perception des revenus d'un bien propre ne constitue pas, de par la loi, un profit réalisé par la communauté et n'entraîne donc pas le paiement d'une **récompense** en faveur de l'époux propriétaire de ce bien propre. En ce qui concerne la prise en charge par la communauté de l'emprunt, après le mariage, en tant que propriétaire de ce bien vous en devez récompense à la communauté. Mais, selon la jurisprudence de la Cour de cassation, vous ne devez récompense que pour le **capital** et non les **intérêts** de l'emprunt remboursés par la communauté. En effet, pour la Cour, ayant droit aux fruits et revenus des propres, la communauté doit corrélativement régler les charges de jouissance du bien – et donc les intérêts qui sont une charge de la jouissance du bien (C. cass., civ. 1re, 31.3.1992, JCP 1993, II, 22003). En contrepartie des loyers perçus par la communauté, cette dernière devait donc supporter les dettes liées à cet appartement, ici les intérêts des emprunts.

LE DIVORCE ET LES PRESTATIONS SOCIALES

Le droit de la Sécurité sociale prend en compte le statut du couple divorcé à plusieurs titres :
*– **les prestations familiales** qui vont être servies aux familles divorcées avec enfants (la question des **allocations familiales,** des prestations liées à **l'isolement,** comme **l'allocation de soutien familial ou de parent isolé,** est étudiée dans la rubrique :* Les conséquences vis-à-vis des enfants*),*
*– **les prestations d'aide au logement (APL),** quand un des membres du couple reste seul dans le logement : cette prestation est étudiée dans la rubrique :* Le sort du logement familial,
*– le droit pour le conjoint divorcé de conserver sa qualité **d'ayant droit** de son ex-conjoint,*
*– le droit à la **pension de réversion,***
*– le droit à la **rente viagère** pour le conjoint divorcé **en cas d'accident du travail mortel,***
*– le droit au **capital-décès.***

• *Pour trouver le thème qui vous intéresse, consultez la table des matières en début de volume ou l'index alphabétique en fin de volume.*

Le droit du conjoint divorcé qui ne travaille pas (art. L. 161-15 C. séc. soc.)

Le Code de la Sécurité sociale prévoit un ***maintien de la qualité d'ayant droit*** *pendant un certain délai et même, sous certaines conditions, pendant une durée illimitée.*

LE MAINTIEN DES DROITS PENDANT UNE PÉRIODE LIMITÉE

Pendant le mariage, si l'un des époux ne travaille pas, il peut, sous certaines conditions, avoir la qualité d'ayant droit de son conjoint. Cette possibilité continue en cas de divorce. En effet, le conjoint divorcé qui ne bénéficie pas à titre personnel du droit aux assurances maladie et maternité continue à bénéficier des prestations en nature (remboursement de soins) du régime dont il relevait en tant qu'ayant droit au moment de la transcription du divorce. Ce droit est maintenu pendant **4 ans** ou jusqu'à ce que le dernier enfant à charge ait atteint l'âge de trois ans (art. L. 161-15 et R. 161-5 C. séc. soc. ; Décr. du 15.12.1999). Au terme de ces quatre ans, s'il n'a toujours pas d'activité professionnelle – ou s'il n'est pas ayant droit d'un autre assuré, il pourra bénéficier de la couverture maladie universelle (CMU).

EN PRATIQUE

Il faut insister sur le fait que la personne divorcée doit **sans délai**, après son divorce, prendre rendez-vous avec sa caisse d'allocations familiales (CAF) et sa caisse primaire d'assurance maladie (CPAM) pour faire le point sur sa situation au regard des aides ou allocations auxquelles elle peut prétendre.

LE MAINTIEN DES DROITS PENDANT UNE PÉRIODE ILLIMITÉE SOUS CERTAINES CONDITIONS

À l'expiration de ce délai, les personnes divorcées qui ont eu au moins trois enfants à charge sont affiliées obligatoirement et à titre personnel au régime général, en contrepartie d'une cotisation prise en charge par le régime des prestations familiales. Elles n'ont donc pas à régler les cotisations.

Le conjoint bénéficiant du maintien des prestations pendant une **période illimitée** peut se retrouver dans une situation où il devient assuré social à titre obligatoire (dans le cadre d'une activité libérale par exemple). Il n'est donc plus affilié à la Sécurité sociale en tant qu'ayant droit, mais à titre personnel. Si, par la suite, cette situation cesse et qu'il n'est plus assuré à titre personnel, il retrouve son ancienne situation de maintien de droit pour une période illimitée (circulaire DGR n° 24-94 du 30.3.94).

Les droits du conjoint divorcé en tant que conjoint survivant

Le conjoint divorcé va perdre au décès de son ex-conjoint certains droits dont il aurait pu bénéficier s'il était resté marié. Ainsi en va-t-il de ***l'assurance veuvage*** *par exemple. Il faut pourtant savoir que certains droits survivent au divorce. Ces droits sont étudiés de façon approfondie dans l'ouvrage Successions : le guide pratique publié par nos Éditions. Il n'en est dressé ici qu'un simple catalogue, ce qui permettra par la suite aux personnes concernées de se renseigner plus avant (conditions d'ouverture des droits, date de dépôt des demandes...), notamment en prenant rendez-vous, à la suite du décès de son ex-conjoint, auprès de la caisse de Sécurité sociale ou de retraite concernée.*

LA RENTE ACCIDENT DU TRAVAIL EN CAS DE DÉCÈS (ART. L. 434-8 ET 434-9 C. SÉC. SOC.)

En cas de décès consécutif à un **accident du travail** ou à une **maladie professionnelle**, **l'ex-conjoint survivant** divorcé peut obtenir une rente viagère à condition, d'une part, que le mariage (dissous depuis) ait été contracté avant l'accident ou, à défaut, ait duré au moins deux ans à la date du décès, sauf si un enfant est issu du mariage. D'autre part, l'ex-conjoint survivant ne peut obtenir cette rente que s'il a aussi obtenu une **pension alimentaire** au moment du divorce, ce qui ne peut arriver que dans le cadre d'un divorce pour **rupture de la vie commune** ou d'une **séparation de corps**.

LE CAPITAL-DÉCÈS

L'assurance-décès garantit aux membres de la famille d'un assuré décédé un capital destiné à leur permettre de faire face aux difficultés financières entraînées par cette disparition. Le capital-décès est versé, sous certaines conditions, au décès d'un assuré social, en priorité aux

personnes qui étaient à la charge effective, totale et permanente du défunt et par ordre de préférence :
- au conjoint à charge non séparé ni divorcé,
- aux enfants à charge,
- aux ascendants à charge,
- ou enfin à toute autre personne à charge (notamment le **concubin**).

Parmi les bénéficiaires prioritaires au jour du décès, vient donc en priorité le conjoint (marié) survivant. L'ex-conjoint divorcé n'a donc pas droit au capital-décès ni le conjoint séparé de corps. Seule exception à cette règle : le capital-décès peut être versé au conjoint divorcé pour **rupture de la vie commune** ou **séparé de corps** s'il avait **pour seule ressource une pension alimentaire** versée par l'assuré décédé (Cour de cassation, 15.6.1978). Cependant, dans cette hypothèse, le conjoint divorcé ou séparé de corps n'est plus prioritaire.

LA PENSION DE RÉVERSION

La pension de réversion est une fraction de la retraite d'un assuré qui va être versée à son conjoint quand cet assuré décède.

▶ Le régime général de la Sécurité sociale

L'attribution de la pension de réversion reste possible pour le **conjoint divorcé** qui ne s'est pas **remarié** ou qui ne vit pas en **concubinage.** Cependant, et le cas échéant, il aura à partager le bénéfice de cette pension si son ex-conjoint s'était remarié.

Les conditions

La pension de réversion est égale à 54 % de la pension de vieillesse dont bénéficiait ou aurait bénéficié l'assuré (taux applicable à compter du 1.1.1995).

Pour pouvoir en bénéficier, le conjoint doit :
- être âgé d'au moins 55 ans,
- être marié depuis au moins deux ans à la date du décès (aucune condition de durée n'est exigée si un enfant est né du mariage),
- ne pas disposer de ressources personnelles dépassant le montant annuel du salaire minimum de croissance (SMIC), soit 2 080 fois le taux horaire.

À noter

Dans les ressources personnelles est prise en compte la majoration de 10 % accordée à la personne retraitée qui a élevé au moins trois enfants (art. L. 351-12 C. séc. soc.).

Une majoration forfaitaire de la pension de réversion versée au conjoint survivant est prévue (art. L. 353-5 et R. 353-9 C. séc. soc.) :
- s'il est âgé de moins de 65 ans,
- s'il a un ou plusieurs enfants à charge,

– s'il n'est pas lui-même titulaire d'un avantage personnel de vieillesse.
L'attribution de la pension reste possible pour le conjoint divorcé qui ne s'est pas remarié ou qui ne vit pas en concubinage. Cependant, le cas échéant, il aura à partager le bénéfice de cette pension si son ex-conjoint s'était remarié. En effet, si le défunt s'est marié plusieurs fois, le ou les conjoints divorcés non remariés se partagent avec le conjoint survivant la pension de réversion au prorata de la durée de chaque mariage. Si l'un de ces bénéficiaires décède, sa part augmente la part de l'autre ou des autres (art. L. 353-2, L. 353-5 et R. 353-9 C. séc. soc.).
L'ex-conjoint divorcé et remarié peut néanmoins avoir droit à la pension de réversion de son premier époux si le second mariage a duré moins de deux ans et si aucun enfant n'en est issu. Il faut cependant que la pension de réversion ne soit pas déjà attribuée ou susceptible d'être attribuée au dernier ou précédent conjoint du défunt (art. R. 353-5 C. séc. soc.).
Par ailleurs, il n'est pas nécessaire que le conjoint de ce second mariage soit décédé. Le seul critère retenu par la Cour de cassation est que l'époux n'ait aucun droit à une pension de réversion du chef de ce second conjoint pour pouvoir toucher, éventuellement, une pension de réversion du chef de l'ex-conjoint du premier mariage. En l'espèce, une personne s'était mariée une première fois puis avait divorcé et s'était remariée. Le second mariage avait été dissous par un divorce moins de deux ans après sa célébration, et la pension de réversion en vertu du premier mariage a été accordée à cette personne (C. cass., soc., 23.5.1991).
La pension de réversion peut être majorée sous certaines conditions (le conjoint a élevé trois enfants...). Le bénéfice de cette majoration est étendu au profit du conjoint divorcé et non remarié.
Il est nécessaire dès le décès que la personne intéressée prenne rendez-vous avec la caisse concernée afin de connaître ses droits.
Sur l'incidence du versement d'une prestation compensatoire sur la pension de reversion, voir la rubrique : *Prestation compensatoire*.

▶ Les régimes spécifiques (ARRCO, AGIRC, commerçants...)

Tous les régimes de retraite reversent au veuf ou à la veuve une partie des avantages acquis par le défunt. Les conditions de base vont cependant dépendre des différents régimes de retraite (ARRCO, AGIRC, commerçants...). Pour ces différents régimes spéciaux, il convient lors du décès de l'ex-conjoint de prendre rendez-vous avec la caisse concernée.

LES CONSÉQUENCES VIS-À-VIS DES ENFANTS

• *Pour trouver le thème qui vous intéresse, consultez la table des matières en début de volume ou l'index alphabétique en fin de volume.*

L'autorité parentale

PRÉSENTATION GÉNÉRALE

L'autorité parentale se définit comme l'exercice par les parents d'un certain nombre de prérogatives concernant leur enfant. En effet, selon la loi, l'enfant reste jusqu'à sa majorité ou son émancipation sous l'autorité de ses parents. Ceux-ci détiennent cette autorité pour le protéger « *dans sa sécurité, sa santé et sa moralité* » (art. 371 et s. C. civ.). Les parents disposent, pour atteindre ce but, d'un droit et d'un devoir de **garde,** de **surveillance** et **d'éducation.**

Pendant le mariage, l'autorité parentale est exercée en commun par les parents, ce qui semble normal. Cependant, comment vont se réorganiser les relations entre les parents après un divorce ? En effet, la vie commune permet une répartition naturelle et informelle des tâches parentales. Mais, après le divorce, comment va s'effectuer, au jour le jour, le partage des droits et des responsabilités entre les parents ?

La loi prend soin tout d'abord de préciser que le divorce laisse subsister les droits et devoirs des parents à l'égard des enfants (art. 286 C. civ.). La **Convention internationale des droits de l'enfant** du 26 janvier 1990, publiée au *Journal officiel* du 8.10.1990 affirme que l'enfant doit entretenir des relations personnelles et régulières avec ses deux parents (art. 9-3 de la Convention).

Lors d'un divorce, de par la loi, l'autorité parentale conjointe est la règle et **l'exercice unilatéral de l'autorité parentale** est l'exception. Elle n'est ordonnée « que si l'intérêt de l'enfant l'exige ». En pratique, c'est souvent en cas de conflits des parents, de relations très tendues d'un enfant avec l'un de ses parents, de risque de déplacement de l'enfant à l'étranger.

EN PRATIQUE

La **codirection** confiée à deux parents qui ne vivent pas ensemble peut pourtant s'avérer difficile, surtout s'ils sont éloignés géographiquement ou s'ils n'ont pas le même point de vue sur l'enfant. La loi n'a-t-elle pas présumé de la survie du « couple parental au couple conjugal » ? Certains professionnels ont pu parler de « l'angélisme confondant du législateur », d'une loi trop théorique et éloignée des réalités, du risque qui existe à avoir une vision trop « rousseauiste » des rapports entre parents divorcés, alors que notre société vivrait une période de crise et de démission parentale. Si le principe d'une réforme introduisant l'autorité parentale conjointe apparaît comme ayant été un acquis important sur lequel il ne paraît pas souhaitable de revenir, la question se pose, notamment au regard du droit existant dans d'autres pays, d'une approche peut-être plus concrète de l'égalité des parents et plus généralement sur l'équilibre des forces en présence après le divorce.

Certains préconisent un rôle plus actif de l'enfant, principalement quant il s'agit d'un adolescent, une meilleure prise en considération des membres de la « famille recomposée » (c'est dans les faits souvent le beau-père ou la belle-mère qui va s'occuper au quotidien de l'enfant du premier lit). En effet, il s'agit là d'une réalité sociale dont on ne peut sous-estimer l'importance puisque il ressort d'étude effectuée que 950 000 enfants vivent avec un parent et un beau-parent, marié ou non. Or, c'est souvent le beau-père (ou la belle-mère) qui emmène l'enfant à l'école, lui fait faire ses devoirs et s'occupe de lui au quotidien. Le droit français ne tient pas compte de cette situation. En effet, l'autorité parentale dans notre législation est rattachée à la filiation. Pour perdre ces prérogatives ou les déléguer, il faut se trouver dans des situations bien spécifiques.
Des solutions sont également recherchées dans le sens d'une plus grande alternance des rôles familiaux pour que les pères ne soient plus seulement des « pères-loisirs ».

RÉFORME **Projet de loi sur l'autorité parentale**

Prenant en compte la place grandissante des **beaux-parents** mais aussi d'autres proches de l'enfant (notamment les **grands-parents**) au côté des parents, la **proposition de loi** concernant l'autorité parentale, adoptée devant l'Assemblée Nationale le **14 juin 2001**, prévoient que les parents peuvent « déléguer », devant le juge aux affaires familiales, leur autorité parentale, en totalité ou partiellement (art. 377 et s. C. civ.). Par exemple, l'éducation ou la santé de l'enfant peut être déléguée à un beau-père ou aux grands parents. Le juge peut également prévoir un partage de l'autorité parentale entre les parents et les tiers pour les besoins de l'éducation de l'enfant.
En ce qui concerne les **pères**, l'idée de la proposition de réforme est que l'enfant ne doit pas subir la séparation du couple. Le renforcement des droits du père par la proclamation du principe de **coparentalité** est le fil conducteur de cette réforme. Concrètement, ces mesures se traduisent par le devoir pour les deux parents de nouer le contact avec leur enfant et la notion de **résidence alternée**.
La **médiation familiale** trouve la place qui lui revient dans le domaine de l'autorité parentale. Le juge peut proposer aux parents de rencontrer un médiateur à moins que les violences constatées au sein de la famille ne rendent cette mesure inappropriée (art. 372-4 C. civ.). Mais d'autres mesures concrètes sont attendues (congé de naissance au père, livret de paternité, modification des allocations logements, modification du rattachement de l'enfant dans le cadre de l'assurance maladie...).

L'autorité parentale conjointe est actuellement de loin la décision qui est majoritairement ordonnée, de préférence à une autorité parentale exercée par un seul des parents.
Il ressort d'une étude réalisée pour le ministère de la Justice que :
– le père demande nettement plus souvent que la mère un exercice conjoint de l'autorité parentale,

– dans les divorces sur demande conjointe, les couples s'expriment massivement pour l'exercice conjoint (96 %).

Toutes procédures confondues, 92 % des couples sont d'accord sur l'autorité parentale. 87 fois sur 100 le juge va accorder l'exercice conjoint, 11 fois sur 100 à la mère, 2 fois sur 100 au père. Dans 8 % des cas, les époux sont en désaccord et dans un peu plus de la moitié de ces cas, le juge a fait droit à la demande du père qui revendiquait un exercice conjoint.

Mais on constate en pratique une certaine permanence des schémas traditionnels. En effet, de même qu'autrefois les mères obtenaient la garde de leurs enfants dans près de 85 % des cas, de même c'est aujourd'hui chez la mère que résideront, à peu près dans les mêmes proportions, les enfants du couple. Concrètement, c'est donc la femme divorcée qui exercera les actes quotidiens sur l'enfant, l'ex-mari n'intervenant que pour les décisions les plus importantes (choix de la religion, de l'école...), tout en bénéficiant d'un droit de visite et d'hébergement.

Ce pourcentage fait apparaître un réel déséquilibre sur lequel il convient de s'interroger. Il doit cependant être mis en parallèle avec les demandes des pères. Il ressort d'une étude réalisée par le Centre de droit de la famille de Lyon portant sur les décisions rendues à Lyon et à Nanterre en matière d'autorité parentale dans la famille divorcée et dans la famille naturelle (enfants issus de parents non mariés) sur les années 1994 et 1995 que 86,3 % de résidences habituelles ont été fixées chez les mères contre 11,7 % chez les pères. En ce qui concerne les demandes, 85 % des mères demandent que la résidence des enfants soient chez elles, contre seulement 15,7 % de demandes des pères (étude du Centre de droit de la famille de Lyon ayant porté sur des décisions rendues sur ces questions sur les années 1994 et 1995, citée par H. Fulchiron, professeur à l'université J. Moulin–Lyon 3, et A. Gouttenoire-Cornut, maître de conférences à l'université J. Monnet–St-Etienne, dans Dalloz 1997, ch., p. 363).

EN PRATIQUE

Le praticien sait bien qu'une demande d'autorité parentale ou de résidence en faveur du père n'a de chance d'aboutir que si la mère a quitté le foyer en laissant les enfants, ou s'il ressort d'éléments spécifiques du dossier qu'elle ne peut ou ne veut assumer les enfants au quotidien... ou encore si les deux parents sont d'accord pour s'organiser ainsi. Cette demande a également peu de chance d'aboutir quand l'enfant est petit (voir chiffres ci-dessus). Des demandes en ce sens ne sont donc pas toujours déposées après du juge du divorce, le père préférant obtenir un large droit de visite. On constate, par ailleurs, en ce qui concerne le monde du travail, que les demandes de travail à temps partiel pour s'occuper des enfants émanent majoritairement des mères et non des pères (l'application de la loi sur les 35 heures, d'après des études effectuées par le ministère du Travail ne semble pas avoir dans l'immédiat modifié cette donnée). L'entreprise française n'est peut-être pas prête elle non plus à permettre aux pères de s'occuper de leurs enfants les mercredis...

Une étude menée sur la France entière confirme ces chiffres en les affinant : Dans les procédures autres que le divorce sur demande conjointe (voir pour ce divorce ci-dessus), seuls 4 % des pères revendiquent l'exercice exclusif de l'autorité parentale contre 24 % des mères.
Quel que soit le cas du divorce, dans 87 % des cas, l'enfant réside chez la mère, 11 % chez le père. Une petite minorité de parents s'entendent pour séparer la fratrie (en général de deux enfants). Dans les divorces pour faute, 22 % des pères veulent que la résidence d'un de leurs enfants soit fixée chez eux.
96 % des couples s'accordent sur la résidence des enfants. Seuls 4 % s'affrontent sur cette question. Dans cette hypothèse de conflit, la mère obtient la résidence dans 61 % des cas. Plus l'enfant est âgé (15-18 ans), plus il y a de possibilité pour qu'il réside chez son père. En revanche, moins de 5 % des enfants de moins de 5 ans résident chez leur père.
86 % des mères et 13 % des pères vivent avec au moins un de leurs enfants.
(Enquête réalisée pour le ministère de la Justice pour 1996).

Il semble que, dans le cadre de l'après-divorce, le juge aux affaires familiales soit saisi ces dernières années pour des questions ayant majoritairement trait :
- au principe d'autorité parentale unilatérale (contentieux sur le parent attributaire de l'autorité parentale),
- à l'exercice des droits de visite et d'hébergement (dans le cadre d'un exercice unilatéral de l'autorité parentale surtout).

Les saisines du juge en matière **d'autorité parentale conjointe** concerneraient moins la remise en cause du principe même de l'exercice commun ni curieusement l'organisation pratique de cet exercice, mais ses modalités (changement de résidence au profit du père quand l'enfant grandit, organisation différente du droit de visite et d'hébergement... – étude du Centre de droit de la famille de Lyon citée ci-dessus).
Le contentieux de l'autorité parentale (aspect pénal inclus) après divorce s'avère volumineux. Cela peut s'expliquer en partie par le fait que les décisions relatives à l'exercice de l'autorité parentale peuvent être modifiées ou complétées à tout moment par le juge, à la demande d'un époux, pendant l'instance en divorce et après le divorce sans avoir l'obligation de prendre un avocat (art. 291 C. civ.). De façon générale, le contentieux familial est en nette progression dans la mesure où les gens divorcent plus qu'autrefois, alors que les enfants sont encore jeunes. On constate également un important besoin d'information des parents sur le contenu exact de leurs droits au quotidien. À défaut de s'entendre entre eux, ils n'hésitent pas à saisir le juge pour faire modifier ou se faire expliquer une mesure qui ne leur convient pas (par exemple, en matière de droit de visite, pour une permutation de week-end...).
L'enfant, malgré la rupture, doit pourtant pouvoir accéder à ses deux parents, ce qui paraît essentiel pour la construction d'une personnalité équilibrée. Les décisions vont en effet être prises « dans l'intérêt de l'enfant » et non dans celui de ses parents. Certains professionnels souhaiteraient que soit instituée « une obligation de droit de visite et d'hébergement » et non un simple droit, et que soit sanctionnée la désinvolture de certains parents qui, à la dernière minute, téléphonent pour indiquer qu'ils ne peuvent pas venir chercher leur enfant pour le week-end ou les vacances pourtant prévues longtemps à l'avance (C. Marchal, secrétaire

général adjoint de l'association L. Chatin, Association de défense des droits de l'enfant, citée dans la revue *Réseaux du droit,* 4.99, p. 14). Cela explique, notamment, la tendance actuelle, réaffirmée par la dernière proposition de loi sur l'autorité parentale – voir ci-dessus, de faire appel à la **médiation familiale** pour qu'un accord soit trouvé entre les époux dans l'intérêt de leurs enfants.

QUELLE EST LA DIFFÉRENCE ENTRE LE DROIT DE GARDE ET L'AUTORITÉ PARENTALE ?

Ces deux notions sont fréquemment confondues dans le langage courant. Elles ne sont pourtant pas synonymes. Il faut savoir que, depuis la réforme de 1993, le mot « garde » a été banni du vocabulaire du divorce. Il n'est plus question que « **d'autorité parentale** », c'est-à-dire de l'autorité qui appartient de par la loi aux parents sur leurs enfants mineurs. C'est elle qui permet aux parents, ou à celui des parents investi de l'autorité parentale, de prendre les décisions importantes concernant l'enfant.
La notion de garde a cependant été conservée pour expliquer le contenu de l'autorité parentale (**garde, surveillance** et **hébergement**). Dans cette définition, la garde est la garde « matérielle » de l'enfant, attribut de l'autorité parentale. C'est le fait que l'enfant habite avec le parent.
Pour les couples mariés, l'autorité parentale est exercée par les deux parents qui ont également la garde des enfants (les deux notions sont confondues). En cas de divorce, on ne parle plus de **garde,** mais de **résidence :**
– si l'autorité parentale est conjointe, l'enfant a sa résidence chez l'un des parents, et l'autre parent bénéficie de tous les autres droits et devoirs sur l'enfant (droit de lui rendre visite ou de l'héberger, devoir d'entretien, surveillance, prise en commun des décisions...) ;
– si un seul des parents exerce l'autorité parentale, l'enfant va résider chez ce parent (qui aura donc la garde matérielle de l'enfant) et l'autre parent va se voir attribuer un droit de visite, d'hébergement et de surveillance (sur la possibilité d'une résidence alternée, voir page suivante).

EN PRATIQUE **La résidence de l'enfant peut-elle être fixée non chez l'un des parents mais chez un tiers (par exemple, grand-parent) ?**

Effectivement, à titre exceptionnel et si l'intérêt de l'enfant l'exige, le juge peut décider de fixer leur résidence soit chez une autre personne (de préférence un parent), soit dans un établissement d'éducation. La personne à qui les enfants sont confiés accomplit alors les **actes usuels relatifs à leur surveillance et à leur éducation** (art. 287 et 287-1 C. civ.).

EN QUOI CONSISTENT LES DROITS DE SURVEILLANCE ET D'ÉDUCATION PENDANT LE MARIAGE ?

Le droit de surveillance consiste dans la possibilité pour les parents d'accomplir un ensemble d'actes par lesquels ils exercent un contrôle suivi de leur enfant. Ils sont en effet responsables, sur le plan du quotidien, de sa formation intellectuelle et morale. Ils ont le choix du mode d'**éducation** : enseignement public ou privé, choix d'un établissement scolaire, d'une pratique artistique ou sportive.

Les décisions concernant les **soins médicaux** appartiennent aux titulaires de l'autorité parentale (voir ci-dessous pour des exemples en cas de divorce).

De même, ils peuvent défendre les « droits de la personnalité de l'enfant » : **droit à la vie privée et droit à l'image ;** ils peuvent ainsi autoriser ou s'opposer à la **reproduction photographique** de l'enfant à des fins publicitaires par exemple.

La surveillance s'applique notamment aux choix de la **religion,** les parents pouvant choisir la religion dans laquelle va être élevé l'enfant. Il a par exemple été jugé qu'un jeune de 16 ans devait atteindre sa majorité pour changer de croyance religieuse (il avait été baptisé dans la religion catholique et voulait devenir **témoin de Jéhovah**), alors qu'un de ses parents s'opposait fermement à ce choix (C. cass., civ. 1re, 11.6.1991). Les parents prennent ensemble la décision de faire faire la **communion** à leur enfant (TGI, 16.12.1997).

L'autorité parentale confère aussi à ceux qui en sont investis le droit de **contrôler les relations de l'enfant avec les tiers** et notamment ses relations **épistolaires** (sous réserve du cas des **grands-parents** – voir ci-dessous – et de certains tiers, sur autorisation du juge).

Une autre prérogative de l'autorité parentale est de pouvoir exiger que l'enfant demeure au **domicile de ses parents.** En effet, sans l'autorisation de ses parents, l'enfant ne peut quitter la maison familiale (art. 371-3 C. civ.). Il a donc besoin d'une autorisation de ses parents, détenteurs en commun de l'autorité parentale, pour partir en **colonie de vacances,** à **l'étranger,** aller chez une autre personne...

À l'égard des tiers de bonne foi, chacun des parents est réputé agir avec l'accord de l'autre quand il fait un **acte usuel de la vie courante** relatif à l'enfant (demandes administratives telles que des **inscriptions dans des établissements scolaires,** établissement de **pièce d'identité,** inscriptions dans des **organisations de voyage,** autorisations d'**intervention médicale** obligatoire ou bénigne... ; art. 372-2 C. civ.). Par exemple, chacun des parents peut légalement obtenir l'inscription sur son **passeport** de ses enfants mineurs sans qu'il soit besoin d'établir qu'il dispose de l'accord exprès de l'autre parent, et alors qu'aucun élément ne permet à l'administration de mettre en doute l'accord réputé acquis de l'autre parent (CE, 8.2.1999). De même, **l'autorisation de sortie de territoire** est signée par l'un ou l'autre des parents mariés. Si les parents ne sont pas d'accord sur un point concernant l'enfant, ils peuvent saisir le juge aux affaires familiales pour en juger (art. 372-1-1 du C. civ.).

Pour les **actes importants** en revanche, l'accord des deux parents peut être demandé.

QUE DEVIENNENT CES DROITS LORS DU DIVORCE ?

▶ L'exercice conjoint de l'autorité parentale au quotidien après le divorce

La résidence de l'enfant et le droit de visite et d'hébergement

Même si l'exercice conjoint de l'autorité parentale est ordonné par le juge du divorce, l'enfant doit avoir sa **résidence habituelle** chez l'un de ses deux parents (sous réserve que cette résidence ne soit pas fixée chez un tiers, voir encadré page précédente). Le choix de la résidence de l'enfant est fait par les parents en cas de divorce sur **demande conjointe** et par le juge (le cas échéant, en tenant compte de **l'accord des parents**) dans le cas des autres divorces. Ce n'est qu'à défaut d'accord amiable, ou si cet accord apparaît comme contraire à l'intérêt de l'enfant, que le juge indique le parent chez lequel les enfants ont leur résidence habituelle (art. 287 C. civ.). La résidence habituelle des enfants doit être clairement désignée.
Le principe de la **garde alternée,** qui consistait à confier alternativement l'enfant à la mère et au père pour des périodes équivalentes (ex. : un mois sur deux), les deux parents étant alors tour à tour gardiens de l'enfant, avait été refusée par la Cour de cassation (C. cass., civ. 2e, 2.5.1984). Les magistrats, comme la plupart des psychologues, estimaient en effet que la garde alternée était un facteur de perturbation pour les enfants : elle serait facteur d'instabilité dans les conditions de vie des enfants pour ce qui est notamment des incertitudes dans les-

RÉFORME **Le projet de réforme de l'autorité parentale**

Chacun des parents a le devoir de maintenir des relations personnelles avec l'enfant et de respecter les liens de ce dernier avec l'autre parent, affirme la proposition de réforme de l'autorité parentale, adoptée devant l'assemblée nationale le **14 juin 2001**. Application concrète du principe de la coparentalité, la **résidence alternée** fait son entrée dans le Code civil avec les nouveaux articles 372-3 et 372-5. Si la proposition est adoptée, l'enfant pourra résider au domicile de l'un des parents ou en alternance chez chacun d'eux, que cette solution soit retenue par les parents dans une **convention** ou qu'elle soit décidée par le juge. Ces dispositions devraient permettre de faire évoluer les décisions des juges, mais aussi l'attitude des pères. Compte tenu du coût pour les parents de cette mesure, des mesures sont attendues notamment sur le plan des **aides au logement**). La question de l'incidence de la résidence alternée sur le paiement d'une pension alimentaire se posera concrètement devant le juge puisqu'en cas de résidence alternée il y a un meilleur partage des frais concernant l'enfant. Mais il ne faut pas oublier qu'une pension pour les enfants est fixée en fonction des ressources et charges des parents.

quelles elle les laisse en ce qui concerne leurs relations avec chacun de leur parent.
Néanmoins, se développe aujourd'hui un système de **résidence alternée** (dans environ 10 % des cas) : ce dispositif fait l'objet d'une opposition moindre chez les magistrats (surtout si les résidences sont géographiquement proches et que par conséquent la **vie scolaire** de l'enfant ne risque pas d'être perturbée), et on assiste à des décisions de plus en plus nombreuses accordant ce droit : l'enfant est ainsi amené à résider quinze jours chez l'un des parents, puis quinze jours chez l'autre, au gré d'un calendrier prévu par les ex-époux. Les critiques sont moins vives que pour la garde alternée. La plupart du temps, il s'agit d'ailleurs moins d'autoriser une résidence alternée qu'une résidence chez l'un des parents et un large **droit de visite et d'hébergement** (la moitié de la semaine par exemple...).
Actuellement, l'enfant a donc en principe une **résidence habituelle** qui lui est attribuée, critère de référence pour régler une série de questions juridiques telles que :
- celle de la **compétence territoriale** des tribunaux (le tribunal compétent en matière de contentieux familial est le tribunal du lieu de résidence de l'enfant),
- préciser le bénéficiaire des **allocations familiales** et des parts **fiscales** (en principe, c'est celui chez qui réside l'enfant),
- indiquer à quel parent sera réglé la **pension alimentaire** (là encore, celle-ci est versée à celui chez lequel l'enfant réside),
- préciser le **domicile** du mineur (en cas de domicile distinct des parents, l'enfant est domicilié chez celui des parents avec lequel il réside, selon l'article 108-2 C. civ.),
- permettre au parent chez qui réside l'enfant d'obtenir la **jouissance du logement** familial ou un **bail forcé** (sur cette question, voir la rubrique : *La vie du ménage pendant le divorce*).
En revanche, suivant la dernière évolution de la jurisprudence en matière de **responsabilité des parents divorcés** du fait des dommages causés par leurs enfants, le parent responsable n'est pas uniquement le parent chez qui réside l'enfant (voir encadré pages suivantes).
La résidence de l'enfant est fixée dès les mesures provisoires dans le cadre de **l'ordonnance de non-conciliation** (voir la rubrique : *Les règles communes aux différents divorces*).
De son côté, le parent chez qui l'enfant ne réside pas bénéficie, comme en matière d'autorité parentale exercée par l'autre parent, d'un droit de visite et d'hébergement qui ne peut lui être retiré qu'en cas de motif grave (voir pages suivantes).

Les droits de surveillance et d'éducation après le divorce

Le divorce ne remet pas en cause le principe de l'exercice en commun de l'autorité parentale par les parents. D'ailleurs, le Code civil ne réglemente pas l'exercice en commun lors du divorce. Il ne traite que de l'exercice unilatéral. Les règles existant pendant le mariage et prévoyant une **présomption d'accord** pour les actes usuels (l'existence d'un accord exprès des deux parents n'étant prévu que pour les actes importants, voir pages précédentes) restent valables. Mais, sur un plan pratique, les parents ne peuvent pas être mis sur un plan d'égalité car la vie du mineur va être gérée après le divorce de près par le parent chez qui il réside... et de plus loin par l'autre.

C'est pourquoi les **actes usuels** relèvent en pratique de l'autorité du parent chez qui l'enfant réside. En revanche, les **actes importants** doivent être pris d'un commun accord entre les parents. Si l'autre parent s'y oppose, il pourra, comme pendant le mariage, saisir le juge aux affaires familiales, en référé s'il y a urgence, ou sur requête (art. 372-1-1 C. civ. et 1084 NCPC).
Par conséquent, au-delà des actes usuels, le parent chez qui réside l'enfant doit s'assurer de l'accord de l'autre. Sont considérés comme des **actes importants** tout ce qui touche à la **religion** de l'enfant, à sa santé sous certaines conditions, à **son orientation scolaire** ou **professionnelle :** la décision de redoubler une classe par exemple, d'emmener l'enfant pour un long séjour à l'étranger, ou de quitter le pays, ou encore de lui faire faire sa communion, de faire pratiquer sur lui une opération d'une certaine importance...

> ***Exemple***
>
> *Un arrêt a, ainsi retenu la responsabilité d'un père, qui avait profité de l'exercice de son* ***droit d'hébergement*** *pour prendre la décision de faire procéder, à des fins rituelles, à la* ***circoncision*** *de son fils, acte qualifié de grave, sans l'accord de la mère, et alors que la nécessité médicale de l'opération n'était pas établie. La responsabilité du médecin a de même été retenue, compte tenu de sa légèreté dans la prise de décision puisqu'il s'était contenté du consentement d'un seul parent (CA Paris, ch. 1re B, 29.9.2000, D. 2001, p. 1585).*

De même, le parent chez qui l'enfant ne réside pas doit être informé et consulté sur l'évolution de son enfant. D'un point de vue scolaire notamment, il doit en principe être informé des rendez-vous avec les maîtres et professeurs pour pouvoir y assister...

EN PRATIQUE **Autorité parentale et école**

Les parents, même divorcés ou séparés, ont le droit de connaître les résultats scolaires de leurs enfants. Or, un certain nombre de parents rencontrent des difficultés pour obtenir la communication des résultats de leurs enfants quand ceux-ci résident chez l'autre parent. Une circulaire ministérielle du 13.10.1999, émanant de la ministre déléguée à l'Enseignement scolaire, Ségolène Royal, oblige les enseignants à relever les adresses des deux parents afin que ceux-ci reçoivent les bulletins scolaires de leurs enfants.

Peut-on imposer l'autorité parentale conjointe ?

L'exercice commun de l'autorité parentale peut être effectivement imposé par le juge, même en cas de désaccord des parents. En effet, la loi ne subordonne pas cette mesure à la vérification d'un accord préalable des parents (même si, en pratique, c'est le cas le plus fréquent). On peut penser, ou du moins espérer, que le recours à cette solution peut avoir pour effet d'apaiser les conflits entre les deux parents, de dédramatiser l'après-divorce, même si, au moment du divorce, les parents semblent en conflit sur cette décision.

Un arrêt retentissant, rendu sous l'ancienne législation où l'autorité conjointe n'était pas encore le principe, a certainement influencé la prise de position du législateur. Dans cette affaire, aucun des parents d'un enfant handicapé à 100 % et séjournant dans un internat spécialisé ne voulait en assumer la garde. Le juge, face à cette situation, a imposé la garde conjointe en établissant le pronostic que la situation conflictuelle se dénouerait en cas de partage de garde (C. cass., civ. 2e, 4.3.1987).

Dans les faits, l'autorité parentale conjointe ne sera cependant imposée que si les éléments du dossier laissent supposer au juge que cet « accord forcé » est possible.

L'exigence de loi imposant un accord des parents sur les décisions importantes ne semble pas avoir entraîné une multiplication des litiges, ce qui tendrait à prouver que l'exercice en commun a un effet bénéfique sur les conflits parentaux... ou encore, comme cela a été souligné, que les principales décisions sont prises en fait par un parent et que l'autre parent ne s'en préoccupe pas.

▶ Exercice unilatéral de l'autorité parentale : droits et devoirs de l'autre époux

Le parent qui n'a pas l'exercice de l'autorité parentale conserve le **droit de surveiller l'entretien et l'éducation** des enfants. En conséquence il doit être informé des choix importants relatifs à la vie de ces derniers : **traitements médicaux** d'une certaine importance, **orientation scolaire et spirituelle, longs séjours à l'étranger, choix de la profession**, des **sports à pratiquer**...

De même, les deux parents doivent avoir accès au **dossier médical** de leur enfant, quelque soit les modalités de l'autorité parentale.

> ***Exemple***
>
> *La CADA (Commission d'Accès aux Documents Administratifs), compétente en cas de difficulté d'accès à un document médical hospitalier, a autorisé la communication du dossier de son enfant un parent qui n'avait pas l'**autorité parentale** mais bénéficiait seulement d'un droit de visite et d'hébergement. Dans son avis, cet organisme insiste sur le fait que le père de l'enfant, en dépit de sa situation familiale, n'est pas privé du droit reconnu à tout parent de surveiller l'entretien et l'éducation des enfants et d'être informé des choix importants relatifs à la vie de ces derniers (CADA, 19.12.1991).*

Contrairement à l'autorité parentale conjointe, il ne s'agit que d'un droit de surveillance. Ce droit ne lui permet pas de contrôler la vie quotidienne de l'enfant ni de participer à la prise de décision, mais uniquement de vérifier que les décisions qui ont été prises par l'autre parent l'ont été dans l'intérêt de l'enfant. En conséquence, il ne pourra, le cas échéant, s'y opposer qu'en saisissant le juge aux affaires familiales.

Ainsi il a été jugé que, titulaire de l'autorité parentale, « *la mère est seule en droit de décider d'une scolarité en internat et de choisir un établissement privé, fut-il confessionnel, le père n'établissant pas pour sa part, sur le terrain de son pouvoir légal de surveillance, en quoi le choix de cette école s'avère inadéquat à quelque point de vue que ce soit* » (CA Paris, 1re chambre des urgences, 15.4.1998). Il peut en revanche se faire communiquer par le chef d'établissement scolaire de l'enfant une copie des résultats scolaires trimestriels ou semestriels (voir ci-dessus).
Certaines décisions font état des **sentiments du mineur :** « *La responsabilité du choix de l'établissement scolaire incombe à celui des parents investi de l'autorité parentale, la décision prise devant correspondre seule à l'intérêt manifeste de l'enfant et à sa volonté qu'il serait imprudent d'ignorer* » (CA Paris, 6.9.1990).

EN PRATIQUE **L'autorité parentale et la pratique religieuse**

Seule est étudiée ici la pratique des **témoins de Jéhovah,** pratique pour laquelle un certain nombre de décisions ont été rendues.
Dans une affaire jugée par la cour d'appel de Nîmes, deux parents avaient en commun l'autorité parentale sur leur enfant unique. Le père contestait la **résidence de l'enfant** chez sa mère, celle-ci étant témoin de Jéhovah. Sa demande a été rejetée. Cette décision très révélatrice est ici citée en extraits :
« *L'appartenance aux témoins de Jéhovah, secte non interdite, n'implique pas en soi un* ***danger pour l'enfant.*** *Seules les pratiques, en particulier le refus de certaines thérapies ou actes médicaux, pourraient faire naître quelques craintes quant aux risques encourus par l'enfant. En l'espèce, en instituant un exercice conjoint de l'autorité parentale et en veillant à ce que le père et la mère puissent, ensemble, continuer d'assurer l'éducation et ensemble veiller à la santé de leur enfant, le juge conciliateur a protégé l'enfant contre un tel danger.*
Ici encore, les droits et devoirs égaux des parents et leur vigilante affection à son égard protègent l'enfant. L'enquête sociale révèle un enfant en pleine vitalité (...). Si endoctrinement il y a, bien sûr, l'enquêteur souligne que la mère n'apparaît pas souscrire à un « fanatisme irréductible », constatation de nature à rassurer le père (...) » (CA Nîmes, 2e chambre, 17.1.1991).
Dans une autre affaire, jugée par la cour d'appel de Dijon, dans le cas d'une autorité parentale unilatérale, il était demandé au juge de **restreindre le droit de visite et d'hébergement** pour un père, témoin de Jéhovah. La mère se plaignait de l'excessive sévérité de celui-ci, de pratiques telles que la lecture de la Bible ou de la prière lors des repas. Là encore, cette pratique n'a pas conduit le juge à estimer qu'il y avait un quelconque danger de perturbation physique et psychologique pour l'enfant, aboutissant à une restriction des droits du parent pratiquant (CA Dijon, 1re chambre, 24.1.1990 ; sur la pratique d'une religion).

D'autres décisions ont eu une vision plus générale de la question : « *Il est de l'intérêt de l'enfant qu'avant de prendre des décisions importantes en ce qui concerne leur éducation, les parents se concertent en vue de rechercher ensemble la décision la plus favorable compte tenu de leur culture et philosophie différentes* » (CA Paris, 14e chambre, 20.4.1988).
Selon un arrêt : « *le parent qui n'a pas l'exercice de l'autorité parentale, conserve le droit de* ***participer à l'éducation de ses enfants****, spécialement en leur faisant suivre les pratiques de sa propre* ***religion.*** *En cas de conflit avec l'autre parent, le juge ne peut intervenir, notamment pour réduire le droit de visite et d'hébergement, que s'il est démontré qu'il existe un risque sérieux de* ***perturbation physique et psychologique*** *de l'enfant (CA Dijon, 1re chambre, 24.1.1990).* »
Le parent qui n'a pas l'autorité parentale conserve également le droit de consentir au mariage, à l'adoption ou à l'émancipation de l'enfant. Il contribue à l'entretien des enfants par le versement d'une **pension alimentaire** fixée en fonction de ses ressources et de celles de l'autre parent. Enfin, il dispose d'un **droit de visite et d'hébergement** qui ne peut lui être refusé sauf **motif grave** (s'il présente par exemple un **danger pour l'enfant ;** voir ci-dessous).
Ce parent peut être chargé, sous certaines conditions, d'administrer en tout ou partie le patrimoine des enfants, si patrimoine il y a (art. 288 C. civ.).

QUAND EST PRISE LA DÉCISION SUR L'AUTORITÉ PARENTALE ?

• Pendant l'instance en divorce
C'est dès **l'ordonnance de non-conciliation** qu'est prise le décision sur l'exercice conjoint ou unilatéral de l'autorité parentale, décision qui va s'appliquer pendant l'instance en divorce (voir la rubrique : *Les règles communes aux différents divorces*). Le parent mécontent de la décision peut faire appel de cette ordonnance. Cependant, celle-ci va continuer à s'appliquer et s'exécuter malgré la voie de recours, car les décisions sur l'autorité parentale sont exécutoires immédiatement. Le parent qui conteste la décision du juge devra donc attendre la décision de la cour d'appel ou de la cour de cassation...
La mesure concernant l'autorité parentale est toujours **provisoire**. Cela signifie que, si la situation évolue (par exemple l'adolescent désire vivre chez son père alors qu'il résidait jusqu'à présent chez sa mère), il reste toujours possible, sur **preuve de la survenance d'un fait nouveau,** de saisir à nouveau le juge, ou, si l'affaire est en appel, un conseiller de la cour d'appel (sur les mesures provisoires, voir la rubrique : *La vie du ménage pendant le divorce – Les mesures provisoires*).
En matière de divorce sur **demande conjointe,** l'autorité parentale est mise en œuvre dans la **convention temporaire** soumise au juge lors de la première audience.
• A titre définitif
Le jugement de divorce (ou la **convention homologuée** en cas de divorce sur **demande conjointe**) va fixer les règles d'attribution de l'autorité parentale pour l'après-divorce (voir la rubrique : *Le rejet du divorce*).

EXERCICE UNILATÉRAL OU CONJOINT : COMMENT EST PRISE LA DÉCISION ?

C'est **l'intérêt de l'enfant** qui commande, le cas échéant, que l'exercice de l'autorité parentale ne soit pas conjoint mais confié seulement à l'un des parents. Le juge qui décide de confier l'enfant à l'un de ses parents doit motiver expressément sa décision (C. cass., civ. 2e, 2.4.1996).
Des raisons tirées des **mœurs** du parent, de **l'éloignement géographique** (cet élément n'étant pas en soi suffisant), des **relations conflictuelles** existant entre protagonistes ou du danger pour l'enfant que représenterait le conjoint, ou encore d'autres raisons qui vont apparaître notamment dans de cadre d'une enquête sociale vont guider le juge.

> ***Exemple***
>
> *Dans une affaire à multiples rebondissements dans laquelle un enfant était devenu, selon les termes de l'arrêt, « un objet dans le conflit interminable et violent » qui opposait ses parents, l'exerce unilatéral (au bénéfice de la mère) a été ordonné afin de couper court au « conflit destructeur pour l'enfant qui ne manquerait pas de se prolonger si l'autorité parentale était exercée conjointement » (TGI Paris, 8.7.1994).*

Pour prendre sa décision, le juge devra tenir compte :
- des accords passés entre les époux,
- des renseignements qui ont été recueillis dans l'enquête et la contre-enquête sociale,
- des sentiments exprimés par les enfants mineurs (art. 290 C. civ.).

▶ Les accords entre époux

On constate que, dans la liste des éléments permettant la prise de décision du juge, vient en premier l'accord des époux, accord qui peut, le cas échéant, être homologué par le juge. Bien entendu, tel sera le cas dans le cadre de divorce sur demande conjointe où les parents doivent être d'accord sur tout. Tel peut être le cas également dans le cadre des autres types de divorce. Le juge peut d'ailleurs faire appel à un **médiateur familial** pour aboutir à cet accord. Le recours à ce médiateur, solution qui peut apaiser les conflits, nécessite l'accord des époux sur son principe... et qu'ils soient prêts à régler la somme due au médiateur.

> **RÉFORME** **Le projet de réforme de l'autorité parentale**
>
> La valorisation des accords entre parents et l'introduction de la **médiation familiale** dans le cadre de l'autorité parentale sont les points forts de la proposition de réforme de l'autorité parentale, adoptée devant l'assemblée nationale le **14 juin 2001**. Cette proposition fait des **accords parentaux homologués** le principal mode de règlement des conflits. L'idée du texte est que les solutions élaborées en commun sont mieux respectées que des décisions imposées. Cette possibilité, qui existait pour les seuls parents divorcés sur requête conjointe, sera étendue à tous les parents.

▶ Les enquêtes sociales et médico-psychologiques

• En cas de conflit entre les parents et si le juge s'estime insuffisamment informé, il peut confier une mesure d'instruction à un enquêteur social. Ce dernier, après avoir entendu les parents, leur entourage et les enfants eux-mêmes, va rédiger un rapport, généralement très bien documenté, dont les conclusions peuvent aider le juge à prendre sa décision (art. 287-2 et 290 C. civ. et 1079 NCPC).

Le but de cette enquête est de recueillir des renseignements sur la situation matérielle et morale de la famille, sur les conditions dans lesquelles vivent et sont élevés les enfants et sur les mesures qu'il convient de prendre dans l'intérêt des enfants.

Le résultat de cette enquête va souvent être déterminant dans la prise de décision du juge. Bien entendu, quand le conflit entre les parents est aigu et quand le résultat de la décision est défavorable à l'un, le travail de l'enquêteur va souvent être critiqué et suspecté de manque d'impartialité.

Selon un arrêt, « *l'enquêteur, recherchant tous les éléments utiles d'information, doit faire preuve d'objectivité, de prudence et de circonspection, mais ne peut manquer, pour donner une idée exacte de la situation de la famille, de refléter les opinions divergentes, favorables ou défavorables à chacune des parties. Il appartient au juge de choisir, parmi les éléments dont il dispose à la suite de l'enquête, ceux qui paraissent établis et déterminants pour résoudre le problème de garde qui lui est soumis...* » (CA Paris, 12.7.1983 ; on parlerait aujourd'hui d'autorité parentale et non pas de garde).

L'enquête peut être demandée par l'un ou l'autre des parents (ou les deux) ou être ordonnée d'office par le juge. Elle va donner lieu à un rapport où sont consignées les constatations faites par l'enquêteur et les solutions qu'il propose. Le juge donne communication du rapport aux parents en leur fixant un délai leur permettant de demander un complément d'enquête ou une contre-enquête (s'ils estiment par exemple l'enquête partiale ou incomplète). L'enquête sociale ne peut être utilisée dans le débat sur la cause du divorce (voir la rubrique : *Le divorce pour faute*).

• Il peut également être ordonnée une enquête médico-psychologique réalisée par une équipe pluridisciplinaire composée notamment d'enquêteurs sociaux, de **médecins** et de **psychologues,** voire **d'associations spécialisées dans les problèmes de la famille.** Il a été jugé que, sous couvert d'une telle enquête, il ne pouvait être procédé à une expertise des conjoints eux-mêmes portant sur leur relations conjugales réciproques (CA Paris, 3.5.1979).

La position prise par la Cour de cassation est d'autoriser ce type d'enquête dans la mesure où les parents sont d'accord pour s'y soumettre, acceptant par là-même à l'avance une éventuelle **atteinte à leur vie privée** (Cour de cassation, 1re chambre civile, 5.5.1987 : dans cet arrêt, le père, lui-même médecin, s'était vu refuser un droit d'hébergement à la suite du dépôt du rapport ; il le contestait, au vu des résultats négatifs pour lui, en invoquant notamment une atteinte à la vie privée – alors qu'il était à l'origine de cette demande de d'enquête. Sa demande a été rejetée).

Il a également été jugé qu'un rapport d'enquête psychologique ordonné à la seule demande de la mère, exécuté par une « clinicienne » dans des conditions de forme, de temps et de non-respect du **principe du contradictoire** incompatibles avec les principes généraux du droit français et

des conventions internationales, ne satisfait à aucune des obligations légales et réglementaires (CA Versailles, 11.9.1997).
Sur un plan général, l'idée et le but de l'enquête confiée à un enquêteur social, un médecin-expert ou un psychologue est d'aider le juge à se faire une idée de l'intérêt de l'enfant dans ces « plongées en eaux troubles » que constituent parfois certains conflits familiaux. Ces spécialistes peuvent lui permettre d'avoir un éclairage différent des éléments qu'il peut avoir à connaître lors de l'audience, centré sur l'enfant et ses besoins.
Pourtant, le principe de l'enquête sociale a donné lieu à de nombreuses controverses tant sur sa justification que sur sa nature. En effet, elle n'est pas une **expertise,** et en tant que telle ne fait pas l'objet des précisions procédurales concernant les expertises. Elle n'est pas non plus une **médiation,** bien qu'elle puisse en prendre le chemin. Dans la pratique en effet, le temps de l'enquête peut être considéré comme un moment privilégié pour aider les différentes parties à restaurer le dialogue parental et pour rechercher une entente durable. La loi prévoit d'ailleurs que l'enquête sociale a aussi pour objet de recueillir tous renseignements sur les mesures qu'il y a lieu de prendre dans l'intérêt des enfants. D'où une certaine tendance à jouer le jeu de la médiation. Les enquêteurs sociaux, comme les médiateurs, ont demandé sur ces différents points une intervention du législateur pour éclaircir cette situation (« L'enquête sociale, constat d'une situation ou reflet d'une médiation ? » J.-P. Goudon, vice-président au tribunal de grande instance de Paris, responsable du service des affaires matrimoniales - GP 20.12.1988).

▶ L'audition de l'enfant en justice et la défense de ses intérêts

Une autre façon pour le juge d'avoir un éclairage intéressant lui permettant de prendre sa décision est d'entendre l'enfant concerné par la mesure.
La **Convention internationale des droits de l'enfant** précise que l'enfant doué de discernement a le droit d'être entendu et défendu dans toute procédure judiciaire ou administrative le concernant (art. 12). Cette disposition a été reprise dans le droit français puisque, depuis la loi n° 93-22 du 8.1.1993, le droit d'être entendu par le juge a été reconnu à tout enfant « capable de discernement ».
Le **discernement** peut se définir comme une disposition de l'esprit à juger clairement et sainement les choses. Bien entendu, le juge tient compte de l'âge de l'enfant, mais aussi d'autres facteurs tels que le degré de maturité de l'enfant pour apprécier si celui-ci peut être entendu (le texte antérieur à la réforme avait fixé à 13 ans l'âge de l'audition - art. 388-1 C. civ.).
L'enfant capable de discernement peut donc donner son avis sur le choix de sa résidence, la périodicité des droits de visite... L'enfant ne peut en revanche pas intervenir dans la procédure : il n'est pas considéré comme partie à la procédure. Dès lors, il ne peut pas par exemple, demander un changement de résidence. Ce principe important a été clairement posé par un arrêt de la Cour de cassation, certaines juridictions inférieures ayant auparavant admis l'intervention de l'enfant à côté de celle de ses parents (C. cass., civ. 1re, 4.1.1995, CA Lyon, 30.4.1991). Cette attitude de la jurisprudence est critiquée par certains praticiens ou associations de défense des enfants qui estiment qu'une meilleure prise en compte des enfants serait souhaitable. Les enfants devraient ainsi avoir « *le droit non*

seulement de demander à être entendu mais le droit de s'adresser à la justice, avec l'autorisation – à titre de protection – de l'un des juges de l'enfance » (J. Rubellin-Devichi, professeur à l'université Jean Moulin–Lyon 3, vice-président de l'association J. Chatin : « Pour la défense des droits de l'enfant », citée dans la revue *Réseaux du droit,* 4.99).

Il ne s'agit en effet, actuellement, que d'un **avis** que l'enfant exprime et qui ne lie pas le juge : les tribunaux refusent, par exemple, de laisser l'enfant organiser à sa guise ses rendez-vous avec le parent qui n'a pas l'autorité parentale ou chez lequel il ne réside pas (C. cass., civ. 2e, 22.10.1997). Mais le juge doit tenir compte (quitte à ne pas le suivre) de cet avis. Concrètement, il doit s'y référer dans sa décision et indiquer de façon argumentée pour quelle raison il se conforme ou non à l'avis de l'enfant (C. cass., civ. 2e, 20.11.1996).

Lorsque l'enfant en fait la demande, son audition ne peut être écartée que par une décision spécialement motivée. Il peut être entendu seul, avec un **avocat** (qui lui sera désigné au titre de **l'aide juridictionnelle**) ou avec une personne de son choix (une personne de sa famille, un parrain...). Si ce choix n'apparaît pas conforme à son intérêt, le juge peut procéder à la désignation d'une autre personne (art. 9-1 de la loi n° 91-647 du 10.7.1991).

Le juge peut refuser d'entendre l'enfant. Dans ce cas, il doit justifier sa décision (qui n'est pas susceptible de recours). S'il décide d'entendre l'enfant, ses parents en sont informés. Le juge peut revenir sur sa décision et décider d'annuler l'audition du mineur ou d'en modifier les conditions initialement prévues, s'il a connaissance de motifs graves justifiant un tel revirement (art. 388-1 et s. NCPC ; décret n° 93-1091 du 16.9.1993).

Enfin, il a été jugé que la loi n'impose pas au juge d'auditionner lui-même l'enfant, ce dernier pouvant être entendu notamment par l'enquêteur social (C. cass., civ. 2e, 5.6.1991).

LA QUESTION DES FRATRIES

En principe, les fratries (frères et sœurs) ne doivent pas être séparées, sauf si cela n'est pas possible ou si l'intérêt des enfants commande une autre solution (art. 371-5 C. civ.). Le juge a donc le pouvoir de décider que certains d'entre eux vont résider chez leur père et les autres chez leur mère (C. cass., civ. 2e, 15.1.1997). Il s'agit, comme toujours, d'une appréciation cas par cas.

DROIT DE VISITE ET D'HÉBERGEMENT ET DROIT DE CORRESPONDANCE

▶ Le principe

Quand l'autorité parentale est **unilatérale,** le parent qui n'a pas l'autorité parentale bénéficie du droit de voir l'enfant ou de l'héberger, ce droit ne pouvant être refusé que pour **motif grave** (art. 288 C. civ.).

Quand l'autorité parentale est **conjointe,** le droit du parent chez lequel l'enfant n'a pas sa résidence habituelle n'est soumis à aucune règle particulière. En effet, il n'y a pas lieu de prévoir un droit de visite pour un parent qui jouit du plein exercice de l'autorité parentale. Le minimum d'accord (en principe) que suppose l'exercice conjoint de cette autorité permet de penser que ces problèmes sont réglés à l'amiable. De façon systématique cependant, ces droits sont prévus au moins de façon subsidiaire, dans l'hypothèse d'un désaccord. De la même façon qu'en cas d'autorité parentale unilatérale, ils ne peuvent être supprimés qu'en cas de motif grave.
Le **libre droit de visite** semble être la meilleure formule dans l'intérêt des enfants, sous réserve que le bénéficiaire de ce libre droit de visite n'abuse pas de la situation. Il est d'ailleurs d'usage, même lorsqu'un libre droit de visite est appliqué, de prévoir qu'en cas de difficultés, les parents recourront aux usages en la matière. Selon ces usages, on prévoit que le parent bénéficiaire exercera son droit de visite un week-end sur deux (les 2e et 4e week-ends du mois ou les 1er, 3e et éventuellement 5e week-ends du mois) et son droit d'hébergement la moitié des grandes et petites vacances scolaires en alternant selon les années paires et impaires (première moitié les années paires, seconde moitié les années impaires ou l'inverse).
Selon les tribunaux, pour un **très jeune enfant** susceptible d'avoir besoin des soins constants de sa mère, un droit de visite seulement peut être autorisé. Le droit d'hébergement ne s'appliquera que plus tard, notamment à l'âge scolaire, pendant les vacances (C. cass., civ. 1re, 25.3.1997). Sur ce point également, tout dépend de la bonne entente des parents à ce sujet et de l'intérêt de l'enfant en tenant compte des circonstances de fait.

EN PRATIQUE **Comment est réglé le droit de correspondance de l'enfant (lettre, téléphone) avec le parent chez lequel il ne réside pas ?**

Ce droit n'est pas prévu par les textes. Mais les tribunaux estiment, en cas de conflit sur ce sujet, qu'un droit de correspondance (lettre mais aussi téléphone) peut être mis en place judiciairement. Il arrive qu'effectivement un parent ne puisse avoir aussi souvent qu'il le souhaiterait son enfant au téléphone, l'autre parent se plaignant d'une ingérence ou d'une atteinte à sa **vie privée**. Ces questions peuvent être soumises au juge pour que soient fixées les modalités pratiques des échanges téléphoniques.

▶ Quels sont les principaux types de conflits en matière de droit de visite et d'hébergement ?

On peut constater une recrudescence des recours judiciaires à l'occasion des fêtes de Noël et des congés d'été, et en général à l'occasion des vacances scolaires. Les problèmes principaux sont en effet les suivants :
– les parents ne se communiquent pas assez tôt leurs contraintes et dates de vacances, source de contentieux et de situation de crise pour les enfants,

– l'enfant refuse de partir en vacances avec le parent titulaire du droit d'hébergement,
– l'un des parents souhaite emmener l'enfant à l'étranger et l'autre parent s'y refuse,
– un parent « oublie » de venir chercher l'enfant pour le week-end et les vacances dans le cadre duquel s'exerce son droit de visite,
– le parent qui exerce le droit de visite souhaite suspendre le versement de la pension alimentaire pendant l'hébergement (sur l'ensemble de ces situations, voir les questions-réponses).

• Il faut savoir que le parent qui refuse de laisser partir l'enfant à la date prévue ou qui ne le ramène pas à l'issue du droit de visite et d'hébergement est passible de **sanctions pénales** (voir ci-dessous). Il est donc conseillé, en cas de conflits aigus, de s'adresser en amont au juge pour demander une réorganisation du droit de visite et d'hébergement (notamment quand un parent déménage ; l'éloignement géographique est la source d'importants conflits en matière de droit de visite et d'hébergement). La demande se fera par l'intermédiaire de l'avocat ou, après le divorce, par lettre. La procédure après divorce ne nécessite pas l'assistance d'un avocat (bien que cette aide soit conseillée surtout dans les dossiers à forte connotation affective).

• Par ailleurs, si le parent craint que le droit d'hébergement ne perturbe l'enfant, il peut obtenir, au moins à titre provisoire, de limiter le droit de visite à un droit de visite sur place, en présence de l'autre parent ou d'un tiers. Il peut également demander que ce droit s'exerce dans un lieu neutre comme un « **point-rencontre** », comme l'organisent certaines **mairies** ou **maisons de justice et de droit**.

▶ En quoi consiste le motif grave permettant un refus de droit de visite et d'hébergement ?

Seul un motif grave permet de refuser un droit de visite et d'hébergement au parent non titulaire de l'autorité parentale (ou chez lequel l'enfant n'habite pas). Le motif grave peut être tiré des **mœurs** du parent à qui va être confié l'enfant. Il est systématiquement établi en cas **d'attouchements sexuels** ou de **sévices** sur l'enfant.
Le motif grave peut également être tiré de la **religion** du parent si elle s'accompagne d'excès. Il peut également être tiré du **désintérêt** du parent pour l'enfant.

Exemples
La suspension du droit de visite a été ordonné dans le cas d'un père qui faisait peser sur ses filles, très jeunes, des pressions morales et psychologiques, notamment en exigeant le port du voile islamique, et le respect de l'interdiction de se baigner dans des piscines publiques (C. cass., 1re civ., 24.10.2000, Juris-data n° 0006367).
Il en est de même en cas d'adhésion de la mère à une secte qui se caractérisait par certaines pratiques thérapeutiques pouvant s'avérer dangereuse pour l'enfant (C. cass., 1re civ., 25.6.1998).
Un père qui s'est désintéressé de ses enfants en très bas âge, ne contribuant pas à leur entretien et qui ne s'est pas manifesté à eux depuis son départ à l'étranger ne peut pas obtenir de droit de visite et d'hébergement (CA Metz, 19.3.1996).

LA MODIFICATION DE L'EXERCICE DE L'AUTORITÉ PARENTALE OU DE SES MODALITÉS PENDANT ET APRÈS LE DIVORCE

▶ Dans quelles circonstances peut-on demander une modification de l'exercice de l'autorité parentale ou des modalités de droit de visite et d'hébergement ?

Il convient de distinguer modification d'une mesure concernant l'autorité parentale et contestation de cette mesure. Ici seule est traitée la demande de modification pour élément nouveau. Il s'agit donc de l'hypothèse où la mesure ordonnée par le juge n'est pas contestée mais l'évolution de la situation la fait paraître inadaptée à l'un des parents (ou aux deux). Il désire donc saisir le juge de cette demande de modification. La contestation des mesures relatives aux enfants s'effectue au moyen d'une voie de recours (appel, le cas échéant cassation) contre la décision qui l'a ordonnée (ordonnance initiale dans le cadre des mesures provisoires ou jugement de divorce). Cette question est traitée dans la rubrique : *Les règles communes aux différentes procédures.*

Il convient également de distinguer sur ce point le divorce sur **demande conjointe** et les autres cas de divorce. Il n'est effectivement possible de revenir sur les termes de la convention définitive d'un divorce sur demande conjointe, en ce qui concerne l'autorité parentale, que **pour motif grave.**

Le divorce sur demande conjointe : modification pour motif grave

La révision des conventions homologuées en ce qui concerne les clauses relatives à l'autorité parentale n'est autorisée que pour **motif grave** (art. 288 et 292 C. civ.).

• Exemples où le motif grave a été retenu :

– *dans une affaire où le juge avait relevé que* « la situation de la mère était marquée par la précarité et l'instabilité » *et n'était pas bonne pour l'enfant, ce qui devait entraîner un changement des modalités de l'autorité parentale (C. cass., civ. 2e, 18.6.1981),*

– *dans l'hypothèse où la convention homologuée prévoyait que l'autorité parentale serait exercée par la mère et où le père, désirant revenir sur cet accord, demandait au juge que l'autorité parentale soit exercée en commun. Le père n'apportait pas la justification d'un motif grave et les juges n'ont pas fait prévaloir l'exercice en commun, pourtant privilégié, sur le plan des principes, par les textes (C. cass., civ. 2e, 26.6.1996).*

• Exemples où le motif grave n'a pas été retenu :

– *quand les activités artistiques de l'enfant ont lieu le jour du droit de visite et d'hébergement du parent, ou même des cours de rééducation orthophonique dont l'horaire peut facilement être changé (CA Paris, 1re chambre C, 30.9.1988),*

– *pour obtenir le changement de résidence habituelle de l'enfant chez le père, les arguments étant notamment que l'enfant désirait aller chez son père, qu'il avait des difficultés relationnelles avec sa mère et avec le compagnon de celle-ci (C. cass., civ. 2e, 16.2.1994),*

– dans le cas d'une convention homologuée qui avait confié la garde de l'enfant à la mère à condition qu'elle continue à résider dans deux départements déterminés. La mère, qui avait changé de domicile, demandait la révision de cette clause, désirant conserver la garde de sa fille. Elle n'a pas pu obtenir gain de cause, les juges se livrant à une analyse de l'attitude des parents à l'égard de l'enfant et retenant que le fait de modifier la garde risquerait de perturber gravement son équilibre (C. cass., civ. 2e, 17.12.1984),
– dans le cas d'une convention homologuée qui prévoyait que la garde de l'enfant confiée à la mère serait confiée au père en cas de départ de la mère à ***l'étranger.*** *Il n'y avait pas lieu à révision de cette clause dans la mesure où le remariage de la femme avec un tiers et le départ de celui-ci à l'étranger étaient prévisibles lors de la rédaction de la convention et dans la mesure où le départ à l'étranger de l'enfant risquerait de le déstabiliser, alors qu'avec son père l'enfant ne changerait pas de cadre de vie (C. cass., civ. 2e, 12.11.1980).*

Les autres cas de divorce : modification pour tous motifs

À l'inverse, dans les autres cas de divorce, chaque parent peut demander une modification à tout moment de la procédure de divorce ou après un jugement de divorce définitif en s'adressant au juge aux affaires familiales. Il faut cependant qu'il justifie d'un **élément nouveau.** Par exemple, l'enfant lui-même veut changer de résidence, il refuse de partir en vacances avec son parent, l'un de ses parents s'oppose à ce que l'enfant parte à l'étranger ou encore veut obtenir l'autorité parentale conjointe alors qu'elle n'est exercée que par l'autre parent...
Quand les parents sont en conflit sur la mesure à prendre, avant de statuer sur une telle demande qui peut avoir des conséquences graves pour les enfants, le juge ordonne généralement une mesure d'instruction confiée à une **assistante sociale.** Il tient compte également des **senti-**

EN PRATIQUE

Quels sont les droits des grands-parents en cas de divorce ?

Les père et mère ne peuvent, sauf motif grave, faire obstacle aux relations personnelles de l'enfant avec ses grands-parents, ou arrière-grands-parents (art. 371-4 C. civ.). À défaut d'accord entre les parties, les modalités de ces relations sont réglées par le juge aux affaires familiales qui peut accorder un droit de visite ou même d'hébergement suivant les circonstances de fait. Les enfants capables de discernement peuvent demander à être entendus par le juge.
La question s'est posée de savoir si les litiges concernant le droit de visite des grands-parents devaient obligatoirement être suivis par un avocat ou si les parties pouvaient se présenter seules devant ce juge. La cour d'appel d'Agen (arrêt du 24.7.1996) a précisé que la représentation par un avocat n'était pas obligatoire ➤

EN PRATIQUE

devant le juge aux affaires familiales. Cette solution paraît logique puisqu'il n'est pas nécessaire non plus d'avoir un avocat lorsque les parents font appel au juge aux affaires familiales pour régler l'exercice de l'autorité parentale, le droit de visite et d'hébergement d'un enfant après leur divorce ou après leur séparation. Ils peuvent saisir le juge par simple requête, voire par simple lettre (voir la rubrique : *L'après-divorce*).

Les textes de loi ne sont cependant pas explicites et ne prévoient pas expressément cette dispense d'avocat quand il s'agit de mettre en place les relations entre les grands-parents et leurs petits-enfants. La pratique de certains tribunaux (notamment ceux de l'Ile-de-France) exige la présence de l'avocat et la délivrance d'une assignation.

Les demandes de droit de visite des grands-parents adressées au juge aux affaires familiales sont passées de 1995 en 1994 à 2 628 en 1998 (Le Monde, 13.3.2001). La multiplication des divorces a effectivement fragilisé la position des grands-parents, notamment paternels, qui calquent les visites à leurs petits-enfants sur le droit de visite exercée par leur fils. Et ce alors que, paradoxalement, les divorces entraînent une plus grande implication des grands-parents dans l'éducation de leurs petits-enfants. Ils sont très sollicités durant la petite enfance, les mères travaillant et les structures de garde étant souvent débordés. Ils le sont également sur un plan financier pour régler une pension alimentaire pour leurs petits enfants en cas de carence des parents. Le Défenseur des enfants fait état, dans son dernier rapport, des nombreuses « plaintes » (12 %) qui lui ont été adressés par des grands-parents lors de divorce. Le conseil à donner à ces grands-parents est de ne s'adresser qu'en dernier recours au juge et de tenter, en amont, une médiation familiale.

Quels sont les droits des autres personnes (beaux-parents, parrains, tantes ou oncles…) ?

En considération de situations exceptionnelles, le juge aux affaires familiales peut accorder un droit de correspondance ou de visite à d'autres personnes, parents ou non.

Par exemple, les grands-parents par le sang peuvent obtenir un droit de visite de leurs petits-enfants adoptés plénièrement par une autre famille. Il en est de même d'un parrain par exemple, ou du second conjoint du parent. La décision sera, de toute façon, prise en fonction de **l'intérêt de l'enfant** (art. 371-4 C. civ.).

Le projet de réforme de l'autorité parentale (voir ci-dessus) s'il est adopté, autorise dans certains cas précis une délégation d'autorité parentale au profit de proches de l'enfant (beaux-parents notamment).

EN PRATIQUE

Qui est responsable des dommages causés par un enfant de parents divorcés ?

La règle de droit

En vertu de l'article 1384 du Code civil, les parents, en tant qu'ils exercent le « droit de garde », sont solidairement responsables du dommage causé par leurs enfants mineurs habitant avec eux (notion de **cohabitation**).

En effet, une des conséquences de l'autorité parentale est que les parents sont présumés être responsables, vis-à-vis des tiers, des fautes commises par leur enfant, la victime étant dispensée de prouver une faute commise par les parents dans l'éducation ou la surveillance de l'enfant. Pour les tribunaux, les parents sont ainsi responsables de plein droit des dommages causés par leur enfant mineur (C. cass., civ. 2e, 19.2.1997 et 4.6.1997).

Les parents ne peuvent s'exonérer de cette responsabilité qu'en prouvant que la force majeure ou la faute de la victime est à l'origine du dommage. La responsabilité des parents n'est engagée que jusqu'à la majorité de l'enfant ou, s'il a été **émancipé,** jusqu'à 16 ans.

Enfin, la mise en œuvre de la présomption de responsabilité suppose qu'il est établi une **faute personnelle de l'enfant** (sur le fondement des articles 1382 ou 1384, alinéa 1er, du code civil). Cela signifie que l'enfant doit avoir été déclaré personnellement responsable des dommages qu'il a causés à autrui pour avoir commis un acte qui soit la cause directe du dommage invoqué par la victime (Cour de cassation, assemblée plénière, 9.5.1984). La faute d'un enfant peut être retenue à son encontre même s'il n'est pas capable de discerner les conséquences de son acte ou le caractère dangereux de l'objet utilisé (C. cass., civ. 2e, 19.2.1997).

Son application dans le cadre du divorce

Cas de l'autorité parentale unilatérale

La notion de cohabitation prévue par l'article 1384 est aujourd'hui interprétée de façon large : les juges ont pu considérer que la cohabitation ne cesse pas lorsque l'enfant est provisoirement confié à un tiers. Cette précision a été apportée dans une affaire où un jeune de 16 ans avait endommagé une voiture qu'il avait volée. Le propriétaire s'était retourné contre la mère qui avait l'autorité parentale sur l'enfant après son divorce (et donc la garde qui est un attribut de l'autorité parentale) et la mère, s'était elle-même retournée contre le père qui hébergeait l'enfant au moment du vol. La Cour de cassation a retenu la responsabilité du père (qui avait commis une faute de surveillance en ne vérifiant pas les horaires de cours de son fils : celui-ci avait « séché » son cours pour voler une voiture) mais ➤

EN PRATIQUE

aussi celle de la mère qui, en tant que titulaire de l'autorité parentale, est responsable de plein droit des dommages causés par son fils (C. cass., civ. 2e, 19.2.1997). Pour la Cour de cassation, donc, l'exercice du droit de visite d'un parent ne fait pas cesser la cohabitation du mineur avec son autre parent, et donc la responsabilité de celui-ci.

Cas de l'autorité parentale conjointe
Dans ce cas de figure, l'enfant réside chez l'un de ses parents avec droit de visite et d'hébergement chez l'autre. Les parents restent cependant responsables solidairement des dommages causés par leur enfant, à moins qu'ils prouvent qu'ils n'ont pu empêcher l'accident (C. cass., civ. 2e, 20.1.2000, PA, 9.11.2000). Cette solution doit être transposée lorsque l'enfant est confié occasionnellement à un tiers (**grand-parent, baby-sitter, école**) de façon provisoire. Le ou les parents sont responsables de plein droit de leurs enfants qui habitent avec eux ou qui restent sous leur autorité, même s'ils sont matériellement confiés à des tiers (C. cass., civ. 2e, 20.1.2000, PA, 9.11.2000). Cette responsabilité peut, le cas échéant, être partagée si la personne qui garde l'enfant a commis une faute (qu'il conviendra de prouver). La personne qui garde l'enfant (qui peut être dépourvue d'une assurance responsabilité civile) n'a plus à subir les éventuelles conséquences d'un accident causé par ce dernier quand elle n'a rien à se reprocher.

ments exprimés par les enfants (auprès de lui ou de l'assistante sociale). Les enfants peuvent aussi, d'eux-mêmes, demander à être entendus par le juge. Au vu des conclusions du rapport, en tenant toujours compte de l'intérêt des enfants, le juge accède ou non à la demande (art. 388-1 et 291 C. civ.).

Les demandes peuvent notamment porter sur le passage d'une autorité parentale unilatérale à une autorité exercée en commun. Dans l'autre sens, il a été jugé que le parent doit justifier en quoi il ressort de l'intérêt de l'enfant que l'autorité ne soit exercée que par un seul des parents (art. 287 C. civ. ; C. cass., civ. 2e, 2.4.1996).

▶ Comment saisir le juge aux affaires familiales de sa demande ?

La procédure permettant de demander, après le divorce, une modification de l'autorité parentale ou son aménagement (changement de résidence, modification des droits de visite... est traitée dans la rubrique : *L'après-divorce*.

L'ASPECT PÉNAL

De nombreuses questions ont trait à cet aspect de l'autorité parentale. En effet, si les gens sont bien conscients que le fait de ne pas payer une pension alimentaire est une infraction pénale, ils sont moins bien renseignés sur l'aspect pénal de l'autorité parentale. Les questions souvent posées sont : le droit de visite et d'hébergement est-il un droit ou une obligation ? Y a-t-il infraction si le parent concerné ne peut pas prendre l'enfant (il est malade le week-end où l'enfant doit venir, ou bien il ne peut prendre qu'un enfant sur deux) ? Y a-t-il infraction quand l'enfant ne veut pas venir ? Quel parent est en infraction : celui qui ne reçoit pas l'enfant ou celui qui ne l'envoie pas chez l'autre parent ?

D'autres cas sont plus dramatiques : on pense bien sûr à l'enlèvement d'enfant dans le cadre de l'exercice du droit de visite ou d'hébergement (voir plus loin) ; mais aussi aux conflits parfois très aigus (et plus fréquents) entre parents qui, ponctuellement ou systématiquement, ne peuvent pas se mettre d'accord, par exemple, sur les dates des vacances de leurs enfants, et des drames que cela peut engendrer pour ces derniers.

On pense aussi à des procédés plus subtils et plus sournois qui consistent à se servir des enfants, en suscitant ou excitant leur sentiment d'hostilité vis-à-vis de l'autre parent, pour refuser un exercice correct du droit de visite et d'hébergement ; ou, tout simplement, en n'usant pas, par indifférence ou manque d'intérêt, de son influence sur l'enfant (surtout quand il est jeune) pour vaincre cette hostilité et faire que l'enfant se rende chez l'autre parent. Il est admis que le refus d'un enfant peut être provoqué par une manipulation, même inconsciente du parent « *qui exerce sur l'enfant, surtout lorsqu'il est en bas âge, un ascendant et une influence prépondérante* » (C. cass., crim., 12.5.1954).

Il faut réserver ici le cas de circonstances particulières ou graves (l'enfant est atteint d'une maladie grave ou d'une infirmité excluant tout déplacement ; le parent a la crainte que l'enfant ne soit enlevé et emmené à l'étranger sans retour ; le parent chez qui doit se rendre l'enfant présente un **danger** pour lui). Dans ces hypothèses, le juge civil (juge aux affaires familiales ou **juge des enfants**) doit être saisi rapidement de la question, dès que les faits sont connus, dans le cadre d'un retrait de droit de visite ou d'hébergement voire de l'autorité parentale, ou d'un aménagement du droit de visite et d'hébergement (par exemple, en présence d'un tiers). Le but d'une action pénale est de chercher à sanctionner l'attitude d'une personne par une peine d'amende (la peine de prison ferme n'est que très rarement prononcée dans ce domaine). Le but de la personne qui engage l'action au pénal n'est pas d'obtenir satisfaction sur un plan pécuniaire, sauf indirectement, en tant que moyen d'intimidation.

La question qui se pose, comme toujours en ce qui concerne les enfants est quelle peut être une solution judiciaire véritablement adaptée à ce type d'infraction où la récidive est relativement importante ? Il s'agit là d'un problème plus général que les infractions familiales, et la justice recherche depuis un certain temps la possibilité de mesures alternatives aux seules poursuites pénales pour un certain type de délinquance.

À ce titre, le parquet (procureur de la République), saisi d'une plainte, a la possibilité d'ordonner une **médiation pénale** qui peut aboutir, en cas de succès, à une cessation des poursuites et, plus récemment, à la procédure de **composition pénale** (Voir la rubrique : *Préliminaires à la procédure de divorce*).

▶ Qu'est-ce que la non-représentation d'enfant ?

C'est le fait de volontairement empêcher une personne d'exercer ses droits de parents. Le fait de refuser indûment de représenter un enfant mineur à la personne qui a le droit de le réclamer (par décision de justice) est puni d'un an de prison et de 100 000 F (15 000 €) d'amende (art. 227-5 CP). Ces faits sont donc sanctionnés dans les cas suivants :

– le parent qui a l'autorité parentale ne permet pas l'exercice du droit de visite et d'hébergement de l'autre parent,

– inversement, le parent qui n'a pas l'autorité parentale ne remet pas l'enfant à l'autre parent, par exemple à l'issue des périodes d'hébergement.

Ces règles sont étendues à l'hypothèse d'autorité parentale conjointe (l'autorité est partagée mais l'enfant a sa résidence chez l'un des parents et l'autre exerce en fait un droit de visite et d'hébergement).

▶ Quels sont les principaux cas de non-représentation d'enfant ?

• La jurisprudence impose un refus délibéré du parent de remettre l'enfant.

• Par ailleurs, quand le droit de visite ou d'hébergement s'exerce sur plusieurs enfants, elle n'impose pas que l'exercice de ce droit s'exerce simultanément, à défaut de précision contraire dans la décision.

• La résistance du mineur, son animosité à l'égard de celui qui est en droit de le réclamer ne constitue en principe pas, pour celui qui a l'obligation de le représenter, ni une excuse légale ni un fait justificatif, à moins de circonstances exceptionnelles (C. cass., crim., 13.4.1998). La jurisprudence est constante sur ce principe, désireuse de sanctionner également la « résistance passive » du parent qui ne va pas s'opposer ouvertement à l'exercice de ce droit, mais va organiser parfois une véritable mise en scène au terme de laquelle il résulterait une opposition farouche de l'enfant d'aller voir son parent. Ainsi, un arrêt a sanctionné le parent en précisant que c'est à lui de démontrer qu'il a, en vain, usé de son autorité pour convaincre et inciter sérieusement l'enfant à suivre le bénéficiaire du droit de visite : « *...Il ne suffit pas, à l'heure du droit de visite, d'exhorter l'enfant à suivre son père, mais qu'il faut, surtout dans des cas difficiles, comme en l'espèce, se livrer à toute une préparation psychologique pour faire accepter par l'enfant l'exercice de son droit par l'autre parent... les constats d'huissier et les deux attestations produites (par la mère pour justifier son attitude) ne démontrent pas que celle-ci a usé de son autorité... mais sont plutôt révélateurs d'une sorte de mise en scène, l'enfant refusant de descendre du véhicule garé à proximité du domicile paternel, alors qu'il n'était même pas allégué qu'il ait refusé d'y prendre place...* » (C. cass., crim., 13.4.1998).

▶ Exemples de condamnations

Ont été condamnés pénalement :
- un père qui empêchait l'exercice du droit de visite de son ex-femme en étant absent lors des rendez-vous. Le parent ne doit en effet quitter son domicile qu'après l'heure à laquelle son ex-épouse doit se présenter pour prendre les enfant (CA Rouen, 24.11.1980),
- une mère qui refusait de façon réitérée de remettre les enfants au père, manifestant une volonté de rompre les liens avec lui (C. cass., crim., 12.11.1997),
- une mère qui n'a pas présenté l'enfant aux dates proposées par le père, qui disposait d'un libre droit de visite accordé par l'ordonnance de non-conciliation, et alors qu'elle n'établissait pas avoir suggéré d'autres modalités de rencontre (C. cass., crim., 5.2.1958),
- la mère de deux enfants qui refusait de présenter un enfant au père, prétextant la maladie de l'autre enfant et le fait qu'elle ne veut pas les séparer (C. cass., crim., 21.2.1967),
- un parent qui ne présente pas l'enfant, celui-ci refusant de voir l'autre parent (voir cependant ci-dessous). Selon les tribunaux en effet, c'est au parent qui doit présenter l'enfant à l'autre d'user de son influence et de son autorité pour que s'exerce correctement et conformément à la décision judiciaire le droit de visite et d'hébergement. Ce n'est pas à l'autre parent d'essayer de « capter » la confiance des enfants (C. cass., crim., 12.5.1954).

▶ Cas où aucune infraction n'a été retenue

Ont été relaxés :
- la mère qui tenait des propos à l'enfant pour le détourner de son père, titulaire de l'autorité parentale, dans la mesure où l'enfant a bien été mis à la disposition de son père, même si celui-ci a renoncé à l'emmener compte tenu des réflexions désobligeantes de l'enfant (TGI Avesnes-sur-Helpe, 5.7.1960),
- un parent qui ne présentait pas l'enfant, celui-ci étant âgé de 15 ans, du fait de son opposition (C. cass., crim., 14.3.1972),
- un parent qui ne présente pas son enfant de 12 ans à son père, car il a appris que celui-ci se livrait à des attouchements sexuels sur l'enfant sous prétexte d'éducation sexuelle. L'enfant dans cette affaire (il s'agissait d'un enfant naturel, mais les règles sont les mêmes qu'en matière de divorce) vivait ses visites comme un « cauchemar », sa résistance s'étant notamment concrétisée par des fugues (CA Agen, 27.6.1985),
- un parent qui n'a pas présenté l'enfant, ce dernier devant faire l'objet d'un traitement très particulier et quotidien sous peine de décès, ce dont il était attesté par un médecin spécialiste (CA Dijon, 19.12.1984),
- le fait d'être « obsédé » par la crainte de voir son enfant enlevé à l'étranger par le père qui a gardé de nombreux contact dans son pays d'origine (CA Dijon, 19.12.1984).

▶ L'obligation de notifier son changement d'adresse

Le fait, pour le parent qui a la garde des enfants, de déménager sans notifier à l'autre parent son changement de domicile dans le délai d'un mois à compter de ce changement est également un délit pouvant être puni de six mois de prison et d'une amende (art. 227-5 et s. CP.).

▶ Comment agir au pénal ?

La victime peut :
- porter **plainte auprès du commissariat de police** le plus proche en se déplaçant ou en écrivant,
- rédiger une **plainte adressée au procureur de la République** du tribunal de grande instance du domicile familial,
- faire délivrer une **citation directe** par huissier de justice devant le tribunal correctionnel.

Aux termes de l'article 382 du Code de procédure pénale, le tribunal correctionnel compétent est celui du lieu de l'infraction. Pour le délit de non-représentation d'enfant, l'infraction est commise au lieu où doit être effectuée la remise de l'enfant, conformément aux dispositions de la décision de justice accordant le droit de visite et d'hébergement.

En l'absence de désignation de ce lieu dans la décision de justice, le délit est commis au lieu du domicile de la personne ayant le droit de réclamer l'enfant. Cette règle s'applique même si les parents se sont mis d'accord sur un autre lieu de remise de l'enfant. Un accord entre les époux fixant le lieu de la remise de l'enfant n'est donc pas valable (C. cass., crim., 4.1.1990, 24.6.1992, 14.4.1999).

▶ L'abandon de famille

La condamnation pour délit **d'abandon de famille** (non-paiement de la pension alimentaire) peut entraîner la privation de l'exercice de l'autorité parentale (voir la rubrique : *La pension alimentaire*).

▶ Qu'est-ce que le détournement de mineur ?

Le détournement de mineur est le fait de soustraire un enfant des mains de ceux qui exercent l'autorité parentale ou auxquels il a été confié. Les peines ne sont pas les mêmes si cette « soustraction » est le fait d'un ascendant (parent ou grand-parent) ou commise par un tiers.

S'il s'agit d'un ascendant, le détournement est puni d'un an d'emprisonnement et de 100 000 F (15 000 €) d'amende (quelles que soient les circonstances).

S'il s'agit d'un tiers, le détournement (sans fraude ni violence) est puni de cinq ans de prison et 500 000 F (75 000 €) d'amende (art. 227-7 et 227-8 CP.). Si le tiers a agi avec fraude ou violence (ce qui sous-entend que le mineur n'était pas consentant), il s'agit alors d'enlèvement de mineur, crime puni de 30 ans de réclusion criminelle ou de la réclusion à perpétuité (art. 224-5 CP.).

L'ENLÈVEMENT INTERNATIONAL D'ENFANT

Il faut entendre par enlèvement international d'enfant le fait pour un parent d'emmener son enfant dans un autre pays de façon durable (non pas seulement pendant les **vacances)** et le refus de remettre cet enfant à l'autre parent au moment prévu. De façon générale, cet enlèvement est l'œuvre du parent avec lequel l'enfant ne vit pas habituellement. On a remarqué durant les deux dernières décennies une augmentation constante des cas d'enlèvement d'enfants. Ceci s'explique, d'une part, par l'internationalisation générale de notre société où les frontières, notamment à l'intérieur de l'Union européenne, ont tendance à disparaître. Cela facilite non seulement le départ de l'enfant, mais aussi les mariages entre époux de nationalités différentes. D'autre part, les pères réclament aujourd'hui plus souvent la possibilité d'être avec les enfants, ce qui donne donc lieu a un contentieux plus important concernant l'autorité parentale et la résidence de l'enfant, et donc la possibilité accrue d'un conflit à la suite du divorce. Partant de ce constat, deux questions doivent être traitées : comment prévenir un tel enlèvement, et que faire si un tel enlèvement se produit ?

▶ Comment prévenir l'enlèvement international d'un enfant ?

Il faut bien comprendre qu'il ne s'agit pas ici de prévenir un « kidnapping » en bonne et due forme, qui consiste à emmener hors de France l'enfant de façon cachée : il est malheureusement quasiment impossible de se prémunir contre ce type d'acte.
L'enlèvement dont il est question ici est celui qu'entreprend un parent de façon apparemment légale, en prenant l'enfant avec lui, par exemple à l'occasion de vacances, soit lors d'un déménagement, puis en « oubliant » de le ramener. Souvent – mais pas toujours – il s'agira du parent qui exerce un **droit de visite et d'hébergement** de l'enfant et emmène celui-ci dans son pays. La prévention contre un tel enlèvement peut alors s'exercer à deux niveaux : au moment du divorce ou après le divorce.

La prévention au moment du divorce

C'est naturellement au moment du divorce que vont être aménagés les droits de visite et d'hébergement du parent chez qui l'enfant ne réside pas. C'est donc à ce moment-là que l'on peut demander que soient prises un certain nombre de mesures, même si une telle demande reste encore possible par la suite. Bien entendu, c'est lorsque démarre la procédure de divorce que le risque de « vengeance » de l'époux étranger, qui emmène l'enfant avec lui par dépit ou pour faire souffrir l'autre, est le plus grand. Il faut savoir que, dans ces cas, il est possible d'agir avec célérité puisqu'en vertu de l'article 1109 du Nouveau Code de procédure civile, le juge aux affaires familiales peut autoriser un des époux à assigner l'autre selon une procédure très rapide (« **assignation à jour fixe** »), et ce afin notamment de prendre rapidement des mesures concernant les enfants (voir la rubrique : *La vie du ménage pendant le divorce*).

Les mesures envisageables sont les suivantes :

a – Interdiction de sortie du territoire

• *Raisons justifiant une telle mesure*

Il est possible de demander à ce qu'il soit interdit à l'enfant de sortir du territoire s'il n'est pas accompagné du parent non étranger. Il faut, bien entendu, justifier une telle demande, car elle peut priver l'autre parent,

étranger, de la possibilité de faire voir à l'enfant « son » pays (y compris les **grands-parents** qui y habitent souvent). Cette justification n'est pas une simple formalité. Il a ainsi été jugé que le simple fait que l'autre parent ait une nationalité étrangère n'est pas suffisant pour justifier une interdiction du territoire (C. cass., civ. 1re, 13.1.1997). Après tout, comme l'a souligné un juge aux affaires familiales lors d'une audience de conciliation, ce n'est pas le jour du divorce qu'un époux se rend compte que son conjoint est étranger...
En revanche, le fait qu'il n'existe aucune **convention d'entraide judiciaire** entre la France et le pays de l'autre parent (ce qui rendrait les opérations de rapatriement de l'enfant très difficiles) a été retenu par les tribunaux comme motif pour justifier une interdiction de sortir du territoire (C. cass., civ. 1re, 3.2.1982).
Les raisons pouvant justifier une interdiction de sortie du territoire sont souvent très liées à l'attitude des parents. Il a souvent été jugé que le fait qu'un parent menace d'enlever l'enfant justifie une telle mesure (CA Bordeaux, 6e chambre, 17.12.1996, CA Rennes, 6e chambre, 2.5.1990). Les attitudes des père et mère sont passées au crible : ainsi, si une mère, avant son divorce, a déjà tenté de rejoindre son amant habitant dans un pays lointain, une mesure d'interdiction du territoire pourrait se révéler justifiée (CA Orléans, 24.2.1988).

• *Ce qu'il faut faire une fois l'interdiction ordonnée*
En pratique, une telle interdiction, une fois prononcée, doit être notifiée au ministère de l'Intérieur (c'est le ministère responsable des frontières). Le nom de l'enfant sera alors inscrit pendant un an (période indéfiniment renouvelable, mais il faut le demander de nouveau) sur la liste des personnes recherchées (!), ce qui empêchera sa sortie de France. Si l'autre parent arrive quand même à faire sortir l'enfant légalement, la responsabilité de l'État français peut être engagée, et celui-ci peut devoir payer une indemnité au parent à qui l'enfant a été soustrait.
Si une telle interdiction est édictée, il est également conseillé d'écrire au consulat du pays étranger concerné en précisant que l'on s'oppose à la délivrance d'un **passeport étranger** à cet enfant, en indiquant l'interdiction de sortie du territoire national. De cette manière, il peut être évité que l'autre parent fasse établir un passeport étranger à son enfant et utilise celui-ci pour faire sortir l'enfant du territoire français.

b – Mesures contraignantes pour l'autre parent (étranger)
Plutôt que d'interdire à l'enfant de sortir du territoire national, il peut être intéressant de faire peser sur l'autre parent des obligations telles qu'il n'enlèvera pas l'enfant. On peut envisager deux types de mesures : celles qui empêcheront le parent étranger à partir avec l'enfant, et celles dont le but est d'assurer que le parent étranger ramène l'enfant le moment voulu.
• *Les mesures visant à empêcher le parent étranger de partir avec l'enfant*
Il s'agit de mesures moins contraignantes que l'interdiction de sortir du territoire national. Ainsi, on peut prévoir que, pendant tout le temps de l'exercice de son droit de visite et d'hébergement, le parent étranger devra **déposer son passeport et/ou autres papiers d'identité** soit auprès de l'autre parent, soit auprès d'une autre personne (avocat, huissier, consul, notaire...). De cette manière, il ne pourra pas quitter la France avec cet enfant.

Il peut s'agir aussi d'une **localisation du droit de visite :** le parent exerçant son droit de visite ne pourra alors visiter l'enfant qu'à un certain endroit fixé par le juge.

• *Les mesures visant à assurer le retour de l'enfant après son passage possible dans le pays du parent non étranger*

Il s'agit, par exemple, d'obtenir une autorisation officielle de sortie de l'enfant du territoire étranger avant même que l'enfant n'y soit parti, pour être sûr que le départ sera possible.

Il est aussi possible de prévoir que l'enfant ne pourra partir dans le pays étranger de son parent que lorsque celui-ci aura obtenu, dans ce pays, l'**exequatur** de la décision de divorce ayant accordé la résidence habituelle de l'enfant à l'autre parent. L'exequatur a pour effet de rendre opposable la décision de divorce, y compris les dispositions concernant les enfants, au pays étranger (les dispositions contenues dans le jugement seront reconnues dans ce pays étranger). Il sera donc plus facile d'y obtenir un jugement ordonnant le retour des enfants. De même, certains préconisent un engagement officiel du parent souhaitant emmener l'enfant de ramener celui-ci (en précisant bien les dates d'arrivée et de départ) même si l'efficacité d'un tel engagement peut paraître douteuse.

Le droit d'emmener l'enfant dans son pays peut aussi être soumis à des **conditions financières** (garanties bancaires, **astreinte**) de façon à assurer que le parent étranger a un intérêt financier à ramener l'enfant.

La prévention à d'autres moments

Comme dans toute matière concernant les enfants, il est aussi possible de revenir devant le juge aux affaires familiales pour aménager les droits de visite et d'hébergement des enfants. Il est possible alors de demander l'application d'une des mesures indiquées ci-dessus, par la procédure des **référés** s'il y a urgence.

▶ Que faire si l'enfant a été enlevé ?

Ici, nous supposons que l'enfant a été enlevé, peut-être en dépit des mesures indiquées ci-dessus. En effet, il ne faut pas se méprendre sur l'efficacité de certaines mesures telles que l'interdiction de sortie du territoire. Il n'est pas certain que l'enfant soit effectivement contrôlé à la frontière, surtout si on la franchit aux grandes heures de voyage des vacances, en voiture, et surtout à l'intérieur de **l'espace Schengen** (l'espace Schengen est constitué par le territoire d'une certain nombre de pays de l'Union européenne, notamment la France, l'Allemagne, les pays Benelux... Les contrôles des frontières entre ces pays ont été supprimés). Dans ce cas, il faut tenter de récupérer l'enfant. Pour ce faire, il faudra souvent intenter une action judiciaire dans le pays étranger qui appliquera sa propre loi selon laquelle souvent l'enfant ne doit pas être restitué (c'était le cas, par exemple, des **mères d'Alger**). En effet, même si les tribunaux français ont ordonné le retour de l'enfant, les tribunaux étrangers n'appliqueront pas nécessairement ce jugement – à moins qu'ils n'aient reconnu explicitement (par la procédure d'**exequatur**) le jugement français.

Il faudra donc se battre devant les tribunaux de l'État étranger afin qu'ils ordonnent le retour de l'enfant. Un tel combat ne sera pas facile. Heureusement, aujourd'hui, un certain nombre de conventions ont été conclues dans cette matière, qui viennent en aide aux parents concernés.

Conventions bilatérales

Certaines de ces conventions sont des **conventions bilatérales,** ce qui signifie qu'elles ne concernent que la France et le pays étranger en question. Ces conventions ont été conclues avec les pays suivants :
- Algérie (21.6.1988),
- Brésil (30.1.1981),
- Égypte (15.3.1982),
- Hongrie (21.7.1980),
- Maroc (10.8.1981),
- Tunisie (18.3.1982).

Le contenu de ces conventions varie, mais leur but est de **faciliter le retour de l'enfant** emmené ou retenu illégalement. Il est à noter que certaines conventions doivent être appliquées dès le jugement de divorce. Ainsi, la **convention franco-algérienne** prévoit qu'elle ne s'applique pas si, au moment du divorce, il n'a pas été prévu un droit de visite et d'hébergement chez le parent étranger (algérien). Par conséquence, si dans un divorce ce droit de visite est refusé au père et que, par la suite, il enlève l'enfant, la convention ne pourra pas s'appliquer. Il faut donc demander à un **avocat spécialisé** en la matière d'obtenir la convention concernée, et ce dès avant le divorce.

Conventions multilatérales

Une **convention multilatérale** est une convention qui lie plus que deux États. En matière d'enlèvement d'enfant, il existe une convention très importante, la convention de La Haye du 21.10.1980. Elle a été signée par la France et par de nombreux autres pays d'Europe et d'Amérique du Nord (un total de quarante pays). Cette convention prévoit un **retour automatique** de l'enfant auprès du parent chez qui cet enfant réside habituellement. Elle peut être très efficace (on a ainsi vu le retour de l'enfant dans les vingt-quatre heures). La procédure de récupération de l'enfant n'est pas engagée par le parent auquel l'enfant a été enlevé, mais par l'État dont il est ressortissant – en France, il convient pour cela de s'adresser au **Bureau du droit international** auprès du ministère de la Justice. Il existe certaines exceptions où l'enfant n'est pas retourné automatiquement, notamment si ce retour peut entraîner pour l'enfant un **danger physique** ou **psychique** ou une situation **intolérable.** Bien entendu, les tribunaux doivent apprécier au cas par cas si une telle situation existe (C. cass., civ. 1re, 21.11.1995). Le retour peut aussi être refusé si le parent auquel l'enfant a été enlevé a par la suite acquiescé au déplacement ou au non-retour (C. cass., civ. 1re, 16.12.1992).

Pour savoir si un pays a signé cette convention (et doit donc l'appliquer), il faut s'adresser au Bureau du droit international et de l'entraide judiciaire internationale auprès du ministère de la Justice.

QUELS SONT LES MOYENS DU JUGE POUR PERMETTRE AUX PARENTS DE SORTIR D'UNE SITUATION DE BLOCAGE ?

Suivant le type de conflit, il existe plusieurs possibilités pour tenter de le résoudre.

- En cas de refus d'exercice correct du droit de visite et d'hébergement, il est possible de demander au juge de l'exécution (juge du tribunal de grande instance) de fixer une astreinte, c'est-à-dire une somme d'argent que le parent fautif devra payer s'il n'exerce pas correctement ses obligations.

Exemple
Dans une affaire jugée par le tribunal de grande instance de Pontoise, le père ne pouvait exercer normalement ses droits de visite et d'hébergement tels qu'organisés par l'ordonnance de non-conciliation, car la mère s'y opposait. La mère a alors été condamnée à une astreinte de 1 000 F par refus constaté par deux témoins ou par voie d'huissier à se soumettre à la décision de justice (TGI Pontoise, 10.3.1998).

- Il est possible de faire appel à la **médiation familiale** ou encore de s'adresser à une **maison de justice et du droit,** ou à des **points de rencontre** neutres, où les parents pourront retrouver leurs enfants, peuvent être prévus (se renseigner à la **mairie**) (voir la rubrique : *Préliminaires à la procédure de divorce*).
- L'organisation du droit de visite et d'hébergement peut également se faire chez un tiers, membre de la famille (par exemple grand-parent) ou un ami et en sa présence.
- Il est également possible d'aller devant le juge pénal pour non-représentation d'enfant (voir ci-dessus).
- Pour l'exercice du droit de visite et d'hébergement, en cas de conflits aigus, le juge peut accorder une **suspension ou un retrait du droit d'hébergement** en ne conservant qu'un simple **droit de visite,** tout en ordonnant une enquête sociale ou médico-psychologique concernant l'enfant.

APRÈS DIVORCE, QUEL EST LE QUOTIENT FAMILIAL APPLICABLE AUX ENFANTS À CHARGE ?

- La règle générale est que c'est le parent qui a l'autorité parentale ou le parent chez qui réside habituellement l'enfant qui peut tenir compte des parts fiscales attribuées pour les enfants à charge.
- Le premier enfant à charge donne droit à une **part** si le parent vit seul et assume effectivement la charge de cet enfant (et même si ce parent perçoit une **pension alimentaire** pour son entretien). Le deuxième enfant à charge donne droit à une **demi-part** et chaque enfant à partir du troisième à une part.
- Le parent qui n'a pas l'autorité parentale ou chez qui ne réside pas l'enfant peut cependant également le compter à charge s'il prouve qu'il

en assume effectivement la charge exclusive. Dans cette hypothèse, il ne pourra en outre déduire la pension alimentaire éventuellement versée.

• En cas de **résidence alternée** des enfants, les parents doivent se mettre d'accord pour désigner celui d'entre eux qui déclarera à sa charge l'enfant. En cas de désaccord entre les parents, le bénéfice du quotient familial est accordé à celui qui a les revenus les plus élevés (qui contribue donc le plus à l'entretien de ou des enfants). En pratique, elle est attribuée à celui des parents chez qui réside l'enfant à titre principal.

• L'autre parent peut déduire de ses revenus la pension alimentaire qu'il verse, qu'il exécute en nature ou en argent (voir la rubrique : *Les conséquences fiscales du divorce*).

L'AUTORITÉ PARENTALE EN CAS DE REJET DU DIVORCE

La loi prévoit que le juge du divorce, en même temps qu'il rejette le principe du divorce, peut statuer notamment sur l'autorité parentale (art. 258 C. civ. ; voir la rubrique : *Le rejet du divorce*). Cette mesure est importante et tient compte d'une situation bien réelle, à savoir qu'en cas de rejet de l'action en divorce, les époux restent séparés de fait. Or les mesures provisoires qui ont eu cours pendant la procédure vont disparaître avec le rejet du divorce. La question de l'autorité parentale peut donc être réglée par le juge saisi du divorce.

QUESTIONS-RÉPONSES **L'exercice du droit de visite et d'hébergement**

Les parents de mon ex-conjoint voudraient bénéficier d'un droit de visite et d'hébergement sur leurs petits-enfants. Je ne le désire pas. Peuvent-ils saisir le juge et obtenir gain de cause ?

D'après la loi, les parents ne peuvent, sauf motif grave, faire obstacle aux relations personnelles de l'enfant avec ses **grands-parents.** À défaut d'accord entre les parties, les modalités de ces relations sont réglées par le juge aux affaires familiales qui peut accorder un droit de visite ou même d'hébergement suivant les circonstances de fait. Les enfants capables de discernement peuvent demander à être entendus par le juge. La décision sera, de toute façon, prise en fonction de l'intérêt de l'enfant (art. 371-4 du C. civ.). ➤

QUESTIONS-RÉPONSES

Peut-on obtenir un droit de visite et d'hébergement si cela n'a pas été ordonné lors du jugement de divorce ?

Il est tout à fait possible de revenir devant le juge pour obtenir ce droit s'il n'a pas été accordé lors de la procédure de divorce. Il en est de même si cela a été refusé, s'il est justifié d'un élément nouveau.

À partir de quand doivent s'exécuter les droits de visite et le paiement de la pension alimentaire quand il n'y a pas de date exécutoire dans le jugement ?

Les dispositions concernant la pension alimentaire et les droits de visite et d'hébergement sont exécutoires en principe dès la signification du jugement par huissier, et ce malgré l'appel éventuel qui serait interjeté. En principe, les parties vont recevoir une copie du jugement par le secrétariat (greffe). Il conviendra de faire signifier la copie exécutoire (la grosse) du jugement par huissier. Rien n'empêche cependant les parents de s'acquitter de leurs obligations sans attendre la signification par huissier.

Est-il exact qu'un père risque, surtout s'il est éloigné géographiquement, de ne pas voir son enfant en bas âge si celui-ci est confié à sa mère ?

C'est quand la situation est conflictuelle entre les parents (ex. : le père a quitté le domicile conjugal peu après la naissance de l'enfant) que la question s'est surtout posée devant les tribunaux. Dans ces cas, en effet, les juges ont tendance à refuser un droit d'hébergement et n'accorder qu'un droit de visite (C. cass., civ. 1re, 25.3.1997 ; dans cet affaire, ce principe a été appliqué compte tenu du fait que « *le nourrisson était habitué aux soins maternels, et un changement périodique de mode de vie ne paraissait pas souhaitable* »). Il ne s'agit d'ailleurs de restriction qu'en ce qui concerne le droit d'hébergement et non le droit de visite. Quand la situation n'est pas conflictuelle, la jurisprudence a évolué, et un droit d'hébergement peut être autorisé surtout s'il est démontré au juge que le père est parfaitement capable de s'occuper d'un enfant en bas âge.

Peut-on voir ses enfants séparément dans le cadre d'un droit de visite et d'hébergement ou doit-on les prendre ensemble ? Le parent chez lequel l'enfant réside peut-il refuser de présenter un enfant si l'autre parent ne prend pas les enfants ensemble ?

Non, le parent ne peut imposer que les enfants soient pris ensemble à défaut de précision du jugement. Il se rend coupable ➤

QUESTIONS-RÉPONSES

du délit **de non-représentation d'enfant** en ne permettant pas à l'autre parent de voir l'un de ses enfants, comme il le souhaite, dans le cadre de l'organisation de ses droits prévue dans le jugement (un week-end sur deux...). En effet, il a été jugé qu'une mère de deux enfants qui refuse de confier seulement l'un d'eux au père, exerçant son droit de visite séparément à l'égard de cet enfant, alors que la décision judiciaire n'imposait pas au père d'exercer son droit à l'égard des deux enfants simultanément, se rendait coupable du délit de non-représentation d'enfant (C. cass., crim., 13.2.1962 et 21.2.1967).

Dans un jugement de divorce, le droit de visite est fixé un week-end sur deux avec autorité parentale au père. Les enfants n'ayant pas d'école le mercredi, la mère prenait en plus les enfants le mardi soir avec l'accord de son conjoint en les rendant le mercredi soir. Puis son ex-conjoint a changé d'avis. Que peut faire la mère ?

À défaut d'accord, la mère ne peut bénéficier d'un droit qui n'est pas prévu dans le jugement. Elle doit s'adresser au juge pour obtenir un droit d'hébergement élargi.

Existe-t-il un article spécifiant que le droit de voir ses enfants le week-end dure jusqu'au lundi si ce jour est férié ? Peut-on bénéficier des ponts pour garder ses enfants chez soi ?
Si j'ai le droit de voir mes enfants du samedi matin après la classe au dimanche 18 heures, s'ils n'ont pas école le samedi, est-ce que je peux les prendre le vendredi soir après l'école sans me mettre en tort ?
Dois-je prendre mes enfants pour des vacances d'une semaine comme à la Toussaint, car, dans mon jugement, il est indiqué que, pour les vacances de deux semaines, j'ai droit à la moitié, mais rien n'est prévu pour les vacances courtes ?

Tous ces points doivent absolument faire l'objet d'un accord entre les parents. Si certains points ne semblent pas clairs aux parents, il ne faut pas hésiter à questionner son avocat sur l'organisation concrète de ses droits de visite et d'hébergement et le juge dès la première audience. Après le divorce, il faut prendre contact avec un avocat, et (ou) s'adresser au juge aux affaires familiales.
De façon générale, si les parents ne parviennent pas à s'accorder et à se prévenir suffisamment à l'avance (certains utilisent la

➤

QUESTIONS-RÉPONSES

règle de la lettre recommandée avec demande d'avis de réception un mois avant la date de départ), la règle est de s'en tenir strictement à la décision de justice, à la lettre près.
Ainsi, si le droit s'exerce le **week-end,** il ne s'exerce pas pendant le pont ou le jour férié.
Si le parent ne doit prendre les enfants que le samedi à la sortie des classes, il ne peut pas les prendre le vendredi à la sortie des classes (sous prétexte que les enfants n'ont parfois pas classe le samedi), mais doit les prendre le samedi chez son ex-conjoint.
En ce qui concerne les vacances, si le droit d'hébergement n'est prévu que pour les vacances longues (entièrement ou pour moitié), c'est qu'il est exclu pour les vacances courtes. Rien n'empêche en revanche de demander au juge une réorganisation de ces droits s'ils ne conviennent pas.

Le parent qui a l'autorité parentale empêche les enfants de venir voir l'autre parent aux dates des vacances sous prétexte qu'il prend lui-même des dates de vacances débordant sur celles de son ex-conjoint. Quel recours a-t-on si, le jour de la prise en charge des enfants, ceux-ci ne se trouvent pas chez eux ?

Il existe un contentieux très important de cet ordre, source de stress et d'instabilité pour les enfants, qui serait évité si les parents se communiquaient assez tôt leurs dates de vacances...
Le principe est que les parents doivent respecter les dates prévues pour l'exercice d'un droit de visite et d'hébergement sous peine d'être condamnés pour le délit de **non-représentation d'enfant** prévu par l'article 227-5 du Code pénal. Dans le cas exposé, il peut s'agir d'un simple décalage de dates, sans volonté délibérée d'empêcher l'exercice des droits. Il faut cependant, pour le principe, faire constater cette infraction aux règles prévues dans le jugement (constat d'huissier, attestions de voisins, de l'école si les enfants sont récupérés à la sortie des classes...).
Cette constatation est importante si l'infraction est répétée.
En effet, une plainte (ou citation directe) peut être déposée pour le délit de non-représentation d'enfant avec toutes les conséquences que cela entraîne en cas de condamnation (inscription au casier judiciaire le cas échéant...).
Il est essentiel sur un plan général de tenter de s'entendre sur ces dates en pensant prioritairement aux enfants qui sont les principales victimes de cette absence de concertation et d'organisation entre certains couples. Il faut également penser à l'ex-conjoint qui n'a pas les enfants pendant la semaine et compte donc sur ces fins de semaine et vacances pour retrouver ses enfants...
Ceci dit, si les parents ne parviennent pas à s'entendre, le parent

➤

QUESTIONS-RÉPONSES

qui constate que l'organisation de ses droits de visite et d'hébergement est perturbée et que ces droits ne peuvent s'exercer peut saisir la justice pénale ou encore le juge aux affaires familiales pour en voir modifier les modalités (ce dernier peut être saisi en **référé en cas d'urgence,** c'est-à-dire par assignation adressée par un huissier de justice au conjoint à comparaître devant le juge à date fixe et rapprochée).

Doit-on tenir compte de l'avis des enfants qui ne veulent pas voir le parent dans le cadre du droit de visite ? Peut-on faire constater par un tiers (notamment un huissier de justice) le refus d'un enfant de cinq ans de rejoindre son père lors de l'exercice des droit de visite et d'hébergement ? Le père est dangereux pour l'enfant et la suppression de ses droits a été demandé en justice.

Il peut être utile de faire constater l'état d'esprit de l'enfant par tous moyens (huissier de justice ou témoignage). S'il y a **urgence,** il est possible de saisir en **référé** le juge aux affaires familiales pour demander que cette question soit tranchée en justice. Il faut cependant savoir que supprimer à un parent ses droits de visite et d'hébergement n'est ordonné par le juge que pour un **motif grave,** et notamment si le parent présente un danger pour l'enfant. Dans cette hypothèse, il va être nécessaire d'agir vite car le parent chez qui habite l'enfant se met en infraction. En effet, il a été jugé que la résistance d'un enfant (surtout s'il est en bas âge) n'est pas une cause exonérant le parent : celui-ci doit en effet permettre une exercice correct des droits de l'autre parent. Le **juge des enfants** doit également être saisi en cas de **danger sur l'enfant.** Sur tous ces points il est indispensable de consulter un avocat.

Un parent paie régulièrement la pension alimentaire pour ses enfants. Est-il obligé d'exercer son droit de visite les fins de semaines et vacances comme le prévoit la décision (par exemple, si l'on est malade, en cas de force majeure ou si son domicile est très éloigné) ? Est-ce que l'on encourt une sanction pénale ?

La loi française n'oblige pas un parent à exercer ses droits de visite et d'hébergement. Il s'agit d'un droit et non d'un devoir des parents. Sur un plan légal, ce parent n'encourt aucune sanction. En cas de difficulté sur cette question, il est toujours possible de s'organiser entre parents en prévoyant d'autres modalités concernant l'exercice de ses droits, ou de saisir le juge. En pratique, en cas d'empêchement, il convient de prévenir l'autre ➤

QUESTIONS-RÉPONSES

parent suffisamment de temps à l'avance pour qu'il puisse s'organiser.

Que peut-on reprocher au père d'un adolescent chez lequel ce jeune refuse de venir dans le cadre de son droit de visite et d'hébergement ? Doit-il le forcer à venir ? Est-il en infraction ? Le parent chez qui l'enfant réside est-il en infraction ?

Ce parent pourrait exiger de son ex-conjoint chez qui habite l'enfant qu'il oblige l'enfant à venir en usant de son autorité. Il faut cependant tenir compte de l'âge du jeune. Le principe en effet est que la résistance de l'enfant ne constitue, pour la personne qui doit le représenter, ni une excuse légale ni un fait justificatif à moins de circonstances exceptionnelles (ex. : les fugues répétées, une situation de détresse attestées par de nombreuses personnes).
Ce principe est bien sûr plus souple quand il s'agit d'un **adolescent.** Ce parent n'est de son côté pas en infraction vis-à-vis de l'autre parent et n'a pas à « forcer » son enfant adolescent à venir le voir. En aucun cas, on ne peut contraindre un parent à exercer son droit de visite et d'hébergement. Dans le cas visé, il faudrait tenter de régler cette question avec le jeune en le raisonnant et avec son père, afin d'en savoir plus et de tenter d'obtenir que les déplacements chez le père s'effectuent dans de meilleurs conditions, au besoin en consultant un pédo-psychologue ou psychiatre. Il peut s'agir en effet d'un blocage ponctuel lié aux difficultés de l'adolescence et l'enjeu est trop important pour ne pas s'en préoccuper en faisant appel à un spécialiste de l'enfance.
Sur un plan juridique, si l'enfant persiste dans son refus, le juge peut modifier, le cas échéant, l'exercice des droits du père au besoin en les faisant s'exercer par exemple en présence d'un tiers. Il peut encore ordonner une enquête sociale ou médico-psychologique. Il est également possible de demander la mise en place d'une **médiation familiale** et l'organisation du droit de visite dans des points de rencontre.

Peut-on demander l'augmentation de la pension alimentaire quand son ex-mari ne prend jamais les enfants ?

On peut effectivement tenter d'obtenir de la part de l'autre parent ou, à défaut, du juge une augmentation de la pension alimentaire en arguant du fait que la carence du débiteur de la pension a une incidence sur le budget du parent chez qui habite l'enfant (et notamment le budget vacances).

➤

QUESTIONS-RÉPONSES

Quand un jugement indique que le père doit prendre les enfants la moitié de chaque période de vacances scolaires, et qu'il ne le fait pas, peut-on le contraindre à héberger vraiment les enfants toutes les moitiés de vacances ?

Il n'est pas possible juridiquement de contraindre un parent à prendre ses enfants. Il est seulement possible au regard du code pénal de sanctionner un parent qui ne remet pas l'enfant à l'autre parent dans le cadre du droit de visite et d'hébergement (délit de non-représentation d'enfant).

Mon travail m'envoie sur un poste en Afrique ; j'ai un fils en bas âge. Le jugement de divorce m'a accordé un droit de visite et d'hébergement classique (un week-end sur deux...). À partir de quel âge mon ex-femme va-t-elle devoir m'envoyer mon fils et dans quelle condition devra-t-elle participer au frais de transport ?

Les droits qui vous ont été accordés lorsque vous résidiez en France ne sont plus compatibles avec votre éloignement. Le mieux serait de vous mettre d'accord entre parents :
- pour une réorganisation de ce droit : plus de week-end mais une droit élargi d'hébergement pendant les vacances, quitte à faire homologuer ce changement de situation par le juge,
- pour un partage des frais d'avion.

Si aucun accord ne peut être trouvé sur ces deux points, il faut que vous saisissiez le juge, si possible avant même votre départ (le juge compétent pour cela étant celui où demeure l'enfant).

Peut-on emmener pour les vacances, dans le cadre du droit du droit de visite et d'hébergement, ses enfants à l'étranger ? Qui doit fournir l'autorisation de sortie de territoire ?

Tout dépend si l'autorité parentale est conjointe ou non. Dans le premier cas, il est possible pour chaque parent de demander l'autorisation de sortie de territoire, s'agissant d'un acte usuel (comme pendant le mariage). Mais l'autre parent peut s'y opposer. Dans le second cas, seul le parent qui a l'autorité parentale sur l'enfant peut l'accorder.

Doit-on demander l'autorisation de son conjoint pour emmener l'enfant pour un long séjour à l'étranger ?

Contrairement à ce qui est le cas pour les vacances, cette autorisation du conjoint est indispensable, que l'enfant concerné soit sous l'autorité parentale des deux parents ou d'un seul.

➤

QUESTIONS-RÉPONSES

Le droit d'hébergement peut-il être retiré si le parent vit dans un petit appartement qui n'a pas de chambre pour l'enfant ?

Il faut savoir qu'un droit de visite et d'hébergement ne peut être refusé au parent que pour **motif grave.** En cas de demande de retrait, une enquête sociale sera probablement diligentée et c'est notamment sur la base de ce rapport que le juge va statuer. Le seul fait du manque de place pour l'enfant dans le logement d'accueil ne paraît pas constituer un motif grave.

Peut-on refuser le droit de visite au conjoint qui ne paie pas la pension alimentaire ou qui la paie irrégulièrement ?

Le non-paiement de la pension alimentaire ou l'irrégularité des versements n'entraîne pas la suppression automatique du droit de visite. Cependant, l'époux créancier d'une pension alimentaire impayée peut demander judiciairement la condamnation du débiteur pour **abandon de famille** et la suppression (provisoire ou non) du droit de visite et d'hébergement.

Le parent doit-il continuer de payer la pension alimentaire lorsqu'il héberge les enfants pendant les vacances ?

Aux termes d'une jurisprudence constante, le parent qui n'a pas l'autorité parentale ou chez lequel l'enfant ne réside pas doit continuer à payer la pension alimentaire, même lorsqu'il héberge les enfants pendant la période des vacances. Si, par suite d'un accord entre eux, le parent héberge en fait les enfants pendant de longues périodes de temps, il lui est possible de demander au juge de réviser le montant de la pension alimentaire. En revanche, en aucune façon, il ne peut se faire justice lui-même en diminuant la pension alimentaire ou en la supprimant.

Qui paye les frais de voyage pour l'exercice du droit de visite ?

Lorsque du fait de l'éloignement des résidences des parents, l'exercice du droit de visite entraîne des déplacements importants, l'usage est que les frais de voyage soient partagés par moitié et que, tour à tour, chaque époux assure le déplacement de l'enfant. Là encore, des solutions différentes peuvent être prévues suivant les raisons de l'éloignement des parents, leur emploi du temps et leurs ressources comparées. La décision de justice peut prévoir que c'est au parent qui a les enfants pour les vacances de les prendre ou faire prendre, de les ramener ou faire ramener au lieu de résidence. Dans cette hypothèse, c'est à lui en principe, à défaut d'accord entre les parents, d'assumer les frais. ➤

QUESTIONS-RÉPONSES

Qui doit payer la nourrice pendant les vacances chez la mère quand c'est le père qui a l'autorité parentale ?

C'est au parent qui a le droit d'hébergement d'assumer toutes les conséquences financières de celui-ci : nourriture, loisirs, **frais de garde** des enfants éventuels...

En cas d'autorité parentale conjointe avec résidence des enfants chez un parent, celui-ci, s'il déménage et change les enfants d'école (en plus du déménagement, passage d'une école publique à privée) doit-il obtenir l'accord de l'autre parent ?

Le parent ne peut pas s'opposer au déménagement de l'autre parent, mais il doit en être prévenu et doit pouvoir obtenir immédiatement les nouvelles coordonnées de la résidence de ses enfants.
En revanche, et puisque l'autorité parentale est conjointe, ce parent doit donner en principe son accord pour l'inscription à cette nouvelle école privée.

Le changement de résidence

Quelles sont les démarches à accomplir quand un enfant d'un couple divorcé veut vivre une semaine sur deux chez sa mère, le père ayant l'autorité parentale. Les deux parents sont d'accord sur le principe. Que devient la pension alimentaire dans ce cas ?

Les parents, sans revenir sur la fixation de l'autorité parentale au père, pourraient s'entendre entre eux pour accorder un large droit de visite et d'hébergement à la mère (par exemple, la deuxième partie de la semaine). Dans l'hypothèse du choix de l'enfant cependant (une semaine sur deux), il faudrait obtenir du juge d'homologuer l'accord des parents sur une autorité parentale conjointe avec résidence alternée (les tribunaux s'y montrent a priori moins hostiles qu'à la « garde » alternée). La question de la pension alimentaire devra être revue en fonction du cas de figure adopté. S'il s'agit d'un droit d'hébergement élargi qui est mis en place, juridiquement, la pension alimentaire continue en principe à être due. S'il s'agit d'une autorité parentale conjointe qui est acceptée par le juge, la question de la pension pour l'enfant devra être réglée en parallèle.

Un enfant veut changer de « résidence » et vivre chez son père. L'autre parent est d'accord. Le père ne veut pas car il a refait sa vie et a d'autres enfants de son nouveau

➤

QUESTIONS-RÉPONSES

mariage. Le juge peut-il imposer que l'enfant aille chez le père ?

Le juge va prendre en considération les éléments du dossier qui lui sera soumis par la mère, demandant le changement de résidence. Ce changement ne peut être ordonné qu'en fonction de l'intérêt de l'enfant. Cependant, compte tenu de la résistance du père, il serait étonnant que cette résidence lui soit imposée.

Dans un divorce avec autorité parentale commune et avec résidence des deux enfants chez la mère, un des enfants veut habiter chez son père. Quelle démarche faut-il entreprendre ?

Dans la mesure où le père est d'accord pour ce changement de résidence, nous vous conseillons de faire homologuer votre accord par le juge aux affaires familiales. Pour cela, il suffit de le saisir par simple lettre en exposant la situation et en demandant que la nouvelle situation soit prévue dans un jugement. Il faudra également que soit réglée la question de la **pension alimentaire** concernant cet enfant.

À la suite d'un divorce ayant fixé la résidence des deux enfants du couple chez l'un des parents, ceux-ci, par convention, décident que l'un des enfants vivra chez l'autre pendant 4 ans. Est-il possible de régler cette question par convention en précisant qui pourra déclarer l'enfant (part fiscale), qui recevra les allocations familiales, et que le versement de la pension peut être suspendu ?

Cela est bien sûr possible dans la mesure où tout le monde est d'accord. Ceci dit, il est toujours conseillé d'obtenir une homologation judiciaire d'un tel accord en saisissant le juge aux affaires familiales. Cette homologation sera adressée aux impôts et à la CAF. Son intérêt est que l'un des parents ne pourra plus revenir sur sa décision contrairement à un simple accord entre vous. De plus, un document officiel va vous être demandé par ces deux organismes.

L'attribution de l'autorité parentale

Est-ce que j'aurai l'autorité parentale sur mon enfant car je ne travaille pas ?

Le fait de ne pas travailler n'est en aucune façon un obstacle à l'attribution de l'autorité parentale concernant l'enfant du couple.

➤

QUESTIONS-RÉPONSES

Si l'on est mécontent de la façon dont a été menée une enquête sociale (inexactitude ou approximation, erreur d'appréciation...), que peut-on faire ?

Avant de mettre en cause le travail effectué par l'enquêteur, il est possible de demander une contre-enquête ou encore un complément d'enquête si les résultats semblent erronés ou insuffisants (art. 287-2 C. civ.). C'est à son avocat qu'il convient de s'adresser.

À partir de quel âge un enfant peut-il donner son avis et choisir de vivre avec l'un ou l'autre de ses parents ?

Les enfants mineurs ne choisissent pas le parent chez lequel ils vont vivre, mais ils peuvent en revanche donner leur avis. Ce droit est reconnu par l'article 388-1 du Code civil. Il n'y a pas d'âge fixé. Le seul critère est que l'enfant soit capable de discernement, c'est-à-dire qu'il ait suffisamment de maturité et de distance pour s'exprimer, sans que le juge (ou l'enquêteur social) ait l'impression de n'avoir en face de lui qu'un reflet des intentions de ses parents.

La résidence de l'enfant, en cas d'autorité parentale conjointe, ou l'autorité parentale, en cas d'exercice unilatéral de l'autorité parentale, est-elle plus souvent confié au parent qui n'a pas les torts ?

C'est l'intérêt de l'enfant qui va guider le juge et il peut confier l'enfant au parent qui a les torts exclusifs s'il retient que l'intérêt de l'enfant commande cette solution (C. cass., 2e civ., 28.10.1991 à propos d'exercice unilatéral de la garde). Il n'y a pas de règle autre en la matière.

Est-il exact que les pères ne reçoivent des tribunaux encore que rarement l'autorité parentale après divorce ?

Il faut préciser tout d'abord que le principe, depuis la loi de 1993, est que l'autorité parentale est exercée conjointement entre les parents. Elle n'est attribuée uniquement à l'un des parents que si l'intérêt de l'enfant exige. Cela réduit donc en principe l'ampleur des conflits, les parents se battant moins pour obtenir la « garde » de leurs enfants. Sous cette réserve, pour répondre à cette question, il faudrait pouvoir comparer le taux d'acceptation des demandes d'autorité parentale (ou de résidence) effectuées par le père et refusées par les tribunaux, chiffres que nous ne connaissons pas car elles n'ont, à notre connaissance, jamais été publiées au niveau national (voir cependant les chiffres partiels page 285).

➤

QUESTIONS-RÉPONSES

Ceci étant précisé, il est clair que les tribunaux ont encore du mal à séparer l'enfant de la mère, surtout quand il est nourrisson ou petit. Ainsi, selon une décision précise, « *il est toujours souhaitable pour de jeunes enfants de privilégier la fonction maternelle tout en maintenant la continuité des deux images parentales...* » (CA Bordeaux, 23.11.1988, arrêt, il est vrai, rendu dans le contexte d'une famille naturelle, mais la solution aurait pu être identique dans une famille divorcée).
Pourtant, de plus en plus, on constate, sur le plan de l'évolution des mœurs, une plus grande prise en compte par les pères de la vie quotidienne de leurs enfants. De leur côté, les femmes peuvent consacrer autant de temps que leur mari à leur vie professionnelle (les mi-temps ou trois-quarts temps sont pourtant bien plus souvent demandé par les mères pour s'occuper de leurs enfants que par les pères...). Les 35 heures vont peut-être permettre aux pères divorcés d'être plus présents (notamment les mercredis) et d'obtenir plus facilement la résidence chez eux ou l'autorité parentale unilatérale en cas de conflit. Les études menées sur le temps libre dégagé par la loi ne montre en tout cas pas d'évolution notable en ce sens...

Le fait qu'un parent vive en concubinage homosexuel est-il un obstacle à l'attribution de l'autorité parentale ou d'un droit de visite et d'hébergement ?

Les tribunaux ont une approche plus libérale qu'autrefois de cette question. Mais les solutions ne sont pas uniformes suivant les tribunaux. S'agissant d'une appréciation cas par cas, en fonction du dossier soumis, le juge va statuer au vu du rapport de l'enquête sociale ou médico-psychologique qui sera assez systématiquement ordonnée. Ainsi, il a été jugé que l'homosexualité d'un parent n'est pas un motif grave de refus d'un droit de visite (cour d'appel de Bordeaux, 8.9.1987). Certaines juridictions ont pu refuser en revanche l'autorité parentale conjointe en cas d'homosexualité d'un des parents (Cour d'appel de Paris, 20.7.1988 et 20.5.1996).
D'autres se sont contentées de fixer la résidence chez l'autre parent. D'autres encore, à l'inverse, acceptent que l'autorité parentale soit conjointe (CA Paris, 8.11.1984) Il a été pourtant jugé qu'un enfant peut résider chez son père qui vit en concubinage homosexuel si le dossier démontre qu'il y est heureux et épanoui dans sa vie personnelle, scolaire et son environnement, si les enfants ont été convenablement préparés à ce mode de vie ou s'ils en expriment le désir (CA Pau, 2e chambre, 25.4.1991, voir aussi Cour d'appel de Paris, 4.11.1997 et 18.9.1997). Certaines juridictions accordent un droit d'hébergement en l'aménageant (par exemple, hébergement chez un tiers comme la grand-mère ; CA Toulouse, 28.3.1994). ➤

QUESTIONS-RÉPONSES

En cas d'attribution de l'autorité parentale à l'un des époux qui va être déclaré responsable si l'enfant (adolescent) circule sur une moto, sans permis ni assurance, en cas d'accident ?

Compte tenu de l'actuelle jurisprudence, de deux choses l'une :
– si l'accident a lieu quand l'enfant est chez le parent exerçant l'autorité parentale, il est présumé responsable de l'accident causé. L'autre parent ne doit pas être tenu pour responsable,
– l'accident a lieu pendant l'exercice du droit de visite et d'hébergement, le conjoint qui a l'autorité parentale, même si l'enfant n'habite pas avec lui pendant les faits, reste responsable. Il peut se retourner contre son ex-conjoint s'il prouve que celui-ci n'a pas exercé son devoir de surveillance (C. cass. civ. 2e, 19.2.1997). Si cela n'a pas été fait, il est indispensable que les deux parents bénéficient d'une **assurance responsabilité civile chef de famille.**

Pension alimentaire pour les enfants

Le contentieux de la pension alimentaire pour les enfants représente une part importante des conflits de l'après-divorce. Les parents vont en effet fréquemment revenir devant le juge aux affaires familiales pour demander une modification de la pension alimentaire fixée, en premier lieu, lors de l'ordonnance de non-conciliation, puis dans la décision de divorce. Ce contentieux est aussi celui du non-paiement de la pension alimentaire, versée dans près de 80 % des cas par les pères, et son aspect pénal : l'abandon de famille.
Il est donc indispensable de connaître la raison d'être de cette pension et de la fixer au mieux, lors du divorce, tout en sachant qu'il est toujours possible de revenir devant le juge en cas d'éléments nouveaux.

LA FIXATION DE LA PENSION LORS DU DIVORCE : L'OBLIGATION D'ENTRETIEN ET D'ÉDUCATION DES ENFANTS

L'obligation d'entretien des parents vis-à-vis de leurs enfants existe pendant le mariage (art. 203 C. civ.) et continue bien sûr après le

divorce (art. 288 C. civ.). Cette obligation prend la forme du versement d'une pension alimentaire au bénéfice du parent chez qui réside habituellement l'enfant. Cette obligation existe, que l'autorité parentale soit exercée en commun (la pension alimentaire est versée au parent chez lequel réside l'enfant) ou non (la pension alimentaire est versée au parent qui a l'autorité parentale). Pour sa part, le parent chez qui réside habituellement l'enfant contribue en nature à l'entretien et à l'éducation de l'enfant par la prise en charge quotidienne des besoins de l'enfant. L'autre parent y contribue donc en versant une « pension alimentaire ». Cette pension alimentaire est en fait la prolongation de **l'obligation alimentaire** prévue par l'article 203 du Code civil qui dispose que les époux contractent ensemble, et par le seul effet du mariage, l'obligation de **nourrir, d'entretenir** et **d'élever leurs enfants.** L'obligation d'entretien et d'éducation résulte d'une obligation légale à laquelle les parents ne peuvent pas échapper sauf à démontrer une impossibilité matérielle de payer (une telle impossibilité n'est que difficilement admise par les tribunaux). Il a été dit que la pension alimentaire pour les enfants était la « traduction patrimoniale du devoir d'éducation ». Elle peut coexister avec le devoir alimentaire d'autres personnes de la famille tels les **grands-parents,** si les parents sont totalement ou partiellement défaillants (art. 205 C. civ. ; voir ci-dessous). Elle peut continuer à s'appliquer même si l'enfant a atteint la majorité. Elle est indépendante d'un certain nombre de paramètres liés au divorce et notamment :
- des torts dans le divorce,
- du type de divorce prononcé,
- des modalités de l'exercice de l'autorité parentale (comme indiqué plus haut),
- du règlement de la **prestation compensatoire à** l'autre époux.

▶ La forme de cette pension : rente ou capital

En règle générale, le versement de la pension alimentaire prend la forme d'une **rente** versée tous les mois au parent créancier (qui, dans la grande majorité des cas, est la mère) suivant les modalités prévues par jugement. Souvent, ce jugement prévoit un règlement tous les premiers ou cinq du mois. Un **prélèvement direct** peut être organisé et indiqué dans la décision si les époux sont d'accord à ce sujet. Ce versement peut être effectué auprès du tiers chez qui réside l'enfant dans le cas où, à titre exceptionnel, la résidence de l'enfant est confiée à un tiers (art. 287-1 C. civ.).
Il est possible, comme en matière de **prestation compensatoire** et suivant les mêmes modalités, de prévoir le versement d'un **capital** quand la consistance des biens du débiteur s'y prête. Ce versement peut prendre la forme suivante :
- versement d'une somme d'argent entre les mains d'un organisme accrédité chargé d'accorder en contrepartie à l'enfant une rente indexée (par exemple, versement d'un capital à une **compagnie d'assurance** destiné à produire une rente mensuelle pour l'enfant),
- abandon de biens en propriété, ou en **usufruit** ou à titre de simple **usage et de jouissance :** le devoir alimentaire peut ainsi permettre à la mère de conserver l'usage gratuit de l'ancien **logement familial** où elle va continuer d'habiter avec ses enfants sans paiement d'une **indemnité**

d'occupation ou moyennant versement d'une indemnité réduite, car cette indemnité tient compte du devoir alimentaire envers les enfants (C. cass., civ. 1re, 20.11.1990). On trouve des combinaisons similaires en matière de **pensions alimentaires** pendant l'instance en divorce, la pension étant en général versée à la femme chez qui vont résider les enfants (voir sur cette question la rubrique : *La vie du ménage pendant la procédure*),
– ou **affectation de biens productifs de revenus.** C'est ce que l'on appelle la **constitution d'une maintenance** au profit des enfants. Il faut noter que la gestion des fonds n'est jamais confiée au créancier ou au parent gardien. Si ce capital devient insuffisant, il peut être complété par une pension alimentaire. Cette dernière modalité est peu utilisée en pratique (art. 275 et 275-1, 294 et 294-1 C. civ.).

▶ La procédure

La pension est fixée par le juge aux affaires familiales : à titre provisoire dans le cadre de l'**ordonnance de non-conciliation** lors de la première audience devant le juge et, à titre définitif, par jugement de divorce.

La première audience

Il est indispensable de se déplacer à la première audience où sera prise, pour la première fois, la décision sur la pension alimentaire pour les enfants. La tentation de ne pas se déplacer est souvent grande, surtout quand un des conjoints ne veut pas divorcer. Or le juge peut très bien décider ne pas renvoyer l'affaire et prendre sa décision sur la pension alimentaire (et sur d'autres aspects du divorce) en l'absence de l'époux défaillant et sur les seuls éléments invoqués par l'époux présent.

Le jugement de divorce

La pension alimentaire pour les enfants est ensuite fixée par le jugement de divorce (souvent le jugement reprend le montant fixé par l'ordonnance de non-conciliation).

▶ Peut-on avoir des garanties que la pension sera versée ?

Le juge aux affaires familiales peut imposer à l'époux débiteur de donner une **caution** pour garantir le paiement de la rente. Il peut également ordonner l'inscription d'une **hypothèque**. Le juge peut de même imposer au débiteur de souscrire un contrat garantissant le paiement de la pension – un **contrat d'assurance** par exemple. Dans le cas d'un divorce sur **demande conjointe,** ces garanties peuvent figurer dans la convention homologuée par le juge (art. 293 C. civ.). Ces garanties sont peu utilisées en pratique.

▶ La fixation de la pension alimentaire

En dehors du cas du divorce sur **demande conjointe** (les parents se mettent d'accord sur la pension, dans la convention initiale et dans la convention réitérée), c'est le juge aux affaires familiales qui fixe la pension, en fonction des ressources et des charges des parents et des besoins de l'enfant (art. 288 C. civ.).

BON À SAVOIR

Comme pour toutes les obligations alimentaires, il n'y a actuellement ni grille, ni barème, ni plafond, ni minimum, ni maximum, ni pourcentage. Ce sont les parties elles-mêmes qui proposent ou qui demandent un certain montant pour la pension alimentaire en fonction des besoins des enfants, de leurs possibilités financières et de ce qu'ils connaissent de la situation de l'autre. Mais sauf dans le cas du divorce sur demande conjointe, c'est le juge qui, en définitive, fixe ce montant dans l'exercice de son pouvoir souverain d'appréciation. Il est souhaitable que chaque parent présente dès l'audience de non-conciliation, sous forme d'un tableau, un récapitulatif de son **budget mensuel moyen**, avec, en photocopie, les justificatifs des différents postes annoncés.

Les ressources

Les ressources comprennent notamment les **revenus du travail,** les **allocations chômage,** les **retraites,** les **pensions d'invalidité,** les indemnités perçues à la suite d'un **accident,** les **revenus du patrimoine,** les avantages en nature (logement de fonction par exemple)...

> ***Exemple***
>
> *Une **allocation d'éducation spéciale** doit être prise en compte pour le calcul de la contribution à l'entretien et à l'éducation d'un enfant handicapé : « L'ensemble des ressources dont dispose le parent qui a la charge effective de l'enfant doit être pris en compte, au même titre que la situation spécifique que celui-ci, pour la détermination par le juge de la contribution de l'autre parent à l'entretien et à l'éducation de l'enfant.*
> *Dés lors, c'est à bon droit qu'une cour d'appel pour le calcul de la contribution mensuelle du père à l'entretien et à l'éducation de son fils handicapé, prend en compte l'allocation d'éducation spéciale versée à la mère qui a la charge effective de l'enfant. » (C. cass., civ. 2e, 9.12.1999, D. 2000, IR, p. 11).*

L'absence de ressource ou la faiblesse de celle-ci pourrait donc conduire à une **exonération de la pension alimentaire** ou à une **suspension** de celle-ci. Une recherche des ressources d'un parent peut s'avérer indispensable, par exemple s'il les dissimule, au besoin en demandant une **injonction de communiquer les pièces,** et le cas échéant sous **astreinte** (l'astreinte est une somme d'argent due par jour de retard ; art. 132 et suivants NCPC). Il a en effet été jugé qu'il n'existe pas une **présomption de revenu,** c'est-à-dire que le juge ne peut condamner un débiteur à payer une pension en se bornant à énoncer que l'intéressé n'est pas dépourvu de revenu sans **rechercher avec précision les véritables revenus des parties.** Une autre décision a été cassée par la Cour de cassation car elle s'était bornée à énoncer qu'en l'absence d'information concernant les ressources des parties il y avait lieu de fixer la pension à un certain montant (C. cass., civ. 2e, 12.10.1985 et 10.12.1980).

Dans le cadre d'une **expertise ordonnée pour connaître le patrimoine des conjoints,** l'expert peut se faire remettre tous les documents qu'il estime nécessaires à l'accomplissement de sa mission (art. 1116 NCPC). En cas de carence des parties, l'expert informe le juge qui peut ordonner la production des documents, éventuellement sous astreinte. Le juge peut aussi, le cas échéant, autoriser l'expert à passer outre et à déposer le rapport en l'état. Le juge peut tirer bien entendu **toutes conséquence de droit** du défaut de communication des documents à l'expert (art. 275 NCPC ; voir la rubrique : *Les règles communes*).

Les charges

Les charges comprennent les impôts, les crédits concernant le véhicule, les meubles ou autres, les charges courantes relatives à la maison (loyer, charges locatives, EDF-GDF, taxe d'habitation, taxe foncière..), les assurances concernant l'habitation, le véhicule... Il s'agit là de postes de dépenses qui doivent être indiscutables dans leur montant et dans leur utilité. Sont en principe exclues les charges jugées excessives eu égard aux revenus des époux ou les dépenses disproportionnées engagées dans **l'intérêt exclusif d'un seul parent.** L'idée générale est que le devoir alimentaire vis-à-vis de ses enfants a un caractère prioritaire.

> ***Exemple***
>
> *Cet arrêt concerne un jeune majeur, enfant naturel, mais le cas aurait été jugé de la même façon s'agissant d'un enfant mineur (ou majeur) de parents divorcés. Un père tentait de s'exonérer du paiement d'une pension alimentaire pour son fils poursuivant ses études, alléguant l'importance de ses propres charges. Les tribunaux ne l'ont pas suivi : « Les charges que le père allègue ne sauraient le dispenser de s'occuper en priorité de l'entretien de son fils, qui, n'ayant pas de ressources propres, poursuit ses études, puisqu'il s'agit de charges non obligatoires qui excèdent les nécessités de la vie courante : remboursements d'emprunts importants, assurance sur la vie... » (CA Paris, 12.7.1985., D. 86, IR. p. 80)*

Le coût de l'enfant

Les **besoins de l'enfant** (qui varient suivant son âge, le type de scolarité suivie, de l'attention apportée à ses loisirs...) sont dans les faits pris en compte lors de l'évaluation de la pension alimentaire pour cet enfant, bien que la Cour de cassation ait estimé dans un arrêt que cet élément ne devait pas être pris en considération (C. cass., civ. 2e, 2.3.1994).
Ainsi par exemple, un arrêt a pu fixer à 2 500 F par mois une pension alimentaire versée par un père à son enfant en précisant que « *les besoins d'ordre pécuniaire de l'enfant étaient de ceux d'un enfant vivant à Paris dans un milieu aisé, le père percevant un salaire de 15 000 F* » (CA Paris, 23.1.1985). Les besoins de l'enfant varient suivant le contexte : tel enfant suivra une formation particulière plus coûteuse (par exemple, école bilingue ou école sport-étude) ou fera l'objet d'un suivi médical particulier. Il est donc important pour le parent, demandeur d'une pension

alimentaire de prévoir un budget mensuel d'entretien et d'éducation de leurs enfants.
Comme il s'agit d'une contribution variant en fonction des ressources, il est impossible de fixer des règles précises qui s'imposeraient dans tous les cas. Ainsi par exemple, il est possible qu'aucune pension ne soit versée quand chaque parent héberge un enfant. Un père peut ainsi être déchargé de sa contribution à l'entretien et l'éducation d'un enfant à la charge de sa mère s'il pourvoie seul et sans participation de celle-ci au besoin de l'autre enfant commun, et ce eu égard aux ressources respectives des parties et des charges qu'ils supportent (CA Paris, 1re chambre supplémentaire, 18.2.1988).
Il n'existe pas plus de barèmes de budget d'entretien de l'enfant. L'évaluation va en effet dépendre du secteur géographique concerné, du nombre d'enfants pour lesquels une pension est due, des ressources et charges des parents, et dans une certaine mesure des « besoins » de cet enfant (loisirs, sports, type d'étude suivie...).

BON À SAVOIR

Une enquête a établi que la moyenne par enfant et par mois sur la France du montant d'une pension alimentaire est de 1025 F pour le père et de 636 F pour la mère (tout en sachant que dans 79 % des cas, ce sont les pères qui versent la pension et dans 4 % des cas la mère). Mais, plus la fratrie augmente, plus le montant moyen par enfant diminue : 750 F par enfant pour une fratrie de trois enfants quand c'est le père qui verse la pension. (Enquête réalisée pour le ministère de la Justice en 1996).

▶ La question des grands-parents

C'est souvent (pas toujours) quand les parents **divorcent** que les grands-parents sont mis à contribution. Les demandes alimentaires à l'encontre de l'ex beau-père ou belle-mère se rencontrent relativement souvent.
L'obligation d'entretien des enfants, prévue par l'article 203 du code civil, ne vise que le père et la mère. Mais parallèlement, en leur qualité d'**ascendants**, les grands-parents peuvent se trouver tenus de l'obligation alimentaire mise à la charge par la loi des ascendants pour leurs descendants dans le besoin (art. 205 C. civ.). Les tribunaux ont dû déterminer, en l'absence de précision dans les textes, comment s'articulent ces deux sortes d'obligations.
Lorsque l'obligation alimentaire concerne des enfants, ce sont les parents de l'enfant qui sont débiteurs au premier chef de la pension alimentaire par rapport aux grands-parents ou autres aïeuls (C. cass., civ. 1re, 6 mars 1990, BC n ° 58). La conséquence de ce principe est qu'une action directement adressée contre les grands-parents pourrait être déclarée irrecevable. Les grands-parents ne peuvent être tenus de verser des aliments à leurs petits-enfants dans le besoin **que si les parents ne peuvent, en tout ou en partie, faire face à leurs propres obligations**. Dans cette mesure, ils sont en revanche tenus d'aider leurs petits-enfants.

> ***Exemple***
>
> *Dans le cadre d'un divorce obtenu en 1981, la mère obtient la garde des trois enfants et une pension de 1 500 F est fixée à la charge du père. A la suite de défaut de paiement, le père est condamné pour* **abandon de famille.** *La mère se retourne vers ses anciens* **beaux-parents** *et les assigne pour obtenir une contribution pour leurs petits-enfants à hauteur de 2 409 F au total (il était prouvé qu'elle ne disposait d'aucun revenu professionnel, ses ressources étant limitées aux allocations familiales).*
>
> *Les grands-parents sont condamnés en première instance à verser une somme totale de 1 500 F pour les trois enfants. Peu désireux de verser ces mensualités, ils saisissent la cour d'appel : selon eux, leur obligation n'est que subsidiaire, la demande dirigée contre eux doit donc être déclaré irrecevable. Par ailleurs, l'état de besoin des petits-enfants ne leur paraît pas démontré, pas plus que la carence totale du père (leur fils) dans le paiement des pensions.*
>
> *La cour d'appel balaye ces différents arguments : « Mais considérant que l'obligation que l'article 203 du Code civil met à la charge des époux de nourrir, entretenir et élever les enfants n'exclut celle que les articles 205 et 207 du même code imposent en leur faveur aux autres ascendants que dans la mesure où les parents peuvent y faire face ; que, s'il n'en est pas ainsi il suffit, pour que les aliments soient accordés à des mineurs sur le fondement de ces derniers textes (et donc que les grands-parents payent une pension), que la partie à qui ils sont réclamées ait la possibilité de les payer et que les bénéficiaires soient dans le besoin. » En l'espèce, la carence du père était démontrée, même si elle n'était que partielle.*
>
> *Par ailleurs, selon la cour, l'état de besoin des enfants ne peut disparaître que quand le parent débiteur s'acquitte intégralement de sa pension sans que le versement mensuel d'une somme symbolique par le père puisse suffire à paralyser l'action des grands-parents (CA Versailles 29.91989, D. 92, 67).*

Sous certaines réserves, et bien que la loi soit muette sur cette question, les grands-parents bénéficient d'un recours contre les parents défaillants.

> ***Exemple***
>
> *Un enfant est confié à sa grand-mère paternelle à la suite du décès de sa mère. Celle-ci s'en occupe pendant six ans sans aide financière de son fils. L'enfant part ensuite habiter avec son père mais, à la suite de conflit, revient chez sa grand-mère qui obtient du juge des enfants qu'il lui soit confié.*
>
> *Elle assigne son fils et obtient sa condamnation à lui régler une pension alimentaire de 1 500 F par mois. Sa demande en dommages et intérêt, pour le préjudice subi par elle d'avoir élevé l'enfant sans aide du père, est en revanche rejetée. Elle saisit cette fois-ci le tribunal de grande instance en se fondant sur l'***enrichissement sans cause** *: selon elle, son fils s'est enrichi et elle s'est appauvrie du fait de sa prise en charge gratuite de l'enfant.*

Elle obtient finalement gain de cause devant la cour d'appel, non pas sur le fondement de l'enrichissement sans cause mais sur celui de la ***subrogation*** *(art. 1251 C. civ.) : elle a le droit de demander à son fils, tenu comme elle à obligation alimentaire vis-à-vis de l'enfant, le remboursement d'une partie des sommes versées (CA Versailles, 14e ch., 29.9.1989, D. 92 p. 67).*

QUESTIONS-RÉPONSES

À partir de quand est due la pension alimentaire prévue dans l'ordonnance de non-conciliation à laquelle mon mari a été condamné ?

Votre mari doit vous adresser la première mensualité conformément à ce qui est prévu dans la décision. Si rien n'est prévu, la jurisprudence majoritaire estime que la pension est due dès le prononcé de la décision (C. cass., civ. 2e, 8.7.1998). Il est cependant toujours préférable de faire préciser ce point.

Puis-je être condamnée à verser au père de mes enfants, qui en a obtenu la garde, une pension alors qu'il n'est pas certain que je trouve du travail, ayant cessé celui-ci pour m'occuper de mes enfants ?

Pour les tribunaux, la nécessité d'entretenir et d'élever les enfants résulte d'une obligation légale à laquelle les parents ne peuvent échapper qu'en démontrant qu'ils sont dans l'impossibilité de le faire. Il a été jugé que le seul fait que le parent ne justifie pas qu'il ne peut travailler ou a des charges de famille l'en empêchant ne suffit pas à caractériser l'impossibilité morale (C. cass., civ. 2e, 1.4.1992). Donc, vos arguments pour éviter de régler une pension risquent de ne pas être retenus par le juge.

J'ai aujourd'hui la garde de mon fils aîné tandis que mon ex-femme a la garde de nos enfants cadets. Il a été jugé que je dois continuer à verser une pension alimentaire pour ces deux enfants alors qu'elle ne me verse rien pour l'aîné. Est-ce normal ?

Tout dépend du dossier communiqué au juge à l'époque du divorce et notamment de vos revenus respectifs (qui ne sont pas forcément égaux) et des besoins des enfants concernés (âge, besoins spécifiques des enfants, par exemple s'ils doivent suivre un traitement médical spécifique...). Il s'agit en effet d'une contribution et elle peut être inégale.

À la suite d'un divorce, une pension alimentaire n'a jamais été versée à cause d'un accord mutuel verbal entre les deux ex-époux. Comment faire pour rendre ce versement obligatoire ?

Il n'y a pas lieu de rendre ce versement obligatoire puisqu'il est prévu dans le jugement qui constitue un titre exécutoire. Ce jugement peut donc être exécuté malgré un accord ultérieur.

➤

QUESTIONS-RÉPONSES

Mon ex-mari ne me paye que partiellement le montant de la pension alimentaire prévue dans le jugement pour notre enfant, puis-je alors demander une participation aux grands-parents paternels ?

Oui, en application des articles 205 et 211 du Code civil qui établissent un devoir alimentaire entre ascendants et enfants, et ce même en cas de paiement partiel de la pension par votre ex-mari. En effet, ce paiement partiel ne supprime pas l'obligation alimentaire des grands-parents envers leurs petits-enfants (CA Versailles, 14e chambre, 29.9.1989).

Doit-on inclure, dans les charges servant à déterminer les capacités de paiement de la pension pour mes filles, la prestation compensatoire que je vais verser à leur mère, d'une part, et dans les ressources de mon ex-épouse les allocations familiales que celle-ci perçoit, d'autre part ?

Selon la Cour de cassation, ces différentes sommes sont indépendantes. À défaut de précision dans le jugement sur ce point, les allocations familiales ne s'imputent pas sur le montant de la pension alimentaire pour les enfants. La pension alimentaire est destinée aux enfants, la prestation compensatoire à l'ex-époux pour compenser la disparité causée par le divorce dans les conditions de vie des époux. Le domaine de ces deux versements est indépendant et les tribunaux refusent de prendre en compte dans les ressources et les charges le versement de l'une ou l'autre de ces prestations (C. cass., civ. 2e, 3.12.1997, D. 98, p. 441). Devant le juge, il est pourtant tenu compte des allocations versées à un des époux pour fixer la contribution. Il y a donc intérêt à les mentionner devant le juge.Il a d'ailleurs été jugé que le versement d'une pension pour les enfants devaient être prise en compte pour la prestation compensatoire (voir la rubrique : *La prestation compensatoire*).

L'ordonnance de non-conciliation m'a accordé une pension alimentaire que je trouve trop faible. J'ai donc fait appel de cette décision et j'attends l'arrêt. Si celui-ci me donne gain de cause et augmente la pension, cette augmentation va-t-elle courir depuis l'arrêt ou depuis l'ordonnance ?

Suivant les principes de procédure civile, l'arrêt qui revient sur la décision de 1re instance (on dit qu'il l'infirme) se substitue à la première décision. Il prend donc effet à la date où celle-ci est rendue (art. 542 et 561 NCPC). Il en résulte pour vous que l'augmentation de pension est due dès l'ordonnance et que vous pourrez l'obtenir auprès de votre ex-mari. N'hésitez cependant pas à le faire préciser par la cour d'appel pour éviter tout contentieux sur ce point (CA Aix-en-Provence, 6e civ., 11.2.1997 : cet arrêt est intéressant car il précise que « cette règle de droit est si évidente que si la cour avait estimé que les effets de son arrêt devaient remonter à une autre date que celle de l'ordonnance, elle n'aurait pas manqué de le préciser »).

LES MODIFICATIONS APRÈS DIVORCE

▶ L'indexation

Le principe

La pension alimentaire est indexée sur un indice représentatif du coût de la vie qui est en principe prévu dans la décision. À défaut, elle peut être faite d'office par les intéressés (art. 208 C. civ.). Les pensions alimentaires sont généralement indexées sur l'indice des prix à la consommation publiés par l'INSEE : l'Institut National de la Statistique et des Études Économiques.

EN PRATIQUE

Pour connaître le dernier indice paru, on peut utiliser le service minitel : 3615 INSEE, le téléphone : Tel. 01 41 17 66 11, ou un serveur vocal : l'INSEE par téléphone 24 h/24 : 08 36 68 07 60. Les indices sont également accessibles sur Internet : www.insee.fr. L'INSEE publie plusieurs indices des prix : « Ensemble des ménages hors tabac », indice qui offre la couverture catégorielle et géographique la plus large et « Ménages urbains dont le chef est employé ou ouvrier hors tabac ». L'indice des prix à utiliser est l'indice des prix hors tabac.

Comment calculer la pension indexée

Les règles de l'indexation sont les mêmes, qu'il s'agisse d'une pension alimentaire pour les enfants ou entre époux, de la prestation compensatoire entre époux ou de la contribution aux charges du mariage.
Il faut d'abord regarder dans la décision prévoyant l'indexation de la somme que l'on veut réévaluer quelle est la catégorie de l'indice de référence (ex. : série Ensemble des ménages ou série Ménages urbains dont le chef est ouvrier et employé). Dans la catégorie retenue, il faut ensuite déterminer quel est le mois de l'indice d'origine : janvier, février... sachant que les indices sont publiés environ deux mois après le mois de référence (l'indice du mois de janvier est publié au *Journal officiel* de mars). La décision peut prévoir également que l'indice de référence sera celui publié à la date du jugement et que la pension alimentaire sera revalorisée toutes les dates anniversaire du jugement...
Il faut ensuite comparer, pour effectuer la réévaluation, deux indices du même mois (ex. : janvier 1998 et janvier 1999). L'indexation se calcule alors en multipliant le montant que l'on veut indexer par le nouvel indice (ex. : l'indice de janvier 1999) et en divisant par l'indice d'origine (ex. : l'indice de janvier 1998), soit :

$$\frac{\text{somme d'origine x indice actuel}}{\text{indice d'origine}}$$

Les différentes « bases de calcul »

À partir de janvier 1999, la base de fixation des indices a changé. En effet, l'INSEE change régulièrement (tous les dix ans en moyenne) l'année de base pour les calculs des indices publiés pour les prix à la consommation. Actuellement les indices sont calculés sur la base 100 en 1998 à partir de janvier 1999. Pour calculer un nouveau montant indexé, il faut utiliser deux indices exprimés dans la même base (soit base 100 en 1990, soit base 100 en 1998). Ainsi, par exemple, pour réévaluer une pension à compter de janvier 1999, il faut tenir compte de l'indice de janvier 1998 et de janvier 1999, tous deux calculés sur la base 100 en 1998.

> ***Exemple***
> *Une pension de 3 000 F est fixée en mars 1997 et doit être indexée tous les ans avec, pour référence, l'indice du mois de janvier des prix à la consommation de l'ensemble des ménages, hors tabac.*
> *En mars 1998, la pension doit être indexée avec l'indice de janvier 1997 (113,6) et l'indice de janvier 1998 (114,1), base 100 en 1990, soit : (3 000 x 114,1) : 113,6 = 3 013,20 F.*
> *En mars 1999, la pension doit à nouveau être indexée avec l'indice de janvier 1998 (99,5) et l'indice de janvier 1999 (99,6), base 100 en 1998,*
> *soit : (3 013,20 x 99,6) : 99,5 = 3 016,20 F.*

Le *Journal officiel* publie tous les mois les correspondances entre les deux bases.
Rappel (anciennes bases) :
Les coefficients de raccordements entre les indices « base 100 en 1980 » et entre les indices « base 100 en 1990 » sont les suivants :
- Pour la série France entière : 1,840
- Pour la série région parisienne : 1,829.

Exemple
L'indice du mois de décembre 1992 (série France entière) « base 100 en 1980 » est de 195,3. Le même indice du même mois en « base 100 en 1990 » est de
195,3 : 1,840 = 106,1.

QUESTIONS-RÉPONSES

Il m'est dû une pension alimentaire de 2 000 F fixée par jugement du 30.04.1997 et indexée (comme le précise la décision) sur l'indice des prix à la consommation des ménages urbains, l'indice de référence étant l'indice connu à la date du jugement. Comment est-ce que je réévalue cette pension ?

Le 30 avril 1997, le dernier indice connu était celui de mars 1997, soit 114,0.
En 1998, l'indice de mars (publié en mai) est de 114,9, soit l'indexation suivante :

$$\frac{2\,000 \text{ F} \times 114{,}9}{114{,}0} = 2\,015{,}78 \text{ F au } 30.4.1998.$$

➤

QUESTIONS-RÉPONSES

La pension alimentaire pour mon fils a été fixée à 400 F en janvier 1997. Elle n'a jamais été révisée par rapport au coût de la consommation. Puis-je la réactualiser maintenant ? Comment demander le montant de la différence ? Puis-je le faire par simple courrier ou faut-il un avocat ?

Il faut vous reporter à votre jugement afin de savoir quel indice a été choisi (sachant qu'en général il s'agit de l'indice des ménages urbains, indice calculé sans tabac) et de quel mois : le jugement peut préciser que la révision aura lieu tous les 1er janvier (il faudra donc prendre le dernier indice paru à cette date) ou que l'indice à prendre en compte est le dernier indice paru à la date anniversaire du jugement. L'indexation doit être calculée tous les ans en prenant à chaque fois le même indice (indice de janvier par exemple), multiplier le montant de la pension par le nouvel indice puis diviser l'ensemble par l'ancien indice. Vous n'avez pas besoin d'avocat. Il vous suffit de demander au père de l'enfant cette indexation par simple lettre.

▶ Les demandes de modification

Une pension alimentaire versée pour un enfant peut faire l'objet de demandes de modification du fait de l'évolution :

– des besoins de l'enfant (il prend de l'âge, il a d'autres loisirs, les vêtements coûtent plus chers...),

– de la situation des parents qui contribuent à son entretien : par exemple, ils se remarient et fondent un nouveau foyer créateur, le cas échéant, de nouvelles ressources et charges, un parent est licencié et ne touche plus que les allocations chômage, un autre est hospitalisé en longue durée...

Tous ces événements incitent les parents à remettre en cause le montant de la pension fixée par le tribunal parfois plusieurs années auparavant. À tout moment, la pension alimentaire versée pour un enfant peut faire l'objet d'une révision (à la hausse ou à la baisse), d'une suspension, voire d'une suppression ordonnée par le juge, dans la mesure où le parent demandeur peut faire la preuve d'un élément nouveau intervenu depuis la fixation initiale de la pension (ex. : perte brutale de son emploi). Cette possibilité de révision existe dans tous les cas de divorce.

Il est conseillé aux parents d'agir rapidement quand ils peuvent justifier d'un élément nouveau. En effet, si le juge peut faire remonter la modification de la pension alimentaire à la date de l'événement qui la justifie (et donc avant la demande), il n'est pas tenu de le faire. Aucun texte n'impose en effet au juge de choisir la date de ces événements plutôt que la date de la requête en modification (C. cass., civ. 2e, 17.3.1993 et 23.6.1993, JCP 93, IV, 2173).

Les parents peuvent toujours se mettre d'accord pour modifier la pension alimentaire. Il faut s'avoir qu'un accord non visé par un juge n'a pas la force contraignante (il ne constitue pas un « titre exécutoire ») qui autoriserait une saisie en cas de non-paiement. Par ailleurs, le fisc ne tiendra pas compte d'une modification convenue entre les parents sans recours au juge.

QUESTIONS-RÉPONSES

Divorcé depuis le 4 mars 1992, mon ex-mari a-t-il le droit de baisser la pension alimentaire ?

Par lui-même, votre ex-mari ne peut diminuer la pension alimentaire. Mais il a le droit de demander cette diminution au juge aux affaires familiales s'il justifie d'un élément nouveau par rapport à la fixation initiale. La pension peut en effet être révisée si les ressources ou les besoins des parties ont changé.

Un crédit voiture peut-il être pris en compte pour le calcul de la pension du père pour les enfants ? Et si le père a beaucoup de crédits ? Peut-il demander le bénéfice d'une procédure de surendettement pour cesser de payer sa pension ?

Cette question de l'endettement d'un parent débiteur d'une pension alimentaire est souvent posée. Les tribunaux apprécieront de façon globale l'importance des charges du débiteur et si celles-ci sont des charges courantes ou non. Il a ainsi été jugé qu'un père ne pouvait demander à être déchargé d'une pension alimentaire pour enfant au prétexte de l'importance de ses charges, alors que l'entretien de l'enfant est prioritaire. Le juge ne tiendra pas forcément compte de certains crédits à la consommation, non indispensable.

S'il est surendetté, le débiteur d'une pension alimentaire peut comme tout débiteur demander le bénéfice d'une procédure de **surendettement**, mais ses dettes d'aliment ne pourront faire l'objet de mesure de suspension. Le Code de la consommation exclut expressément la **suspension des poursuites** contre le débiteur de pension alimentaire. Sur cette question, il est conseillé de se reporter au chapitre : *Les règles communes*.

Nous avons divorcé sur demande conjointe il y a six ans. À l'époque nous avions fixé d'un commun accord la pension pour notre enfant à 500 F, somme qui figure dans la convention homologuée par le juge. Je voudrais aujourd'hui demander la modification de cette pension (mon enfant est plus âgé et me coûte nettement plus cher qu'à l'époque), mais mon ex-mari me dit qu'il n'est pas possible de revenir sur cette convention, sauf pour des motifs graves comme le prévoit l'article 292 du Code civil. Est-ce exact ?

Non, ce n'est pas exact. Même si le montant de la pension est fixé par la convention homologuée dans le cadre d'un divorce sur demande conjointe, il peut être modifié dès qu'un changement intervient dans les ressources du débiteur ou les besoins du créanciers. Cette précision a été apportée par la Cour de cassation (2e chambre civile, 4.3.1987 et 18.12.1996). Il n'est donc pas nécessaire que les modifications présentent un ➤

QUESTIONS-RÉPONSES

caractère grave ou imprévisible. La solution est d'ailleurs la même si aucune pension n'est prévue dans la convention. Elle peut être demandée par la suite devant le juge aux affaires familiales.

Dans le cadre d'une demande de révision de la pension alimentaire que je compte engager, je souhaite savoir s'il m'est possible d'avoir accès à la feuille de déclaration de revenus de mon ex-conjoint, ceci dans le but de préciser ma demande. Quelles démarches faut-il faire pour pouvoir consulter ce document ?

L'article L. 143 du livre des procédures fiscales prévoit que toute juridiction de l'ordre judiciaire saisie d'une action tendant à une condamnation pécuniaire peut, si elle l'estime opportun, ordonner aux parties ou à l'administration fiscale la communication des documents d'ordre fiscal dont la production est utile à la solution du litige. Par ailleurs, l'ex-épouse a la possibilité de connaître le montant des revenus de son ex-conjoint, comme tout autre contribuable, à condition qu'elle réside dans le même département (art. L. 111 LPF).

Quelle est la procédure quand un époux a dissimulé des revenus pour obtenir une grosse pension ? Quel recours ai-je maintenant que je suis divorcé depuis trois ans mais que je viens seulement d'apprendre cette supercherie ?

Il est toujours possible, par simple lettre, de saisir le juge aux affaires familiales de ce type de problème. Il faut bien entendu que vous justifiez de cette dissimulation que vous invoquez ou en tout cas que vous ayez quelques éléments en ce sens. À l'audience, vous pourrez demander au juge qu'il soit fait injonction à l'autre partie de communiquer ces déclarations de revenus des dernières années. Si votre ex-époux n'y défère pas, le juge pourra en tirer toute conséquences de droit. Le juge peut également demander la communication des documents intéressant votre litige à l'administration fiscale (art. L. 143 LPF). Vous pouvez également porter plainte pour insolvabilité frauduleuse. Si vous obtenez gain de cause, il faudra demander au juge que la pension alimentaire nouvellement fixée soit prévue rétroactivement à la date de la première décision.

Mon ex-mari était lors de notre divorce sans ressource et handicapé. Il bénéficie maintenant d'une allocation compensatrice pour aide d'une tierce personne. Pensez-vous que je puisse revenir devant le juge pour demander ne serait-ce qu'un montant minime de pension pour notre enfant ?

Il a effectivement été jugé que l'allocation compensatrice pour aide d'une tierce personne bien qu'incessible et insaisissable ne ➤

QUESTIONS-RÉPONSES

devait pas nécessairement être exclue du calcul des ressources du débiteur d'une obligation alimentaire, quand celui-ci dispose d'autres revenus ou allocations sur lesquels peut être exécutée cette obligation (C. cass., civ. 2e, 7.6.1990).

▶ La procédure

Qui est compétent ?

C'est toujours le juge aux affaires familiales du lieu où habite l'enfant qui est compétent (art. 1084 NCPC, art. 247 C. civ.).

Comment saisir le juge ?

Cette question est traitée dans la rubrique : *La saisine du juge après divorce*. Il peut cependant être rappelé ici que le juge peut être saisi par requête, par simple lettre ou par assignation en référé s'il y a urgence (dans cette dernière hypothèse, le recours à un **huissier de justice** est nécessaire). Une simple lettre suffit pour le saisir adressée au greffe, exposant la demande et demandant au juge la convocation pour la première audience des intéressés. Un dossier étayant sa demande et adressé avant l'audience, suivant le principe du contradictoire, à l'autre partie est indispensable. Ce dossier sera remis à l'audience au juge.

QUESTIONS-RÉPONSES

Où faut-il s'adresser pour modifier le montant de la pension alimentaire, celui-ci étant trop faible par rapport au salaire du mari ? Il me reste un enfant à charge de 17 ans qui poursuit ses études.

La pension alimentaire pour les enfants est effectivement toujours révisable dans la mesure où l'on peut prouver l'existence d'élément nouveau par rapport à la fixation initiale de la pension. Si tel est le cas, il faut vous adresser au juge aux affaires familiales dans le ressort duquel vous habitez (il suffit d'écrire à l'adresse du tribunal de grande instance que vous obtiendrez grâce aux renseignements téléphoniques, le courrier étant alors adressé automatiquement au juge aux affaires familiales). Cette lettre doit contenir les principaux éléments de vos demandes. Vous et votre ex-mari serez convoqués quelques semaines plus tard par le juge dans son cabinet, le cas échéant avec l'avocat que vous aurez choisi. La décision sera rendue sur le champ ou plus tard et devra être signifiée à votre ex-conjoint. Il pourra en faire appel pendant quinze jours (art. 1084 à 1087 NCPC).

L'ordonnance de non-conciliation m'a accordé une pension alimentaire que je trouve trop faible. J'ai donc fait

➤

QUESTIONS-RÉPONSES

appel de cette décision et j'attends l'arrêt. Si celui-ci me donne gain de cause et augmente la pension, cette augmentation va-t-elle courir depuis l'arrêt ou depuis l'ordonnance ?

Suivant les principes de procédure civile, l'arrêt qui revient sur la décision de 1re instance (on dit qu'il l'infirme) se substitue à la première décision. Il prend donc effet à la date où celle-ci est rendue (arts. 542 et 561 NCPC).

Il en résulte que l'augmentation de pension est due dès l'ordonnance. N'hésitez cependant pas à le faire préciser par la cour d'appel pour éviter tout contentieux sur ce point (CA Aix-en-Provence, civ. 6e, 11.2.1997 : cet arrêt est intéressant car il précise que « cette règle de droit est si évidente que si la cour avait estimé que les effets de son arrêt devaient remonter à une autre date que celle de l'ordonnance, elle n'aurait pas manqué de le préciser »).

Est-ce qu'un jugement de divorce rendu le 10 juin pour l'augmentation de la pension est rétroactif ? En effet, comme je viens seulement de recevoir le jugement, je n'ai payé la pension qu'à partir de septembre avec les augmentations de juillet et août inclus. Mon ex-femme me dit de payer juin aussi. Mais le dois-je vraiment puisque le jugement a été rendu le 10 juin ?

À défaut de précision dans le jugement, l'augmentation de la pension alimentaire est à effectuer à compter du jugement, donc dans votre cas à compter du 10 juin, puisque (nous le supposons) le jugement ne précise pas d'autre date.

Je demande à être déchargé de la pension que je verse pour ma fille majeure puisque je viens d'apprendre qu'elle gagnait sa vie depuis maintenant bientôt cinq mois. Puis-je demander au juge de faire rétroagir sa décision au jour où elle a commencé son travail ?

Oui, le juge peut ordonner la suppression de la pension à compter du jour où la modification des faits est intervenue (C. cass., civ. 2e, 23.6.1993).

À noter

L'assistance d'un avocat n'est pas obligatoire. Mais il est tout à fait possible de demander à un avocat de représenter ou d'assister le parent (dans les dossiers à forte connotation affective, c'est même indispensable).

▶ La diminution, la suspension ou la suppression de la pension alimentaire

Le parent qui verse la pension entend parfois demander une diminution, une suspension ou une suppression de pension. Sont souvent invoqués les cas suivants :

Les baisses de revenus

Il faut prouver une réelle baisse de revenus ainsi que le fait que le débiteur de la pension n'a pas d'autres sources de revenus susceptibles de compenser cette baisse (par exemple revenus d'immeubles...). Il a ainsi été jugé que « *la cessation de l'activité professionnelle due à une* ***aggravation de l'état de santé*** *ne constitue pas une condition suffisante pour obtenir une réduction de la pension dès lors qu'il est établi que l'époux débiteur peut disposer d'autres ressources suffisantes pour payer la pension destinée à l'entretien et l'éducation des enfants* » (TGI Auxerre, 30.11.1982).

Un parent au **chômage** pourrait ainsi demander une suspension de sa pension ou une diminution. Il en serait de même si le parent est, par exemple, hospitalisé pour une **maladie de longue durée.**

Les augmentations des charges

Le débiteur peut être enclin à faire état devant le juge des charges qu'il a engagées postérieurement à la décision de divorce, telles que celles résultant de **crédits** pris pour un achat immobilier ou des **crédits à la consommation** qui grèvent son budget. Cependant, pour les juridictions, le devoir d'entretien prime sur de telles charges susceptibles uniquement d'améliorer le niveau de vie du parent. Cet argument a donc peu de chances d'être reçu.

Un autre cas souvent évoqué est celui du parent débiteur qui fonde un **nouveau foyer** (**concubinage** ou **mariage**) et qui demande en conséquence une diminution de la pension versée compte tenu de ses nouveaux frais (enfants, maison, nouveaux crédits auto maison...). Ces éléments peuvent effectivement être retenus par le juge pour justifier la diminution de la pension. Là encore, la constitution d'un dossier financier à présenter au juge s'avère très important afin que le juge puisse visualiser immédiatement les différences dans la situation du demandeur par rapport à la décision précédemment ordonnée.

Les arguments tirés de l'autorité parentale (droit d'hébergement, changement de lieu de résidence...)

a – Le refus de paiement de la pension alimentaire pendant les vacances

Les parents se demandent souvent s'ils peuvent ne pas régler la pension alimentaire pendant les périodes où ils hébergent leurs enfants (période de vacances). Pour eux, en effet, ils exercent alors leurs obligations en nature et n'ont donc pas à régler de pension quand ils hébergent l'enfant. Cet argument est inopérant. Le versement de la pension est totalement indépendant des modalités d'exercice de l'autorité parentale. Le parent doit s'en tenir scrupuleusement aux termes du jugement.

Comme le précise de façon parfaitement claire une juridiction, « *la fixation mensuelle du montant de la pension alimentaire due par un époux*

divorcé pour l'entretien de son enfant ne saurait correspondre aux dépenses effectives de chaque mois mais à la part contributive évaluée forfaitairement pour l'année et divisée en douze mensualités pour des raisons de commodité. Dès lors, une demande présentée par un époux pour être autorisé à suspendre le paiement de la pension due pour son enfant pendant le mois où son enfant passe ses vacances chez lui ne peut être acceptée car cela revient à une réduction implicite du montant de cette pension. Le juge a en effet fixé cette pension compte tenu du droit d'hébergement accordé et eu égard aux ressources respectives des parties » (CA Versailles, 3e ch., 17.5.1985).
Une autre hypothèse est celle où les enfants sont laissés au parent qui bénéficie du droit de visite pendant des périodes plus longues que celles prévues dans la décision de justice. Un des parents demande alors que la question de la pension soit revue. Mais en principe, sauf précision figurant dans le jugement, la pension continue à être versée pendant la période du droit de visite et d'hébergement. Ceci dit, il reste possible de revenir devant le juge en se fondant sur cet élément nouveau par rapport à la première décision pour qu'il soit pris en compte dans une demande de diminution.

b – Le non-exercice du droit d'hébergement

Le fait de renoncer à exercer ses droits de visite et d'hébergement n'entraîne pas de dispense de paiement de la pension alimentaire. Au contraire, si le parent n'exerce pas son droit d'hébergement pendant les périodes fixées par le jugement, l'autre parent peut demander une augmentation de la pension, cette demande pouvant être justifiée par le fait que les charges concernant les enfants ont corrélativement augmenté. Il a également été jugé qu'une carence du père dans l'exercice de ses droits d'hébergement, qui alourdit les charges de la mère chez qui les enfants résident pendant les vacances, devait être prise en compte dans le calcul de la **prestation compensatoire** (CA Paris, 5.5.1994).
De la même façon, il est parfois demandé, en présence d'un enfant qui ne désire pas voir son parent ou d'un parent gardien qui fait tout pour empêcher un exercice correct du droit de visite et d'hébergement, si la pension peut être diminuée ou supprimée. La réponse est négative. La question se déplace vers les questions plus générales des problèmes liés à l'exercice du droit de visite et d'hébergement qui doivent être réglés.

c – Les frais occasionnés par l'exercice du droit de visite et d'hébergement

Pendant son droit d'hébergement, le parent peut être dans l'obligation de prévoir un mode de garde (**nourrice, centre aéré...**). Il est parfois demandé que ces sommes soient déduites de la pension versée : cela n'est pas possible. C'est au parent qui héberge l'enfant de régler cette question et les frais sont à sa charge. En ce qui concerne les frais de déplacement (frais kilométriques, train voir avion...) liés à l'excercice du droit de visite, l'usage veut, à défaut d'accord sur ce point, que ce soit le parent ayant le droit de visite et d'hébergement de se charger de faire venir l'enfant du domicile du parent chez qui l'enfant réside habituellement ou qui a l'autorité parentale, et de le ramener. Mais cette règle peut être infléchie si le déménagement, surtout s'il est lointain, est le fait du parent chez qui l'enfant réside habituellement ou qui a l'autorité parentale.

QUESTIONS-RÉPONSES

Mon fils (quinze ans) ne vient jamais me voir. Mon divorce date d'il y a maintenant quatre ans. J'ai toujours versé une pension régulièrement, mais j'ai décidé d'arrêter du fait qu'il ne veut plus me voir. En ai-je le droit ?

Non, ce n'est pas possible. Juridiquement, l'obligation alimentaire prévue par l'article 288 (obligation alimentaire des parents divorcés à l'égard de leurs enfants) est une obligation qui n'est pas réciproque, contrairement à l'obligation alimentaire existant entre ascendants et descendants, prévue par les articles 205 et 207 du Code civil (articles sur lesquels sont fondés notamment l'action contre les grands-parents). Cela signifie concrètement que peu importe l'attitude de votre fils, vous avez l'obligation légale de régler votre pension même si celui-ci est « indigne » (en matière d'obligation alimentaire en effet, le débiteur est admis à prouver l'indignité de son créancier pour ne pas lui régler de pension. Mais cet article n'est pas applicable à l'obligation d'entretien pour les enfants). Les devoirs sont du côté des parents et les fautes des enfants ne peuvent priver ceux-ci de leurs droits.

Est-ce possible d'obtenir la réduction de la pension payée pour un enfant de douze ans que nous n'avons pas vu depuis trois ans, car il ne souhaite pas quitter sa mère et nous ne voulons pas l'obliger à venir nous voir pour ne pas le perturber ?

Le paiement d'une pension à un enfant constitue une contribution financière à son entretien et à son éducation. Le fait que le père n'exerce pas son droit de visite ou d'hébergement est indépendant du montant de la pension à verser à son enfant. Le père doit en revanche, s'il le désire, pouvoir rencontrer son enfant conformément à la décision qui lui accorde ce droit de visite. Il lui faut régler cette question avec son ex-conjoint ou, à défaut, saisir le juge de ce problème.

Il est cependant tout à fait possible de prévoir un partage des frais par exemple, comme dans une décision concernant un trajet Draguignan – Paris, les parents se sont mis d'accord sur le fait que le trajet aller sera à la charge de la mère et le trajet retour du père (TGI Pontoise, 29.5.1981).

EN PRATIQUE

Selon **l'administration fiscale**, il n'est pas possible de déduire les frais entraînés par l'exercice du droit de visite et d'hébergement, contrairement à la pension alimentaire.

QUESTIONS-RÉPONSES **Si la mère de mes enfants, qui en a la garde, décide de partir à 500 km comme elle l'envisage, qui de nous d'eux devra prendre en charge les frais de déplacement ?**

Il n'y a pas de règles préétablies en la matière et chaque cas est étudié séparément à défaut d'accord entre les époux. L'usage veut que ce soit au parent qui a le droit de visite et d'hébergement de faire venir (à ses frais) l'enfant du domicile du parent chez qui il réside habituellement ou qui a l'autorité parentale, et qui l'y ramène. Mais cette règle peut être infléchie si le déménagement, surtout s'il est lointain, est le fait du parent qui a l'autorité parentale, ce qui semble être votre cas : vous pouvez tenter d'obtenir la prise en charge de ces frais par votre ex-épouse, ou du moins un partage des frais.

d – Le changement de résidence

Il arrive qu'un enfant désire aller vivre chez le parent chez lequel il ne résidait pas ou qui n'avait pas l'autorité parentale (selon que celle-ci est conjointe ou non). Il s'agit ici moins d'un problème de modification de la pension que d'un changement de la décision judiciaire fixant les modalités de l'autorité parentale. Il faut donc retourner devant le juge pour demander ce changement. Il a en effet été jugé que la volonté d'un enfant de vivre auprès de l'un de ses parents ne constitue pas un motif légitime permettant d'obtenir la mainlevée d'une procédure de **paiement direct** prévue en cas de non-paiement de la pension alimentaire ou le remboursement des sommes versées.

QUESTIONS-RÉPONSES **Je paye une pension alimentaire pour mon fils qui va venir vivre chez moi. Que dois-je faire pour ne plus payer de pension à mon ex-mari ?**

Vous devez saisir le juge aux affaires familiales de ces nouvelles modalités, et ce même si votre ex-conjoint est d'accord avec vous sur tous ces points. Le juge va prendre acte de cette situation et vous pourrez présenter ce document à **l'administration fiscale** et aux organismes sociaux pour bénéficier des avantages liés à la résidence de l'enfant.

▶ L'augmentation de la pension

Une telle demande est fréquente lorsque le parent qui héberge l'enfant apprend que le parent débiteur s'est remarié avec quelqu'un qui gagne largement sa vie ou encore qu'il a dissimulé une partie de ses revenus. Le **remariage du débiteur** de la pension alimentaire (ou son **concubinage**) peut modifier les données sur lesquelles le juge s'est appuyé pour la fixation initiale de la pension, dans la mesure où les dépenses que le nouveau conjoint (ou concubin) assume spontanément allègent les

charges du débiteur, et c'est effectivement cet allégement qui est retenu par les tribunaux.
Le seul fait que le débiteur soit remarié ou en concubinage ne suffit pas à justifier une augmentation de la pension alimentaire. Il faut que celui qui demande l'augmentation justifie de ressources nouvelles ou de l'existence d'une économie dans les charges de la vie courante (C. cass., civ. 2e, 25.11.1986). Le juge va donc se livrer à une appréciation de la situation au cas par cas. Il n'existe en effet aucune obligation alimentaire entre le second conjoint ou concubin et les enfants d'un premier lit (art. 206 et 207 C. civ.).
Cependant, on peut noter que prendre en considération les revenus du second foyer revient à instaurer une sorte de **contribution indirecte du conjoint** (ou concubin) du débiteur. Ainsi, si les nouveaux époux se sont mariés sous le régime de la communauté légale, c'est au final la communauté qui sera débitrice (sans possibilité de **récompense**) de cette dette commune, puisque les gains et salaires des époux sont réputés biens communs (art. 1409 C. civ.).

QUESTIONS-RÉPONSES

Je viens d'acheter un appartement avec mon concubin 50-50. Cet homme verse une pension alimentaire pour ses trois enfants d'un précédent mariage. Son ex-femme a-t-elle le droit de lui demander une augmentation de pension parce qu'il vit avec moi (nous avons eu deux enfants) : peut-elle se baser sur nos deux salaires pour demander une révision de la pension et dans ce cas, si mon concubin ne peut pas payer, serai-je tenu de continuer à lui payer cette pension ?

Il est effectivement possible que le fait que le père des enfants soit en concubinage avec vous soit pris en considération par le juge dans la mesure où cet élément a une incidence sur les ressources et les charges du parent débiteur de la pension. Ceci dit, il faut que la mère des enfants prouve que ce concubinage entraîne une augmentation des revenus du couple ou un allégement des charges courantes. Il n'est donc pas certain qu'elle obtienne gain de cause, surtout si vous avez eu des enfants de votre côté avec votre concubin.

▶ La question des frais non prévus dans le montant de la pension alimentaire

La pension est censée couvrir tous les frais concernant l'enfant. Si des frais importants et imprévus surviennent, et à défaut d'accord entre les parents, il convient de saisir le juge d'une demande d'augmentation de la pension alimentaire.

QUESTIONS-RÉPONSES

Mon fils doit se faire poser un appareil correcteur non remboursé par la Sécurité sociale. Puis-je demander une participation financière (par exemple, la moitié des frais) à l'autre parent (il y en a pour plus de 8 000 F (soit 1219,59 €) de frais) ?

Non, vous ne pouvez pas l'exiger. À défaut d'accord entre vous sur la répartition de ces gros frais, vous devez saisir le juge. Une certaine jurisprudence oblige en effet l'autre époux à participer aux grosses dépenses concernant l'enfant. Mais il faut le demander au juge.

Les impôts peuvent-ils contester l'accord uniquement passé entre les époux pour augmenter la pension alimentaire. Est-il obligé que cette pension soit accordée par le juge ?

Il est tout à fait possible de fixer le montant de la pension à l'amiable (en l'augmentant ou en le réduisant par rapport à la décision judiciaire).
Mais cela présente deux inconvénients :
– le créancier ne pourra réclamer le nouveau montant dans l'hypothèse où le débiteur cesse ses versements. Sa réclamation ne peut porter que sur le chiffre figurant sur le jugement ;
– le fisc n'admet en déduction des revenus que les montants figurant dans une décision judiciaire définitive et non ceux résultant de l'accord ultérieur des ex-époux (voir la rubrique : *La fiscalité du divorce*).
Il est donc recommandé de s'adresser au juge aux affaires familiales pour rendre officiel l'accord portant sur les nouvelles modalités de la pension alimentaire.

LES PENSIONS ALIMENTAIRES IMPAYÉES

Les recours contre celui qui ne paye pas une pension alimentaire, une **prestation compensatoire** ou une **contribution aux charges du mariage** sont à la fois nombreux, variés et efficaces. Ces procédures sont d'ailleurs d'autant plus efficaces qu'elles seront mises en œuvre rapidement, dès les premiers incidents de paiement.
Le créancier doit être en possession d'une décision de justice « **exécutoire** ». Cela peut être l'**ordonnance de non-conciliation,** la décision du juge aux affaires familiales augmentant la pension (ce sont des décisions qui sont exécutoires même en cas d'appel), le jugement de divorce, la **convention homologuée** en cas de divorce sur demande conjointe. Un simple accord signé par les époux ne pourrait en revanche pas donner lieu à une procédure de recouvrement forcé.

EN PRATIQUE

En cas de paiements irréguliers, le bénéficiaire d'une pension alimentaire n'a pas le droit de se faire justice lui-même, par exemple en privant le débiteur de son droit de visite et d'hébergement.

▶ Quelle procédure choisir ?

Des procédures peuvent être utilisées en cas d'impayés, qu'il s'agisse d'une **pension alimentaire** (par exemple une pension pour un enfant ou entre époux pendant la procédure de divorce), d'une **contribution aux charges du mariage**, d'une **prestation compensatoire** ou de toute autre pension versée dans le cadre ou à la suite d'un divorce ou d'une **séparation de corps.**

BON À SAVOIR

• En ce qui concerne cependant les **prestations compensatoires**, les lois sur le paiement direct et le recouvrement public des pensions précisent qu'elles ne sont applicables qu'aux **prestations compensatoires** versées **« sous forme de rente »** (loi n. 73-5 du 2 janvier 1973, loi n° 75-618 11 juillet 1975, art. 15). Semblent donc exclues de ces deux procédures les versements de prestations compensatoires sous forme de capital. Pourtant, ce capital peut prendre la forme de mensualités (capital versé sur huit ans par exemple) susceptibles de rester elles aussi impayées....
• En un premier temps, il est conseillé à celui qui réclame le versement d'impayés d'adresser une **mise en demeure** au débiteur par lettre recommandée avec avis de réception. Il peut également s'adresser directement à un **huissier de justice** qui notifiera une **sommation à payer** et se préoccupera de la suite de la procédure.

Deux possibilités de réaction s'offrent aux victimes d'impayés alimentaire : aller au pénal ou demander le recouvrement des sommes au civil (paiement direct ou saisies notamment).

• La **voie pénale** n'est pas une procédure de recouvrement permettant d'obtenir le paiement des mensualités impayées (sauf hypothèse d'une condamnation de **sursis avec mise à l'épreuve** ou d'**ajournement de peine,** voir ci-dessous). Le créancier pourra seulement se porter partie civile en demandant des dommages et intérêts. Elle ne peut être utilisée en cas de **paiement partiel** de la pension. Mais c'est un **moyen de pression** (peur de la sanction pénale pour le débiteur) qui se révèle très efficace en pratique.
Dès la réception de la plainte (avant l'engagement des poursuites), le procureur de la République peut également ordonner une **médiation**

pénale ou, depuis une loi relative aux mesures alternatives aux poursuites, une **composition pénale.** Le but de ces mesures (rentrant dans le cadre d'une justice dite de proximité) est d'offrir une possibilité d'alternative à la sanction pénale en proposant au prévenu notamment de s'acquitter de sa dette. Sur cette question, on peut se reporter à la rubrique : *Préliminaires*.

• La **voie civile** est une procédure permettant le recouvrement des impayés. La procédure la plus simple et rapide est le **paiement direct.** Il suffit pour la personne qui n'est pas payée de contacter un **huissier de justice** proche de son domicile. Il n'est en revanche pas nécessaire de faire intervenir un **avocat. L'huissier** va s'adresser, pour se faire payer, à **l'employeur** ou tout autre organisme ou personne versant régulièrement des sommes entre les mains du débiteur (banque, locataire...). Il va demander le recouvrement des six dernières mensualités (il ne peut pas demander plus dans le cadre de cette procédure simplifiée) et des mensualités à venir.
Le créancier peut également faire intervenir (s'il s'agit d'une pension pour un enfant) l'organisme débiteur des prestations familiales en s'adressant à sa **caisse d'allocations familiales** (CAF).
Il peut également poursuivre son débiteur comme n'importe quel autre débiteur en toutes matières (notamment si l'arriéré dépasse six mois), à savoir notamment en utilisant les procédures de **saisie-attribution**, **de saisie des rémunérations** ou de **saisie immobilière**.
Il peut de même combiner deux procédures : par exemple, si l'arriéré de la pension alimentaire dépasse six mois, il peut utiliser la procédure de saisie sur les rémunérations entre les mains de l'employeur pour les arriérés dépassant les six mois et demander à l'huissier de procéder en parallèle à une procédure de paiement direct pour avoir paiement des mensualités à venir directement de l'employeur.

EN PRATIQUE

La prescription en matière de pension alimentaire

La prescription en matière de pension alimentaire impayée est de cinq ans (art. 2277 du Code civil). Il n'est donc pas possible de demander au tribunal la condamnation à plus de cinq ans d'arriérés.
Il a été cependant été jugé que c'est seulement la **demande en paiement** adressée à un tribunal de paiement d'arriérés de pension alimentaire qui se prescrit par cinq ans et non **l'exécution de la décision de justice** (C. cass., civ. 1re, 16.6.1998).
D'après cet arrêt, très important sur un plan pratique, on ne peut demander à un tribunal la condamnation du débiteur de la pension alimentaire à plus de cinq ans d'arriérés, mais en revanche quand on dispose d'un titre exécutoire, c'est-à-dire d'une décision de justice (ordonnance de non-conciliation, jugement de divorce, arrêt d'appel...), on peut demander à l'huissier de justice plus de cinq ans d'arriérés de pension alimentaire.

La procédure pénale

L'abandon de famille

L'abandon de famille est le fait pour une personne de demeurer plus de deux mois sans verser la totalité d'une pension alimentaire (une contribution, des subsides ou une prestation compensatoire) fixée par une décision de justice (art. 227-3 C. pén.). Ce délai de deux mois court à compter de la **signification de la décision de justice** ou, en cas d'interruption des versements, à partir du dernier versement. D'ailleurs, une nouvelle condamnation peut à nouveau intervenir quand, après une première condamnation, le coupable demeure à nouveau deux mois sans verser ce qu'il doit. Il n'est pas rare qu'une personne soit ainsi condamnée à plusieurs reprises.

Pour les tribunaux, ce délit suppose la réunion de trois conditions :

- une dette fixée dans un **titre exécutoire** (ordonnance de non-conciliation par exemple, jugement de divorce ou arrêt d'appel),
- un défaut de paiement **intégral** de la dette **pendant plus de deux mois,**
- une intention coupable.

Le fait de ne pas payer en temps voulu la pension alimentaire n'entraîne donc pas automatiquement de condamnation pénale. Il faut que soit apportée la preuve du caractère intentionnel de l'infraction. Le défaut de paiement n'étant pas selon les tribunaux « présumé volontaire », le prévenu (c'est-à-dire le parent qui ne s'acquitte pas du paiement de la pension alimentaire) peut ainsi faire la preuve qu'il est dans l'**impossibilité de payer** la somme fixée par le juge, par exemple s'il est totalement insolvable (C. cass., crim., 26 .11.1997).

EN PRATIQUE

Une personne qui ne paie pas de pension alimentaire peut-elle être privée de l'autorité parentale ?

Le non-paiement de la pension alimentaire n'entraîne pas la suppression automatique du droit de visite. Cependant, le parent condamné pour le délit abandon de famille peut effectivement être privé de l'exercice de l'**autorité parentale** et, par exemple, de son droit de visite et d'hébergement tant qu'il n'a pas recommencé à assumer ses obligations pendant une durée d'**au moins six mois** (art. 373 C. civ.).

Cette sanction intervient de plein droit et il n'est pas nécessaire de saisir le juge civil pour qu'il constate cette perte de l'autorité parentale (C. cass., civ. 1re, 8.11.1982, BC n° 323).

Exemple

*Si le père de famille perd, dans ses conditions, son droit de visite et d'hébergement, la mère ne peut, de son côté, si elle ne présente pas les enfants au père, être condamnée pour **non-représentation d'enfants** (C. cass., civ. 1re, 4.12.1984, D. 85, p. 414).*

➤

EN PRATIQUE

En revanche, si le père bénéficie d'un **ajournement de peine,** *ces règles ne s'appliquent pas puisque, par définition, il n'a pas encore été statué sur le prononcé de peine. Le juge pénal peut en effet se prononcé sur la culpabilité du délinquant mais ajourner la peine pendant un certain délai permettant à celui-ci d'indemniser la partie civile (ici de régulariser les impayés. Ce n'est qu'à défaut de régularisation que la peine est prononcée (C. cass., civ. 1re, 15.7.1999, GP 30.3.2000, Som. p. 19).*

• *Comment porter plainte ou saisir le tribunal correctionnel ?*
La victime des impayés peut :
- porter **plainte auprès du commissariat de police** le plus proche en se déplaçant ou en écrivant,
- rédiger une **plainte adressée au procureur de la République** du tribunal de grande instance de son domicile,
- faire délivrer par huissier de justice une **citation directe** devant le tribunal correctionnel de son domicile (art. 227-3 C. pén.).

Dans la plainte, le plaignant doit préciser son état civil, nom et adresse, expliquer la situation de fait, donner le détail des sommes dues et joindre, si possible, un exemplaire de la décision qui a fixé la pension alimentaire (ou la prestation compensatoire), en précisant l'adresse du débiteur si cette adresse est connue. Le dépôt d'une telle plainte est gratuit.
Le créancier peut aussi directement citer le débiteur devant le tribunal correctionnel par l'intermédiaire d'un huissier de justice.

EN PRATIQUE

La persistance dans le non-paiement peut-elle entraîner de nouvelles condamnations ?

Effectivement, l'absence de paiement dans les deux mois de la décision définitive de condamnation peut entraîner une nouvelle condamnation (le délit d'abandon de famille est un délit où le taux de la récidive est important).
L'affaire citée ci-dessous en est une illustration :
Un ex-époux a été condamné à payer à son ex-épouse une somme de 60 000 F à titre de prestation compensatoire par une décision de justice en date du 2 mars 1992. N'ayant pas exécuté cette décision, il est condamné pour abandon de famille par jugement du 2 juin 1994, devenu définitif (signifié à l'ex-époux, absence de voie de recours) le 2 août suivant. N'ayant toujours pas rempli son obligation en décembre 1994, il est cité à nouveau devant le tribunal correctionnel pour abandon de famille.
Il a été déclaré coupable une nouvelle fois dans la mesure où il est resté de nouveau plus de deux mois sans avoir réglé sa dette et il n'a pas proposé d'établir son état d'impécuniosité dans lequel il prétendait se trouver. Ce délit se renouvelle donc chaque fois que son auteur démontre par son comportement sa volonté de persévérer dans son attitude (C. cass., crim., 2.12.1998).

• *Les sanctions*
La sanction prévue est une peine d'emprisonnement de deux ans et une amende de 100 000 F (15 000 €). La prison ferme est rarement prononcée par les tribunaux (sauf hypothèse de multirécidiviste). Les tribunaux préfèrent ordonner, dans certains cas, un **sursis avec mise à l'épreuve** ou un **ajournement de peine** permettant au débiteur de se mettre en règle en payant l'arriéré et les mensualités dues. En amont, c'est-à-dire au stade de la **plainte,** avant que l'affaire vienne devant le tribunal correctionnel, le procureur de la République a la possibilité d'ordonner une **médiation pénale** ou, depuis une loi du 23 juin 1999, une **composition pénale.**
Des **peines complémentaires** peuvent également être ordonnées comme **l'interdiction des droits civiques, civils et de famille** (interdiction de voter ou d'être éligible), l'interdiction de quitter le territoire, la suspension ou l'annulation du permis de conduire (art. 131-26 et 227-29 C. pén.).

Que risque le débiteur d'une pension alimentaire (ou d'une prestation compensatoire) s'il n'indique pas ses changements de domicile ?
Il s'agit effectivement là d'une obligation légale. Cette notification de changement de domicile doit intervenir dans un délai d'un mois à compter du changement. À défaut, le débiteur encourt une peine d'amende de 50 000 F et (ou) une peine de prison de six mois (art. 227-4 C. pén.).

L'organisation d'insolvabilité
Le débiteur d'une pension alimentaire ou d'une prestation compensatoire qui organise son **insolvabilité** en vue de se soustraire à l'exécution de son obligation encourt une peine d'emprisonnement de trois ans et une amende de 300 000 F soit 45 000 € (art. 314-1 à 314-9 C. pén.).

L'organisation frauduleuse de l'insolvabilité peut consister à augmenter le passif ou diminuer l'actif de son patrimoine, à diminuer ou dissimuler ses revenus, ou encore à dissimuler ses biens.

La procédure civile

Le paiement direct
Le paiement direct consiste, pour le créancier de la pension alimentaire (de la prestation compensatoire ou de la contribution aux charges du mariage) bénéficiaire d'une décision de justice exécutoire (voir ci-dessus), à se faire payer directement par l'employeur de son débiteur ou par tout autre dépositaire de fonds détenus pour le compte de son débiteur (banque, CCP, caisse d'épargne, caisse de retraite, Assedic, locataires...) dès qu'un mois n'a pas été payé à son terme, sans avoir, à nouveau, à engager un procès.
Il suffit de s'adresser à l'huissier de justice du lieu de sa résidence qui engagera la procédure de paiement direct dont les frais sont à la charge du débiteur de la pension. Il faut adresser à cet huissier un dossier comprenant :
- un exemplaire du jugement de condamnation,
- un décompte des sommes qui restent dues,
- tous renseignements sur le débiteur : identité, adresse, numéro de sécurité sociale, de caisse de retraite, de CCP, de compte bancaire, identités des locataires du débiteur s'il est bailleur...

Aucune avance ne peut être demandée par l'huissier au créancier. Si le paiement direct ne peut être obtenu, les frais de la procédure sont réglés par le Trésor public.
Cette procédure permet d'obtenir le recouvrement des mensualités à venir et des **six dernières mensualités,** le règlement de cet arriéré se faisant en versements égaux établis sur douze mois.

> ***Exemple***
> *Une pension indexée de 2 000 F, payable à partir d'avril 1999, n'a jamais été versée (soit un impayé de 12 000 F en septembre). Le créancier fait une demande de paiement direct le 10 septembre auprès de la société qui emploie son débiteur. À compter d'octobre 1999, le montant suivant sera prélevé sur le salaire :*
> *– au titre du terme courant, la somme de 2 000 F ;*
> *– et chaque mois pendant un an, la somme de 1 000 F représentant 1/12 de l'impayé des 6 derniers mois.*
> *Soit, au total, la somme de 3 000 F.*

Le **prélèvement direct** du terme mensuel courant d'une créance alimentaire et des six derniers mois imputés ne peut pas être poursuivi sur l'intégralité de la rémunération, une somme égale au montant du **RMI** (revenu minimum d'insertion) étant laissée à la disposition du débiteur.
En cas de **concours de créanciers** (plusieurs créanciers réclament des sommes au débiteur), le créancier de la pension alimentaire est payé **en priorité,** par préférence à tout autre créancier.
Le **tiers saisi** (employeur, banque, locataire suivant le cas) est tenu de verser directement les sommes dues au fur et à mesure qu'elles deviennent exigibles.
Les contestations relatives à la procédure de paiement direct sont portées devant le tribunal d'instance du domicile du débiteur (loi n° 73-5 du 2.1.1973, art. 5 ; art. R 321-14 C. org. jud. et avis du 8.3.1996 C. cass.).
Dans le délai de huit jours, l'huissier notifie la demande de paiement direct, par lettre recommandée, au tiers débiteur. Ce dernier dispose à son tour de huit jours pour en accuser réception. Dès lors, il est tenu de verser directement la pension à son bénéficiaire (sous peine de sanctions pénales).

EN PRATIQUE

Il faut qu'il y ait eu non-paiement, total ou partiel, d'au moins une échéance à son terme. Un **retard** peut également donner lieu à cette procédure (voir les Questions-Réponses). Cette procédure peut également être utilisée quand le débiteur refuse de payer seulement l'**indexation** de la pension alimentaire, dans l'hypothèse où il a payé le principal (C. cass., civ. 2e, 5.6.1985, D. 86, IR, p 113).

⚠ *Attention*

Le créancier de la pension qui a, de mauvaise foi, fait usage de la procédure de paiement direct peut être condamné à une amende.

La saisie des rémunérations
Il s'agit d'une procédure souvent utilisée pour recouvrer des impayés. Cette procédure doit être utilisée si l'arriéré dépasse six mois (voir la procédure de paiement direct) et si l'intéressé perçoit un salaire ou toute rémunération versée à quelque titre que ce soit :
- **retraite,**
- allocation de **chômage**,
- indemnité journalière de Sécurité sociale versée en cas de maladie ou d'accident du travail...

Tout créancier muni d'un titre exécutoire constatant une créance liquide et exigible peut faire procéder à la saisie des rémunérations dues par un employeur à son débiteur. La procédure se déroule devant le tribunal

EN PRATIQUE

Une pension alimentaire ou une prestation compensatoire peut-elle être saisie ?

Les provisions, sommes et pensions présentant un caractère alimentaire pour leur bénéficiaire sont protégées car indispensables à sa subsistance.
Certaines de ces sommes ne peuvent être saisies que par un créancier lui-même titulaire d'une créance alimentaire (ex. : la saisie par un époux est possible pour obtenir le paiement d'une contribution aux charges du mariage ou par un parent pour le versement d'une pension alimentaire pour les enfants après divorce). Sont donc insaisissables, sauf par le créancier d'aliments, notamment les pensions alimentaires, la contribution aux charges du mariage et la prestation compensatoire de l'époux divorcé (art. 14 de la loi n° 91-650 du 9.7.1991).

Y a-t-il des sommes que le créancier d'aliments ne peut pas saisir ?

Le créancier d'aliments ne peut saisir certaines **prestations sociales** (les **allocations familiales,** l'allocation au jeune enfant, l'allocation parentale d'éducation, le complément familial, l'allocation de rentrée scolaire, l'allocation de soutien familial, l'allocation d'éducation spéciale) que dans la limite de 50 % (art. L. 553-4 C. séc. soc.).
Certaines sommes sont par ailleurs totalement **insaisissables, même pour le créancier d'aliments**.
Tel est le cas notamment pour :
- l'**allocation aux adultes handicapés** (art. L. 821-5 du code de la Sécurité sociale),
- l'**allocation de logement** et l'**aide personnalisée au logement** (art. L. 351-9 du code de la construction et de l'habitation),
- le **RMI** (revenu minimum d'insertion),
- les **allocations chômage** du régime de solidarité (**allocation de solidarité spécifique et d'insertion**),
- les **prestations en nature de la Sécurité sociale** (remboursement de frais et de médicaments, de transport... ; art. L. 322-6 C. Séc. soc.).

d'instance et est prévue par les articles L. 145-1 à L. 145-13 et R. 145-1 à R. 145-44 du Code du travail.
Le juge d'instance compétent est celui du lieu où demeure le débiteur. Si celui-ci n'a pas de domicile connu, le juge compétent est celui du lieu où demeure l'employeur (**tiers saisi**). La saisie doit toujours être précédée d'une tentative de conciliation.

La procédure

Le créancier dépose sa requête au greffe du tribunal qui convoque alors le débiteur à une audience de conciliation (au moins 15 jours avant la date de cette audience).
À défaut de conciliation, il est procédé à la saisie après vérification de la créance par le juge. Si le débiteur ne se présente pas à l'audience, le juge peut décider de convoquer à nouveau les parties ou de faire procéder à la saisie directement.

La saisie

Les opérations de saisie sont suivies par le greffier. L'acte de saisie, établi par le greffe, est notifié à l'employeur. Celui-ci doit adresser au greffe, dans les 15 jours de cette notification, tous les renseignements demandés (situation de droit existant entre lui et le débiteur saisi, existence d'autres saisies le cas échéant, montant des rémunérations versées...). À défaut, il pourrait être condamné à une **amende civile** ainsi qu'à des **dommages-intérêts,** et peut être déclaré débiteur des retenues qui auraient dû être opérées (c'est-à-dire que c'est l'employeur qui devra payer les sommes réclamées).
L'employeur adresse tous les mois par chèque la somme fixée au greffe qui la transmet au créancier. Si l'employeur omet d'effectuer ces versements, il peut être déclaré personnellement débiteur. La saisie prend fin en cas d'accord entre le créancier et le débiteur ou en cas d'extinction de la dette.

À noter

En principe, les sommes saisies s'imputent d'abord sur les intérêts puis sur le capital, mais le juge peut décider d'abord d'une imputation sur le capital. Il peut également diminuer le taux des intérêts (art. L. 145-13 C. trav., art. R. 145-1 et suivants C. trav., décret n° 92-755 du 31.7.1992).

Il n'est pas possible de saisir la totalité des rémunérations car une somme égale au **RMI** doit être laissée à la disposition du débiteur.

EN PRATIQUE

Le débiteur d'une pension alimentaire peut-il demander le bénéfice d'une procédure de surendettement ?

S'il est surendetté, le débiteur d'une pension alimentaire peut demander le bénéfice d'une procédure de surendettement, mais ses dettes d'aliments ne pourront faire l'objet de mesure de suspension. L'article L. 331-5 de Code de la consommation exclut expressément la **suspension des poursuites** contre le débiteur de pension alimentaire. Cette disposition a évidemment pour but de privilégier le créancier de la pension alimentaire, car celui-ci ne ➤

EN PRATIQUE

peut pas se voir opposer un plan de règlement de la dette. Mais elle est très critiquée car on constate que fréquemment le débiteur est lui-même dans une situation de précarité... qui justifie sa demande de procédure de surendettement. Par ailleurs, le Code civil exige que le débiteur dispose de ressources suffisantes pour pouvoir aider le membre de sa famille dans le besoin.
En revanche, dans le cadre du règlement de la situation globale du surendettement, pourront être prises en compte les dettes alimentaires. De même, un débiteur de pension alimentaire pourrait invoquer la procédure de surendettement pour demander une diminution de sa pension, voir une suppression de celle-ci. Tout est ici une question d'appréciation du juge saisi. (Droit du surendettement et dettes d'aliments, G Pignarre, JCP Ed. G, 8.7.1998).

Les autres saisies
Le créancier de la pension impayée peut choisir une autre procédure de saisie, qui n'est pas spécifique aux pensions alimentaires, en s'adressant à un **huissier de justice** pour lui demander de procéder notamment :
– au blocage des comptes bancaires de son débiteur dans le cadre d'une saisie-attribution et au prélèvement à son profit si le compte est créditeur,
– à la saisie de ses biens mobiliers de son débiteur s'ils ont une certaine valeur (à défaut, elle est déconseillée compte tenu de son coût et de sa longueur),
– à la saisie du **véhicule** de son débiteur par déclaration à la préfecture ou par immobilisation du véhicule (art.165 et s. décr. n° 92-755 du 31.7.1992).

Comment faire pratiquer le recouvrement par le Trésor public ?
En cas d'échec d'un moyen de recouvrement, le créancier de la pension alimentaire peut également demander au comptable du Trésor de recouvrer à sa place la pension alimentaire en utilisant les procédures applicables au recouvrement des impôts. Ce recouvrement peut porter sur les mensualités à venir et sur les six dernières mensualités qui ont précédé la date de la demande.
Il suffit pour le créancier d'adresser, par lettre recommandée avec demande d'avis de réception, une **demande de recouvrement public** au procureur de la République du tribunal de grande instance dont dépend son domicile, en précisant le montant des sommes dues, les nom, prénoms, adresse, profession, numéro d'immatriculation à la Sécurité sociale du débiteur et adresse de l'employeur du débiteur et en joignant photocopie de la décision fixant la pension alimentaire (ou de la prestation compensatoire) et tout document justifiant qu'une autre procédure a été engagée et est restée infructueuse (attestation de l'huissier qui a poursuivi vainement, du greffier du tribunal...).
Le montant de la pension est majoré de 10 % au profit du Trésor à titre de frais de recouvrement ainsi que des frais de poursuite.
Le créancier qui obtient de mauvaise foi la mise en œuvre de la procédure de recouvrement direct peut être condamné à une amende.
Ce recours, en pratique, n'a pas toujours l'efficacité souhaitée.

EN PRATIQUE

L'intéressé n'est pas obligé de passer par l'intermédiaire d'un **huissier de justice** (comme pour la procédure de paiement direct) ou d'un **avocat** pour demander le recouvrement public.
La demande auprès du Trésor public n'est admise si le créancier justifie qu'il a effectivement eu recours à l'une des voies d'exécution prévues par la loi (paiement direct, saisies...) et que ce recours est resté infructueux.

Comment faire intervenir l'organisme débiteur des prestations familiales (ASF) ?
Le créancier peut également s'adresser à sa caisse d'allocations familiales (CAF) (voir ci-dessous la rubrique : *Les allocations familiales*). Il convient seulement ici d'indiquer qu'il peut obtenir une **allocation de soutien familial** (ASF) versée à **titre d'avance sur la créance alimentaire,** ce qui pourra l'aider pendant cette période de difficulté financière. Si la pension n'est que partiellement payée par le débiteur, l'organisme complète ce versement par une « **allocation différentielle** ». Surtout, la CAF dispose du droit non seulement de récupérer l'allocation de soutien familial versée, mais aussi de se faire payer les mensualités futures de la pension alimentaire.

QUESTIONS-RÉPONSES

Je suis en possession d'une décision judiciaire condamnant mon ex-mari à me verser une pension. Mais il a disparu et je n'ai plus d'adresse. Cela vaut-il la peine d'essayer de le retrouver. Que peut faire un huissier dans mon cas présent ?

Selon la loi instituant la procédure de paiement direct, les administrations au service de l'Etat (le fisc, le fichier national des chèques irréguliers – FNCI – les fichiers départementaux des cartes grises des préfectures notamment) et les collectivités publiques, les organismes de sécurité sociale sont tenus de réunir et de communiquer à l'huissier de justice tous renseignements dont ils disposent permettant de déterminer l'adresse du débiteur de la pension alimentaire, l'identité et l'adresse de son employeur ou de tout tiers débiteur ou dépositaire de sommes liquides ou exigibles.
Sachez que le débiteur de votre pension alimentaire est dans l'obligation de vous signaler tout changement d'adresse sous peine de sanctions pénales. Vous pouvez également vous adresser au service des **recherches dans l'intérêt des familles**, à la préfecture de votre domicile.

Je viens de faire l'objet d'une demande de paiement direct alors que j'ai payé la pension, du mois d'octobre, certes avec un peu de retard. Je ne comprends pas et

➤

QUESTIONS-RÉPONSES

désire annuler cette procédure. A qui dois-je m'adresser ? Je croyais qu'il fallait au moins un mois d'impayé. S'agit-il d'une mensualité échue ?

Vous devez saisir le **juge d'instance** dans le ressort de votre domicile. Mais attention, cette saisine ne suspend pas les prélèvements. La procédure de paiement direct est instituée en cas de défaut de paiement, total ou partiel, d'une échéance **à son terme**. En conséquence, l'exigence d'un solde échu et exigible permet la mise en œuvre de la procédure. Si la pension doit être réglée le 1er du mois, et qu'elle n'est pas payée le 2, une procédure de paiement direct peut être enclenchée.

Ayant une pension alimentaire à verser et ayant des difficultés financières, si l'on ne peut payer que la moitié de la somme que peut faire mon ex-conjoint : peut-il déposer plainte pour abandon de famille ?

L'abandon de famille est le fait pour une personne de demeurer plus de deux mois sans verser la totalité d'une pension alimentaire fixée par une décision de justice. Pour les tribunaux, ce délit suppose la réunion de trois conditions : une dette fixée dans un titre exécutoire, un défaut de paiement intégral de la dette pendant plus de deux mois et une intention coupable. Dans le cas exposé, il n'y a pas de risque sur un plan pénal dans la mesure où le débiteur s'acquitte d'une partie de sa dette. Ceci dit, compte tenu des difficultés financières, et à défaut de s'entendre sur ce point avec son ex-conjoint, il est conseillé de saisir le juge aux affaires familiales d'une demande de diminution de pension alimentaire.

J'ai porté plainte pour abandon de famille contre le père de mes enfants. Je n'ai pas droit à l'aide juridictionnelle. Il me faut trouver un avocat pour l'audience. Combien cela va-t-il me coûter ?

Vous n'êtes pas dans l'obligation de prendre un **avocat.** Vous pouvez vous déplacer vous-même à l'audience ou écrire par lettre recommandée avec demande d'avis de réception au tribunal 24 heures au moins avant l'audience. Dans votre lettre, vous vous constituerez **partie civile** en demandant des **dommages-intérêts.**

Mon ex-mari a été condamné pour abandon de famille à une peine de six mois de prison avec sursis plus une mise à l'épreuve. Il reste me devoir 80 000 F. Qu'est-ce que cela signifie ?

Le condamné qui bénéficie du sursis avec mise à l'épreuve est ➤

QUESTIONS-RÉPONSES

placé sous le contrôle du **juge de l'application des peines** et doit satisfaire, au cours du délai d'épreuve, à un ensemble de mesures de surveillance et d'assistance comme, par exemple, répondre aux convocations, recevoir les visites de l'agent de probation, l'avertir de ses changements d'emploi ou de résidence, de ses déplacements. Il peut être tenu de justifier du paiement de ses obligations familiales (pension alimentaire), etc. La juridiction fixe le délai d'épreuve. La **révocation du sursis** peut intervenir (une peine de prison ferme est alors ordonnée) si l'intéressé commet un nouveau délit pendant le délai d'épreuve ou encore s'il ne satisfait pas aux mesures de contrôle de la mise à l'épreuve.
La condamnation assortie du sursis avec mise à l'épreuve est réputée non avenue si le sursis n'est pas révoqué (art. 132-38, 132-48 et suivants C. pén.).

Mon ex-mari exerce une profession libérale. Il me doit un arriéré de pension sur 18 mois pendant lesquels il n'a versé que la moitié de ce qu'il me devait. J'ai l'intention de demander au tribunal de le contraindre à payer sa dette (blocage de son compte bancaire, mise en demeure de payer). Suis-je obligée de prendre un avocat ?

Vous n'avez pas plus à prendre un avocat qu'à saisir le tribunal. Il faut en revanche que vous demandiez à un **huissier de justice** dans le ressort de votre domicile de diligenter une procédure en lui adressant un dossier complet (identité du débiteur, adresse, adresse de sa banque et numéros de compte, copie du jugement exécutoire...). Si cette procédure ne fonctionne pas, les frais en seront réglés par le Trésor public.

J'ai fait appel à un huissier qui a fait une saisie-attribution sur le compte bancaire de mon mari. Les frais d'huissier sont bien à sa charge, mais l'huissier m'a retenu sur le principal des honoraires (article 10) une somme de l'ordre de 1 500 F. Est-ce normal ?

Un décret du 8 mars 2001 a exonéré pour l'avenir les créanciers d'aliments de ce droit proportionnel prévu par l'article 10 du décret relatif aux frais d'huissiers. Si la saisie a été introduite après l'intervention de ce décret, aucun droit n'est dû (Voir la rubrique : *Coût d'un divorce, Qui paye les frais d'huissier ?*)

En cas de non-paiement de pension alimentaire, dans quel délai peut-on exercer une procédure de recouvrement ?

Une procédure de recouvrement doit être intentée dans les cinq

➤

QUESTIONS-RÉPONSES

ans en vertu de l'article 2277 du Code civil. Cela signifie qu'il n'est pas possible, compte tenu de cette prescription, de demander devant un juge plus de cinq ans d'arriérés. Ainsi une pension alimentaire due le 1er janvier 1995 ne peut plus être réclamée après le 1er janvier 2000.

LA PENSION ALIMENTAIRE DES ENFANTS MAJEURS

Selon les tribunaux, la contribution prévue par l'article 288 du Code civil pour les enfants est due jusqu'à la fin des études des enfants et un emploi rémunéré non occasionnel. En effet, le devoir d'entretien et d'éducation ne s'éteint pas à la majorité de l'enfant, mais se prolonge au-delà. Ce principe a été posé par un arrêt de la Cour de cassation dans le cadre d'une action engagée par la mère chez qui résidait l'enfant (C. cass., civ. 2e, 8.2.1989).

▶ Précision apportée par l'ordonnance de non-conciliation ou le jugement de divorce

Dans la plupart des cas, la décision fixant la pension pour les enfants prévoit la survie de cette pension après la majorité dans les conditions indiquées ci-dessus. À défaut, elle est présumée continuer au-delà, et, par exemple, un père débiteur ne pourrait pas demander la **mainlevée** d'une procédure de paiement direct sous prétexte que l'enfant a atteint sa majorité.

▶ Action engagée par l'un des parents après le divorce

L'article 295 du Code civil dispose que « *le parent qui assume à titre principal la charge d'enfants majeurs qui ne peuvent subvenir eux-mêmes à leurs besoins peut demander à son conjoint de lui verser une contribution à leur entretien et éducation* ». C'est le seul article qui prévoit le versement d'une pension alimentaire pour enfants majeurs dans le cadre de l'après-divorce. L'idée de ce texte est de ne pas laisser le parent assumer seul la charge financière d'un enfant majeur, que ce dernier poursuive ou non des études, et par ailleurs d'éviter que le jeune fasse directement une demande auprès de ses parents.
Les conditions dégagées par la jurisprudence à cet égard sont :
- que l'enfant soit à la charge effective d'un de ses parents (qu'il habite ou non avec lui),
- qu'il ne puisse subvenir à ses besoins (chômeur, étudiant, existence d'un handicap, d'une maladie...).

Sur un plan pratique, c'est au parent débiteur de demander, le cas échéant, la suppression de cette pension en faisant valoir que le ou les enfants ne sont plus à la charge de l'autre parent ou que lui-même n'est plus en mesure de régler la pension alimentaire. En revanche, l'argument suivant lequel les études de l'enfant ne sont pas sérieuses est inefficace quand la mère prouve que l'enfant est à sa charge effective.

Exemple

Dans une affaire jugée par la Cour de cassation, le père demandait la suppression de la pension qu'il versait à son ex-femme au motif que les études de ses enfants manquaient de sérieux ou étaient fantaisistes. L'arrêt d'appel qui lui avait donné gain de cause a été cassé par la cour de cassation : la seule chose que devaient vérifier les juges d'appel était que les enfants étaient bien à la charge à titre principal de leur mère (C. cass., civ. 2e, 11.12.1991).

La pension doit être versée en principe entre les mains du parent chez qui l'enfant habite et (ou) qui pourvoit à son entretien. Certaines juridictions ont cependant admis (notamment quand l'enfant n'habite pas chez son parent) que la pension pouvait être versée directement entre les mains du jeune.

▶ Action engagée directement par l'enfant

Le jeune majeur peut toujours de son côté demander à l'un ou à l'autre de ses parents de lui verser une pension. Au vu de la jurisprudence, deux cas doivent cependant être envisagés :

• Le jeune poursuit des études qualifiées par le juge de sérieuses, c'est-à-dire dénuées d'échecs graves, et débouchant avec vraisemblance sur une profession. Il peut donc obtenir le versement d'une pension alimentaire destinée à l'aider à aller jusqu'au bout desdites études. Selon un arrêt, « *si l'obligation que les époux, en application de l'article 203 du Code civil, contractent ensemble de nourrir, entretenir et élever leurs enfants cesse en principe à la majorité de ceux-ci, ils demeurent cependant tenus après cette date de leur donner, à proportion de leurs ressources, les moyens de poursuivre leurs études* » (CA Paris, 29.3.1985). L'âge du jeune peut parfois être considéré comme accessoire.

Exemple

La Cour de cassation a pris ainsi en considération les aptitudes remarquables de deux enfants pour imposer au père divorcé de leur donner les moyens de préparer pour l'une l'agrégation et pour l'autre l'internat en médecine (C. cass., civ. 2e, 19.10.1977, GP 78, Som. p. 8).

Le devoir d'entretien cesse à la fin normale des études ou de l'obtention d'un emploi non occasionnel rémunéré (C. cass., civ. 2e, 5.11.1986).
Certaines juridictions subordonnent le versement de la pension à la justification par le jeune, auprès du parent débiteur de la pension de la poursuite de ses études (bulletins d'inscription, résultats universitaires...).
Les parents ont le droit d'être informés du suivi des études. Le jeune doit, selon la majorité des décisions, apporter la preuve des faits qu'il invoque et certaines juridictions subordonnent le versement de la pension à la justification, par le jeune auprès du parent débiteur de la pension, de la poursuite de ses études (certificat de scolarité attestant du suivi des études, résultats universitaires...). Faute de quoi, la pension ne sera pas ou ne sera plus versée.

Exemple

*Il a été jugé qu'un **certificat de scolarité** attestant qu'un jeune a bien suivi les cours de première année de BTS justifiait du suivi des études. En revanche, le fait d'être admis en deuxième année de BTS est insuffisant (CA Douai, 7.2.1991, D. 92, Som. p. 69).*

• Il ne poursuit pas d'étude, mais il est dans le besoin (chômeur non indemnisé...), il peut demander, comme toute personne en difficulté, une pension alimentaire à ses parents fondée sur les articles 205 et 207 du Code civil en justifiant de son état de besoin. Les tribunaux sont très exigeants dans cette hypothèse et demandent que la situation dans laquelle se trouve ce jeune ne lui soit pas imputable, notamment quand les études sont terminées depuis un certain temps (C. cass., civ. 1re, 25.6.1996).

Dans ces deux cas, c'est au jeune de faire la preuve du fait que le versement est justifié. Le parent peut éviter le règlement d'une pension en l'absence de preuve par son enfant de son état de besoin (il gagne sa vie) ou s'il est lui-même dans des difficultés financières.

Exemple

*Un arrêt a accordé une réduction de sa contribution à un père **chômeur**, justifiant de ses recherches d'emploi, en tenant compte entre autre du fait qu'il n'avait pas d'autre source de revenus (notamment patrimoine financier) alors que son enfant était sous contrat de formation et touchait une partie du SMIC (C. cass., civ. 2e, 20.11.1996).*

QUESTIONS-RÉPONSES

Ma fille, à qui je verse une pension, vient de se marier. Dois-je continuer le versement ?

En principe, c'est au conjoint, au titre de l'article 212 du Code civil, d'aider son conjoint en difficulté, et ce prioritairement par rapport aux parents. Par conséquent, c'est à votre nouveau gendre d'aider son épouse, votre fille. Vous pouvez donc tenter d'obtenir du juge une suppression de la pension... qui ne vous sera pas forcément accordé si votre gendre est lui-même étudiant.

Je verse une pension à mon ex-femme pour mon fils majeur. Puis-je demander la cessation du versement en exigeant que mon fils vienne vivre avec moi afin que je puisse vérifier le bon suivi des études ?

Non, il a été jugé que les enfants étant majeurs et poursuivant des études sont libres de choisir leur résidence et que leur père ne pouvait subordonner sa contribution à l'obligation pour les enfants de venir vivre avec lui (C. cass., civ. 2e, 28.1.1981).

Mon fils majeur, étudiant, ne vient jamais me voir depuis le divorce ni ne me donne des nouvelles. Au téléphone, il

➤

QUESTIONS-RÉPONSES

est facilement injurieux. Puis-je cesser de lui verser sa pension à laquelle j'ai été condamné dans le jugement de divorce ?

Il a été jugé que même un manquement grave des enfants vis-à-vis de leur(s) parent(s) ne pouvait justifier une interruption dans les versements de la pension. L'article 207 du Code civil prévoit qu'une pension alimentaire peut être amenée à cesser quand le créancier a manqué gravement à ses obligations vis-à-vis du débiteur. Néanmoins, cet article ne s'applique pas à l'obligation d'entretien et d'éducation des parents vis-à-vis de leur enfant fixé dans le jugement de divorce ou à la suite d'une action en justice du majeur (C. cass., civ. 2e, 17.7.1985 et 17.5.1995).

Je demande à être déchargé de la pension que je verse pour ma fille majeure puisque je viens d'apprendre qu'elle gagnait sa vie depuis maintenant bientôt cinq mois. Puis-je demander au juge de faire rétroagir sa décision au jour où elle a commencé son travail ?

Oui, le juge pourra (il n'y est pas obligé) décider, en fonction des éléments du dossier qui lui sont soumis, la suppression de la pension à compter du jour où la modification de fait est intervenue (C. cass., civ. 2e, 23.6.1993).

Ma fille vit en concubinage avec un garçon gagnant largement sa vie. Puis-je en faire le constat en demandant à un huissier pour en faire état dans le cadre d'une demande en suppression de pension ?

Il a été jugé que ces faits relevaient de la vie privée et que ce genre de preuve était irrecevable (CA Douai, 25.4.1991). En revanche, si vous avez quelques éléments de preuve de ce que vous avancez, vous pouvez en faire état dans le cadre d'une demande en réduction ou en suppression de pension alimentaire. Si le fait de vivre en concubinage ne supprime pas l'obligation alimentaire des parents, il y a lieu de tenir compte des revenus du concubin pour l'appréciation de l'état de besoin (CA Bordeaux, 18.3.1998).

Suite à un divorce, je paie une contribution pour ma fille. Puis-je cesser de régler sans préavis cette contribution dès lors que cet enfant est majeur ? Dans quels cas suis-je obligé de poursuivre les versements ? Que dois-je exiger comme documents ? Et le cas échéant, comment vérifier la véracité de ces derniers ?

Il faut tout d'abord vous reporter aux termes du jugement de divorce. De façon générale, il faut savoir que, selon les tribu-

➤

QUESTIONS-RÉPONSES

naux, en ce qui concerne la pension alimentaire des enfants majeurs, la contribution prévue par l'article 288 du Code civil est due jusqu'à la fin des études des enfants et l'obtention d'un emploi rémunéré non occasionnel. Le devoir d'entretien et d'éducation ne s'éteint en effet pas à la majorité de l'enfant mais se prolonge au-delà.
Ce principe a été posé par un arrêt dans le cadre d'une action engagée par la mère chez qui résidait l'enfant (C. cass., civ. 2e, 8.2.1989). La contrepartie de cette contribution est que le jeune (et le parent qui le prend en charge) doivent fournir tous renseignements au parent débiteur concernant la poursuite d'études sérieuses notamment (bulletins d'inscription universitaire, résultats des épreuves de fin d'année...). Certaines juridictions subordonnent le versement à l'information du parent débiteur.
Nous vous conseillons en un premier temps de vous rapprocher des intéressés en faisant état de cette jurisprudence et en exigeant les pièces indiquées. Si vous n'obtenez pas de réponse ni auprès de votre ex-épouse ni de votre fils, vous pouvez saisir le juge en demande de cessation de pension. Nous vous déconseillons en revanche de cesser de vous-même le versement au risque de vous voir notifier une procédure de paiement direct (procédure prévue en cas de non-paiement de pension).
Par ailleurs, il faut savoir que la pension reste due à votre ex-femme si elle a la charge effective de l'enfant, conformément à l'article 295 du Code civil... et cet article ne vise pas que les situations où le jeune suit des études, mais a été étendu aux cas de chômage, maladie, handicap du jeune.

Je verse à mon enfant majeur une pension. Je voudrais en demander la réduction du fait de mon chômage. Est-ce possible ? Je vous précise que mes enfants sont sous contrat de formation et touchent une partie du SMIC.

Oui, il est possible de demander une réduction du montant de la pension pour cette raison. Il faut savoir qu'en matière d'obligation alimentaire sont pris en compte les ressources financières du débiteur et les besoins du créancier. Vous devrez donc dans le cadre de l'action en suppression faire état de votre état de chômage et, si possible, justifier vos recherches d'emploi ainsi que le fait que vous n'avez pas d'autres sources de revenus (par exemple patrimoine financier). Vous pouvez invoquer à cet égard un arrêt de la C. cass., civ. 2e, du 20.11.1996 qui a accordé une réduction de sa contribution à un père **chômeur**.

• *Pour trouver le thème qui vous intéresse, consultez la table des matières en début de volume ou l'index alphabétique en fin de volume.*

LES ALLOCATIONS FAMILIALES

▶ Le droit aux allocations familiales après le divorce

Le parent à qui sont versées les prestations est la personne qui assume la **charge effective et permanente** de l'enfant (art. L. 513-1 C. séc. soc.). Avoir la charge effective et permanente signifie dans le langage courant en assumer les frais d'entretien et d'éducation, c'est lui fournir habillement, nourriture et éducation. Les allocations familiales sont en effet versées pour compenser (en partie) les charges supportées par un parent pour élever les enfants.

Le droit aux prestations ne peut être attribué qu'à une seule personne au titre d'un même enfant. En cas de divorce, et si chaque époux assume la charge effective et permanente de l'enfant, l'allocataire est celui au foyer duquel vit l'enfant (art. R. 513–2 C. séc. soc.). Sera donc bénéficiaire des allocations familiales le parent chez qui l'enfant a sa résidence habituelle en cas d'autorité parentale conjointe ou le parent qui a l'autorité parentale exclusive dans les autres cas (voir p. 284 et s.).

En cas de résidence alternée, rien n'empêche les époux de se mettre d'accord sur la personne qui bénéficiera des allocations familiales. La loi ne fait donc pas état de **l'autorité parentale** comme critère d'attribution des allocations familiales. Elle n'envisage que la situation concrète de savoir qui a la charge effective et permanente de l'enfant, et, si les deux parents ont cette charge, chez qui habite l'enfant.

> ***Exemple***
>
> *Un père est privé de ses enfants par la mère qui refusait de les lui rendre. La caisse d'allocations familiales demandait le remboursement du trop-payé pour cette période où il n'avait pas eu ses enfants du fait de l'infraction pénale* ***(non-représentation d'enfant)*** *de la mère. Le père soutenait que cet élément était inopérant puisqu'il avait été privé de ses enfants malgré lui, et surtout qu'il avait obtenu la garde des enfants. L'arrêt de la Cour d'appel qui lui avait donné gain de cause a été cassé (C. cass., soc. 11.1.89). Il a donc dû rembourser le trop-perçu.*

QUESTIONS-RÉPONSES

Depuis mon divorce, mon ex-épouse et moi-même avons l'autorité parentale en commun de nos enfants avec résidence alternée. Nous avons donc tous les deux la charge de nos enfants. Qui va percevoir les allocations familiales ?

Une chose est sûre, c'est qu'il n'est pas possible de toucher chacun la moitié des allocations familiales. Les deux parents, dans ce cas de figure, doivent se mettre d'accord pour désigner celui qui sera l'allocataire. En tant qu'allocataire, cette personne bénéficiera de toutes les prestations familiales auxquelles elle peut prétendre, compte tenu notamment de sa nouvelle situation de famille et de ses nouvelles ressources ; à charge pour l'allocataire, le cas échéant, de reverser à son ex-conjoint, une partie des montants ainsi perçus.

En période de crise qu'est le divorce (et même en amont la séparation du couple), il est impératif pour la personne qui se retrouve seule avec les enfants de prendre rendez-vous sans tarder avec sa CAF.

▶ L'allocation de soutien familial (ASF)

Le droit à l'ASF : allocation familiale ou avance sur pension en cas de condamnation judiciaire

Cette allocation familiale est versée au parent ayant la charge effective et permanente d'un enfant :
- quand un parent est hors d'état de faire face à ses obligations d'entretien ou au versement de la pension alimentaire (**incarcération, chômage**...) depuis au moins deux mois,
- quand l'un des parents se soustrait à ses obligations de paiement depuis au moins deux mois.

• Dans ce dernier cas, l'allocation est versée pendant quatre mois. La cinquième mensualité d'allocation familiale et les suivantes ne sont en revanche versées que si la personne intéressée engage une action tendant à obtenir une pension alimentaire pour son enfant (art. L. 523-1 et suivants et R. 523-3 C. séc. soc.). La caisse d'allocations familiales sera **subrogée** dans les droits du bénéficiaire de l'allocation, quand le jugement aura été rendu et sera exécutoire, pour récupérer les sommes versées au titre de l'ASF sur le parent débiteur de la pension.

• Dans le cas d'une **condamnation judiciaire** à une pension alimentaire (jugement, arrêt, **ordonnance de non-conciliation** ou ordonnance initiale), quand un parent se soustrait à ses obligations d'entretien ou au versement d'une pension alimentaire mise à sa charge par une décision de justice depuis au moins deux mois, la caisse d'allocations familiales peut être chargée par le bénéficiaire de recouvrer la pension alimentaire et, parallèlement, peut lui verser une avance sur pension.

En effet, en présence d'une décision de condamnation judiciaire du débiteur de la pension, l'ASF est versée au bénéficiaire de la pension à titre d'avance sur pension. La caisse d'allocations familiales est subrogée dans les droits du parent bénéficiaire de la pension alimentaire dans la limite du montant de l'ASF, ou de la pension alimentaire si celle-ci est inférieure.

• En cas de non-paiement partiel de la pension, il est versé au bénéficiaire de la pension une allocation différentielle qui complète le versement partiel effectué par le débiteur à hauteur de la pension alimentaire, sans toutefois pouvoir excéder le montant de l'ASF. Pour la somme versée par ses services, la caisse d'allocations familiales est subrogée dans les droits du bénéficiaire. Cette allocation différentielle est versée trimestriellement.
La **subrogation** signifie que c'est la caisse d'allocations familiales qui va engager une procédure, à la place du bénéficiaire de la pension, contre le débiteur devant le juge pénal. En pratique, les caisses exigent une plainte pour abandon de famille. Le recouvrement de ces sommes peut être confié aux comptables du Trésor public (art. L. 523-1 et suivants, L. 581-1 et suivants, R. 523-1 et suivants C. séc. soc.).

La prestation est versée dans les conditions suivantes :
- il faut au moins deux mois d'impayés,
- ou que, moins d'un an après la reprise des paiements entre les mains du créancier ou de la caisse d'allocations familiales, le parent se soustraie à nouveau à son obligation de paiement.

Comment demander l'ASF ?

Le parent doit s'adresser à la caisse d'allocations familiales dont il dépend en remplissant un formulaire « demande de soutien familial » et en adressant les documents justifiant de ses droits au versement (jugement de divorce par exemple), la fiche familiale d'état civil de l'enfant, copie de l'acte prouvant qu'il a engagé une procédure de recouvrement le cas échéant.

Quand prend fin le versement de l'ASF ?

Quand le parent se **remarie** ou vit maritalement (**concubinage**), l'allocation cesse d'être due à compter du premier jour du mois au cours de cet événement. Le versement peut d'ailleurs reprendre si le parent justifie de vivre à nouveau seul.

Que peut faire le bénéficiaire de la pension alimentaire s'il ne remplit pas les conditions pour bénéficier de l'ASF ?

Il peut bénéficier de l'aide de la caisse d'allocations familiales pour recouvrer les termes échus dans la limite de deux ans et des termes à échoir, si une voie d'exécution engagée par ses soins n'a pas abouti (art. L. 581-6 C. séc. soc.).

▶ L'allocation de parent isolé (API) (art. L. 524-1 C. séc. soc.)

Il s'agit du droit de percevoir une allocation pour une personne assumant seule la **charge effective et permanente** de l'enfant, divorcée ou séparée. Le fait pour le parent isolé de vivre dans sa famille ne suffit pas à écarter la condition de charge effective et permanente de l'enfant.
L'allocation est versée à partir :
- soit de la date de la **séparation de fait,** au moment où la personne isolée commence à assumer la charge effective et permanente d'un enfant,
- soit de la décision prononçant le **divorce** ou la **séparation de corps**.
Cette allocation est versée pendant une durée déterminée. En effet, elle est versée à compter du premier jour du mois civil au cours duquel la demande est présentée,
- soit pendant une période de douze mois consécutifs dans la limite de dix-huit mois à compter de la date d'ouverture du droit,
- soit au-delà jusqu'à ce que le plus jeune enfant à charge ait trois ans. Dans ce cas, le versement de l'allocation est en plus prolongé d'une durée égale à celle qui s'est écoulée entre la date d'ouverture du droit et celle de la présentation de la demande, sous réserve que cette durée ait été inférieure à six mois).

QUESTIONS-RÉPONSES **Je compte engager une procédure de divorce, faut-il attendre le prononcé du divorce, quand on est déjà séparé de son conjoint, pour demander l'API pour ses enfants ?**

Non, ce qui compte pour la caisse d'allocations familiales, c'est la date de la **séparation de fait.** L'allocation peut donc être demandée dès la séparation du couple, même si le parent et les enfants habitent chez un parent proche (C. cass., soc., 19.5.1994), dans un centre maternel ou d'hébergement.

L'APRÈS-DIVORCE

La saisine du juge aux affaires familiales

▶ Quand le juge aux affaires familiales peut-il être saisi ?

Le juge aux affaires familiales peut être à nouveau saisi après le divorce :
- pour une modification concernant l'exercice de **l'autorité parentale** sur les enfants (changement de parent bénéficiaire de l'autorité parentale, changement de parent chez lequel l'enfant réside habituellement, modification des modalités de droit de visite et d'hébergement...),
- pour une modification concernant la **pension alimentaire pour les enfants,** et entre époux en cas de divorce pour rupture de la vie commune ou de séparation de corps,
- pour une demande de révision de prestation compensatoire.

▶ L'assistance d'un avocat est-elle obligatoire ?

L'assistance d'un **avocat** n'est pas obligatoire dans le cadre de la saisine du juge après divorce.

▶ Quelle est la procédure à suivre ?

L'ex-époux doit former sa demande par **requête,** ou même par **lettre simple** qui doit être datée et signée par celui qui la présente, ou par son **avocat** (art. 1084 NCPC).
Doivent être également précisés l'adresse du demandeur, l'objet de la demande et les raisons qui la justifient, l'adresse de l'autre parent ou du moins sa dernière adresse connue. La requête est déposée au greffe (secrétariat du juge). Elle est notifiée par le greffier à la partie adverse par lettre recommandée avec demande d'avis de réception et indique la date retenue pour l'audience.
La jurisprudence admet aussi la possibilité de saisir le juge par **simple lettre**. Dans cette hypothèse, le juge convoque les parties en indiquant l'objet de la convocation.
Le juge statue après avoir entendu les parties. Sa décision est, de plein droit, exécutoire par provision (art. 1087 C. civ.). Ceci signifie que l'exercice d'une voie de recours par un des parents (l'appel par exemple) ne suspend pas l'exécution de la décision.
Sa décision est signifiée par **huissier** aux intéressés. Elle peut aussi être simplement envoyée par lettre recommandée avec demande d'avis de réception.
Les parties peuvent faire **appel** de cette décision dans les quinze jours qui suivent la date de la signification ou de la réception de la décision (art. 1084 à 1087 NCPC). Devant la cour d'appel, il y aura lieu de prendre un **avocat**.

▶ Quelle est la procédure en cas d'urgence ?

En **cas d'urgence,** il est possible d'assigner en **référé**, c'est-à-dire de demander à un huissier de justice de faire citer l'ex-conjoint à comparaître pour la date la plus proche possible d'audience du juge. Le demandeur devra justifier de l'urgence devant le juge. Cette procédure peut être utile, notamment quand un parent présente un **danger,** de par son comportement, pour l'enfant.

▶ Quel est le juge compétent ?

Le juge compétent est celui du lieu où, lors de l'introduction de l'instance, réside l'ex-époux qui a l'autorité parentale, ou, en cas d'exercice en commun, celui chez qui a été fixée la résidence habituelle des enfants mineurs. À défaut, le juge compétent est celui du lieu où réside l'époux qui n'a pas pris l'initiative de la demande. S'il s'agit d'une demande de modification de la pension alimentaire, le juge compétent est le juge du lieu où réside l'époux créancier ou le parent qui assume à titre principal la charge des enfants, même majeurs (art. 1072 NCPC).

Le cas particulier de la révision de la prestation compensatoire

La loi ne prévoyait, avant la réforme du 30 juin 2000, la compétence du juge aux affaires familiales que si la demande de révision s'inscrivait dans le cadre d'une **clause de révision** prévue, en cas de divorce sur **demande conjointe,** par la convention définitive (art. 1084 NCPC).
Si la demande portait sur une modification du montant de la **prestation compensatoire** en application de l'article 273 du Code civil (c'est-à-dire lorsqu'une modification est demandée pour exceptionnelle gravité), c'était le tribunal de grande instance qu'il convenait de saisir.

LE POINT SUR LA RÉFORME **La loi n° 2000-596 du 30 juin 2000**

Désormais, toutes les actions postérieures au divorce sont du ressort du juge aux affaires familiales, même les actions en révision de prestation compensatoire, qu'elles s'inscrivent dans le cadre d'un divorce sur demande conjointe comme auparavant, ou après un autre type de divorce (art. 247 C. civ.). Il ne sera plus nécessaire dans ce dernier cas de saisir le tribunal de grande instance en s'adressant à un avocat.
Il en est de même, de la demande de substitution d'un capital à une rente, de la demande de libération anticipée du solde du capital ou de la demande d'imputation de la pension de réversion sur la prestation compensatoire (dans les cas où cela n'est pas automatique). Sur tous ces points, on peut se reporter à la rubrique : *La prestation compensatoire.*

LES CONSÉQUENCES FISCALES DU DIVORCE

Les conséquences du divorce pour l'impôt sur le revenu

L'IMPOSITION COMMUNE ET LA SOLIDARITÉ DES ÉPOUX

Les personnes mariées sont en principe soumises au principe de l'imposition commune, ce qui implique une déclaration commune (elles ont droit à deux parts si elles n'ont pas de personne à charge). Cette imposition commune est liée au fait que les époux habitent ensemble (art. 6-1 CGI).
Une des conséquences de cette imposition commune est la solidarité fiscale des époux prévue par l'article 1685 du Code général des impôts. Cet article prévoit en effet une solidarité des époux pour le paiement de l'impôt sur le revenu quand ceux-ci sont soumis à une imposition commune. Cette solidarité implique que le fisc peut demander la totalité du règlement des impôts à l'un ou à l'autre des époux. Elle a vocation à s'appliquer pendant l'instance en divorce, et même après le divorce s'il reste des sommes à payer au titre de l'imposition commune. Elle s'applique aux **acomptes prévisionnels** calculés sur les cotisations d'impôts dues au titre de la dernière année d'imposition commune.
Cette solidarité ne s'applique pas uniquement à l'impôt sur le revenu, elle s'applique également à l'impôt de solidarité sur la fortune (ISF) en application de l'article 1723 ter-00-B du Code général des impôts.
Un des époux peut cependant demander une décharge de son obligation, s'il a des difficultés à régler les sommes dues. Cette décharge sera accordée en fonction du dossier fourni (il faut démontrer les difficultés de règlement, la bonne foi de l'intéressé...). Si la demande est acceptée, il peut obtenir d'être déchargé de sa solidarité, c'est-à-dire être exonéré en tout ou en partie de la part des impôts relevant de son conjoint.
En revanche, à partir du moment où ils sont imposés distinctement, chacun des époux n'est redevable que des cotisations personnelles mise à sa charge.

L'IMPOSITION SÉPARÉE

Alors que l'imposition commune et solidaire est de règle, l'imposition séparée devient possible dans certains cas de non-cohabitation des époux. Tel est le cas quand :
- ils sont **séparés de biens** et **ne vivent pas sous le même toit,**
- ils sont en instance de divorce ou de séparation de corps et ont été **autorisés à résider séparément** : les époux, s'ils ne bénéficiaient pas déjà précédemment d'une imposition séparée, peuvent en bénéficier dès **l'ordonnance de non-conciliation** les autorisant à résider séparément,
- l'un ou l'autre a **abandonné le domicile conjugal** et chacun dispose de revenus distincts (art. 6-4° CGI).

L'imposition devient également séparée quand les époux sont divorcés.

COMMENT S'ÉTABLIT LA DÉCLARATION DE REVENUS ?

▶ L'année de la fin de la vie commune

Les époux ou ex-époux doivent déclarer ensemble les revenus du ménage, du 1er janvier jusqu'au jour de la fin de la **vie commune.** Cette fin de vie commune sera, au choix, la date de séparation de fait si les époux sont séparés de biens, la date de **l'abandon du domicile conjugal** en cas de revenus distincts ou la date de l'ordonnance du juge du divorce autorisant les époux à vivre séparément (voir ci-dessus).
Chaque époux ou ex-époux doit déclarer ses revenus propres et ceux des personnes comptées à sa charge, depuis le jour de la fin de la vie commune jusqu'au 31 décembre.

▶ Les années suivantes

Chaque époux ou ex-époux doit déclarer ses revenus propres et ceux des personnes comptées à sa charge.

APRÈS LE DIVORCE, QUEL EST LE QUOTIENT FAMILIAL APPLICABLE AUX ENFANTS À CHARGE ?

Cette question est traitée ci-dessus dans la rubrique : *Les conséquences vis-à-vis des enfants.*

LA FISCALITÉ DES PENSIONS ALIMENTAIRES

▶ La déductibilité de la pension alimentaire ou du capital

Les pensions versées sous forme de **rente**, en exécution d'une décision de justice, en cas **de divorce** ou de **séparation de corps** (ou d'instance en divorce ou séparation de corps), sont déductibles du revenu de celui qui les verse et imposables entres les mains du bénéficiaire, qu'il s'agisse :
– des pensions versées entre époux (pendant la procédure de divorce – ou de séparation de corps – ou en cas de divorce – ou de séparation de corps – pour rupture de la vie commune),
– des pensions versées pour les enfants (art. 156-II-2° CGI).

⚠ *Attention*

• *Les époux doivent être en possession d'un* ***jugement****. Le fisc n'admet pas la déduction de sommes figurant sur un simple accord passé entre les époux et non homologué par le juge.*

• *Pour apporter la* **preuve** *du versement d'une pension alimentaire déduite de ses revenus, le contribuable concerné doit fournir un justificatif comportant son nom, celui du bénéficiaire, la date et le montant du versement effectué. Les règlements par chèques ou par virement, appuyés sur des relevés bancaires nominatifs, satisfont donc à des exigences. En revanche, de simples récépissés de mandats postaux ne constituent pas un justificatif suffisant (Rép. Min. JO AN 12.4.1999, p. 2212).*

BON À SAVOIR

Même en l'absence de clause d'indexation, le contribuable peut revaloriser spontanément la pension, sous réserve qu'elle soit conforme à l'évolution du coût de la vie, c'est-à-dire qu'elle suive la variation de l'indice moyen annuel des prix à la consommation (BOI 5 B 9 94 ; voir la rubrique : *L'indexation*). De son côté, celui qui reçoit la pension doit répercuter cette revalorisation quand il la déclare dans le cadre de ses revenus.

▶ Les enfants

Certaines précisions doivent être apportées quand il s'agit d'une pension pour un enfant dans le cadre d'un divorce.
Quand la pension est versée sous forme d'un **capital** qui permet d'accorder à l'enfant une rente (art. 294 C. civ.), il est possible de déduire chaque année, dans la limite de 18 000 F (soit 2744,08 euros) pour l'année 2000, pour chaque enfant une somme égale au capital versé divisé par le nombre d'années sur lesquelles doit s'échelonner le versement de la rente (art. 156-II-2° CGI). Les autres modes de règlement n'ouvrent pas droit à déduction (CAA Lyon, 7.4.1994).

L'enfant mineur

Les frais entraînés par l'exercice des **droits de visite et d'hébergement** (frais de voyage, dépenses de week-end, vêtements, inscription à un club de sport pendant les vacances...) n'ouvrent droit à aucune déduction fiscale.
Le parent qui a l'autorité parentale sur cet enfant peut tenir compte de cet enfant pour établir le nombre de parts, l'autre parent pouvant alors déduire la pension qu'il lui verse à hauteur du montant fixé **judiciairement** ou fixée dans la **convention homologuée** en cas de divorce sur **demande conjointe** (sur le **quotient familial**, voir la rubrique : *Les conséquences vis-à-vis des enfants*).

L'enfant majeur

Lorsque la pension est versée à des **enfants majeurs,** les parents peuvent soit déduire la pension versée à l'enfant, soit bénéficier d'un abattement sur le revenu imposable si l'enfant est rattaché à leur foyer fiscal (les deux possibilités n'étant pas cumulables).

Rattachement fiscal de l'enfant majeur

Le rattachement n'est possible que si l'enfant :
- a moins de vingt et un ans (quelle que soit sa situation) au 1er janvier de l'année imposable (revenus de l'année 1999),
- ou a moins de vingt cinq ans et poursuit des études,
- ou a accompli son service national pendant tout ou partie de l'année imposable,
- ou encore est infirme.

Si l'enfant est célibataire, son rattachement donne droit au titre du **quotient familial** à une demi-part supplémentaire.

Si l'enfant est marié ou chargé de famille, son rattachement donne droit à un abattement de 23 360 F, montant identique à celui de la déduction, par enfant rattaché pour l'année 2000 et 24 680 F pour l'année 2001 (art.196 B CGI).

Déduction de la pension alimentaire d'un enfant majeur

Si le rattachement n'est pas possible ou si l'enfant ne demande pas ce rattachement, les parents peuvent déduire de leurs revenus la pension alimentaire qu'ils lui versent.
Le montant de déductibilité est plafonné à 23 360 F au titre de l'imposition des revenus de 2000 et 24 680 F au titre de l'imposition des revenus de 2001, par an par contribuable (loi de finances pour 2001). Le montant de déductibilité est ainsi plafonné **même si elle est fixée par une décision de justice**, ce qui peut paraître critiquable. Elle s'applique à toutes les dépenses (pension, frais assumés par les parents effectués pour l'enfant). Les pensions supérieures à ce montant ne peuvent être déduites par celui qui les verse, mais ne seront pas non plus imposables entre les mains de l'enfant qui les perçoit.
Si l'enfant est marié, les parents du jeune mari ainsi que les parents de la jeune épouse ont droit à cette déduction plafonnée à 23 360 F au titre de l'imposition des revenus de 2000 et 24 680 F au titre de l'imposition des revenus de 2001 s'ils versent les uns et les autres une pension alimentaire à leurs enfants mariés.

Si **l'enfant est marié**, et qu'un parent justifie subvenir **seul** aux besoins du jeune couple, il peut déduire le double de ce montant (soit 46 720 F pour l'imposition des revenus 2000 et 49 360 F pour les revenus 2001). Cette même limite s'applique quand les parents justifient participer seuls à l'entretien d'un enfant célibataire, veuf ou divorcé et ayant lui-même un ou plusieurs enfants à charge.

EN PRATIQUE **Les grands-parents**

Les **grands-parents** ne peuvent pas directement déduire la pension qu'ils sont amenés à verser à leurs petits-enfants. Pour le fisc en effet, l'aide apportée à un petit-enfant dans le besoin doit être appréciée après réalisation de l'obligation alimentaire des parents. Si les ressources des parents sont insuffisantes, les grands-parents peuvent déduire la pension alimentaire qu'ils versent à leurs propres enfants divorcés (voir ci-dessus). Si le contribuable supporte également les frais d'entretien des enfants de son propre enfant, il est admis que ce chiffre soit doublé (Doc. adm. 5 B 2421-48).

BON À SAVOIR **Une pension alimentaire non imposable pour l'enfant handicapé**

Pour ne pas rendre un enfant majeur imposable, mieux vaut régler directement le centre hospitalier plutôt que de lui verser une pension alimentaire.

Les pensions alimentaires versées aux enfants dans le besoin, en vertu de l'obligation alimentaire prévue par les articles 205 à 207 du Code civil, sont déductibles des revenus si leur montant est compatible avec les propres ressources du débiteur de l'obligation. En contrepartie, ces sommes sont imposables dans les mains de celui qui les reçoit. Cette imposition peut parfois constituer un frein à l'aide apportée, notamment dans les cas où le montant de la pension rendrait imposable une personne normalement exonérée. Ainsi, lorsque la pension alimentaire est versée pour le règlement des frais de séjour dans un centre hospitalier d'un enfant majeur infirme, sans ressources propres, il n'y a pas lieu à imposition selon l'administration fiscale. En revanche, elle reste déductible pour le créancier (Doc. adm. 5 B-2421, n° 8, 1er.9.1999, 5 F-1243, n° 3, 10.2.1999).

Mais, comme pour les parents âgés, la pension qui servirait à régler le salaire d'une aide à domicile demeure imposable pour l'ascendant.

▶ Les époux

Une pension alimentaire entre époux peut être versée :

– pendant la procédure de divorce ou de séparation de corps (art. 255 C. civ.),

– après un **divorce pour rupture de la vie commune**, ou une **séparation de corps** (art. 282 C. civ.).

Attention

Le régime fiscal de la prestation compensatoire diffère de celui des pensions alimentaires. Ce régime fait l'objet d'une étude sous la rubrique : Prestation compensatoire *à laquelle il convient de se reporter.*

La pension alimentaire, versée sous forme de **rente**, est déductible dans son intégralité des revenus de celui qui la verse. Elle est imposable de la même façon pour celui qui la reçoit.

QUESTIONS-RÉPONSES

Séparée depuis un an de mon épouse sans jugement, je lui verse à l'amiable tous les mois une somme de 2 000 F. Puis-je la déduire de mes impôts ? Je vous précise que nous sommes imposés distinctement.

Vous ne pouvez pas déduire cette somme à défaut de décision judiciaire fixant cette somme. De son côté votre femme n'a pas à la déclarer.

Après un divorce, les impôts peuvent-ils contester l'accord uniquement passé entre les époux pour augmenter la pension alimentaire pour les enfants ? Est-il obligé que cette pension soit accordée par le juge ?

Il est tout à fait possible de fixer le montant de la pension à l'amiable (en l'augmentant ou en le réduisant par rapport à la décision judiciaire).

Mais cela présente deux inconvénients :

– le créancier ne pourra réclamer le nouveau montant dans l'hypothèse où le débiteur cesse ses versements. Sa réclamation ne peut porter que sur le chiffre figurant sur le jugement ;

– le fisc n'admet en déduction des revenus que les montants figurant dans une décision judiciaire définitive et non ceux résultant de l'accord ultérieur des ex-époux.

Il est donc recommandé de s'adresser au juge aux affaires familiales pour rendre officiel l'accord portant sur les nouvelles modalités de la pension alimentaire.

J'ai été condamné à verser 2 000 F par mois à ma fille étudiante célibataire. Est-il vrai que je ne peux pas déduire toutes les sommes que je verse de mes impôts ?

La pension alimentaire versée aux **enfants majeurs célibataires**

➤

QUESTIONS-RÉPONSES

est déductible de ses revenus dans la limite de 23 360 F (montant eu euros à paraître) par enfant et par an pour l'année 2000. Cette limite est doublée si vous subvenez seul aux besoins d'un enfant majeur, célibataire, veuf ou divorcé, **chargé de famille** ; vous pouvez alors déduire 46 720 F (montant eu euros à paraître) quel que soit le nombre des petits-enfants.

Je paye une pension pour mon enfant. Que se passe-t-il pour la déduction de la pension alimentaire si l'enfant a 18 ans en cours d'année ?

Si votre enfant atteint 18 ans dans l'année, vous avez droit à la déduction intégrale du montant de la contribution que vous avez versée du 1er janvier à la date de ses 18 ans. De la date de sa majorité au 31 décembre de l'année, le montant de la pension pourra être déduit dans les limites posées par l'administration fiscale.

Quelle est la conséquence fiscale d'un trop perçu ? Mon ex-mari été condamné en janvier 1999 à me verser une pension d'un montant de 10 000 F par mois. J'ai donc été imposée en 1999 sur 120 000 F (12 x 10 000 F), de même qu'en 2000. En 2001, mon mari a obtenu du juge une diminution de la pension à hauteur de 3 000 F, avec effet rétroactif. J'ai donc été trop imposée pour le passé ! Puis-je me faire rembourser par les impôts ?

Non, a priori (vous pouvez toujours tenter votre chance), aucun dégrèvement ne sera accordé. Mais, selon le centre des impôts, la somme que vous devez reverser (dans notre exemple : 168 000 F [24 x (10 000 – 7 000)]), va s'imputer sur ses pensions à venir (36 000 F par an) que vous devriez déclarer, créant ainsi un déficit reportable sur les cinq prochaines années.

En revanche, les versements en **capital**, les frais accessoires tels les frais d'emprunt contractés pour constituer un capital, les sommes versées à titre de dommages-intérêts, ne sont ni déductibles pour celui qui les verse, ni imposables pour celui qui les reçoit (art. 266 et art. 280-1 C. civ., BOI 5 B 9 77).

Quand la pension alimentaire, pendant l'instance en divorce, prend la forme d'une **mise à disposition à titre gratuit du logement familial**, cette mise à disposition est considérée comme une pension alimentaire versée en nature et c'est la valeur locative du logement qui est déductible pour celui qui le met à disposition et imposable pour celui qui en bénéficie.

Les impôts relatifs à l'habitation

LA TAXE D'HABITATION

▶ La solidarité

Les époux sont tenus solidairement au paiement de la taxe d'habitation lorsqu'ils vivent sous le même toit (art. 1685 CGI). La cohabitation doit être réalisée à la date légale de l'établissement des impôts, c'est-à-dire le 1er janvier de l'année d'imposition (peu importe que cette cohabitation cesse par la suite).

▶ L'imposition

La taxe d'habitation est établie au nom de la personne qui a la jouissance des locaux imposables (art. 1408-I CGI). Elle est établie pour une année en fonction de la situation du contribuable au 1er janvier. Le contribuable qui quitte le domicile conjugal après le 1er janvier reste redevable de cet impôt pour l'année entière.

LA TAXE FONCIÈRE

▶ L'absence de solidarité

Il n'existe pas de solidarité légale pour les taxes foncières. Leur recouvrement ne peut donc être demandé au conjoint que si l'immeuble est un bien commun au 1er janvier de l'année d'imposition.

▶ L'imposition

Toute propriété bâtie ou non bâtie est imposable au nom du propriétaire actuel (art. 1400 CGI). C'est donc le propriétaire au 1er janvier de l'année d'imposition qui doit la taxe foncière.

LES PLUS-VALUES DE CESSION DE LA RÉSIDENCE PRINCIPALE

Cette question est traitée dans la rubrique : *Les conséquences du divorce, Le sort du logement familial*.

LE REJET DU DIVORCE

Les conséquences du rejet du divorce

Un époux débouté de sa demande en divorce peut demander au juge d'organiser la séparation de fait entre lui et son conjoint. L'article 258 du Code civil prévoit en effet que, lorsque le juge rejette définitivement le divorce, il peut statuer sur la **contribution aux charges de mariage**, la **résidence de la famille** et les modalités de **l'autorité parentale** (art. 258 C. civ. et 1072 NCPC).

La loi, en effet, prend acte qu'il est plus qu'improbable que, malgré le rejet de la demande en divorce, il y ait reprise de la vie commune entre les époux. Cette mesure a pour mérite de ne pas interrompre les mesures provisoires qui avaient marqué l'instance. C'est le but de cet article puisque, sinon, la règle veut que les **mesures provisoires** cessent en cas de rejet du divorce. De plus, cet article règle la question de l'autorité parentale.

En pratique, les applications de cet article sont rares.

> ***Exemple***
>
> *Il a été jugé que l'article 258 n'autorise le juge qu'à prononcer des* ***mesures provisoires****. Un jugement ne peut pas fixer la* ***résidence de l'épouse*** *sa vie durant dans un appartement appartenant à son mari (C. cass., civ. 2e, 15.1.1997).*

DIVORCE INTERNATIONAL
–
SÉPARATION DE CORPS

LE DIVORCE INTERNATIONAL

Le divorce international est celui qui implique :
– des époux ayant des nationalités différentes,
– ou des époux résidant dans des pays différents.
Exemples
• Un divorce est demandé en France entre au moins un époux étranger ou un époux résidant à l'étranger. Cela sera le cas lorsque, par exemple, deux Espagnols vivant en France souhaitent y divorcer, ou lorsque un époux vivant en France et l'autre vivant en Espagne souhaitent divorcer en France. La question est celle de savoir s'il faut appliquer ici la loi française, avec toutes les règles telles qu'elles sont expliquées dans cet ouvrage – ou s'il faut leur appliquer la loi espagnole ?
• L'autre situation concerne un divorce prononcé à l'étranger, mais dont un des époux demande à bénéficier en France. Prenons pour hypothèse deux époux français vivant par exemple à Los Angeles. Ne s'entendant plus, ils y divorcent et, par la suite, un des ex-époux revient en France, y refait sa vie et souhaite se marier à nouveau. Mais si le divorce prononcé à Los Angeles n'est pas reconnu en France, la personne en question sera considérée en France comme étant toujours mariée, et donc elle ne pourra pas se remarier, ou alors sera bigame !

• Pour trouver le thème qui vous intéresse, consultez la table des matières en début de volume ou l'index alphabétique en fin de volume.

Dans les développements qui suivent, nous supposons donc qu'il existe toujours un élément (la nationalité ou la résidence d'au moins une des parties) qui a une relation avec l'étranger ; dans un divorce franco-français, ces problèmes ne se posent pas. Il convient de noter aussi que les règles exposées ci-dessus peuvent être modifiées par des conventions internationales entre la France et d'autres pays. Ceci est notamment le cas du Maroc, avec lequel la France a signé une Convention en date du 10 août 1981.

Le divorce est demandé en France

La première question à laquelle il convient de s'attacher ici est celle de savoir si un tribunal français est compétent pour prononcer le divorce. Les époux peuvent-ils saisir un tribunal français pour prononcer le divorce ? Si tel est le cas, il faut se demander quelle loi appliquera ce tribunal : la loi française ou une loi étrangère ?

LA COMPÉTENCE DU TRIBUNAL FRANÇAIS

Un tribunal est « compétent » si une affaire – ici une demande en divorce – peut être valablement portée devant lui. Pour qu'un tribunal français puisse être valablement saisi d'une demande en divorce, il faudra que cette demande puisse être rattachée d'une quelconque manière à la France. En effet, l'on ne voit pas comment – ni pourquoi – deux époux étrangers résidant à l'étranger viendraient demander au juge français de les divorcer. Il n'existait cependant jusqu'à récemment aucune règle législative énonçant clairement les cas de compétence des tribunaux français. Cette situation a changé avec le règlement (CE) n° 1347/2000 relatif à la compétence, la reconnaissance et l'exécution des décisions en matière matrimoniale et en matière d'autorité parentale concernant les enfants communs. Ce règlement européen a profondément modifié le droit français. Il édicte les règles de compétence suivantes.

▶ La compétence pour les demandes en divorce

- les deux époux résident habituellement en France ;
- la dernière résidence habituelle des époux était en France et un des époux y réside encore ;
- l'époux demandeur a sa résidence habituelle en France au lieu de la dernière résidence commune ;
- l'époux défendeur réside habituellement en France ;
- un seul époux réside habituellement en France, mais la juridiction française est saisie d'une demande conjointe (art. 230 C. civ.) ;
- l'époux demandeur a sa résidence habituelle en France depuis au moins une année lorsqu'il introduit sa demande (ce délai est réduit à six mois lorsque le demandeur a en outre la nationalité française) ;
- les deux époux sont français ;
- le demandeur est de nationalité française et agit sur le fondement de l'article 14 du Code civil contre son époux qui n'est ni résident, ni ressortissant communautaire ;
- le demandeur n'est pas français mais est un ressortissant communautaire, qui réside habituellement en France et agit sur le fondement de l'article 14 du Code civil contre son époux qui n'est ni résident ni ressortissant communautaire.

▶ La compétence sur les questions relatives à l'autorité parentale au moment du divorce

Lors d'une procédure de divorce, le tribunal statuant sur la demande en divorce entre les époux aura également compétence sur les questions touchant à l'autorité parentale sur les enfants de ces époux, à condition toutefois que les enfants résident habituellement dans le territoire où se trouve ce tribunal.

Si les enfants ne résident pas habituellement dans l'Etat du lieu de situation de ce tribunal, celui-ci n'aura compétence sur les questions concernant les enfants que si les conditions suivantes sont réunies ensemble :

- un au moins des époux exerce la responsabilité parentale à l'égard de l'enfant ;
- les époux acceptent tous les deux la compétence du tribunal ;
- la compétence de ce tribunal est conforme à l'intérêt supérieur de l'enfant.

LA LOI APPLIQUÉE PAR LE TRIBUNAL FRANÇAIS

On pense communément qu'un tribunal français applique toujours la loi française. Il arrive cependant qu'une autre loi, une loi étrangère, soit appliquée. Cela peut même arriver pour un divorce. Si tel est le cas, les règles concernant le divorce, qui sont expliquées dans cet ouvrage, ne s'appliquent plus. En effet, dans ce cas, ce seraient les règles édictées par la loi étrangère qui seraient appliquées, même par un juge français. Bien entendu, il est impossible de décrire dans cet ouvrage toutes les règles étrangères existantes dans toutes les lois étrangères, mais au moins on peut déterminer dans quels cas une loi étrangère sera appliquée par un tribunal français. Il convient de souligner que la loi étrangère qui sera peut-être appliquée ne peut concerner que le fond de la demande en divorce : la procédure devant le juge français est toujours la même, et c'est celle décrite dans d'autres chapitres de ce livre et ce même si une loi étrangère doit être appliquée au divorce lui-même.

▶ La règle de conflit : l'article 310 du Code civil

L'article 310 du Code civil énonce dans quelles circonstances le juge applique la loi française en matière de divorce. Par conséquent, dans tous les autres cas, il appliquera une loi étrangère. Selon l'article 310 du Code civil, le tribunal français appliquera d'office la loi française au divorce si :

- les deux époux sont français,
- ou les deux époux ont leur domicile en France.

Il suffit qu'une des deux conditions soit remplie pour que la loi française devienne applicable. Pour déterminer la nationalité ou le domicile, l'on se place au jour de l'introduction de la demande en divorce. Si un des époux, étranger, a acquis la nationalité française en cours du mariage (comme cela arrive souvent dans les mariages avec un étranger), il sera considéré comme français.

En revanche, si aucune des deux conditions n'est remplie (comme dans l'exemple ci-dessus d'un mari français vivant en France et la femme

argentine vivant en Argentine), le tribunal doit déterminer si une loi étrangère se reconnaît compétente. Dans notre exemple, il vérifierait notamment si la loi argentine reconnaît qu'elle doit s'appliquer à ce cas de figure. Si la loi étrangère se reconnaît compétente, le tribunal français appliquera alors la loi étrangère. Donc, dans notre exemple, à supposer que la loi argentine se reconnaisse compétente, même si le divorce a lieu en France, le mari français se verrait appliquer la loi argentine. En revanche, lorsqu'aucune loi étrangère ne se reconnaît compétente, le tribunal appliquera la loi française.
Mais que se passe-t-il si plusieurs lois étrangères se reconnaissent compétentes ?

> ***Exemple***
>
> *La femme argentine vit non pas en Argentine, mais au Mexique. Il y a donc potentiellement au moins deux lois étrangères qui pourraient s'appliquer : la loi argentine, car c'est la loi nationale de la femme, et la loi mexicaine, car c'est la loi du domicile de la femme. Que faire si les deux se reconnaissent compétentes ? La réponse n'est pas aisée, mais il semble que l'on appliquera une ancienne jurisprudence instituée avant la loi ayant rédigé l'article 310 du Code civil, et dans un tel cas aussi le juge appliquera simplement la loi française.*

Le tribunal français acceptera donc dans certains cas d'appliquer une loi étrangère au divorce, et ce même si un des époux est de nationalité française. Il est important de souligner que, si la loi étrangère connaît des causes de divorce qui ne sont pas connues telles quelles du droit français, le tribunal français doit néanmoins les appliquer. Cette règle souffre cependant quelques exceptions.

▶ Les exceptions de fraude et d'ordre public

Une loi étrangère, qui selon les règles de l'article 310 du Code civil serait applicable, peut être « **évincée** », ce qui signifie qu'elle ne sera pas appliquée, si elle n'est devenue applicable qu'en raison d'une fraude.

> ***Exemple***
>
> *Deux époux russes vivant en France souhaitent divorcer selon le droit russe. Puisque les deux époux résident en France, le tribunal français, en vertu de l'article 310 du Code civil, appliquerait la loi française. Il est alors imaginable qu'un des époux se fasse domicilier, juste pour les besoins de la cause, en Russie, mais sans y habiter vraiment. Cela conduirait le tribunal français à appliquer la loi russe, mais ce serait évidemment une fraude à la loi, et le tribunal français, s'il découvrait ces faits, refuserait à juste titre d'appliquer la loi étrangère.*

Il arrive aussi qu'une loi étrangère, normalement applicable, soit « évincée » si la solution qu'elle donnerait au litige semble trop choquante pour l'ordre juridique français. Ainsi, les lois d'un certain nombre de pays permettent à l'homme de « divorcer » en prononçant une **répudiation unilatérale,** parfois avec une homologation par un tribunal. Aucun tribunal français n'acceptera de prononcer une telle répudiation, même s'il doit appliquer une loi étrangère le permettant ; le juge estimera que le déséquilibre entre les droits des époux (l'homme pouvant répudier, la femme non) est trop important et heurte l'ordre public français. Dans un tel cas, le tribunal n'appliquera pas la loi étrangère, mais la loi française. Curieusement, l'inverse est vrai aussi. Il peut arriver que le tribunal français soit amené à appliquer, dans le cadre d'un divorce, une loi étrangère qui, elle, ne connaît pas le divorce (cela a été pendant longtemps le cas de la loi espagnole). Cela devrait donc conduire le juge, en application de cette loi étrangère, à refuser de prononcer le divorce puisque la loi étrangère applicable refuse le divorce. Mais là encore, le tribunal refusera alors d'appliquer la loi étrangère, car contraire à l'ordre public français : en France, le divorce est toujours possible.

Le divorce a été prononcé à l'étranger

Ici la situation est très différente. L'on se trouve en présence d'un jugement étranger ayant accordé le divorce à des époux qui peuvent être étrangers ou français. La question est de savoir si le jugement de divorce ainsi prononcé est valable en France et s'il peut donc produire ses effets en France. Comme il a été exposé ci-dessus, si le jugement étranger de divorce ne produit pas d'effet en France, les ex-époux seront toujours considérés comme étant mariés, du moins en France. En revanche, dans le pays de la juridiction ayant prononcé le divorce, ils seront considérés comme divorcés (et pourront se remarier valablement) !

En principe, les jugements étrangers en matière d'état et de capacité des personnes, tels les jugements de divorce, ont de plein droit « **autorité** » en France. Cela veut dire qu'il n'est pas nécessaire d'effectuer une procédure ou démarche particulière en France pour pouvoir se prévaloir du jugement de divorce étranger.

> ***Exemple***
>
> *Un époux français ayant valablement obtenu un divorce à l'étranger doit simplement faire état devant l'officier d'état civil de ce jugement de divorce pour pouvoir se remarier. En principe, l'officier d'état civil prend acte de ce jugement de divorce étranger. En cas de contestation, il convient de s'adresser à un tribunal afin de faire « **reconnaître** » le jugement.*

L'effet ainsi reconnu à des jugements de divorce étrangers ne concerne cependant que les droits et aspects extra-patrimoniaux.

Exemple

*Un jugement étranger a prononcé le divorce, et a octroyé une pension alimentaire ou prestation compensatoire à un des époux. Cet époux sera considéré en France comme divorcé, mais il ne pourra pas faire exécuter la partie du jugement concernant la pension ou prestation compensatoire. Pour cela, il faut obtenir « **l'exequatur** » de la décision étrangère.*

Pour faire respecter le jugement prononcé à l'étranger il faut donc obtenir l'exequatur de celui-ci. Les conditions d'obtention de l'exequatur sont aujourd'hui différentes, selon qu'il s'agit d'un jugement étranger rendu dans un des États membres de l'Union européenne, ou rendu dans un autre Etat.

EN PRATIQUE **Qu'est-ce que l'exequatur ?**

Il existe une procédure particulière, appelée « exequatur », qui permet de donner aux jugements étrangers la force d'un jugement français : une fois le jugement étranger pourvu de l'exequatur, il produit en France les mêmes effets qu'un jugement français. Ainsi, on pourra faire exécuter un jugement de divorce étranger ayant accordé une **pension alimentaire** ou une **prestation compensatoire.**

Lors de la procédure d'exequatur ou de reconnaissance, le tribunal saisi de cette demande effectuera un certain nombre de vérifications. S'il estime que le jugement étranger remplit toutes les conditions nécessaires, il accorde l'exequatur ou la reconnaissance. Sinon, cela est refusé, ce qui veut dire que le jugement n'aura alors aucun effet en France. Donc, dans notre exemple, l'on ne pourra pas se remarier. Le tribunal, s'il refuse **l'exequatur** ou la reconnaissance, ne va pas lui-même juger à nouveau l'affaire dont il s'agissait.

Exemple

Si un jugement de divorce n'est pas reconnu en France, le tribunal ne va pas se saisir d'office d'une demande en divorce et commencer une procédure de divorce entre les époux. Cependant, chacun des époux pourra saisir alors les tribunaux afin de demander le divorce en France.

LA DÉCISION EST RENDUE PAR UN TRIBUNAL ÉTRANGER (HORS UNION EUROPÉENNE)

Le tribunal français procède aux vérifications suivantes afin d'établir la régularité du jugement de divorce étranger.

▶ Le tribunal doit être compétent

La jurisprudence des tribunaux a beaucoup évolué sur ce critère. Il est considéré aujourd'hui que, du moment qu'un lien « caractérisé » existe entre le divorce et le pays dans lequel il a été prononcé, le tribunal étranger avait bien compétence (C. cass., civ. 1re, 6.2.1985). Le principe est donc que la décision étrangère doit être tenue pour efficace en France, et elle ne sera écartée en raison de ce critère de compétence que si le rattachement avec le pays où elle a été rendue est trop faible.

> ***Exemple***
>
> *Deux Français résident habituellement en France, puis partent dans un des pays où le divorce s'obtient très facilement (à Reno, aux Etats-Unis, ou au Mexique, par exemple) pour y divorcer. Un tel divorce n'aura pas d'effet en France.*

En revanche, si un rattachement logique et suffisant au pays étranger existe, le jugement étranger aura rempli ce critère, même si la loi française aurait normalement donné compétence aux tribunaux français.
Une exception à cette règle est cependant constituée par la compétence extraordinaire des articles 14 et 15 du Code civil, qui a déjà été expliquée ci-dessus, et en vertu de laquelle un Français peut toujours exiger d'être jugé en France. Ainsi, si une instance en divorce est engagée à l'encontre d'un Français à l'étranger – et si le Français ne renonce pas au bénéfice des articles 14 et 15 – alors il sera estimé que le tribunal étranger n'avait pas compétence sur le divorce, et le jugement étranger rendu suite à cette instance sera privé d'effet en France.

▶ Le jugement doit être régulier

Le jugement étranger doit avoir été rendu par l'autorité régulière dans son pays d'origine et doit être **définitif** dans son pays d'origine, ce qui veut dire qu'il n'y est plus soumis à une possibilité de voie de recours.

> ***Exemple***
>
> *Un jugement étranger contre lequel il serait encore possible de faire appel dans son pays d'origine ne saurait recevoir l'exequatur.*

Il faut aussi que la procédure suivie devant le tribunal étranger soit **régulière** par rapport « *à l'ordre public international français et au droit de la défense* » (C. cass., civ. 1re, 4.10.1967). Cela implique qu'une procédure de divorce à laquelle une des parties n'est même pas appelée, et ne peut donc pas se défendre, ne sera pas considérée comme régulière : le jugement sur lequel elle débouche sera privé d'effet en France.

▶ Le jugement doit être conforme à l'ordre public

Ce critère vise à écarter les jugements qui seraient choquants pour l'ordre public français. Cependant, le contrôle de la conformité à l'ordre public se fait de façon restreinte, on parle de **l'effet atténué** de l'ordre public. En effet, il ne faut pas oublier que l'on est en présence d'un jugement étranger et valable dans son pays d'origine.

Contrairement au cas ci-dessus, où la loi étrangère normalement applicable même par le tribunal français est « évincée » parce qu'elle est contraire en son ensemble à l'ordre public, ici l'on s'attache simplement de savoir si le jugement étranger, apprécié concrètement, est contraire à l'ordre public.

> ***Exemple***
>
> *Un jugement étranger ayant annulé un mariage simplement parce que les époux avaient des religions différentes ne serait pas reconnu en France.*

Le tribunal vérifiera que le jugement est conforme à l'ordre public non seulement en son contenu, mais aussi dans la façon dont il a été élaboré. C'est pour cela, par exemple, qu'en son principe une répudiation unilatérale prononcée à l'étranger n'est pas nécessairement contraire à l'ordre public. Cependant, une telle répudiation est contraire à l'ordre public si elle est effectuée de façon tout à fait unilatérale et secrète, la femme n'étant même pas appelée à intervenir. Elle le sera aussi si un des époux est français.

► La loi appliquée doit être la loi compétente selon la loi française

Un tribunal étranger ayant prononcé le divorce aura, pour ce faire, appliqué une loi. Il a déjà été dit que les tribunaux français n'appliquent pas nécessairement la loi française ; de même les tribunaux étrangers n'appliquent pas nécessairement leurs propres lois, mais peuvent aussi appliquer une autre loi étrangère.

Pour qu'un jugement de divorce étranger puisse avoir un effet en France, il faut que le tribunal étranger ait appliqué la loi que l'article 310 du Code civil a désigné comme la loi applicable. Cette règle est très critiquable. Rappelons que cet article désigne notamment comme applicable la loi française si les deux époux sont de nationalité française ou si les deux époux résident en France. Imaginons un état étranger adoptant la même règle, mais pour sa propre loi : celle-ci s'applique si les deux époux sont de sa propre nationalité ou résident sur son territoire. Il appliquera donc sa loi à deux époux de sa nationalité, même s'ils habitent en France, alors que, pour un tribunal français, il faudrait appliquer la loi française puisque les deux époux résident en France. Ce faisant, le tribunal français pourra refuser l'exequatur en vertu de l'article 310 du Code civil, alors que le tribunal étranger n'aura fait qu'appliquer l'article équivalent de sa propre loi !

Heureusement, les tribunaux ont apporté des nuances à ce critère : il est aujourd'hui admis que le tribunal étranger ayant rendu le jugement dont il s'agit peut avoir appliqué une loi « équivalente » à la loi désignée comme applicable en vertu du droit français. Ainsi, si le droit français, en vertu de l'article 310 du Code civil, désigne comme applicable une loi d'un certain État étranger, mais que le tribunal étranger a appliqué une loi d'un autre État étranger, le jugement étranger ainsi rendu peut être sauvé si les deux lois étrangères sont « équivalentes », c'est-à-dire si concrètement elles disposent de cas d'ouverture de divorce et des règles de divorce similaires.

Cependant, les tribunaux français considèrent toujours que si les deux époux sont français, il faut appliquer la loi française au divorce, sinon l'exequatur du jugement étranger sera refusé. Si les deux époux sont de la même nationalité étrangère, les tribunaux français admettent que l'on applique leur loi nationale, à condition que celle-ci se reconnaisse compétente pour ce divorce.

LE JUGEMENT ÉTRANGER NE DOIT PAS AVOIR ÉTÉ OBTENU PAR FRAUDE

Il est arrivé qu'un époux change de nationalité simplement pour pouvoir divorcer plus facilement.

> ***Exemple***
>
> *Prenons le cas de deux Français résidant à l'étranger. Un des époux pourrait être tenté d'obtenir la nationalité de son pays d'accueil simplement pour éviter que ne lui soient appliquées les règles françaises sur le divorce (il est supposé que les règles de l'état d'accueil lui soient plus favorables). Procéder de cette façon constituerait une fraude à la loi applicable. Dans un tel cas, les tribunaux français refuseraient l'exequatur au jugement étranger ainsi obtenu, considérant qu'il s'agirait d'une fraude. De même, le fait de partir dans un pays où le divorce s'obtient facilement est une fraude aux règles de la compétence des tribunaux français.*

Ceci étant dit, la fraude s'apprécie toujours de façon concrète : il n'est certainement pas interdit aux époux de partir dans un pays – même où le divorce s'obtient plus facilement – avec l'intention de s'y installer durablement. Dans un tel cas, un divorce obtenu après plusieurs années de résidence dans ce pays ne serait pas une fraude. Au contraire, le fraude se caractérise par le fait de partir pour revenir et d'avoir fait ce voyage uniquement dans le but d'échapper aux règles normalement applicables.

LA DÉCISION EST RENDUE PAR UN TRIBUNAL D'UN PAYS MEMBRE DE L'UNION EUROPÉENNE

Le règlement (CE) 1347/2000 vise à faciliter et favoriser la circulation des décisions rendues à l'intérieur de l'Union européenne.
A cette fin, les décisions de divorce, de séparation de corps ou d'annulation du mariage (sont donc exclues les décisions ayant refusé un divorce par exemple) sont dorénavant reconnues de plein droit dans les autres pays de l'Union européenne, sans qu'il soit nécessaire de recourir à aucune procédure.
En revanche, pour obtenir l'exécution forcée d'une décision étrangère portant sur des aspects patrimoniaux, il faut toujours obtenir un exequatur, mais les conditions d'obtention de cet exequatur sont simplifiées.

Le tribunal, saisi d'une requête, devra déclarer la décision exécutoire et ne pourra refuser d'accorder un exequatur que si :
- la décision est contraire à l'ordre public de l'Etat dans lequel est situé le tribunal ;
- la procédure d'origine n'avait pas permis au défendeur de faire valoir ses droits ;
- la décision rendue est contraire à une autre décision déjà rendue dans l'Etat dans lequel elle doit être exécutée ou dans un autre Etat membre et ayant déjà été reconnue.

Les décisions rendues en matière de responsabilité parentale bénéficient également d'un exequatur simplifié. Là encore, le juge peut refuser l'exequatur pour les motifs énoncés ci-dessus, mais aussi pour les deux motifs suivants :
- l'enfant dont il s'agit n'a pas eu la possibilité d'être entendu (sauf cas d'urgence) ;
- la décision étrangère fait obstacle à l'exercice de la responsabilité parentale d'une tierce personne qui n'a pas été entendue (par exemple les grands-parents).

En aucun cas, le tribunal saisi de la demande d'exequatur ne peut contrôler la compétence du juge étranger, ni rejuger le fond de l'affaire.

QUESTIONS-RÉPONSES **Les divorces prononcés à l'étranger sont-ils valables ? Puis-je me remarier maintenant ?**

Le jugement de divorce étranger est valable en France du moment qu'il a été régulièrement prononcé par un tribunal (étranger) compétent selon les critères français, qu'il est le résultat d'une procédure régulière ayant appliqué la loi applicable, n'est pas affecté de fraude et ne heurte pas l'ordre public international en France. Si ces conditions sont réunies, le divorce prononcé à l'étranger est valable sans qu'il y ait besoin d'une procédure spéciale. Vous pourrez donc vous remarier.

Mon ex-mari et moi avons divorcé à l'étranger il y a quelques années. Il avait été condamné à me payer une pension, ce qu'il n'a jamais fait. J'ai appris récemment qu'il est venu s'installer en France. Puis-je l'obliger à me payer la pension ?

Vous auriez peut-être déjà pu obtenir le paiement de la pension quand votre ex-époux était encore dans son pays natal, en le demandant aux autorités de ce pays. Maintenant qu'il est venu en France, vous pouvez effectivement tenter de faire exécuter le jugement de divorce étranger. Il faut pour cela obtenir « l'exequatur » de ce jugement de divorce en vous adressant au tribunal de grande instance par l'intermédiaire d'un avocat. Le tribunal vérifiera si le jugement est conforme aux exigences de validité citées ci-dessus (question précédente). Si c'est le cas, il apposera ➤

QUESTIONS-RÉPONSES

l'exequatur sur le jugement étranger ; celui-ci produira alors les mêmes effets qu'un jugement français. Vous pouvez donc le faire exécuter. Attention : il faut que le jugement étranger soit traduit en français par un traducteur assermenté au moment où vous en demandez l'exequatur.

Je suis française. Mon mari est reparti dans son pays d'origine, où il a commencé une procédure en divorce. Puis-je m'y opposer ?

Oui, il vous suffit de faire valoir qu'en tant que Française, vous exigez d'être jugée en France. Dans ce cas, les tribunaux français refuseront de reconnaître la validité du jugement étranger, et, en France, vous serez toujours mariée. Notez, cependant, que dans le pays où le juge a prononcé le divorce (voire même dans d'autres pays), vous serez considérée comme divorcée puisque ce pays ne s'intéresse pas de savoir si le juge français accepte son jugement ou pas. Il est donc possible que vous soyez considérée comme divorcée à l'étranger, mais pas en France.

LA SÉPARATION DE CORPS

La séparation de corps permet aux époux de vivre séparés l'un de l'autre, sans pour autant être divorcés. Contrairement à la **résidence séparée** *autorisée par le juge aux affaires familiales aux époux en instance de divorce, et qui ne dure que pendant la procédure de divorce, la séparation de corps est une organisation durable de la séparation des époux.*
La séparation de corps est aussi différente de la **séparation de fait** *qui, elle, n'est qu'une situation de fait sans être consacrée judiciairement.*
Force est de constater que la séparation de corps est une procédure peu utilisée en France (moins de 4 000 procédures par an).

• *Pour trouver le thème qui vous intéresse, consultez la table des matières en début de volume ou l'index alphabétique en fin de volume.*

Cas d'ouverture et procédure

Les cas d'ouverture (**faute, rupture de la vie commune, consentement mutuel**) et la procédure de la séparation de corps sont calqués sur ceux du divorce. Donc, contrairement à une idée encore répandue, il n'est pas plus facile de se séparer de corps que de divorcer puisque la procédure à suivre est exactement la même que celle prévue pour le divorce. Pour l'ensemble de cette question, il convient donc de se reporter aux différents chapitres ayant traité de ces aspects du divorce. Il est à noter que, lorsqu'une procédure en divorce est entamée par un époux, il est toujours possible à l'autre époux de demander à ce que cette procédure soit transformée en procédure de séparation de corps (l'inverse n'étant pas possible. L'instance en séparation de corps débouchera sur un jugement accordant (ou refusant) la séparation de corps comme pour un jugement de divorce.

Pourquoi entamer une procédure de séparation de corps ?

Il a déjà été exposé que le divorce ne laisse plus subsister entre les époux les **devoirs de fidélité,** de **secours** et de **cohabitation** (sauf le divorce pour rupture de la vie commune, qui laisse subsister le devoir de secours). La séparation de corps ne laisse pas non plus subsister le devoir de cohabitation entre les époux, qui peuvent donc résider séparément en toute légalité (art. 299 C. civ.). Cependant les époux se doivent toujours fidélité et secours. En effet, la séparation de corps ne rompt pas le lien du mariage entre les époux contrairement au divorce : les époux séparés de corps restent toujours mariés. C'est la principale caractéristique de la séparation de corps, car certains couples, pour des raisons philosophiques, éthiques, religieuses ou morales, n'envisagent pas de couper le lien marital tout en souhaitant ne plus vivre ensemble ; c'est pourquoi la séparation de corps est souvent nommée « divorce des catholiques ».

Les conséquences de la séparation de corps

UNE SÉPARATION DE BIENS AUTOMATIQUE

La séparation de corps entraîne nécessairement une **séparation de biens.** Le changement s'opère d'office avec, bien entendu, une **liquidation** et un **partage de la communauté.**

LES DEVOIRS DE FIDÉLITÉ ET DE SECOURS SUBSISTENT

Le **devoir de fidélité** entre les époux subsiste : les époux sont autorisés à résider séparément sans être autorisés légalement à être infidèles... De même, le **devoir de secours** reste entier, ce qui peut avoir pour conséquence qu'un époux devra verser à l'autre une **pension alimentaire** (art. 303 C. civ.) pendant la durée de la séparation de corps.

INCIDENCE SUR LES SUCCESSIONS

Contrairement au divorce, les **droits successoraux** des époux ne sont pas modifiés par la séparation de corps, l'époux survivant a donc droit à sa part d'héritage. Cependant, cette règle souffre une exception. Conformément à l'article 301 du Code civil, l'époux survivant n'aura droit à aucune part si la séparation de corps avait été prononcée contre lui (pour **faute aux torts exclusifs** ou pour **rupture de la vie commune**).

LE NOM

Sauf si le jugement le lui interdit, la femme séparée de corps peut conserver le nom de son mari (art. 300 C. civ.). Par ailleurs, si le mari avait pris l'habitude d'accoler le nom de son épouse au sien, il peut lui être ordonné de ne plus le faire (art. 300 C. civ.).

LA PRÉSOMPTION DE PATERNITÉ

En principe, pour un couple marié, l'époux bénéficie d'une présomption de paternité : il est présumé être le père de l'enfant qui naît du couple. Or, si la femme séparée de corps accouche d'un enfant plus de 300 jours après la date à laquelle la séparation de corps est devenue définitive, le mari ne sera plus présumé être le père de l'enfant, à moins qu'une « **réunion de fait** » des époux, rendant vraisemblable la **paternité** de l'époux, n'ait eu lieu pendant la période de conception (art. 313 à 313-2 C. civ.).

LES DROITS SOCIAUX

Sur la possibilité de percevoir certaines prestations sociales en cas de décès, voir la rubrique : *Le divorce et les prestations familiales*.

LE VOL ENTRE ÉPOUX

Un dernier point, plus anecdotique, est que le vol entre époux existe si ceux-ci sont séparés de corps. En règle générale, le vol entre époux n'existe pas (art. 311-12 C. pén.), ce qui signifie que, si un époux s'approprie un bien appartenant à l'autre, il ne peut pas être poursuivi pour vol. Mais, si les époux sont séparés de corps, ce vol peut exister et être puni pénalement (art. 311-12 C. pén.).

Comment sortir de la séparation de corps ?

Il existe deux possibilités pour mettre fin à la séparation de corps :
- *la reprise de la vie commune,*
- *le divorce.*

LA REPRISE DE LA VIE COMMUNE

Si les époux décident d'un commun accord de vivre à nouveau ensemble, la séparation de corps tombe d'elle-même, ce qui semble logique. Ceci étant dit, pour être opposable aux tiers, cette reprise de la vie commune doit soit être constatée dans un acte notarié, soit être déclarée à l'officier d'état civil. Cette reprise sera alors mentionnée en marge de l'acte de mariage (et des actes de naissance des époux), tout comme la séparation de corps elle-même l'avait été. Les époux peuvent alors choisir un autre régime matrimonial que la séparation de biens qui avait été instaurée d'office de par la séparation de corps. À défaut de choix explicite pour un autre régime matrimonial, les époux restent soumis à la séparation de biens (art. 305 C. civ.).

LA CONVERSION EN DIVORCE

Il est possible de convertir la séparation de corps en divorce. Les époux séparés de corps peuvent aussi demander le divorce, ou plutôt **convertir la séparation de corps en divorce.** Les règles suivantes s'appliquent dans ce cas.

▶ Délai et forme pour demander la conversion

Les délais pour demander la conversion de la séparation de corps en divorce sont différents selon le cas d'ouverture de la séparation de corps :

Séparation de corps accordée sur demande conjointe

Si la séparation de corps avait été accordée sur une demande conjointe des époux, la conversion en divorce ne peut être demandée que par les deux époux par la même voie de la requête conjointe. Les époux peuvent alors demander cette conversion à n'importe quel moment.

Séparation de corps accordée pour d'autres motifs

Dans les autres cas, la conversion de la séparation de corps en divorce peut être demandée par un seul des époux ou les deux. Si la demande est faite par un seul des époux, il faut qu'un délai de trois ans se soit écoulé entre le moment où la séparation de corps était devenue définitive et le moment où la demande de conversion en divorce est formulée (art. 306 et 307 C. civ.).

▶ Cause du divorce

Lorsque la séparation de corps est transformée en divorce, le cause de la séparation devient automatiquement la cause du divorce. Ainsi, si, par exemple, la séparation de corps avait été prononcée aux torts partagés, elle sera convertie en divorce aux torts partagés (art. 308 C. civ.). Cette règle peut paraître surprenante, parce qu'elle fait abstraction du comportement des époux pendant la période de séparation de corps, alors que, pendant cette période, les époux sont toujours tenus du devoir de secours et de fidélité.

▶ Mesures provisoires

Dans le cadre de la procédure de conversion en divorce, le juge aux affaires familiales peut être amené à prendre des mesures provisoires, tout comme en matière de divorce classique (voir la rubrique : *La vie du ménage pendant le divorce – les mesures provisoires*). Il faut savoir cependant que si ces mesures provisoires sont contraires aux mesures ordonnées par le jugement de séparation de corps, c'est ce dernier qui prévaut tant que le divorce n'est pas devenu définitif.

> ***Exemple***
>
> *Des époux, après une séparation de corps, demandent le divorce. En son temps, le jugement ayant prononcé la séparation de corps avait alloué à la femme une pension alimentaire. Pendant la procédure de divorce, la femme avait indiqué qu'elle ne réclamerait pas de pension alimentaire, indication reprise dans l'ordonnance de conciliation. Le mari a donc cessé de payer la pension. Ceci a conduit la femme à effectuer une procédure de* **paiement direct** *à son encontre. La Cour de cassation a donné raison à la femme en estimant que l'introduction de la demande en divorce (et l'ordonnance de non-conciliation) ne peut avoir pour effet de supprimer les effets du jugement de séparation de corps devenu irrévocable et ayant statué sur la séparation de corps et ses effets ; en l'occurrence, l'allocation d'une pension alimentaire (C. cass., civ. 2e, 2.12.1998).*

▶ Délai de viduité

En dernier lieu, le **délai de viduité** de 300 jours prévu par l'article 228 du Code civil, applicable normalement après un divorce (voir la rubrique : *Les effets du divorce : les conséquences personnelles du divorce*) n'existe pas lorsqu'une séparation de corps est convertie en divorce : la femme peut alors se remarier dès que le divorce est devenu définitif (art. 309 C. civ.).

Instruction du 19 janvier 2001
Impôt sur le revenu, régime fiscal de la prestation compensatoire en cas de divorce.

Commentaires des articles 17, 18, 20 et 21
de la loi n° 2000-596 du 30 juin 2000.
Bulletin Officiel des Impôts n° 20
du 29 janvier 2001
(C.G.I., art. 80 quater, 156-II-2° et 199 octodecies)

SECTION 1 : RAPPEL DES DISPOSITIONS APPLICABLES AUX PRESTATIONS COMPENSATOIRES SERVIES AVANT L'ENTRÉE EN VIGUEUR DE LA LOI N° 2000-596 DU 30 JUIN 2000

A. - RÉGIME CIVIL

Le divorce met fin, en principe, au devoir de secours prévu par l'article 212 du code civil, mais l'un des époux peut être tenu de verser à l'autre une prestation destinée à compenser, autant qu'il est possible, la disparité que la rupture du mariage crée dans les conditions de vie respectives. Celle-ci est fixée selon les besoins de l'époux auquel elle est servie et les ressources de celui qui la doit, compte tenu de leur situation respective au moment du divorce et de l'évolution prévisible court terme de celle-ci.
La prestation compensatoire revêt un caractère forfaitaire et ne peut être révisée qu'exceptionnellement.

Ses modalités d'exécution peuvent prendre :

a) la forme d'un capital, lorsque la consistance des biens de l'époux débiteur de la prestation compensatoire le permet.
La constitution du capital peut être effectué par :
- le versement d'une somme d'argent ;
- l'abandon de biens en nature, meubles ou immeubles, mais pour l'usufruit seulement ;
- le dépôt de valeurs productives de revenus entre les mains d'un tiers chargé de verser les revenus à l'époux créancier de la prestation compensatoire jusqu'au terme fixé.

L'époux débiteur de la prestation peut constituer ce capital en trois annuités dans le cas où il ne dispose pas de liquidités immédiates.

b) la forme d'une rente, à défaut de capital ou si celui-ci n'est pas suffisant.
La rente est attribuée pour une durée égale ou inférieure à la vie de l'époux créancier. Elle est indexée et peut être fixée de façon uniforme pour toute sa durée ou peut varier par périodes successives suivant l'évolution probable des ressources.
En cas de divorce sur demande conjointe, les époux fixent le montant et les modalités de la prestation compensatoire dans la convention qu'ils soumettent à l'homologation du juge. Ce dernier peut refuser d'homologuer la convention si celle-ci fixe inéquitablement les droits et obligations des époux.

B. - RÉGIME FISCAL

a) Versements sous forme de capital
L'attribution ou l'affectation de biens en capital, la constitution de gage ou de caution garantissant la prestation compensatoire ne donnent lieu ni à déduction, ni à imposition. Les fruits du capital sont inclus dans la déclaration du bénéficiaire dans la catégorie correspondant à leur nature. Le même régime est applicable lorsque le capital est constitué en trois annuités.
Peu importe que l'obligation résulte de la décision du juge ou de la convention homologuée par le juge.

b) Versements sous forme de rentes
Lorsqu'elle prend la forme d'une rente, la prestation compensatoire est déductible sans limitation du revenu imposable de l'ex-époux qui la doit, sans que cette déduction ne puisse toutefois constituer un déficit reportable sur les années ultérieures (article 156-II-2° du code général des impôts).
Corrélativement, les sommes admises en déduction sont imposables selon le même régime que les pensions alimentaires, c'est-à-dire sous déduction des abattements de 10 % et 20 %, entre les mains du bénéficiaire (article 80 quater du code général des impôts).

SECTION 2 : AMÉNAGEMENT DES DISPOSITIONS APPLICABLES AUX PRESTATIONS COMPENSATOIRES RÉSULTANT DE LA LOI N) 2000-596 DU 30 JUIN 2000

A. - RÉGIME CIVIL

La loi n° 2000-596 du 30 juin 2000 réaffirme la prééminence du versement de la prestation compensatoire en capital en prévoyant de nouvelles modalités de versement et de garantie du capital.
Ainsi, l'abandon de biens en propriété est désormais admis et le juge peut imposer au débiteur de souscrire un contrat en garantie de paiement du capital.
En l'absence de disponibilités immédiates, le débiteur peut être autorisé à verser le capital par des versements mensuels ou annuels indexés dans la limite de huit années. Il peut également se libérer du solde à tout moment. Le créancier peut saisir le juge d'une telle demande lors de la liquidation du régime matrimonial.
A titre exceptionnel, la possibilité de s'acquitter de la prestation compensatoire par le versement de rentes viagères est maintenue lorsque la situation particulière du créancier, due à son âge ou son état de santé, l'empêche de subvenir à ses besoins.
La transformation de la rente viagère en capital est autorisée à tout moment pour le débiteur ainsi que pour le créancier s'il justifie d'éléments la rendant possible.
Enfin, les rentes temporaires ne demeurent admises que dans le cadre du divorce sur requête conjointe, les époux disposant dans ce cas d'une liberté totale : fixation en capital, rente temporaire ou viagère, introduction d'un terme.

Ce nouveau régime civil de la prestation compensatoire s'accompagne d'un aménagement des dispositions fiscales.

B. - RÉGIME FISCAL

I. Versement de la prestation compensatoire sous la forme d'un capital

Désormais, les versements de sommes d'argent effectués sous la forme d'un capital ouvrent droit à un avantage fiscal dont les modalités d'application diffèrent selon que le capital est versé sur une période au plus égale à douze mois ou sur une période supérieure à cette durée.

1. Décompte de la durée de douze mois

a) Point de départ du délai
Le délai de douze mois court à compter de la date à laquelle la décision judiciaire est passée en force de chose jugée.
Cette date est déterminée de manière différente selon qu'il s'agit d'un divorce par consentement mutuel ou d'un divorce à la demande d'une partie (divorce pour faute, divorce pour rupture de la vie commune ou divorce demandé par une partie et accepté par l'autre).
*divorce par consentement mutuel
Les époux ont la faculté de former un pourvoi en cassation contre les décisions du juge aux affaires familiales qui homologue les conventions définitives entre époux ou qui prononcent le divorce dans un délai de quinze jours à compter de leur prononcé. Ce pourvoi est suspensif, de sorte que la décision ne passe en force de chose jugée qu'à compter :
– soit de l'expiration du délai de quinze jours à compter du jour de la décision, en l'absence de pourvoi ;
– soit, en cas de pourvoi, à la date de signification à partie de l'arrêt de rejet de la cour de cassation ou, en cas de cassation, à la date de signification à partie de l'arrêt de renvoi.
*divorce à la demande d'uner partie
La date à laquelle la décision judiciaire prononçant le divorce prend force de chose jugée est :
• lorsque la décision a été prononcée par un jugement du tribunal de grande instance :
– à la date d'acquiescement au jugement ;
– à la date d'expiration du délai d'appel (1 mois à compter de la signification du jugement à partie) à défaut d'acquiescement et en l'absence d'appel ;
– à la date du désistement, en cas d'appel puis de désistement.
• lorsque la décision résulte d'un arrêt d'appel :
– à la date d'acquiescement à l'arrêt d'appel ;
– à la date d'expiration du délai de pourvoi (2 mois à compter de la signification de l'arrêt à partie) à défaut d'acquiescement et de pourvoi en cassation.
• lorsqu'un pourvoi en cassation est formé : à la date de signification à partie de l'arrêt de rejet ou, en cas de cassation, à la date de la signification à partie de l'arrêt de renvoi.

b) Point d'arrivée du délai
Le décompte du délai de douze mois s'effectue de date à date. Il expire par la suite la veille du jour du mois de l'année suivant celle au cours de laquelle la décision est passée en force de chose jugée.

Exemple : Dans le cadre d'une procédure de divorce par consentement mutuel, le juge aux affaires familiales prononce la décision qui homologue la convention des époux le 10 juillet 2000. Le délai de pourvoi en cassation est de quinze jours à compter de cette date. En l'absence de recours devant cette juridiction, la convention entre époux est passée en force de chose jugée à compter du 26 juillet 2000.
Le délai de douze mois débute le 26 juillet 2000 et s'achève le 25 juillet 2001.

2. Incidence au regard de l'impôt sur le revenu de la durée d'étalement des versements en capital

a) Versements effectués sur une période au plus égale à douze mois
*conséquence pour le débiteur de la prestation compensatoire
Aux termes du 1 de l'article 18 de la loi n° 2000-596 du 30 juin 2000 (article 199 octodecies du code général des impôts), lorsque la prestation compensatoire est versée dans un délai n'excédant pas douze mois, les sommes attribuées au créancier de la prestation ouvrent droit pour le débiteur, dans la limite d'un plafond égal à 200 000 F, à une réduction d'impôt de 25 % lorsque les conditions suivantes sont réunies.

• Contribuables bénéficiaires de la réduction d'impôt
La réduction d'impôt est accordée aux personnes physiques qui sont fiscalement domiciliées en France au sens de l'article 4 B du code général des impôts (sur cette notion, cf. documentation de base 5 B 1121).

• Nature des versements ouvrant droit à la réduction d'impôt
Seuls les versements visés au 1 de l'article 275 et à l'article 275-1 du code civil, c'est-à-dire ceux effectués sous forme de sommes d'argent, ouvrent droit à la réduction d'impôt. En sont par suite exclus les versements en capital réalisés selon d'autres modalités telles que l'abandon de biens en nature, meubles ou immeubles, en propriété, en usufruit, pour l'usage ou l'habitation ou encore le dépôt de valeurs productives de revenus entre les mains d'un tiers chargé de verser les revenus à l'époux créancier de la prestation[1].
En outre, pour ouvrir droit à la réduction d'impôt, les sommes d'argent considérées doivent avoir été versées dans leur intégralité dans le délai de douze mois défini ci-dessus au § B-I-1 de la section 2.
Par suite, sont exclues du champ d'application de la réduction d'impôt les prestations compensatoires dont seulement une fraction des versements de sommes d'argent prévus par le jugement de divorce a été servie au cours de la période de douze mois déjà cité.

(1) Pour ces versements en capital, les dispositions antérieures ne sont pas modifiées : le débiteur ne bénéficie d'aucune déduction de son revenu ; le créancier n'est pas imposable à l'impôt sur le revenu mais les versements en capital qu'il reçoit sont soumis aux droits d'enregistrement ; les revenus de valeurs mises en dépôt sont imposables au nom du créancier bénéficiaire dans les conditions de droit commun.

Exemple : Un jugement de divorce prévoit une prestation compensatoire sous la forme d'un capital de 200 000 F payable en deux versements de sommes d'argent de 100 000 F, l'un dans les douze mois du jugement de divorce et l'autre un an plus tard.

Aucun de ces versements n'ouvre droit à la réduction d'impôt puisque l'intégralité de la prestation compensatoire n'a pas été versée au cours de la période de douze mois suivant le jugement définitif.

• Assiette et calcul de la réduction d'impôt

L'assiette de la réduction d'impôt est égale au montant du capital fixé, en application de l'article 274 du code civil, dans le jugement de divorce passé en force de chose jugée (convention entre époux homologuée par le juge ou jugement de divorce), dans la limite de 200 000 F pour l'ensemble de la période de versement de douze mois (cf. exemple 1 ci-dessous).

En cas d'échelonnement des versements sur deux années civiles consécutives, l'assiette de la réduction d'impôt, au titre de chacune des années, est par conséquent normalement constituée par le montant des versements effectués conformément à ce jugement.

Toutefois, il est admis, en cas de décalage de versement au sein de la période de douze mois telle que celle-ci est définie ci-dessus au § B-I-1 de la section 2, de calculer la réduction d'impôt en fonction des versements tels qu'ils ont été effectivement pratiqués (cf. exemple 2 ci-dessopus).

Lorsque le montant de la prestation compensatoire excède 200 000 F et fait l'objet de versements échelonnés sur deux années civiles, le plafond de versement de 200 000 F est réparti à proportion de ceux effectués au titre de chacune des deux années.

La base de la réduction d'impôt appliquée la première année correspond au montant du plafond de 200 000 F multiplié par le rapport existant entre le montant des versements effectués au titre de cette même année et celui de l'engagement global du débiteur sur l'ensemble de la période de douze mois.

L'année suivante, la base de calcul de la réduction d'impôt est égale au plafond global (200 000 F) diminué des versements de l'année précédente retenus pour le calcul de la réduction d'impôt déjà accordée (cf. exemple 3 ci-dessous).

La réduction d'impôt est égale à 25 % du montant de l'assiette ainsi définie. Compte tenu du plafond de versements ouvrant droit à avantage fiscal, son montant maximum s'élève à 50 000 F (200 000 F x 25 %).

Exemple 1 : Un jugement de divorce passé en force de chose jugée le 10 août 2000 prévoit le versement d'une prestation compensatoire sous la forme d'une somme d'argent d'un montant de 180 000 F à régler au débiteur en une seule fois, le 1er septembre 2000.

Pour l'imposition des revenus de 2000, l'assiette de l'avantage fiscal sera égale à 180 000 F.

La réduction d'impôt au titre de cette même année d'imposition s'élèvera à :

180 000 F x 25 % = 45 000 F.

Exemple 2 : Un contribuable est astreint en vertu d'un jugement de divorce devenu définitif le 1er août 2000, au versement d'une prestation compensatoire sou sla forme d'une somme d'argent de 120 000 F qu'il s'engage à verser par mensualités de 10 000 F à compter du 1er août.

Le versement de décembre 2000 a été reporté sur janvier 2001.

Au titre de 2000, le montant de la réduction d'impôt aurait dû s'élever, aux termes du jugement de divorce, à (10 000 F x 5) x 25 % = 12 500 F.

En fait, la réduction d'impôt s'élèvera à (10 000 F x 4) x 25 % = 10 000 F.

Au titre de 2001, il sera admis d'autoriser le contribuable à bénéficier d'une réduction d'impôt égale à 25 % du montant des versements prévus par le jugement de divorce au titre de cette même année (10 000 F x 7) majoré du versement de 10 000 F correspondant au mois de décembre 2000 et reporté en janvier 2001.

La réduction d'impôt s'élèvera ainsi à : (10 000 F x 8) x 25 % = 20 000 F.

Au total, le contribuable conservera le bénéfice intégral du droit à réduction d'impôt sur la période bi-annuelle soit :

120 000 F x 25 % = 30 000 F.

Exemple 3 : Un jugement de divorce passé en force de chose jugée le 20 août 2000 prévoit le versement d'une prestation compensatoire sous forme de sommes d'argent d'un montant de 250 000 F à régler au débiteur en dix mensualités de 25 000 F le 1er de chaque mois.

L'époux débiteur effectue 4 versements de 25 000 F au titre de l'année 2000, soit 100 000 F.

Pour l'imposition des revenus de 2000, l'assiette de l'avantage fiscale sera égale à :

$$200\,000 \text{ F} \times \frac{100\,000 \text{ F}}{250\,000 \text{ F}} = 80\,000 \text{ F.}$$

La réduction d'impôt accordée au titre de l'année 2000 s'élèvera à :

80 000 F x 25 % = 20 000 F.

Pour l'imposition des revenus de 2001, l'assiette de la réduction d'impôt ne pourra excéder le montant du plafond global de 200 000 F diminué du montant des versements retenus au titre de l'année précédente, soit :

200 000 F – 80 000 F = 120 000 F.

Au titre de l'imposition des revenus de 2001, l'avantage fiscal sera donc égal à :

120 000 F x 25 % = 30 000 F.

Sur l'ensemble des années 2000 et 2001, le contribuable aura bénéficié d'un montant total de réduction d'impôt égal à 50 000 F (20 000 F + 30 000 F) au titre de la prestation compensatoire versée sur la période considérée.

- Modalités d'imputation de la réduction d'impôt

La réduction d'impôt s'applique sur l'impôt calculé dans les conditions fixées à l'article 197 du code général des impôts. Elle s'impute donc sur la cotisation d'impôt résultant du barème progressif, après plafonnement éventuel des effets du quotient familial, après le cas échéant application de la décote, mais avant imputation des crédits d'impôt, de l'avoir fiscal et des prélèvements ou retenues non libératoires.

Elle ne peut donner lieu à remboursement.

• Justifications des versements

Les contribuables qui demandent à bénéficier de la réduction d'impôt doivent pouvoir justifier par tout moyen du montant de la prestation compensatoire en capital. A cet effet, ils peuvent produire au service des impôts une copie du jugement de divorce devenu définitif.

En outre, le contribuable doit établir la réalité des versements pour lesquels il demande la réduction d'impôt et justifier qu'il s'est effectivement acquitté de ces versements au cours de l'année au titre de laquelle l'impôt est établi.

A défaut, la réduction d'impôt accordée est remise en cause selon la procédure de redressement contradictoire. Le complément de droits exigibles est assorti de l'intérêt de retard et, si la mauvaise foi est établie, des majorations de droits prévus à l'article 1729 du code général des impôts.

*Conséquence pour le créancier de la prestation compensatoire

Les versements en capital ainsi effectués sur une période au plus égale à douze mois ne revêtent pas le caractère d'un revenu pour leur bénéficiaire. Par suite, ils ne sont pas soumis à l'impôt sur le revenu.

En revanche, les droits d'enregistrement sont exigibles sur ces versements en capital. Une instruction publiée au bulletin des impôts dans la série 7 E commentera ces dispositions.

b) Versements effectués sur une période supérieure à douze mois

Aux termes de l'article 275-1 nouveau du code civil, le débiteur de la prestation compensatoire peut être autorisé par le juge à verser le capital dans un délai de huit ans lorsqu'il ne dispose pas de liquidités immédiates. Ce délai peut être prorogé à titre exceptionnel sur décision spéciale et motivée du juge.

Fiscalement, le versement du capital sur une période supérieure à douze mois emporte les conséquences suivantes.

*pour le débiteur de la prestation compensatoire

Les sommes représentatives du capital versé sous forme de sommes d'argent sont déductibles du revenu imposable de la personne concernée à hauteur du montant versé au cours de l'année d'imposition, sans toutefois pouvoir excéder celui fixé par le juge.

Les sommes admises en déduction ne peuvent pas constituer de déficit reportable sur les années ultérieures.

Comme pour toute charge déductible du revenu imposable, les contribuables doivent mentionner sur la déclaration de leur revenu l'identité du bénéficiaire des sommes et le montant de celles-ci.

En outre, la déduction est subordonnée à la condition que le contribuable soit en mesure de justifier par tous moyens (par exemple en produisant la décision judiciaire) et sur demande de l'administration, de la réalité des sommes exposées en déduction.

*pour le créancier de la prestation compensatoire

Corrélativement à leur déduction pour le débiteur, les sommes représentatives du capital versé sous forme de sommes d'argent sur une période supérieure à douze mois constituent pour le créancier un revenu imposable selon le régime des pensions (après application des abattements de 10 % et 20 %) conformément aux dispositions de l'article 80 quater du code général des impôts.

Toutefois, afin d'éviter que cette imposition ne s'avère trop pénalisante pour le créancier lorsque la prestation compensatoire en capital est acquittée en un seul versement de somme d'argent au-delà de la période de douze mois suivant la date de la décision judiciaire, il est admis que ce versement soit assimilé à un revenu exceptionnel et bénéficie du système du quotient prévu par l'article 163-0 A du code général des impôts, sous réserve que la condition afférente à son montant soit remplie. Le quotient applicable est égal au nombre d'années écoulées, dans la limite de quatre, entre la date où le jugement de divorce ou la convention entre époux homologuée par le juge est passée en force de chose jugée et celle du versement de la somme d'argent. Pour ce calcul, toute année civile commencée est comptée pour une année entière.

c) Cas particulier des versements en capital se substituant à des rentes
Les articles 20 et 21 de la loi n° 2000-596 du 30 juin 2000 prévoient que le juge peut substituer un capital aux versements de rentes viagères ou temporaires accordées avant l'entrée en vigueur de ladite loi.
Lorsque ce capital est versé sur une période n'excédant pas douze mois, le débiteur ne peut pas se prévaloir du bénéfice de la réduction d'impôt visée au § B-I-2-a) de la section 2 dès lors qu'il a déjà obtenu par le passé une déduction de son revenu imposable à raison des versements effectués sous forme de rente.
Lorsque le capital se substituant aux rentes est versé sur une période supérieure à douze mois, les sommes sont déductibles du revenu du débiteur sous les mêmes conditions que celles décrites au § B-I-2-b) de la section 2. Corrélativement, les sommes déduites sont imposables entre les mains du créancier selon le régime des pensions.

II. Versement de la prestation compensatoire sous la forme d'une rente

Les rentes viagères prévues à l'article 276 du code civil, fixées par le juge à titre exceptionnel par décision spécialement motivée en raison de l'âge ou de l'état de santé du créancier ne lui permetant pas de subvenir à ses besoins, doivent être distinguées des rentes visées à l'article 278 du même code qui résultent d'une convention entre époux homologuée par le juge en cas de divorce sur demande conjointe.
1. Rentes versées en application de l'article 276 du code civil
Comme par le passé, les sommes versées à ce titre sont déductibles du revenu imposable de celui qui les verse en application des dispositions du 2° du II de l'article 156 du code général des impôts et imposables selon le régime des pensions au nom de celui qui les reçoit (cf. documentation de base 5-B-2421 n° 135).
2. Rentes versées en application de l'article 278 du code civil
Les charges admises en déduction du revenu imposable en application du II de l'article 156 du code général des impôts font l'objet d'une énumération limitative. Or les rentes servies en application de l'article 278 du code civil ne figurent pas au nombre de celles dont la déduction est admise par l'article 156 déjà cité.
Dès lors, les sommes versées à ce titre ne peuvent venir en déduction du revenu imposable de leur débiteur.

Par suite, en cas de versement de la prestation compensatoire pour partie sous forme de capital et pour partie sous forme de rente, seule la fraction versée sous forme de capital est susceptible d'ouvrir droit à un avantage fiscal (réduction d'impôt en cas de versement intégral dans les douze mois du jugement devenu définitif ou déduction du revenu imposable en cas de versement sur une période supérieure à ce délai).
Corrélativement à l'absence de déduction pour le débiteur des rentes versées en application de l'article 278 du code civil, les sommes perçues par le bénéficiaire ne sont pas imposables à son nom.

C. - DATE D'ENTRÉE EN VIGUEUR

Les dispositions commentées ci-dessus s'appliquent aux jugements prononcés à compter de la date d'entrée en vigueur de la loi.
Elles s'appliquent également aux instances en cours qui n'ont pas donné lieu à une décision passée en force de chose jugée à la date d'entrée en vigueur de la loi.

Le Directeur de la législation fiscale
Hervé LE FLOC'H-LOUBOUTIN

Instruction du 23 mai 2001
Mutations à titre gratuit - Donations - Droits d'enregistrement - Divorce - Prestations compensatoires entre époux

Commentaires des articles 18 et 19
de la loi n° 2000-596 du 30 juin 2000.
Bulletin Officiel des Impôts n° 101
du 5 juin 2001
(C.G.I., art. 757 A)

A. RAPPEL DES DISPOSITIONS APPLICABLES AUX PRESTATIONS COMPENSATOIRES SERVIES AVANT L'ENTRÉE EN VIGUEUR DE LA LOI RELATIVE À LA PRESTATION COMPENSATOIRE EN MATIÈRE DE DIVORCE

Il résulte des dispositions des articles 274 et 275 anciens du code civil que la prestation compensatoire entre époux prend la forme d'un capital lorsque la consistance des biens de l'époux débiteur le permet.

À défaut de capital ou si celui-ci n'est pas suffisant, la prestation prend la forme d'une rente (code civil, art. 276).

L'attribution ou l'affectation de biens en capital peut être réalisée par :

- le versement d'une somme d'argent ;
- l'abandon de biens en nature, meubles ou immeubles, mais pour l'usufruit seulement ;
- le dépôt de valeurs productives de revenus entre les mains d'un tiers chargé de verser les revenus à l'époux créancier de la prestation compensatoire jusqu'au terme fixé.

L'époux débiteur de la prestation peut constituer ce capital en trois annuités dans le cas où il ne dispose pas de liquidités immédiates.

I. Versements sous forme de rentes

Lorsque, conformément aux dispositions de l'article 276 du code civil, la prestation compensatoire prend la forme d'une rente, il n'y a pas lieu à imposition aux droits de mutation à titre gratuit.

II. Versements sous forme de capital

Pour l'application des dispositions exposées ci-dessous, il convient d'entendre par « versement en capital » le versement d'une somme d'argent ainsi que l'abandon de l'usufruit de biens meubles ou immeubles. En revanche, l'affectation de biens productifs de revenus ne constitue pas un « versement en capital » et ne peut, en aucun cas, donner ouverture aux droits de mutation à titre gratuit.

Ces versements en capital peuvent être constitués en biens de communauté ou en biens propres de l'époux débiteur.

Dans le premier cas, l'opération constitue une opération de partage et le régime fiscal prévu à l'article 748 du code général des impôts est applicable. Seul le droit de 1 % est exigible sur la valeur nette de l'actif partagé sans déduction des soultes ou plus-values. Il en est de même

lorsque les biens dépendent d'une société d'acquêts accessoire à un régime de séparation de biens ou à un régime dotal.
Il est également admis que le droit de donation n'est pas exigible lorsque la convention définitive prévoit que la totalité des biens de la communauté est attribuée à un époux moyennant une soulte compensée par une prestation compensatoire d'égal montant.
Au contraire, lorsque le capital provient de biens propres de l'époux débiteur, les droits de mutation à titre gratuit sont dus (CGI, art. 757 A). Il en est ainsi alors même que l'article 280 du Code civil indique que les transferts et abandons prévus pour l'exécution des prestations compensatoires après divorce ne sont pas assimilés à des donations (Cass. Com., arrêt du 6 décembre 1984, Méric. RJ, p. 51).
Pour la liquidation des droits de mutation à titre gratuit, il est alors fait application des exonérations existant en faveur de certains biens, de l'abattement de 500 000 F prévu entre conjoints et du tarif des droits entre époux et, le cas échéant, des réductions de droits prévues à l'article 790 du code général des impôts.
Par ailleurs, dès lors que l'article 1536 du code civil prévoit que les biens détenus en indivision par des époux séparés de biens constituent des biens personnels à chacun d'eux, le versement d'une prestation compensatoire par la remise de parts d'un immeuble indivis entre époux séparés de biens ou par compensation avec une soulte normalement due à l'occasion d'un partage de biens indivis entre ces ex-époux constitue, pour l'époux qui s'y oblige, un versement en capital provenant de biens propres au sens de l'article 757 A du code général des impôts. Ce versement est en conséquence soumis aux droits de mutation à titre gratuit (Rm à M. DEJOIE, sénateur, J.O. débats Sénat du 22 décembre 1994, p. 3022).

B. - AMÉNAGEMENTS DES DISPOSITIONS DE L'ARTICLE 757 A RÉSULTANT DE LA LOI N° 2000-596 DU 30 JUIN 2000 RELATIVE À LA PRESTATION COMPENSATOIRE EN MATIÈRE DE DIVORCE

I. La définition du nouveau champ d'application des droits de mutation à titre gratuit

À titre liminaire, il est précisé que les versements en capital constitués en biens de communauté demeurent, comme par le passé, assujettis au seul droit de 1 % prévu à l'article 748 du code général des impôts.
Le II de l'article 18 déjà cité modifie les dispositions de l'article 757 A du code général des impôts.
Ces dispositions ainsi modifiées prévoient que les versements en capital entre ex-époux qui ne sont pas soumis aux dispositions de l'article 80 quater du code général des impôts prises en matière d'impôt sur le revenu sont assujettis aux droits de mutation à titre gratuit lorsqu'ils proviennent de biens propres de l'un d'eux.
Les dispositions de l'article 80 quater du code général des impôts visent les versements de sommes d'argent effectués sur une période supérieure à douze mois à compter de la date à laquelle le jugement de divorce est passé en force de chose jugée. Une instruction publiée au bulletin officiel des impôts dans la série 5 FP a commenté ces dispositions.

Par suite, sont imposables aux droits de mutations à titre gratuit les prestations compensatoires en capital provenant de biens propres du conjoint débiteur et qui prennent la forme :
– soit d'un seul versement de somme d'argent ou de plusieurs versements échelonnés de sommes d'argent sur une durée au plus égale à douze mois ;
– soit d'un abandon de biens.
Bien entendu, les modalités de liquidation des droits de mutation à titre gratuit ne sont pas modifiées (cf. A 11).
En revanche, les prestations compensatoires en capital réalisées au moyen de versements échelonnés d'une somme d'argent sur une période de plus de douze mois ne rendent pas exigibles les droits de mutation à titre gratuit.

1. Décompte de la durée de douze mois

a) Point de départ du délai
Le délai de douze mois court à compter de la date à laquelle la décision judiciaire est passée en force de chose jugée.
Cette date est déterminée de manière différente selon qu'il s'agit d'un divorce par consentement mutuel ou d'un divorce à la demande d'une partie (divorce pour faute, divorce pour rupture de la vie commune ou divorce demandé par une partie et accepté par l'autre).

* Divorce par consentement mutuel
Les époux ont la faculté de former un pourvoi en cassation contre les décisions du juge aux affaires familiales qui homologue les conventions définitives entre époux ou qui prononcent le divorce dans un délai de quinze jours à compter de leur prononcé. Ce pourvoi est suspensif, de sorte que la décision ne passe en force de chose jugée qu'à compter :

– soit de l'expiration du délai de quinze jours à compter du jour de la décision, en l'absence de pourvoi ;
– soit, en cas de pourvoi, à la date de signification à partie de l'arrêt de rejet de la cour de cassation ou, en cas de cassation, à la date de signification à partie de l'arrêt de renvoi.

* Divorce à la demande d'une partie
La date à laquelle la décision judiciaire prononçant le divorce prend force de chose jugée est :

• lorsque la décision a été prononcée par un jugement du tribunal de grande instance :
– à la date d'acquiescement au jugement ;
– à la date d'expiration du délai d'appel (1 mois à compter de la signification du jugement à partie) à défaut d'acquiescement et en l'absence d'appel ;
– à la date du désistement, en cas d'appel puis de désistement.

• lorsque la décision résulte d'un arrêt d'appel :
– à la date d'acquiescement à l'arrêt d'appel ;
– à la date d'expiration du délai de pourvoi (2 mois à compter de la signification à partie de l'arrêt à partie) à défaut d'acquiescement et de pourvoi en cassation.

• lorsqu'un pourvoi en cassation est formé : à la date de signification à partie de l'arrêt de rejet ou, en cas de cassation, à la date de la signification à partie de l'arrêt de renvoi.

b) Point d'arrivée du délai
Le décompte du délai de douze mois s'effectue de date à date. Il expire par suite la veille du jour du mois de l'année suivant celle au cours de laquelle la décision est passée en force de chose jugée.
Exemple : Dans le cadre d'une procédure de divorce par consentement mutuel, le juge aux affaires familiales prononce la décision qui homologue la convention es époux le 10 juillet 2000. Le délai de pourvoi en cassation est de quinze jours à compter de cette date. En l'absence de recours devant cette juridiction, la convention entre époux est passée en force de chose jugée à compter du 26 juillet 2000.
Le délai de douze mois débute le 26 juillet 2000 et s'achève le 25 juillet 2001.

II. L'application du régime des biens de communauté aux prestations compensatoires versées au moyen de biens indivis acquis pendant le mariage par deux époux séparés de biens.

Il est rappelé que les partages de biens acquis conjointement par des époux séparés de biens pendant la durée du mariage, et effectués en application des dispositions de l'article 1542 du Code civil, bénéficient des dispositions de l'article 748 du code général des impôts. Seul le droit de 1 % est, dans cette hypothèse, exigible sur la valeur nette de l'actif partagé sans déduction des soultes ou plus-values.
L'article 19 de la loi relative à la prestation compensatoire en matière de divorce précité complète les dispositions de l'article 757 A du code général des impôts en précisant que les prestations compensatoires en capital versées au moyen de biens indivis entre deux époux séparés de biens et acquis pendant la durée du mariage sont soumises au droit de partage au taux de 1 % liquidé conformément aux dispositions de l'article 748 du code général des impôts.
En revanche, les versements en capital effectués au moyen de biens indivis entre les époux séparés de biens, acquis antérieurement à leur union, demeurent assujettis aux droits de mutation à titre gratuit dans les conditions de droit commun prévues à l'article 757 A du code général des impôts.

C. - ENTRÉE EN VIGUEUR

Les dispositions commentées ci-dessus s'appliquent aux jugements de divorce prononcés à compter de l'entrée en vigueur de la loi.
Elles s'appliquent également aux instances en cours qui n'ont pas donné lieu à une décision passée en force de chose jugée à la date d'entrée en vigueur de la loi.
Annoter : documentation de base 7 G 311 n° 17 et suivants.

Le Directeur de la législation fiscale
Hervé LE FLOC'H-LOUBOUTIN

LEXIQUE

LEXIQUE

A

Adultère : Relation sexuelle entre une personne mariée et une autre personne que son conjoint. Fait susceptible d'entraîner le prononcé d'un divorce pour faute en application de l'article 242 du Code civil.

Appel : *Voie de recours* qui tend à faire infirmer ou confirmer par la *cour d'appel* un jugement rendu en premier ressort par une *juridiction* du 1er degré. Cette voie de recours permet à la cour de remettre en cause la première décision en fait et en droit. Le droit d'appel appartient à toute partie qui y a intérêt, sauf si elle y a renoncé (par exemple, en cas d'*acquiescement* à une décision) (art. 542 et s. NCPC).

Appel incident : A la suite d'un acte d'appel, la partie contre laquelle l'appel a été interjeté peut à son tour faire appel du jugement entrepris pour obtenir davantage devant la *cour d'appel* (art. 548 NCPC).

Appel limité : Fait de limiter son appel à seulement certains chefs du jugement, contrairement à l'appel général. Par exemple, un époux limite son appel à la *prestation compensatoire* à laquelle il a été condamné et non au divorce (art. 562 NCPC).

Arrérages : Nom donné à la partie d'une pension ou d'une rente versée à des échéances périodiques.

Arrêt : Décision d'une juridiction supérieure (*cour d'appel, Cour de cassation...*).

Article 700 : Article du Code de procédure civile, en vertu duquel les frais non compris dans les *dépens*, tels que les honoraires d'*avocat*, peuvent être remboursés en partie à condition de faire l'objet d'une demande séparée. Le juge n'accorde pas automatiquement ce remboursement, mais tient compte de l'*équité* ou de la situation économique de la partie condamnée. Il peut, même d'office et pour les mêmes raisons, dire qu'il n'y a pas lieu à cette condamnation.

Assignation en justice : Acte d'*huissier de justice* par lequel le *demandeur* cite son adversaire à comparaître devant un tribunal. Il contient un certain nombre de mentions obligatoires et l'exposé des demandes d'une partie adressée à une autre partie (art. 55 et s., 752 NCPC).

Astreinte : Condamnation d'une personne par une *juridiction* à payer une somme d'argent déterminée, par jour de retard dans l'exécution d'une obligation à laquelle elle a été condamnée (art. 34 à 36 L. du 9.7.1991).

Attribution préférentielle : Mesure instituée pour éviter de vendre ou de diviser un bien et permettre de l'attribuer en totalité à un seul *indivisaire*, à charge pour lui de payer une *soulte* aux copartageants (par exemple, lors du divorce, une mère demande l'attribution préférentielle du logement de la famille pour y élever ses enfants qui vont résider avec elle) (art. 832, 1476, 1844-9 C. civ.).

Audience : Moment du procès où l'affaire est plaidée devant un ou plusieurs *magistrats* (voir aussi **Audience de mise en état**).

Audience collégiale : Fait pour plusieurs magistrats de siéger et de prendre ensemble une décision. Par exemple, le *tribunal de grande instance* statue en audience collégiale. Ce sont trois magistrats qui statuent et rendent un jugement. S'oppose à la formation dite du « juge unique ». Par exemple, le divorce est prononcé par le seul juge aux affaires familiales, sauf si les époux demandent le renvoi en audience collégiale (art. 247 C. civ.).

Audience de conciliation : Première audience en matière de divorce (ou de *séparation de corps*) pour faute ou pour rupture de la vie commune, dans le cadre de laquelle le *juge aux affaires familiales* va tenter de concilier les époux avant de prendre des *mesures provisoires* qui vont régir le cours de l'*instance* (art. 254 C. civ.). Ce préalable de conciliation n'existe pas dans les *divorces par consentement mutuel*. En l'absence de conciliation, le juge rend une ordonnance, dite *ordonnance de non-conciliation* dans laquelle sont prescrites les mesures provisoires et qui a valeur d'autorisation d'assigner.

Audience de mise en état : Audience de procédure permettant au juge saisi de vérifier que l'affaire pourra être plaidée (notamment devant le *tribunal de grande instance*).

Autorité de la chose jugée : Autorité qui s'attache aux dispositions d'une *décision de justice*. On dit que celle-ci a « *force de chose jugée* » (elle ne peut plus faire l'objet de *voie de recours* suspensive d'exécution comme l'*appel* ou l'*opposition*) ; on dit qu'elle est irrévocable quand plus aucune voie de recours n'est possible (art. 480 NCPC) (voir aussi « **Le criminel tient le civil en l'état** »).

Autorisation de résidence séparée : Mesure provisoire, autorisant les époux à résider séparément, accordée par le *juge aux affaires familiales* dans une procédure de *divorce* ou de *sépa-*

ration de corps, dans le cadre d'une *ordonnance de non-conciliation* (art. 255 C. civ.).

Auxiliaire de justice : Ensemble des personnes généralement assermentées qui concourent au fonctionnement de la justice : *avocats, huissiers, greffiers*, etc.

Avantage matrimonial : *Clause* insérée dans un *contrat de mariage* de communauté qui permet, lors de la *dissolution de la communauté*, d'avantager l'un des conjoints et donc de déroger au principe selon lequel la communauté se partage par moitié entre les époux. C'est ainsi qu'une clause peut prévoir qu'un des époux prélèvera sur la communauté tel ou tel bien avant le partage, ou encore que la communauté sera attribuée pour deux tiers à l'un et pour un tiers à l'autre (ou à ses héritiers) (voir **Clause de prélèvement moyennant indemnité, Clause de préciput, Clause de part inégale, Clause d'attribution inégale de la communauté**) (art. 1497 C. civ.).

Avocat postulant et avocat plaidant : Comme l'*huissier de justice*, l'avocat n'est compétent pour accomplir les actes de procédure que dans un certain ressort. Il s'agit de sa *compétence* territoriale. Pour accomplir les actes de procédure devant un tribunal qui n'est pas de son ressort territorial, l'avocat va choisir un autre avocat, appelé « avocat postulant ». L'avocat non postulant s'appelle alors un « avocat plaidant », car il pourra toujours plaider la cause de son client devant tout tribunal, même s'il n'est pas de son ressort territorial. Simplement, il ne peut pas y « postuler », c'est-à-dire effectuer des actes de procédure.

Avoué : *Officier ministériel* qui représente les parties devant la *cour d'appel*. Il est chargé de la rédaction des actes de procédure devant la cour d'appel dont il dépend. Le ministère d'un avoué n'est cependant pas obligatoire dans certains cas (par exemple, devant la chambre sociale de la cour).

B

Biens communs : Biens composant la communauté. Il s'agit des biens acquis (on parle d'*acquêts*) par les époux, ensemble ou séparément, durant le mariage, et provenant tant de leur industrie personnelle (travail...) que des économies faites sur les fruits et revenus de leurs *biens propres* (loyers...). La loi pose une présomption de communauté : « Tout bien, meuble ou immeuble, est réputé acquêt de communauté si l'on ne prouve qu'il est propre à l'un des époux par application d'une disposition de la loi » (art. 1401 et s. C. civ.).

Biens propres : Biens constitués par le *patrimoine* personnel de chaque époux, qui en conserve la pleine propriété après la *dissolution de la communauté*. Sous le *régime de la communauté légale*, sont considérés comme biens personnels les biens dont les époux avaient la propriété ou la possession au jour du mariage ou qu'ils ont acquis pendant le mariage par succession, *donation* ou *legs*. Sont des biens propres, quel que soit le régime matrimonial, les vêtements et linges à usage personnel de l'un des époux, les actions en réparation d'un dommage corporel ou moral, les créances et pensions incessibles et plus généralement les biens qui ont un caractère personnel et tous les droits exclusivement attachés à la personne. Forment des biens propres par nature, les instruments de travail nécessaires à la profession de l'un des époux et des propres « par accessoire » les biens acquis à titre d'accessoire d'un propre (art. 1401 et s. C. civ.) (voir aussi **L'accessoire suit le principal, Reprise des propres**).

C

Chambre du conseil : Formation d'une *juridiction* en *huis clos*, c'est-à-dire sans public. Par exemple, les adoptions sont prononcées en chambre du conseil.

Chose jugée : (voir **Autorité de la chose jugée**).

Citation directe (procédure pénale) : Assignation d'un prévenu, directement sans instruction préalable, devant la *juridiction répressive*, effectuée par la victime ou le *ministère public*.

Citation en justice : Terme générique indiquant l'acte qui saisit une *juridiction*.

Clause d'administration conjointe : *Clause* prévue par contrat de mariage de communauté qui suppose que tous les actes d'administration des biens communs doivent être faits par les deux époux, sous leur signature conjointe (art. 1503 et s. C. civ.) (voir **Régime de communauté réduite aux acquêts**).

Clause d'attribution intégrale : *Clause* insérée dans un contrat de mariage de communauté (souvent communauté universelle) permettant d'attribuer à l'un des époux l'intégralité des biens communs, en cas de *dissolution de la communauté* due au décès. Les enfants nés de l'union ne pourront hériter qu'au décès du second de leurs parents (art. 1524 et s. C. civ.) (voir **Régime de communauté universelle**).

Clause de parts inégales : *Clause* insérée dans un contrat de mariage de communauté qui prévoit qu'à la *dissolution de la communauté*, les parts respectives de chacun des époux ou de ses héritiers ne seront pas d'égales valeurs (par exemple, un tiers pour l'un et deux tiers pour l'autre ou encore les meubles pour l'un et les immeubles pour l'autre). La règle est en effet qu'en principe, à la dissolution de la communauté, chaque époux (ou ses héritiers) en recueille la moitié (art. 1520 et s. C. civ.).

Clause de préciput : *Clause* insérée dans un contrat de mariage de communauté, prévoyant que le survivant des époux sera autorisé à prélever sur la communauté avant tout partage, soit une certaine somme, soit certains biens (par exemple, la clause stipulant la reprise par la femme, par préciput, des bijoux). Cet exemple suppose que ces bijoux devraient, sans la clause de préciput, tomber dans la communauté. Si la communauté est dissoute du vivant des époux, la clause de préciput est considérée comme un *avantage matrimonial* (art. 1515 et s. C. civ.).

Clause de prélèvement moyennant indemnité : *Clause* d'un contrat de mariage de *communauté*, qui permet à l'un des époux, lors de la *dissolution de la communauté*, de prélever sur celle-ci certains biens, d'en devenir seul propriétaire moyennant paiement d'une indemnité à la communauté. Lorsque l'époux effectue le prélèvement, les biens prélevés sont imputés sur sa part. Si leur valeur excède cette part, le bénéficiaire doit payer une *soulte*. Cette clause, appelée également clause de conservation de certains biens communs moyennant indemnité, peut porter sur des biens meubles ou immeubles (art. 1511 et s. C. civ.).

Clôture d'une procédure (procédure civile) : (voir **Ordonnance de clôture**).

Commission rogatoire : Acte par lequel un juge (*juge d'instruction*, notamment) requiert d'un autre juge ou d'un officier de police judiciaire de procéder aux actes d'informations qu'il estime nécessaires (art. 151 C. pr. pén. et art. 730, 1110 et s. C. pr. civ.).

Communauté légale : *Régime matrimonial* issu de la loi, c'est-à-dire applicable quand les époux n'ont pas signé de *contrat* (ce qui n'empêche pas les époux de se placer sous ce régime tout en demandant au *notaire* de leur rédiger un contrat, par exemple s'ils veulent certaines précisions dans ce contrat, comme une *clause de partage inégal de communauté*). Depuis le 13 juillet 1965, le régime de communauté légale est celui du régime de la *communauté réduite aux acquêts*.

Communauté des meubles et acquêts : (voir **Régime de communauté des meubles et acquêts**).

Communauté réduite aux acquêts : (voir **Régime de communauté réduite aux acquêts**).

Communauté de vie : Obligation née du mariage (art. 215 C. civ.).

Communication des pièces : Principe selon lequel toutes les pièces versées au débat par une partie, à l'appui de ses écritures (*assignation, conclusions*...) doivent être communiquées à la partie adverse. A défaut de communication spontanée, la *juridiction* peut condamner la partie récalcitrante à une *astreinte*, sous forme d'*injonction de communiquer des pièces*. De plus, la *juridiction* peut écarter des débats une pièce non communiquée en temps utile (art. 132 et s. NCPC).

Conclusions : Écrits exposant les prétentions respectives des parties dans un procès. On parle de conclusions d'*avocats*.

Condamnation avec sursis : Condamnation que le condamné est dispensé d'effectuer s'il n'encourt pas une nouvelle condamnation pendant un certain délai (voir **Sursis, Sursis avec mise à l'épreuve**).

Constitution d'avocat : Déclaration effectuée devant le *tribunal de grande instance* selon laquelle l'avocat interviendra pour son client dont il sera le mandataire. La constitution d'avocat est obligatoire devant ce tribunal.

Constitution de partie civile : Intervention officielle devant le *juge d'instruction* ou la juridiction pénale de toute personne qui se prétend lésée par une *infraction pénale* et qui entend en demander réparation.

Contentieux : Litige ou désaccord pouvant être réglé par une *juridiction*. Sur le plan procédural, on oppose la procédure contentieuse à la *procédure gracieuse*.

Contrat de mariage : Acte obligatoirement passé devant *notaire* avant le mariage régissant les rapports matériels entre époux.

Convention définitive de divorce : *Convention* établie dans un *divorce sur demande conjointe* destinée à régir l'après-divorce. La convention définitive prévoit notamment des dispositions concernant l'usage du nom marital, l'attribution du logement familial à l'un ou l'autre des époux, le versement d'une *prestation compensatoire*, la liquidation du régime, les enfants.

Convention temporaire de divorce : Convention établie dans le cadre d'un *divorce sur demande conjointe* qui contient les mesures permettant d'aménager la situation des époux pendant l'*instance* en divorce. Elle va en effet régler, pour toute la durée de l'instance, les problèmes susceptibles de se poser aux époux en ce qui concerne notamment la jouissance du logement de la famille, l'*autorité parentale* et le *droit de visite et d'hébergement* concernant les enfants, la pension alimentaire pour les enfants et éventuellement pour l'un des époux, le versement éventuel d'une provision pour les frais du procès, etc. (art. 1091 NCPC). Les dispositions prévues par les conjoints sont assez proches des mesures arrêtées par le juge dans le cadre de l'*ordonnance de non-conciliation*.

Cotitularité du droit au bail des époux : État des époux qui sont réputés être tous les deux locataires du logement même si le bail n'a été signé que par l'un d'entre eux (art. 1751 C. civ.). Cette règle joue dans la mesure où le logement sert réellement à l'habitation de la famille (et donc des enfants s'il y en a), et si ce logement est la résidence principale de la famille. Elle a pour conséquence que le congé donné à un seul des époux est inopposable à l'autre et l'impossibilité pour un époux d'engager l'autre par son congé.

Cour d'appel : *Juridiction* du second *degré* chargée de trancher les appels formés contre les jugements des tribunaux. Ces décisions s'appellent des arrêts.

D

Défendeur : Personne contre qui est exercée une *action en justice*. Celui qui exerce l'action est le *demandeur*.

Délibéré : Une affaire est mise en délibéré quand le jugement n'est pas prononcé au terme de l'audience mais à une date future. C'est donc la période de l'instance se situant après *l'audience* et jusqu'au moment où la décision est rendue. Le délibéré est secret.

Demande additionnelle en justice : Demande formée par celui qui a fait la *demande principale* et qui tend à ajouter une demande à cette première demande.

Demande incidente en justice : Demande en justice exprimée dans le cadre d'un procès déjà engagé.

Demande principale : Demande en justice intervenue à l'origine.

Demande reconventionnelle : Demande faite par le *défendeur* en réponse à une demande principale du *demandeur*. Par exemple, l'épouse qui reçoit une demande principale en divorce pour rupture de la vie commune peut former une demande reconventionnelle en divorce pour faute. La demande reconventionnelle est recevable même en appel (art. 1114 NCPC).

Demandeur : Celui qui engage une procédure. Celle-ci est engagée contre un (ou plusieurs) *défendeur(s)*. Se dit aussi de celui qui réclame quelque chose en justice dans le cadre d'une procédure déjà engagée.

Dépens : Frais de justice, comprenant notamment les frais et honoraires d'*huissier de justice*, les frais d'*expertise*, afférents à une procédure et susceptibles d'être remboursés, en principe, par la partie qui succombe. La condamnation aux dépens figure dans la décision de la justice. La décision peut également prévoir que chaque partie conservera les dépens par elle exposés ou que ces dépens seront partagés par moitié. On oppose les dépens aux *frais irrépétibles*, c'est-à-dire principalement les honoraires d'avocat, qui doivent faire l'objet d'une demande séparée si une partie veut en obtenir le remboursement, par application de l'*article 700* NCPC (voir aussi **Distraction des dépens**).

De plein droit : Signifie automatiquement, sans condition (par exemple, les parents sont responsables de plein droit de leurs enfants mineurs).

Désistement : Renonciation à un droit ou à accomplir un acte.

Désistement d'action : Renonciation à une *action en justice*.

Détournement de mineur : *Délit* consistant dans le fait de soustraire un enfant des mains de ceux qui exercent l'*autorité parentale* ou auxquels il a été confié. Les peines varient suivant qu'il s'agit d'un *ascendant* (parent ou grand-parent) ou d'un *tiers* (art. 227-7 et 227-8 C. pén.). Si le tiers a agi avec fraude ou violence (ce qui sous-entend que le mineur n'était pas consentant), il s'agit alors du *crime* d'*enlèvement de mineur* (art. 224-5 C. pén.).

Dette : Somme d'argent qu'une personne (le débiteur) doit payer à une autre personne (le créancier).

Dettes du ménage : Correspondent aux dettes pour lesquelles existe une *solidarité* des époux. Il s'agit, selon la *jurisprudence*, des dettes relatives aux enfants (frais de scolarité, de vacances...), au logement (loyers, assurances multirisques, factures EDF...), ou à la vie courante (crédit voiture, locations de vacances...). Cette solidarité entre les époux peut être écartée quand la dépense, dont le paiement est réclamé par le créancier, est manifestement excessive, et donc contraire à l'intérêt du ménage, ou s'il s'agit d'emprunts et de crédits (sauf si les sommes sont modestes et que le bien est nécessaire aux besoins de la vie courante) (art. 220 C. civ.).

Domicile : Lieu où une personne a son principal établissement ou sa résidence principale (art. 102 C. civ.). Cette notion s'oppose à celle de résidence, lieu de séjour en principe momentané. La notion de domicile intervient dans un certain nombre de cas : par exemple, le domicile conjugal en matière de divorce, le domicile du défunt (qui est le lieu d'ouverture de la succession...).

Dommages-intérêts : Somme d'argent attribuée à une personne ayant subi un dommage.

Don manuel : Remise matérielle d'un objet de la main à la main entre le *donateur* et le *donataire*. Cette *donation* est une exception aux règles posées par le Code civil qui impose la forme notariée pour les donations (art. 931 et s. C. civ.). La *jurisprudence* considère cependant ces dons valables s'il y a remise matérielle de l'objet.

Donation : Transmission d'un bien à titre gratuit. Une donation doit être passée devant *notaire*, sous peine d'être annulée. Elle doit être acceptée par le bénéficiaire (art. 931 et s. C. civ.) (voir **Droit de retour, Don manuel, Rapport à succession, Révocation des donations**).

Donation déguisée : *Donation* faite sous l'apparence d'un autre acte, par exemple une vente. L'acte a toute l'apparence d'une vente, mais le prix n'est pas réglé par l'acheteur. La donation déguisée suppose que l'acte contienne une indication ou une dissimulation mensongère concernant l'origine des fonds. Ou encore, l'acquisition par un mari en *régime de séparation de biens*, d'un bien au nom de sa femme, mais payé par lui, est une donation déguisée si l'acte indique l'origine des fonds. Le but est souvent d'éviter les *droits de mutation* à titre gratuit (donation) dont le taux est plus élevé que les droits de mutation à titre onéreux (vente). Les donations déguisées peuvent, sous certaines conditions, être valables, sauf s'il s'agit de *donations entre époux*.

Donation entre époux : *Donation* soumise à un régime particulier. A la différence des autres donations, dont le principe est l'irrévocabilité (par exemple, donation effectuée par un parent d'un des époux à son enfant ou au conjoint de ce dernier), elles peuvent être révoquées à tout moment par le *donateur*. Elles sont également révocables automatiquement en cas de divorce prononcé aux *torts exclusifs* du bénéficiaire de la donation (art. 267, 1091 et s. C. civ.). Les donations sont faites « entre vifs », du vivant des époux ou « à cause de mort », c'est-à-dire qu'elles prennent effet après la mort. Tel est le cas pour la *donation au dernier vivant* (voir aussi **Avantage matrimonial, Révocation des donations et avantages**).

Donation indirecte : *Donation* effectuée sous la forme d'un autre acte, mais contrairement aux *donations déguisées*, l'acte ne contient pas de dissimulation mensongère de l'origine des fonds. Par exemple, une remise de dette est une donation déguisée, ou une vente pour un prix inférieur à la valeur du bien. Comme pour les donations déguisées, le fisc peut réclamer les droits applicables aux donations s'il prouve l'intention libérale (intention de donner).

Droit de la défense : (voir **Principe du contradictoire**).

Droit de surveillance de l'enfant : Droit et obligation, dans l'intérêt de l'enfant, de surveiller l'enfant (droit de regard sur ses relations, sa correspondance...). Il appartient aux parents bénéficiant de l'autorité parentale sur l'enfant. Pour le parent qui n'en bénéficie pas (par exemple, en cas de *divorce* quand l'*autorité parentale* n'est attribuée qu'à un des parents), ce droit prend la forme d'un contrôle des choix importants relatifs à l'enfant (art. 288 C. civ.).

Droits d'enregistrement : Impôt dû à l'occasion de certains actes tels que la vente, la *donation*, la déclaration de succession, la conclusion d'un bail, la constitution d'une société et qui donne date certaine à l'acte.

Droits de mutation : Synonyme d'imposition, ou de *droits d'enregistrement*. Une *mutation* est une cession de bien, réalisée à titre gratuit ou onéreux. Les droits de mutation sont donc les droits perçus pour certains actes. On parle de droits de mutation à titre gratuit (par exemple, pour une *donation*) ou à titre onéreux (par exemple, pour une vente).

E

Émolument : Rémunération des actes effectués par les *auxiliaires de justice*. Par exemple, le *notaire*, rédacteur d'un acte de vente, est rémunéré par des émoluments fixés en fonction du capital énoncé dans l'acte (émoluments proportionnels), des émoluments fixes, des émoluments de formalité.

Enlèvement de mineur : (voir **Détournement de mineur**).

Enquête : Procédure devant une *juridiction* au cours de laquelle sont entendus des témoins.

Erga omnes : A l'égard de tous.

État liquidatif : Acte résumant les comptes et la situation financière de chacun après liquidation d'une *communauté*, d'une société, etc.

Exécution provisoire : Disposition d'une décision de justice qui permet de l'exécuter, même si elle est frappée d'une *voie de recours suspensive d'exécution* (comme, en principe, l'*appel*) (art. 514 et s. NCPC). Certaines décisions bénéficient toujours de l'exécution provisoire (par exemple, les ordonnances de *référé*). A défaut, l'exécution provisoire ne peut découler que d'une mention expresse figurant dans la décision.

Exécutoire : Se dit d'une décision de justice quand elle peut être exécutée, au besoin par la force publique (par exemple, une décision d'expulsion exécutoire). Une décision est exécutoire quand elle est assortie de l'*exécution provisoire* ou quand elle ne peut plus faire l'objet d'une *voie de recours suspensive d'exécution* (appel, opposition). Un jugement dit « exécutoire » permet de procéder à une exécution (exécution amiable ou *exécution forcée*, par exemple en utilisant une *saisie*).

Expédition d'un jugement ou d'un acte : Exemplaire d'un jugement ou d'un acte.

Exploit d'huissier : Acte de procédure signifié par un *huissier de justice* au nom d'un justiciable (par exemple, commandement de payer).

F

Force de chose jugée : (voir **Autorité de la chose jugée, Jugement irrévocable**).

Formule exécutoire : Formule figurant dans un acte officiel notamment une *décision de justice*, et permettant l'emploi de la force publique, par l'intermédiaire d'un huissier de justice, pour faire exécuter cet acte.

Frais irrépétibles : (voir **article 700**).

G

Garantie : Mesure prise pour faire respecter un engagement.

Garde de l'enfant : Un des attributs de l'*autorité parentale*. Contrairement au langage courant, elle n'est pas synonyme d'autorité parentale mais correspond au droit de fixer la résidence de l'enfant.

Gracieuse (procédure) : Procédure ne tendant pas à trancher un litige entre deux parties adverses ni à statuer sur un « contentieux » mais à rendre une décision hors contentieux (sont rendus suivant la procédure gracieuse, par exemple le divorce sur demande conjointe...). S'oppose à *procédure contentieuse*.

Greffe (greffier) : (voir **Secrétariat-greffe**).

Grosse : Exemplaire d'une décision de justice ou d'un acte authentique revêtu de la *formule* exécutoire qui permet d'en poursuivre l'*exécution forcée*.

H

Huis clos : Audience non publique d'un tribunal (par exemple, en matière de divorce) (art. 248 C. civ.).

Huissier de justice : *Officier ministériel* chargé de signifier les décisions de justice (*jugement*), ou des *actes extra-judiciaires* (*sommation de payer*, par exemple). Un huissier ne peut exercer sur toute la France. Sa compétence territoriale est limitée au ressort du *tribunal d'instance* de sa résidence (art. 5 décr. du 29.2.1956). Les huissiers peuvent percevoir des rémunérations tarifées et des honoraires libres. Ils ont droit également aux remboursements de leurs frais (décr. n° 96-1080 du 12.12.1996).

I

Indivision : Situation de plusieurs personnes titulaires d'un droit de même nature sur des biens meubles ou immeubles (art. 815 et s. C. civ.).

Infirmation : Se dit d'une décision de la *cour d'appel* qui ne confirme pas les termes de la décision des premiers juges qui lui est déférée. L'infirmation s'oppose à la confirmation.

Injonction de communiquer des pièces : Ordre donné par une *juridiction* à une partie de procéder à la *communication de pièce* intéressant l'affaire, au besoin sous *astreinte* à défaut de communication spontanée (art. 132 et s. NCPC).

Interjeter appel : Faire *appel* d'une décision.

Intimé : Nom que l'on donne au *défendeur* lors de la procédure d'appel.

J

Jouissance légale des parents : Contrepartie du droit d'*administration légale* des parents sur les biens de leur enfant mineur. C'est le droit, jusqu'aux seize ans de l'enfant, de percevoir les revenus des biens de celui-ci (qu'il a eu par succession, par exemple) à charge d'entretenir le bien. Les revenus doivent être prioritairement employés à son entretien et à son éducation (art. 382 et s. C. civ.). Elle est attachée à l'administration légale et appartient soit aux deux parents conjointement s'ils exercent en commun l'autorité parentale, soit à celui des père et mère qui a la charge de l'administration légale.

Juge aux affaires familiales (JAF) : Nouvelle dénomination, depuis le 1er février 1994, du juge au affaires matrimoniales (JAM). Juge du *tribunal de grande instance* chargé notamment des procédures de *divorce*, *séparation de corps*, des mesures après divorce, fixation de l'obligation alimentaire, de la *contribution aux charges du ménage* et de l'obligation d'entretien.

Juridiction : Terme générique qui vise les différents tribunaux, les cours et conseils rendant des décisions « juridictionnelles » c'est-à-dire des jugements ou arrêts « disant le droit » *(juris dictio).*

Jurisprudence : Ensemble de décisions de justice interprétant la législation (on parle, par exemple, de la jurisprudence de la Cour de cassation) donnant la tendance générale du droit sur un problème juridique. La jurisprudence est très importante à connaître car elle permet notamment, quand la loi est muette ou obscure sur une question, de se référer à la solution donnée par les tribunaux. Par exemple, le Code du travail ne définit pas ce qu'est une faute grave entraînant un licenciement sans indemnité et préavis. Ce sont les *juridictions* saisies d'un litige par un employeur ou un salarié sur cette question qui ont été amenées à définir la faute grave.

L

Libéralité : Acte par lequel une personne consent à une autre un avantage sans contrepartie. On parle de libéralités entre vifs (du vivant des personnes) ou de libéralités testamentaires (après la mort de celui qui donne).

Liquidation : Ensemble des opérations préliminaires au partage d'une communauté, d'une indivision, d'une société...

Liquidation des dépens : Opération consistant à détailler le montant des *dépens* dont la répartition entre les parties est fixée par *jugement*.

Liquidation du régime matrimonial : Opération comptable consistant à fixer et à chiffrer les droits de chacun des ex-époux en cas de *dissolution du mariage* (divorce, décès). Avant de procéder au partage des biens proprement dits, il y a lieu de procéder à la « liquidation » de la communauté. Par exemple, si les époux sont mariés sans *contrat de mariage*, il y a lieu d'établir le compte des *biens propres*, des *biens communs* et des *récompenses*.

M

Main courante : Déclaration effectuée à la police et enregistrée sous un numéro. Elle n'a aucune valeur juridique en soi mais peut être invoquée à l'occasion d'une procédure. Par exemple, en cas de procédure de *divorce*, une main courante peut être établie en cas de brutalité d'un époux contre l'autre. Elle s'avérera très utile pour obtenir une *autorisation de résidence séparée* au titre des mesures d'urgence.

Majorité : Âge à partir duquel un individu a l'usage et l'exercice de ses droits. Un mineur devient majeur civil à partir de 18 ans (L. 5.7.1974), c'est-à-dire qu'il a la pleine *capacité* d'exercice des droits de la vie civile (art. 488 C. civ.).

Mesure accessoire au divorce : Mesure prévue par le *jugement de divorce*. Par exemple, la *prestation compensatoire* est une mesure accessoire au divorce.

Mesure conservatoire : Mesure ayant pour objet de conserver un droit ou un bien. Par exemple, une inscription d'*hypothèque* est une mesure conservatoire.

Mesure provisoire : 1) Décision provisoire prise par une *juridiction* au cours d'un procès (par exemple, provision accordée à un créancier). Les décisions du *juge des référés* sont également provisoires. 2) Mesure fixée par le *juge aux affaires familiales* dans le cadre de l'*ordonnance de non-conciliation* qui a pour but d'aménager, pendant la procédure en divorce, les rapports entre les époux et les mesures concernant les enfants. La loi prévoit en effet que le juge peut prescrire « les mesures nécessaires pour assurer l'existence des époux et des enfants » jusqu'au divorce, comme l'*autorisation de résidence séparée*, l'attribution, à l'un des époux, de la jouissance du logement et du mobilier du ménage ou la fixation de la *pension alimentaire* entre époux pendant l'instance (art. 254 et s. C. civ.).

N

Non-représentation d'enfant : *Délit* consistant dans le fait d'empêcher volontairement une personne d'exercer ses droits de parents, quand ces droits ont été reconnus par une *décision de justice* (par exemple, pour un parent, en étant volontairement absent lors des rendez-vous fixés pour l'exercice des droits de visite de l'autre parent) (art. 227-5 C. pén.).

Notaire : *Officier public* chargé de recevoir tous les actes et contrats auxquels les parties doivent ou veulent faire donner le caractère d'authenticité attaché aux actes de l'autorité publique et pour en assurer la date, en conserver le dépôt, en délivrer les *grosses* ou *expéditions* (art. 1 ord. du 2.11.1945).

Notification : Formalité suivant laquelle un acte ou un jugement est porté à la connaissance des intéressés par la voie postale ou par un *huissier de justice* (dans ce dernier cas, on parle de signification) (art. 651, 665 et s. NCPC).

Notification entre avocats : Fait, pour celui qui y a intérêt, d'adresser à l'*avoca*t une décision de justice avant de l'adresser à la partie qu'il représente. Devant le *tribunal de grande instance*, en effet, les significations des jugements entre les parties sont toujours précédées de notification entre avocat. Cela laisse un délai à l'avocat, informé avant son client de la décision, pour le conseiller (art. 678 et s. NCPC).

Nue-propriété : Droit de propriété partiel sur une chose qui permet au titulaire de ce droit d'en disposer sans lui en conférer ni l'*usage*, ni la *jouissance*. On distingue le nu-propriétaire qui garde le droit de disposer du bien et l'usufruitier qui conserve cet usage et la jouissance (art. 578 et s. C. civ.) (voir aussi **Usufruit**).

Nullité : Sanction d'une irrégularité et consistant à considérer l'acte irrégulier comme s'il n'avait jamais existé (il disparaît rétroactivement, lui et ses effets). Par exemple, si une vente est annulée pour *dol*, le bien doit être restitué et la somme payée reversée. Le Code civil distingue plusieurs cas de nullité dont la mise en jeu et la *prescription* sont différentes. Il s'agit de la nullité absolue (ou d'ordre public) qui peut être invoquée par tous, et de la nullité relative qui ne peut être invoquée que par celui qu'elle est destinée protéger.

O

Obligation alimentaire : (voir **Obligation d'entretien**).

Obligation d'entretien (enfant) : *Obligation* (faisant partie de l'*autorité parentale*) incombant aux parents de nourrir et d'élever leur enfant (art. 203 C. civ.). Lors d'une séparation, elle peut prendre la forme d'une *pension alimentaire*.

Organisation frauduleuse d'insolvabilité : *Délit* consistant, pour éviter d'avoir à régler ses dettes, à se présenter comme étant insolvable. Par exemple, le débiteur d'une *pension alimentaire* pour ses enfants ou d'une *prestation compensatoire* pour son épouse, peut être condamné pour ce délit s'il cache une partie de ses biens ou de ses revenus pour ne pas avoir à régler sa pension ou sa prestation (art. 314-7 C. pén.).

P

Pacte « *quota litis* » (avocat) : *Convention* d'honoraires établie en fonction du résultat obtenu ou du service rendu. Cette convention n'est licite que si elle est fixée à titre complémentaire (art. 10 L. du 31.12.1971).

Partage de communauté : Opération effectuée après la *dissolution de la communauté* et la liquidation des biens entre les époux. Au terme de ce partage, les époux vont reprendre leurs *biens propres* et se partager l'actif net (l'actif moins le passif commun), après calcul des *récompenses*.

Passif : Ensemble des dettes d'un particulier, d'une entreprise ou d'une *société*.

Pension de réversion : Fraction de la retraite d'un assuré qui va être versée, sous certaines conditions, à son conjoint quand cet assuré décède (art. L. 353-1 et s., R. 353-1 et s. C. séc. soc.).

Période légale de conception : La loi présume que l'enfant est conçu pendant la période qui s'étend du 300e jour (un peu plus de neuf mois) au 180e jour (six mois) avant la date de la naissance. Cette notion intervient en matière de conflit de filiation (art. 311 C. civ.).

Placement : Fait pour l'*avocat* de déposer au greffe du *tribunal de grande instance* une *assignation*, où elle va être enrôlée. A défaut de placement, l'assignation est caduque, c'est-à-dire qu'elle n'est plus valable. La procédure doit être recommencée (art. 757 C. pr. civ.).

Plainte avec constitution de partie civile : Faculté pour la victime d'une *infraction pénale* de se constituer partie civile devant le doyen des *juges d'instruction.*

Cette plainte permet d'engager la procédure et de demander des dommages et intérêts à l'auteur de l'infraction. Cette plainte est un des modes de déclenchement de l'*action publique*. La constitution de partie civile oblige le juge d'instruction à instruire sur les faits incriminés.

Postulation : Fait, pour les *avocats* devant les tribunaux ou les *avoués* devant les cours d'appel, de régulariser pour leurs clients les actes de procédure nécessités par le déroulement de l'*instance* (voir **Avocat postulant**).

Pourvoi en cassation : *Voie de recours* contre une décision rendue en dernier *ressort* ayant pour but de demander à la *Cour de cassation* de vérifier si la décision rendue est bien conforme à la loi ou aux règles du droit. La Cour de cassation ne rejuge jamais les faits. Elle peut soit rejeter le pourvoi (et confirmer la décision contre laquelle le pourvoi est formé), soit casser la décision. Dans ce dernier cas, elle renvoie l'affaire devant une autre *juridiction* de la même nature que celle dont émane la décision cassée (par exemple, une autre cour d'appel). Elle peut également, dans certains cas, casser la décision sans renvoi. Si le pourvoi est rejeté, la partie qui l'a formé n'est plus recevable à en former un nouveau contre la même décision (art. 604 et s. NCPC).

Présent d'usage : Présent donné par un époux à l'autre (par exemple, bague de fiançailles). Entre les époux, contrairement aux *donations,* ils ne sont pas révocables. Cela signifie qu'une fois donnés, ils ne peuvent plus être repris, même en cas de divorce (voir **Rapport à succession, Révocation des donations**).

Présomption d'acquêt : Principe suivant lequel les biens acquis par les époux après leur mariage sont censés être communs et donc partagés en principe par moitié entre eux après la dissolution de leur mariage causée par un divorce ou un décès (art. 1421 C. civ.).

Principe du contradictoire : Principe important de procédure civile, selon lequel une partie ne peut être jugée sans avoir été entendue. Les moyens des parties doivent être correctement communiqués. Le juge ne peut soulever d'office un moyen sans inviter les parties à présenter leurs observations. Enfin, une mesure prise de façon non contradictoire doit pouvoir faire l'objet de recours (art. 14 et s. NCPC).

Provision « *ad litem* » : Provision pour frais d'*instance* que le juge du divorce peut obliger un époux à verser à l'autre époux sans ressources, ou ayant des ressources faibles, pour couvrir les frais de procédure (art. 255 et s. C. civ.) (voir **Mesures provisoires**).

Provision sur part de communauté : Disposition prévue dans le cadre d'une procédure de *divorce* qui permet à un époux de demander à l'autre, si sa situation le rend nécessaire, de lui verser une provision sur la part de la communauté qui lui reviendra lors de la liquidation et du partage des biens (par exemple, situation financière difficile) (art. 255 et s. C. civ.) (voir **Mesures provisoires**).

R

Récompenses : Sommes dues après la *dissolution de la communauté* par un des époux à la communauté ou par la communauté à l'un des époux. Ces sommes correspondent à des transferts de valeurs ayant eu lieu pendant le mariage entre les *biens propres* et les *biens communs*. La communauté a donc bénéficié de sommes provenant de biens propres (ou inversement) et va devoir compenser par une somme qu'on appelle « récompense » (art. 1412 et s., 1468 et s. C. civ.).

Réconciliation entre époux : Fait pour les époux en instance de *séparation de corps* ou de *divorce pour faute* d'oublier leurs griefs réciproques et de reprendre la vie commune. D'un point de vue juridique, la réconciliation des époux intervenue depuis les faits allégués, empêche de les invoquer comme cause de divorce. La demande en divorce après une réconciliation est irrecevable. Elle nécessite au minimum un maintien ou une reprise de la vie commune et une réelle volonté de passer outre aux fautes de l'autre (art. 244 C. civ.).

Remploi de biens propres : Acquisition d'un bien avec l'argent provenant de la vente d'un *bien propre* d'un des époux. Le bien, ainsi acheté à titre de remploi, devient à son tour bien propre de l'époux qui était propriétaire du bien propre vendu (art. 1406, 1434 C. civ.). Le remploi doit remplir certaines conditions pour être valable (nécessité d'une clause figurant dans l'acte notarié, notamment). L'absence de remploi peut donner lieu à *récompense* au profit de l'époux, s'il prouve l'origine des fonds.

Reprise de biens propres : Lorsque la communauté est dissoute à la suite d'un *divorce*, chacun des époux reprend ses *biens propres* ou les biens qui les ont remplacés si ces biens n'existent plus (art. 1467 C. civ.) (voir **Dissolution de la communauté**).

Requête conjointe : Document écrit signé par les deux parties à un litige qui saisit une *juridiction* et dans lequel elles exposent leurs prétentions. La requête conjointe fait partie, comme l'*assignation*, des *actes introductifs d'instance*. Le *tribunal d'instance* peut être ainsi saisi par requête conjointe (art. 57 et s. NCPC) (voir aussi **Divorce sur requête conjointe**).

S

Scellés : Cachet de cire fixé par un auxiliaire de justice sur les portes ou ouvertures d'une maison pour éviter des utilisations abusives ou des disparitions (par exemple, l'héritier d'une succession peut demander l'apposition d'un scellé pour éviter la disparition de tout ou partie du patrimoine successoral).

Secours (obligation de) : (voir **Obligation de secours**).

Secrétariat-greffe : Ensemble des services administratifs d'une *juridiction* dirigé par un greffier en chef aidé de secrétaires-greffiers qui assistent la juridiction dans toutes ses fonctions (tenue de l'audience, rédaction des jugements...).

Séparation de fait : Situation de deux époux qui vivent séparément sans avoir engagé de procédure de *séparation de corps* ou de *divorce*. Cette situation ne fait pas l'objet d'une réglementation en tant que telle (à l'inverse du divorce ou de la séparation de corps). Elle entraîne pourtant un certain nombre de conséquences juridiques (notamment, quand elle a duré six ans, elle permet d'introduire une procédure de *divorce pour rupture de la vie commune*).

Séquestre : Dépôt d'une chose entre les mains d'un *tiers* pour en assurer la conservation (par exemple, mise sous séquestre d'un bien dépendant d'une *succession* litigieuse) (art. 1955 et s. C. civ.).

Signification : Formalité par laquelle est portée à la connaissance d'une personne un acte ou une décision de justice (par exemple, un jugement), en utilisant le ministère d'un *huissier de justice*.

Solidarité entre époux : Signifie juridiquement que chaque époux peut passer seul les contrats qui ont pour objet l'entretien du ménage ou l'éducation des enfants. Il n'a pas besoin de l'accord explicite de l'autre époux. Inversement, toute dette du ménage contractée par l'un oblige l'autre solidairement, ce qui signifie que l'autre époux peut être contraint de payer cette dette (art. 220 C. civ.) (voir **Pension alimentaire**).

Sommation d'huissier : Acte d'huissier intimant de faire quelque chose. Par exemple, l'acte adressé à un débiteur de payer (sommation de payer) ou l'acte sommant un époux de réintégrer le domicile conjugal.

Soulte : Somme d'argent destinée à rétablir l'équilibre en cas de partage ou d'échange de biens d'inégale valeur.

Surveillance de l'enfant (droit de) : (voir **Droit de surveillance de l'enfant**).

T

Témoignage : Acte par lequel une personne atteste un fait dont elle a eu personnellement connaissance.

Tierce opposition : Opposition faite à un *jugement* auquel n'était pas partie celui qui forme tierce opposition, et qui est cependant lésé par cette décision directement ou indirectement. N'est donc recevable à former tierce opposition qu'une personne qui n'a été ni partie, ni représentée au jugement qu'elle attaque. Cette voie de recours a pour but de remettre en question, pour l'auteur de la tierce opposition, les points jugés pour qu'il soit à nouveau statué. Par exemple, les créanciers peuvent former tierce opposition au partage homologué par le juge du divorce en cas de *divorce sur demande conjointe* (art. 582 et s. NCPC).

Torts exclusifs : Se dit du prononcé d'un *divorce* (ou d'une *séparation de corps*) quand les torts ne sont à la charge que de l'un des époux. En ce sens, s'oppose à « torts partagés ». Ce prononcé entraîne un certain nombre de conséquences pour l'époux fautif : absence de droit à *prestation compensatoire*, révocation automatique des *donations* et *avantages matrimoniaux*, possibilité pour l'autre époux de demander des dommages et intérêts (art. 266, 267, 270 C. civ.).

Transcription : Publicité de certains *actes juridiques* ou *décision de justice* qui consiste à recopier l'acte sur un registre officiel (comme, par exemple, la transcription d'un jugement de divorce sur les registres de l'état civil à la mairie du lieu de mariage ainsi que sur les actes de naissance des époux). C'est cette transcription qui rend l'acte opposable aux tiers.

U

Usufruit : Droit d'user et de percevoir « les fruits » d'un bien (meuble ou immeuble) dont un autre a la propriété (c'est le *nu-propriétaire*). L'usufruitier a un droit d'usage sur l'immeuble, c'est-à-dire qu'il peut habiter une maison, objet de l'usufruit, ou la louer, exploiter les terres, objet de l'usufruit... Il a droit aux fruits (loyers, fermages...). Il peut céder son usufruit. Concernant ses obligations, il ne peut modifier la destination de l'immeuble. Il doit exécuter les réparations d'entretien et locatives. Le nu-propriétaire doit régler les grosses réparations que l'article 605 du Code civil met à sa charge. Le nu-propriétaire ne peut céder son bien sans l'accord de l'usufruitier. Au terme de l'usufruit, le nu-propriétaire va redevenir pleinement propriétaire (art. 578 et s. C. civ.).

V

Violation de domicile : Le domicile est inviolable. Cela signifie que personne ne peut pénétrer chez un particulier (ou s'y maintenir sans le consentement de celui-ci). Il s'agit d'un *délit* pénal consistant dans le fait de s'introduire dans le domicile d'un autre particulier, à l'aide de manœuvres, *menaces*, *voies de fait* ou contraintes. Si la violation de domicile est le fait d'une personne dépositaire de l'autorité publique ou chargée d'une mission de service public, les peines sont aggravées (art. 226-4, 432-8 C. pén.).

Voie de recours : Voie de droit ayant pour objet de remettre en cause une *décision de justice*.

INDEX ALPHABÉTIQUE

INDEX ALPHABÉTIQUE

A

B

C

D

E

F

G

H

I

J

L

M

N

O

P

Q

R

S

T

Aubin Imprimeur
LIGUGÉ, POITIERS

Achevé d'imprimer en août 2001
N° d'impression L 62245
Dépôt légal août 2001
Imprimé en France